Marschenbuch.

Land- und Volksbilder

aus den

Marschen der Weser und Elbe.

Von

Hermann Allmers.

Vierte durchgesehene und vermehrte Auflage.

Mit H. Allmers' Bildniß und vielen Holzschnitten.

Wer seine Heimath nicht liebt und nicht ehrt,
Der ist des Glücks in der Heimath nicht werth.
H. A.

Neu herausgegeben
vom Verlag Schuster
Leer

Biographische Notiz

Hermann Allmers, Dr. phil. h.c., * 11.2.1821 Rechtenfleth b. Bremerhaven † 9.3.1902 ebda.,
Landwirt und Gemeindevorsteher seines Heimatdorfes, wissenschaftliche und künstlerische Studien, häufige Reisen, vor allem 1856-1859, Folklorist, Epiker und Dramatiker, Anreger und Mitbegründer der Heimatbewegung, u.a. gründete er 1882 die „Männer vom Morgenstern", Heimatbund an Elb- und Wesermündung.

ISBN 3-7963-0169-X
Unveränderter Nachdruck der 4. durchges. u. verm. Auflage
Oldenburg und Leipzig o.J. (1902) mit einer biographischen Notiz

Grafik: A. Langwisch unter Verwendung des ursprünglichen Einbandentwurfs
Gesamtherstellung: Hans Kock Buch- und Offsetdruck GmbH, Bielefeld
Printed in Germany

W. Krauskopf. sc. München. 91.

H Allmers

Wer seine Heimath nicht liebt und nicht ehrt,
Der ist des Glücks in der Heimath nicht werth.
H. A.

An meine Landsleute in den Marschen.

Ich übergebe hiermit der Lesewelt ein Buch, das unsere liebe, gottgesegnete Heimath, ihre Natur und Geschichte, ihre Menschen und Dinge zum Gegenstande seiner Schilderungen hat.

Ihr selbst, liebe Heimathsgenossen, werdet daher wenig oder vielleicht nichts des Neuen darin finden, werdet beim Lesen desselben wohl oft genug lächelnd den Kopf schütteln, daß ich von vielen Euch so alltäglichen Dingen darin rede.

Ihr müsset deshalb wissen, daß es auch keineswegs für Euch geschrieben ist.

Aber hinter den Bergen wohnen auch Leute und wenn Ihr wüßtet, wie unbekannt bei diesen, wie im ganzen anderen Deutschland, unsere Marschen sind und welch falsche, zum Theil abgeschmackte Begriffe dort, ja oft selbst noch in den nächsten Städten über unser Land und seine Zustände herrschen, dann würdet Ihr gewiß nicht mehr lächeln und kopfschütteln, sondern — so denke ich mir — Euch von Herzen freuen, daß ich versucht habe, ihnen einmal ein Bild unserer Heimath zu entwerfen.

Und warum sollen sie uns auch nicht näher kennen lernen, die Menschen jenseits der Berge? Sind wir doch ja ihre Brüder, Mitgenossen eines großen heiligen Vaterlandes.

Fällt Euch also mein Buch einmal in die Hände, so leset und betrachtet es nur als in dieser Absicht geschrieben und bleibt mir gewogen.

Herzlichen Gruß Euch Allen!

Geschrieben Rechtenfleth in Osterstade, im Sommer 1857.

Hermann Allmers.

Meinem Leser.

Vier Jahrzehnte und mehr vergingen seit dem Erscheinen dieses Buches, in unseren schnelllebigen Tagen ein Zeitraum, dessen umgestaltende Macht, sei es auf geistigem wie auf materiellem Gebiete, sich auch die entlegensten Marschen nicht entziehen konnten. In mannigfachster Weise zeigen sich in Land und Volk überall die Merkmale davon, bald offen vor Jedermanns Blicken liegend, bald nur dem Einheimischen und Tieferschauenden wahrnehmbar.

Ich sah ein: wollte ich in diesen Blättern eingehend Allem und Jedem davon gerecht werden, wäre nicht bloß eine neue Auflage, sondern eine völlige Umarbeitung, richtiger gesagt, ein fast neues Marschenbuch nöthig und schon trug ich mich mit dem Gedanken umher, diese Arbeit zu unternehmen, so sehr sie auch meiner innern Neigung widerstrebte. Aber jeder Einsichtsvolle, dem ich Solches mittheilte, trat mir mit ernster Vorstellung, ja selbst eindringlicher Bitte entgegen, mein ihnen gerade in gegenwärtiger Form und Sprache so lieb gewordene Geisteskind doch zu lassen wie es sei und höchstens nur, wo es dringend nöthig, nämlich wo jene Wandlungen wirklich vollendet und in die Augen springend seien, auf's Schonendste berichtigende Hand daran zu legen.

Und mein Schwanken war auch bald vorüber; auch ich sah es ein auf's Klarste: weder durch andre ersetzt noch übermalt durften meine heimathlichen Land- und Volksbilder werden, lag doch ihr Hauptreiz und Hauptwerth vor Allem im Hauch der ersten liebedurchströmten Begeisterung, mit der ich, fast Jüngling noch, vor länger als einem Vierteljahrhundert diese Bilder schuf.

Entschlossen und beruhigt ließ ich mein Herzens- und Heimathsbuch im Ganzen, wie es vorlag und änderte nur, wo es mir durchaus nothwendig schien, indem ich vergangen nannte, was vergangen war. —

Und auch Du, lieber Leser, lies es mit Nachsicht in diesem Sinne und sei gegrüßt mit freundlichem Weihnachtsgruße.

Rechtenfleth, im December 1891
(meinem siebenzigsten Lebensjahre).

Hermann Allmers.

Inhalt.

Das Land der Marschen.

Das Volk der Marschen.

Schilderung der einzelnen Marschstriche.

Das Land der Marschen.

Die Entstehung der Marschen. — Die Geest. — Platen und Sande.

Die letzte große Landbildung des europäischen Continents hatte sich vollzogen. Die gewaltige Eisdecke, welche sich jüngst von den skandinavischen Hochlanden her über die nordeuropäische Tiefebene ausgebreitet hatte, war wieder zurückgewichen und hatte ungeheure Schuttmassen hinterlassen, Sand und Lehm, untermengt und bestreut mit zahllosen kleineren und größeren Steinen und jenen mächtigen Blöcken, welche der Volksmund Hünensteine benannt hat. Vom Eise befreit lag sie nun da, die weite moränenbedeckte Ebene, sich darbietend warmem Sonnenscheine und befruchtendem Regen, daß Moos und Gras, Haidekraut und Waldwuchs aufgehen konnten, wo bisher alles Leben in Schnee und Eis erstarrt war. Die Thiere des Waldes und Feldes hatten sich angesiedelt und tummelten sich laut und lustig, wo zuvor Todesschweigen geherrscht; ja auch der Mensch hatte schon Besitz ergriffen vom neugeborenen Lande, wenn auch noch Jahrtausende vergehen mußten, ehe ein Lied seine Thaten besang, ein Griffel seine Schicksale aufzeichnete; und nun, in allerletzter Zeit beginnt wohl erst die Bildung jener Landstriche, denen dieses Buch gewidmet ist, die Bildung unsrer norddeutschen Marschen, forddauernd in stetem Wechsel bis auf unsere Tage. —

Um einen klaren Begriff von ihr zu erhalten, müssen wir derselben bis zu ihrem Ursprung nachgehen. So folge mir der Leser deshalb bis hoch in die Einsamkeit der Gebirgswelt, bis zu den Gipfeln der Wasserscheiden. Hier sehen wir klare muntere Quellen, so klein und schwach, daß sie kaum ein Wenig leichten Sand und Steinchen fortbewegen können, von den Höhen rieseln. Sie vereinen sich zu Bächen, sie werden breiter und voller, sie nehmen andere Bäche auf und rauschen in tausend kleineren oder größeren Fällen mit zerstörender Macht aus den Felsrinnen hervor. Bald sind sie stark genug, Baumstämme und selbst ansehnliche Steinblöcke mit sich fortzuwälzen, sie abrundend, aneinander reibend und zertrümmernd. Verbunden mit noch anderen Bergströmen wird ihr Rauschen und ihre Gewalt mit jedem Schritte stärker; ganze Massen Gesteins wälzen sie jetzt mit sich, lassen sie zurück, wenn die Sonnenhitze des Sommers ihre Wassermenge vermindert und führen sie im Frühlinge, angeschwellt von Schneewasser und Regengüssen, mit verdoppelter Gewalt weiter. So erreichen sie die Ebene. Ihr Fall ist jetzt lange nicht mehr so stark, die Wassermenge braucht sich nicht mehr zusammenzudrängen und aufzustauen, denn das Bett wird breiter und gemächlicher. Zwar rauscht der junge Fluß noch ziemlich reißend dahin, doch ist die erste wilde Kraft des frischen Bergstromes gebrochen. Die größeren Felsblöcke hat er bereits längst zurückgelassen und nur kleinere und immer kleinere, dann nur feines Geröll, dann runde Kiesel, Grand, zuletzt nur Sand vermag seine matter und matter werdende Strömung fortzuschaffen; sein allerletztes Werk aber, ehe der jetzt breit und ruhig dahinwogende, segeltragende Strom sich in die Arme des Oceans ergießt, ist die Bildung seiner fruchtbarsten Ufer, der Marschen, gleichsam als wolle er noch zuletzt sein Leben mit dem schönsten Werke beschließen.

In seinem langen Laufe hat der Fluß von allen Körpern, die er mit sich fortwälzte, welche er aneinander rieb, zertrüm=

merte, in deren Poren und Spalten seine Fluth drang, oder an denen er vorüberzog, mancherlei Theilchen abgesondert oder aufgelöst, und damit sein Wasser geschwängert. Kalk, Thon, Sand und endlich eine Menge animalischer und vegetabilischer Ueberreste trüben seine Fluthen und lagern sich, dem Gesetze der Schwere folgend, sobald nur der Strom ruhig genug fließt, als Schlamm zu Boden oder an die Ufer. Hiermit hat die Bildung der Marschen ihren Anfang genommen.

Bei weitem bedeutender aber, als durch die beständig rieselnden Quellen und Bäche, gewinnt der Fluß an Bildungsmaterial für seine Marschen durch plötzliche oder anhaltende Regengüsse. In ewiger Verwitterung begriffen ist jedes zu Tage liegende Gestein, sei's nun rascher oder langsamer, je nachdem seine Art ist. Erde und Staub werden so von Tag zu Tag neu gebildet und dann, wenn ein tüchtiger Regen kommt, theils im Thal abgelagert, theils bis in die Bäche getragen. Das Allermeiste indeß geben dem Flusse die mächtigen schon gelösten Massen von Sand, Lehm, Thon und Kalk des niederen Hügellandes und der Ebenen seines Gebietes. Herrscht hier lang anhaltendes Regenwetter, dann sieht man die geschwollenen Gewässer des Flusses gänzlich trübe gefärbt. In der Volkssprache Nieder-Sachsens heißt das Wasser dann „muddig".

So geht es im ewigen Kreislaufe vorwärts. War der Strom, welcher Felsen zertrümmern und Landstrecken verheeren konnte, bei seiner Geburt so schwach, daß er kaum das kleinste Steinchen fortzuführen vermochte, so läßt er auch bei seinem Ende wiederum das kleinste Sandkorn kraftlos fallen. So rauben Quellen und Bäche den Gebirgsbewohnern das Land, um es den Küstenbewohnern wiederzugeben, und die breiten Ströme und das Meer senden täglich mächtige Dunstmassen zum Himmel, die dann als Regen und Thau die Berge netzen, um wieder Quellen und Bäche zu schaffen.

Je länger und ruhiger also der Fluß dahinfluthet, je mehr Binnenflüsse ihm in seinem langen Laufe zugeströmt sind und je näher er seiner Mündung kommt, desto mächtiger werden seine Schlammablagerungen, welche endlich da, wo Ebbe und Fluth beginnt, wo überhaupt der Einfluß des Meeres anfängt, ihre größte Bedeutsamkeit erreichen.

Dabei kommen nun dreierlei Weisen in Betracht, wie das Meer zur Bildung der Marschen die Ursache ist. Zuerst die mechanische. Während bisher im rastlos dahinfließenden Strome den feineren Theilchen selten soviel Ruhe gegönnt war, sich lagern zu können, entstehen jetzt, wo Fluth- und Ebbestrom zusammentreten und gegeneinander wirken, gewisse Zeitpunkte, in denen alle Strömung so gut wie aufgehoben erscheint, oder in denen doch die Bewegung des Wassers so langsam ist, daß dieses Vieles fallen lassen muß, was bis dahin mit fortgerissen ward. Diese Augenblicke nun, „Stauzeiten“ nennt sie der Küstenbewohner, sind die wichtigsten Momente für die Bildung der Marschen, und jeder Ruhepunkt zwischen Ebbe und Fluth und wieder zwischen Fluth und Ebbe trägt mehr oder weniger bei, sie zu erweitern, wovon wir zum Theil oft nach Jahrhunderten noch die interessantesten Beweise haben. Ein aus gewisser Tiefe hervorgeholtes und bisher unberührtes Stück Marscherde können wir oft, wenn es getrocknet ist, in lauter deutliche feine Schichten auseinanderfallen sehen. Wie bei einem Buche vermögen wir Blatt für Blatt davon abzuheben, und jedes derselben erzählt uns von einer solchen Stauzeit. Dagegen in den oberen Marschen, wohin keine Fluth drang, wo also die Ablagerungen auch gleichmäßiger stattfanden, scheidet sich die Erde nicht so geblättert, sondern als gleichförmige Masse.

Sodann wirkt auch chemisch das Meerwasser als ein Agens, wenn auch unwesentlicher. Nicht bloß mechanisch ertheilte Atome so vielfacher Stoffe trüben die Fluthen des Stromes, sondern auch aufgelöst und wirklich mit ihnen verbunden finden wir sie in Menge. Ebenso enthält bekanntlich das Meerwasser eine Menge mineralischer Theile, in großer Menge Chlornatrium (Kochsalz), daneben Chlormagnesium, schwefelsaurer Kalk und schwefelsaure Magnesia ꝛc. So wie nun süße und salzige Fluth zusammentreten, findet ein chemischer Proceß statt, wie er sich aus folgendem einfachen Versuch ergibt. Haben wir ein hinreichend großes Gefäß mit Flußwasser, namentlich humus- und kalkhaltigem, und ein eben so großes mit Seewasser gefüllt, beide gleich klar und durchsichtig wie nur möglich: so wie wir sie zusammengießen, entsteht sofort eine leise Trübung, doch nach einer Weile wird das Wasser wieder klar, aber am Boden des Glases zeigt sich, oft als weißlich grauer Niederschlag, das nun chemisch Ausgeschiedene. Und erst recht deutlich wird diese Erscheinung im Großen. Krystallklar gleitet in trockner Sommerzeit das Wasser des Hochlandes in seinem Flußbette, genau so klar wie draußen die Meeresfluth, allein dennoch wo sich beide vermischen an der Mündung des Flusses, rollen ewig getrübt die Wogen. Das Gebiet des Brackwassers ist daher das für die Marschen so wichtige mechanische und chemische Laboratorium.

Die dritte höchst bedeutsame Wirkung der Marschformation wird endlich durch jenes ungeheure Sterben winziger Organismen hervorgebracht, welches fort und fort im Brackwasser erfolgt. Das Meer ist belebt und durchwimmelt von Milliarden mikroskopischer Pflänzchen und Thierchen. Die Einen können nur leben in diesem, die Anderen nur in jenem Wasser. Jetzt tritt Beides zusammen, das Eine wird süßer, das Andere salziger, die Lebensbedingungen der Thierchen sind aufgehoben, das Sterben beginnt, und während ihre Kiesel- und Kalkpanzer die Lagerbänke erhöhen, düngen den Boden ihre kiesel- und kalkgepanzerten, gallertartigen Leiber. Die Marschen der oberen, von der Fluth nicht erreichten Gegenden sind daher nur aus gröberen Sand- und Thonmassen entstanden und von ungleich geringerer Fruchtbarkeit und Güte als die an der Mündung, deren reicher vegetabilischer Gehalt sie fähig macht, ihren üppigen Pflanzenwuchs hervorzubringen.

Jedenfalls schwer zu bestimmen ist die Menge der Schlammtheile, welche ein Fluß innerhalb eines Jahres mit sich führt, da sie nach Ort und Umständen einem steten Wechsel unterworfen ist. Manche Naturforscher haben sich indeß schon eingehend mit solchen Untersuchungen beschäftigt, nicht nur bei europäischen, sondern auch bei fremden Flüssen. So untersuchten die Engländer Everest das Wasser des Ganges, Bidell das des Missisippi, Barrow den Gelben Fluß in China, Andere die Schlammenge des Nil u. s. w.

Ebenso sind die Ablagerungen dieses Schlammes, ihre Zeit und Bedingungen, bereits der Gegenstand der interessantesten Forschungen gewesen und schon in den achtziger Jahren des 18. Jahrhunderts hat u. a. ein Dr. Weiß in Leer (Ostfriesland) höchst bedeutende Wahrnehmungen gemacht, indem er fand, daß der Niederschlag des Marschenschlicks in den Flußmündungen nie eher erfolgt, als bis das Seewasser auch bei stillem Wetter trübe wird, was namentlich in den vier Sommermonaten geschieht, die deshalb auch in Ostfriesland zuweilen die Schlickmonate heißen. Sodann wies er durch Tabellen nach, daß die Schlicklagerung in genauem Zusammenhang mit der Lufttemperatur steht und noch heute sind seine Beobachtungen sehr geschätzt.

Ferner kommt es darauf an, von welcher Art das Gebirgsgestein und der Boden des Gebietes ist, das der marschenbildende Strom zu durchfließen hat; und auch hiebei tritt noch manches Räthsel auf. Der dunkle leicht verwitternde Thonschiefer ist sicherlich das zur Marschenbildung am besten geeignete Gestein, in zweiter Linie kommen sodann Sandstein, Muschelkalk, Trachyt und Mergel. So haben Maas und Rhein gewiß bedeutende Theile ihrer Marschenbildung aus den um=

fangreichen Schiefern der Ardennen, des Taunus und Sauerlandes geholt. Von dem letzteren kommt auch ein Theil durch die Diemel der Weser zu Gute, wie auch vom Thonschiefer des südwestlichen Harzes, obwohl bei ihr große Muschelkalk- und Mergelmassen es waren, welche ihre Marschen bildeten, während die der Elbe wohl zum Theil dem thonigen Bindemittel des erzgebirgischen Sandsteins entstammt sein mögen. Die großen Thon-, Lehm- und Mergellager des weiten norddeutschen Schwemmlandes sind und bleiben indeß die nächsten, wie die wichtigsten Lieferungsdepots für die Marschen, gegen welche Alles, was jetzt unmittelbar von den Gesteinen aufgelöst und herabgespült wird, bis zur Unbedeutendheit herabsinkt.

Durch fortwährende Anhäufung seines Schlammes vor der Mündung aber verengt ein Strom sich nach und nach selbst seinen Ausgang und muß sich endlich in Arme (Gabelbildungen) spalten, um nur hinaus zu kommen. So entstehen Deltas, wie sie der Nil, Ganges, Mississippi, wie die Wolga, Weichsel, Donau, der Rhein u. a. darbieten. Auch die Weser hatte einst Deltaländer, und erst seitdem ihre in die Jade fließenden Nebenarme im 15. und 16. Jahrhundert eingedämmt wurden, strömt sie durch einen einzigen Ausweg in die Nordsee. Die übrigen deutschen Ströme haben meistens keine Deltas gebildet, sondern an ihren Ufern die Marschen abgesetzt. Ihre letzten Schlamm- und Sandlager, die Watten, sind nicht mächtig genug, um sich aus den Fluthen zu erheben und trocknes Land zu bilden.

Doch genug jetzt davon.

Wer sich tiefer von allem Diesem zu unterrichten wünscht, dem kann nicht genug das vortreffliche Büchlein „Die Humus-, Marsch-, Torf- und Limonitenbildungen, als Erzeugungsmittel neuer Erdrindenlager“ von Dr. Ferdinand Senft (Leipzig, Engelmann 1862) empfohlen werden, da es in verständlichster, anziehender und doch streng wissenschaftlicher Weise den ganzen Proceß der Verwitterungen, An- und Abschwemmung, Vertorfung und Eisensteinbildung unseres Norddeutschen Schwemmlandes darstellt. — Andere interessante Schriften dieses Gegenstandes sind Arends, Ostfriesland und Jever (Emden 1818, daher zum Theil veraltet), v. Horn, „Versuch einer Geologie der Ostfriesischen Marschen" (Emden 1862), Meineke, „Die Neumarsch" (Oldenburg) und Prestels Schriften: „Die Sturmfluthen der Nordsee" von Dr. G. Eilker (Emden 1877), auf welche kleine treffliche Schrift ich ganz besonders hinweisen muß.

Doch nicht allein sind es Kräfte und Verhältnisse der bewußtlosen Natur, welche Land schaffen; auch der Mensch greift mit starkem Arm in die Fluth und zwingt sie, ihm ihren Tribut zu geben. Er legt Schlengen, Stackwerke und Deiche an, er entreißt ihr, was sie entführen will, er gebietet ihr nach seinem Willen hierhin oder dorthin zu strömen, und ruft ihr oft ein kräftiges „Halt" entgegen.

Es ist darum des Holländers altes Sprüchwort: „Deus mare, Batavus littora fecit" wahrlich nicht zu verwegen gewesen. Niemand kann mit so stolzem Selbstgefühl seinen Heimathsboden besitzen als der Marschbewohner, der ihn zum Theil geschaffen und mühevoll errungen hat, der ihn Jahr aus Jahr ein mit ungeheurer Kraft und Ausdauer behaupten und vertheidigen muß gegen die wilden, ewig nagenden, ewig wühlenden und spülenden Fluthen. Aber dieses ewige Ringen und Kämpfen hat ihn gestählt und geweckt, wie es ihn erfüllt hat mit Muth und Ausdauer, Freiheitsliebe, Selbstständigkeit und innigem Heimathsgefühle.

Ueberall lehnen sich die Marschen flach an den Rand des höheren sandigen Landes, „die Geest" genannt, oder lagern sich auch zum Theil auf ihm. Die Benennung Geest hängt wohl mit dem plattdeutschen Worte „güst“ zusammen, das unfruchtbar oder nicht tragend bedeutet. So nennt man z. B. eine nicht trächtige Kuh güst, oder sagt, wenn man zur Brache pflügt, also nicht danach säen will, man pflüge güst. Im deutschen Süden und Osten ist die Benennung Geest unbekannt, überall in Nieder-Sachsen aber bezeichnet man durch sie die ganze norddeutsche sandige Diluvialebene bis an die Berge. In den Marschen selbst nennt man Alles schlechtweg Geest, was nicht Marsch oder Moor ist, und mancher Bauer meint daher auch steif und fest, die ganze Welt, seine fruchtbare fette Heimath ausgenommen, sei nur magere bemitleidenswerthe Geest.

Dieser hohe, jetzt mit Haide, Wald oder Kornfeldern bedeckte Geestrand war also einst, wie hier und dort auch noch heute, das wirkliche Flußufer.

So sehen wir alle Marschen, die minder fruchtbare Geest wie ein grüner üppiger Rand umgeben, in welchem die letztere mit mannigfachen Landzungen und Vorhügeln hineintritt. Vom Herzogthum Bremen ist daher der alte gute Vergleich entstanden, daß es wie ein schlechter Mantel sei mit goldener Kante besetzt, oder gar wie ein magerer Pfannekuchen mit leckerem Rande.

Zuweilen geschah es auch, daß eine allein stehende, weit vorgeschobene Sandhöhe rings vom fetten flüssigen Schlamm umflossen und so vom übrigen Geestlande getrennt wurde, so daß man jetzt oft mitten aus der fruchtbarsten Marsch den dürrsten Sandboden hervorragen sieht, gleichsam wie ein magerer Braten aus fetter Brühe.

Am häufigsten aber liegt zwischen Marsch und Geest, mehr oder minder breit, noch ein Moorstrich, namentlich da wo die Geest sich buchtenartig einwärts zieht. Wo das aber der Fall nicht ist, grenzen beide Bodenarten oft so hart aneinander, daß man mit einem Fuße auf trocknem Sande und zugleich mit dem andern auf dem fettesten Marschboden stehen kann. —

Noch heutigen Tages sehen wir neues Marschland allenthalben vor unseren Augen entstehen, aber hierbei spielt der vom oberen Lande herabgeführte Schlamm meistens eine nicht so bedeutende Rolle als ehemals; wir können diese Ablagerungen weniger Neubildungen als Umbildungen nennen. Was hier nämlich ein Ufer gewinnt, muß dort ein anderes verlieren; denn Ebbe und Fluth tragen den schon abgelagerten Schlamm bald hierhin bald dorthin, und des Menschen Aufgabe ist nun, das Abgesetzte festzuhalten. Dasjenige, was die Flüsse noch am meisten und mächtigsten herabspülen, sind ihre Sandmassen, die von Tag zu Tag bedeutender werden, dem Meere näher kommen und das Fahrwasser der Flüsse auf's Bedenklichste verengen und seichter werden lassen. So wäre auch das Fahrwasser der Weser und Elbe sicher in kurzer Zeit arg versandet worden, und nur mit großen Anstrengungen durch Baggermaschinen und Uferwerke ist es jetzt vor gänzlicher Vernichtung zu retten.

Wir wissen, das einst das ganze Gebiet der Marschen ungleich umfangreicher war, als es sich uns jetzt darstellt. Es ist vielleicht nicht zu kühn zu vermuthen, daß es in grauer Vorzeit wohl das Doppelte seiner jetzigen Größe gehalten haben mag; sicher wenigstens weiß man, daß es sein Ufer über die Reihe der friesischen Inseln, welche heute von Holland bis zur Jade das Land umgeben, damals also noch nicht existirten, erstreckten. Es war eine Zeit, wo kein Kanal Englands und Frankreichs Küsten trennte. Die Fluth- und Stromwellen, welche jetzt von Süden aus dem atlantischen Ocean nach Norden dringen, in der engen Pforte des Kanals hoch aufgestaut wurden, um mit reißender Gewalt daraus hervorzuströmen auf das Rheindelta, gaben diesem gewiß erst seinen concaven Umriß nach Außen. Früher aber mußten diese Fluthen ihren Weg nach Schottland machen, brachen sich vollends an den norwegischen Felsenwänden und konnten nicht anders als äußerst kraftlos die Marschen erreichen. Die drei Flüsse, Rhein, Weser und Elbe, vermochten daher alle ihre Schlammmassen ungestört von irgend einer Strömung vor ihrer Mündung abzulagern. Die Nordsee war nur ein tief ins Land gehender Meerbusen. Es geht offenbar aus deutlichen und zahlreichen Beweisen hervor, daß einmal ungleich niedere Fluthwellen die Marschen berühren mußten.

Mit dem Durchbruche des Kanales aber begann die Zertrümmerung des großen nordwestlichen Schwemmlandes, welche fort und fort dauern würde, wenn nicht der Mensch alle Kraft und Ausdauer anwendete, die ewig nagenden Fluthen zu bekämpfen. Es wird ihm zum Theil gelingen, aus den eingerissenen kleineren Meerbusen, z. B. aus der Jade und dem Dollart, noch manchen schönen Morgen Landes wieder zu gewinnen, wie es denn ja gelungen ist, durch die Kraft des Dampfes das Harlemer Meer trocken zu legen. Welch' unbedeutender trauriger Ersatz aber ist dies Wenige gegen so viel Versunkenes und Fortgespültes! Auch jene Inseln, die letzten Brocken des einstigen Ufers, sind wohl rettungslos verloren, und es wird sicher eine Zeit kommen, da sie nicht mehr sein werden.

Wo aber sind sie geblieben, die ungeheuren Thonmassen, welche einst das große, viele Meilen weit fruchtbare Land ausmachten? —

In einer Breite von zwölf Meilen zieht sich in der Richtung von Hull nach der Südspitze Norwegens die mächtige über fünfzig Meilen lange Doggersbank, gebildet aus Sand und schwarzem, festem Thon. Hier mußte diese entstehen, denn gerade an dieser Stelle stoßen die Fluthwellen des Kanales mit denen, die von Norden kommen, zusammen, und schaffen hier einen Ruhepunkt des Wassers, und wo Ruhe ist, sehen wir ja auch die größte Schlammabsetzung. Die Doggersbank dürfen wir sicherlich als die versunkenen und fortgespülten Massen der alten Marschen ansehen.

Schon auf den ersten Blick tritt die unendliche Eigenthümlichkeit der Marschländer und ihre Verschiedenheit von der benachbarten Geest auf's stärkste hervor. Die Geest ist hoch, wellenförmig und hügelig; die Marsch bildet eine fast mit dem Meeresspiegel gleichliegende, vollkommen ebene Fläche. Auf der Geest zeigen sich Wälder und Haiden, sie ist von Quellen und Bächen durchrieselt, mit Geröll und zum Theil mächtigen Steinblöcken bedeckt; sie besteht aus leichtem Sandboden und ist nur in der Nähe der Dörfer, welche oft mehrere Stunden Weges auseinanderliegen, bebaut. Alles das ist anders in der Marsch. Diese hat keine Quellen, keine Wälder, keine Haiden, keine Sandflächen, man findet sogar nicht einen einzigen Stein in ihr, es sei denn, daß er durch Menschen hergeführt wäre. Die Marsch ist eine einzige weite, grüne, fruchtbare und fast baumlose Ebene. Wild wenigstens wächst nicht ein einziger Baum, nur in den Dörfern an den Gehöften und Wegen hat man sie gepflanzt. Aber kein Fleck ist da, der unbenutzt geblieben wäre. Weide reiht sich an Weide, Acker an Acker, schnurgerade Wege, Kanäle und Gräben durchschneiden nach allen Richtungen das mit zahlreichen Dörfern und stattlichen Einzelgehöften besetzte Land und endlich, was die Haupteigenthümlichkeit der Marschen ausmacht, ein hoher starker Deich, der sie in ihrer ganzen Ausdehnung umzieht, und hinter welchem dieselben liegen, wie hinter einem Festungswall, schützt sie vor den Fluthen. Ebenso tritt der starke Contrast mit der Geest in den Bewohnern hervor, von denen indeß später die Rede sein mag.

Betrachten wir jetzt näher die Marschgegenden der Niederelbe und Weser. Beide Ströme durchfließen ihr Gebiet in eben nicht sehr bedeutenden Krümmungen. Die Weser fließt, wie man im Allgemeinen annimmt, ihres verhältnißmäßig kürzeren Laufes und höheren Gefälles wegen, etwas rascher zu Thal als die Elbe, woher es auch kommen mag, daß letztere viel eher und ihrer Mündung näher im Winter gefriert, als jene. Der Strom beider aber wird unaufhörlich aufgehalten und verändert durch eine Menge größerer und kleinerer Inseln und Bänke, die sich selber gebildet haben. In der Weser werden diese meistens „Platen“ (Platten) genannt, in der Elbe heißen sie „Sande“, wenn sie auch nicht aus Sand bestehen. Diese Inseln verändern fast unaufhörlich ihre Gestalt, reißen hier ab und setzen dort wieder an, ziehen sich hier zu einer größeren zusammen und zertrümmern dort vor den reißenden Fluthen in mehrere kleinere. Von einer Küste nagt der Strom in diesem Jahrzehend das Land ab und schwemmt es an die andere Küste, um es vielleicht abermals nach einigen Jahren auch von dieser wieder abzureißen, wenn der Mensch mit kräftiger Hand kein Veto einlegte. Auf diese Weise findet ein ewiger Stromwechsel statt, der das Fahrwasser zu großer Unbequemlichkeit der Schiffer fast alljährlich verändert. — Der Marschbewohner zieht von diesen Inselbildungen den mannigfachsten Nutzen. Die kaum bei niedriger Ebbe frei werdenden Bänke liefern ihm Sand zu seinen Wegebauten, zu seinen Ziegelfabriken, für seine Gartenpfade, und zu allerlei häuslichen und technischen Bedürfnissen. Die Sandbänke vor der Mündung bieten reiche Lager von Muscheln, aus welchen der Marschbewohner Kalk für den Mörtel zu seinen Bauten brennt. Die Sandbank überzieht sich bald mit Schlamm und wird höher und höher, so daß sie nun Plate heißt. Nach einigen Jahren treten die ersten Pflanzen auf, meistens Binsenarten (Scirpus); wird sie noch höher und fester, so stellt sich das Rohr ein (Phragmites communis), für die Marschen eine hochwichtige Pflanze; nicht sowohl, weil sie ein passendes Material zum Dachdecken liefert, sondern hauptsächlich, weil sie der beste Verbündete des Marschbewohners in seinem Kampfe mit den Fluthen ist. Das Rohr hat nämlich eine dicke gelblich-weiße kriechende Wurzel, deren hohle Röhren durch eine Menge Knoten in Kammern getheilt sind und nach allen Richtungen schnell wuchernd in tausend Schlangenwindungen den Boden durchziehen. Dadurch gewinnt diese Pflanze für die Erdbildung der Marschländer eine hohe Wichtigkeit. „Packwurzeln“ nennt sie trefflich bezeichnend in einigen Gegenden der Marschbauer; denn kaum hat ein aufgeschwemmtes Ufer oder eine Flußinsel die nöthige Höhe, um Rohr zu tragen, so sproßt dieses auch bald reichlich hervor, seine Wurzelschlangen packen in kurzer Zeit so sehr alles Erdreich, daß dasselbe bald den spülenden Fluthen trefflich zu widerstehen vermag. Daher wartet man auch meistens nicht erst so lange, bis jenes Rohr von selbst aufwächst, sondern beeilt sich, Wurzelballen in den jungen Boden zu setzen, wohl wissend, wie vortrefflich es beisteht, denselben zu behaupten. Auch das Rohr gedeiht nur in gewisser Höhe und wenn noch die regelmäßige Fluth das Land stets überschwemmen kann. Wird nun eine Insel so hoch und trocken, daß sie die gewöhnliche Fluth nicht mehr bespült, so wird auch das Rohr von Jahr zu Jahr feiner, kürzer und kümmerlicher, bis es endlich ganz verschwindet, um dafür einem üppigen hohen Wiesenwuchs mit mannichfaltigen blühenden Kräutern Platz zu machen. Jetzt liefert die Insel dem Marschenbewohner schon manches Fuder duftigen Heues auf den Boden, noch später weidet sein Vieh darauf, und zuletzt kommt er selbst, wirft einen Erdhügel, eine „Wurth“ auf, welche die Fluth nicht erreichen kann, baut sich auf der Spitze des Hügels seine Wohnung und führt nun mit Weib und Kind, Gesinde und Vieh hinfort sein einsames, beschauliches Inselleben. Die größten Inseln endlich, bei denen es sich der Mühe lohnt, werden durch ordentliche hohe Deiche auf immer den Fluthen entzogen, wie z. B. die Elbinsel Wilhelmsburg ringsum bedeicht ist. Und gerade so wie hier bei den Inseln findet auch die Landbildung an den wirklichen Ufern statt. —

Häufig waren diese Sande und Platen schon gleich bei ihrem Entstehen ein Zankapfel zwischen den verschiedenen, den

Strom begrenzenden Ländern, wie z. B. zwischen Holstein und Hannover die in der Elbe liegenden, zwischen Hannover und Oldenburg die der Weser. Sowie ein solch' Inselchen nur aus den Fluthen hervorblickte und Miene machte, sich begrünen zu wollen, eilten von beiden Seiten diensteifrige Beamte herbei, dasselbe für ihre Regierung in Beschlag zu nehmen, indem sie eine Stange aufrichteten mit dem Namenszuge des Landesherrn. Nun begann ein Kampf zwischen den Cabinetten der Grenzstaaten. Das eine behauptete vielleicht, die Plate sei eine neue, das andere dagegen sah sie als Fortsetzung irgend einer von seinen älteren Besitzungen an; das eine meinte, sie läge mehr auf dieser Seite, das andere sagte, sie sei in seinem Stromgebiete entstanden. Immer hitziger wurde der Federkrieg. Messungen wurden angestellt, Termine abgehalten, Karten aufgenommen, auswärtige oder fremde Ingenieure um ihr Gutachten befragt, hydrographische Untersuchungen vorgenommen und solche Berge von Protokollen und Akten geschrieben, daß man die kleine Plate damit fast fußhoch bedecken konnte. Und so stritt man vielleicht Jahre lang auf's Heftigste über die Frage: „Mein oder Dein", und vergaß oft ganz, daß bei der kleinen, kaum im Entstehen begriffenen Plate die weit wichtigere Frage: „Sein oder Nichtsein" war. Endlich machte wohl der alte grollende Strom selbst dem Kampfe ein Ende, indem er das kleine Ding eines schönen Tages ruhig wieder fortzuschwemmen begann. In einem einzigen Winter war oft das Werk vollbracht und — man hatte sich um des Kaisers Bart gestritten.

Die Schlengen, Deiche und Siele.

Eins der Hauptmittel zur Gewinnung neuen Landes, wie zur Erhaltung des älteren, sind die schon erwähnten Schlengen, in einigen Gegenden auch Stackwerke oder Buhnen genannt.

Der Name Schlengen hängt mit dem Worte Schlingen zusammen. Es sind Werke aus Faschinenbündeln, die hoch aufeinander gelegt sind. Ueber ihnen laufen der Länge nach, um sie zu befestigen, gedrehte 6—8 Zoll dicke lange Stränge von zähen Weidenruthen; diese aber werden durch lange Pfähle, welche tief in

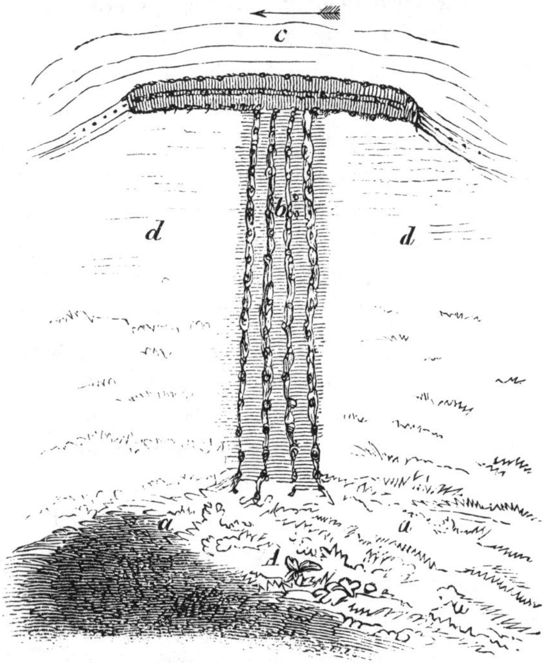

Eine Schlenge aus der Vogelschau gesehen.

den Grund gerammt sind und oben mit einem Querpflock versehen, so darauf gepreßt, daß das Ganze ein starker Wall wird, der oft weit in den Strom hineinragt.

Diese Schlengen haben zweierlei Bestimmung.

Einmal wehren sie den sich dem Ufer nähernden Strom ab, und leiten ihn von demselben, das er fortgerissen haben würde, hinweg. So beschützen sie es, während zugleich das

Fahrwasser dadurch tiefer und mehr nach der Mitte des Flusses verlegt wird. Sodann aber bricht sich der Strom an ihnen und wird dadurch genöthigt, die Schlammtheile, welche er mit sich führt, fallen zu lassen. Diese häufen sich mehr und mehr zu beiden Seiten der Schlenge, so daß dieselbe endlich wohl mitten im festen Lande zu liegen kommt, und dann von Neuem verlängert wird, um ihr schönes Werk der Landgewinnung wiederum fortzusetzen. —

Einige Schlengen endigen mit einem quer davorliegenden Stackwerke, „Schlickfänger“ genannt, und bilden so, aus der Vogelschau gesehen, vorstehende Figur: aa ist schon festes und begrastes Land; b die Schlenge mit ihrem quer davorliegenden Schlickfänger; c bezeichnet den tiefen Strom, und dd den an beiden Seiten sich lagernden Schlamm. — Die Schlickfänger haben sich indeß nicht sehr bewährt und werden daher in letzter Zeit selten mehr angeordnet. Fast alle Schlengen bilden jetzt nur einen geraden in den Strom reichenden Arm.

Beide Ufer der Elbe und Weser sind mit Hunderten solcher Schlengen bewaffnet, die da, wo der Strom sich dem Ufer nähert, um so nöthiger und zahlreicher sind. In manchen Flußgegenden, z. B. in der Nähe von Bremen, wo die Weser sehr zur Versandung geneigt ist, hat man ein bedeutendes System von Schlengen nicht des Uferschutzes wegen, sondern nur zur Regulirung und Vertiefung des Fahrwassers angelegt.

Die eigentliche Fluth geht immer über die Schlengen hinweg, und auch bei Ebbe ragen sie nur wenige Fuß aus dem Schlamme, so daß sie keineswegs bedeutend aussehen. Und dennoch sind es oft kostbare Werke.

Die Anlage einer Schlenge von 400—500 Fuß kostet meist Tausende von Thalern. Je tiefer und reißender das Wasser ist, desto kostspieliger und schwieriger ist natürlich die Anlage. Aber die Werke sind zu wichtig und von ihnen hängt oft die Existenz ganzer Dörfer und Landstriche ab; ja sie sind oft ebenso wesentlich und fast noch mehr als die Deiche, denn diese weisen nur momentan den Andrang der Fluth ab, vermögen indeß nie vor dem rastlos nagenden Strom zu schützen. So scheute man denn keine Mühe und Gefahr und hat schon erstaunenswerthe Thaten vollbracht. Auf 40 und 50 Fuß Tiefe und im wuchtigsten Strom hat man Schlengen angelegt, die freilich auch viele Tausende gekostet haben.

Solche Schlengen müssen natürlich ihrer Höhe wegen unten eine oft 20—30 Fuß breite Grundlage haben, wenn ihre oberste Breite auch nur 5—10 Fuß beträgt, und damit nicht gleich der Strom die untere Lage der Reisigbündel fortreißt, wird solche durch mächtige Anker festgehalten, nachdem sie durch schwere Steine, welche aber sofort wieder heraufgewunden werden, auf den Grund gesenkt ist. So fährt man fort, stets schmälere Schichten von Faschinen hinab zu senken und diese gleich mit zugespitzten, oben mit einem Querpflock versehenen Pfählen aufeinander zu befestigen, bis die schmalsten Lagen des Werkes endlich über dem Wasser sichtbar sind. Man begreift, daß es schwierig ist, ein solches Werk tief unter den Fluthen, die Alles dem Auge entziehen, aufzuführen. Fast alljährlich bedürfen die Schlengen einer kostspieligen Reparatur, da sie Tag und Nacht den ewig wühlenden Fluthen ausgesetzt sind. Ein einziger Eisgang zerstört oft das ganze kostbare und mühevoll erbaute Werk.

Hat der Marschbewohner durch seine Schlengen dem Strome wieder so viel Land abgezwungen, daß dessen Größe mit den Eindeichungskosten in gutem Verhältniß steht, so schreitet er zur Bedeichung derselben. Bisher hieß es Vorland, Außendeich, Groden oder Helder und konnte selten anders als Wiese oder Weide benutzt werden. Der Fluß hatte bis dahin noch immer ein gewisses Recht darüber und bedeckte es bei jeder hohen Fluth mit seinen Wogen, daß an Ackerbau darauf nicht zu denken war. Durch die Deiche wird es ihm aber völlig entrissen, und es erhält nun einen ganz anderen Charakter. Gräben und Canäle durchziehen es jetzt, Weiden und Saatfelder bedecken es, eine andere Pflanzenwelt sproßt hervor, verdrängt die Sumpfgewächse und bald sieht man nur noch an wenigen Spuren, daß es einst aus dem nassen Elemente hervorging. Von den Deichen hängt daher alle Fruchtbarkeit und aller Wohlstand, ja das ganze Dasein der Marschen ab, und so ist es natürlich, daß man alle Aufmerksamkeit und allen Ernst und Eifer auf Tüchtigkeit und Erhaltung derselben hinwendet.

Streng genommen kann der Marschbewohner kaum im Plural von seinen Deichen sprechen, da diese nur einen einzigen hohen ununterbrochenen Damm ausmachen, der sich längs dem Flusse hinzieht, die Marschländer davon trennt und sie schützend umgiebt. Die hannoverschen Weser- und Elbmarschen besitzen allein einen Deich, der, von Osterstade bis zum „alten Lande" inclusive gerechnet, die Länge von 21 geogr. Meilen hat und nur an der äußersten Nordwestspitze im Amte Ritzebüttel, wo die Geest unmittelbar an's Meer tritt, durch Dünen auf eine kurze Strecke unterbrochen wird; ein Werk, an dem Jahrhunderte hindurch gebaut und gebessert wurde.

Je näher man den Flußmündungen kommt, desto stärker und geböschter werden die Deiche, welche zuletzt den Namen Seedeiche führen. Indeß ist die Grenze zwischen Fluß- und Seedeichen nicht scharf bezeichnet und die einen gehen ganz allmälig in die andern über. Die Höhe der Seedeiche steigt auch nur um wenige Fuß über die der übrigen, weil ja der Wasserstand sich überall ziemlich gleich bleibt. Durchschnittlich ist die Höhe sämmtlicher Deiche vom Boden an gerechnet zwischen 15—30 Fuß schwankend, ihre Stärke dagegen beträgt bei der Mündung mehr als das Doppelte. Die Wesercorrection und die dadurch veränderten Schlengenverhältnisse hat auch auf den Deichbau wesentlichen Einfluß geübt; im Großen und Ganzen gelten für denselben jedoch die auf alten Erfahrungen beruhenden Grundsätze.

Der Unterschied zwischen dem niedrigsten normalen Wasserstande und dem höchsten normalen beträgt bei Bremerhaven durchschnittlich etwa 12 Fuß, dagegen steigt bei Sturmfluthen der Strom über das Doppelte, ja bis zu 28 oder gar 30 Fuß daselbst. —

Die innere Seitenwand der Deiche ist überall ziemlich steil, die äußere dagegen in einer sanften Schrägung aufsteigend. Diese Schrägung, Böschung oder Dossirung genannt, wird nach der Strecke, in der sie zu einer gewissen Höhe aufsteigt, bestimmt. So sagt man z. B., ein Deich habe eine dreifüßige Dossirung, wenn seine Seitenlinie auf einer Strecke von 3 Fuß um einen Fuß ansteigt.

Je schräger die äußere Dossirung des Deichs ist, desto weniger leidet derselbe von der heranströmenden Fluth, weil ihre Wellen der dadurch entstehenden geringen Tiefe wegen machtlos werden, und auch die schräge Erdwand nicht zu fassen vermögen. Deshalb besitzen auch alle Seedeiche eine viel schrägere äußere Böschung, als die minder der Gefahr ausgesetzten Flußdeiche.

Der Fuß des Deiches, oder vielmehr die letzte Fortsetzung der Dossirung, wird die Bärme genannt. Die obere Deichfläche, welche durchschnittlich 6—12 Fuß Breite hat, und um dem Regenwasser Abfluß zu gewähren, oft etwas convex gebildet ist, heißt die Kappe. So erhält der Deich in seinem Durchschnitt nachstehende Gestalt:

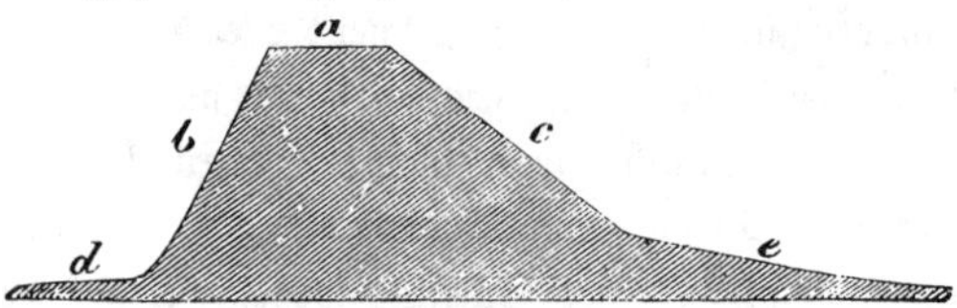

Ein Deich im Querdurchschnitt.

a die Deichkappe; b die innnere, c die äußere Dossirung; d die innere und e die äußere Bärme. Die Erde zum Deichbau wird mit seltenen Ausnahmen immer aus dem Vorlande geholt, welches man da=

her in der Nähe des Deiches stets in großen flachen Gruben von quadratischer Gestalt abgegraben sieht. Ein solches ein oder zwei Fuß tief ausgestochenes Quadrat ist indessen oft schon in einem kurzen Zeitraum wieder voll geschlemmt, weil man sorgt, daß größere und kleinere Canäle (sogenannte Balgen und Grüppen) bei jeder Fluth das Wasser des Flusses hineinführen. Ueberhaupt erhöht sich das ganze Vorland, da es ja stets allen höheren Fluthen ausgesetzt ist, fortwährend und ist im Laufe der Zeiten in einigen Gegenden fast 6—8 Fuß höher geworden als das Land innerhalb des Deiches. Dies ist unter Anderem im nördlichen Osterstade der Fall.

Zunächst ist dann auf die zweckmäßigste Bekleidung der Deichwände zu sehen, welche die Erde vor den Fluthen, wie vor Abbröcklung durch Trockenheit zu schützen vermag. Die gewöhnlichste, natürlichste und in der Regel hinreichende Bekleidung ist Rasen, mit dem auch fast alle Deiche der Elbe und Weser überzogen sind. Er bildet, wenn er gut gepflegt, von allem Unkraut, Maulwurfs- und Mauselöchern rein erhalten, und endlich, wenn er mit Rindvieh und Schafen beweidet wird, bald ein immer dichter werdendes filzartiges Gewebe (die Grasnarbe in den Marschen genannt), welches den Wogen, wie der Dürre trefflich widersteht.

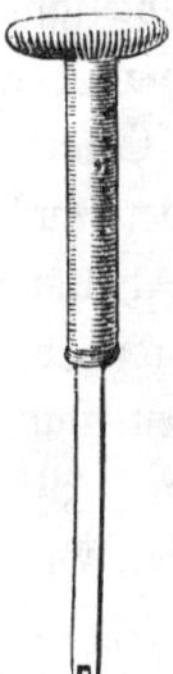

Deichnadel.

Wenn aber diese Grasnarbe einmal zerstört ist, sowie an Stellen, die den heranstürmenden Wogen so sehr ausgesetzt sind, wählt man eine andere Art der Bekleidung, nämlich das Besticken oder Benähen. Dieses besteht darin, daß man Schilf, oder wo dies fehlt, langes Stroh auf der Dossirung ausbreitet, und dann dasselbe durch quer darüberliegende Strohstreifen, die man vermittelst eines Instrumentes, „Deichnadel“ genannt (siehe beistehenden Holzschnitt), in kurzen Absätzen einen Fuß tief in die Erde drängt, befestigt.

Diese Bekleidung bedeckt dann die äußere Dossirung wie eine Art Matte, ist aber stets nur für einen Winter berechnet, weil das Stroh in der Erde bald verrottet und das Ganze sich dann auflöst. Nebenbefindliche Zeichnung eines Stückes solcher Bestickung giebt davon einen etwas deutlicheren Begriff. Es ändert sich die Bestickung der Deiche aber auch dahin ab, daß in einigen Gegenden Weidenruthen statt Stroh genommen werden, doch geschieht dieses sehr selten. An einigen holsteinischen Deichen bedient man sich dagegen zur Bedeckung einer starken Faschinenlage, die durch Pfähle fest an den Deich gehalten wird und gute Dienste leistet. In den hannoverschen und oldenburgischen Marschen kommt diese Art der Bedeckung nicht vor. Im „alten Lande" dagegen ist sie gebräuchlich; hier werden die einzelnen Flechtwerke Fleke genannt.

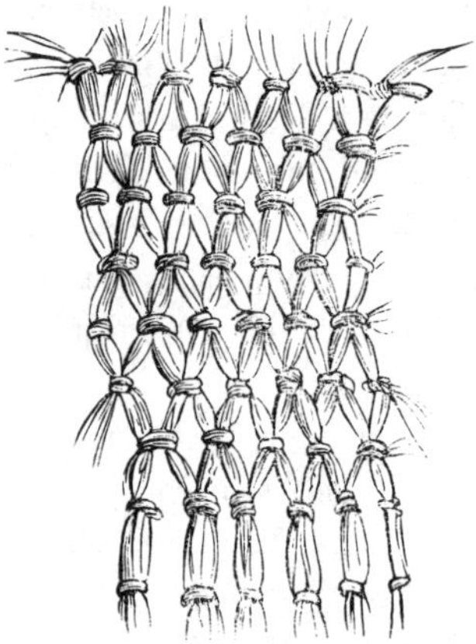

Deichbestickung von Stroh.

Die allerdauerhafteste, aber auch bei weitem kostspieligste Bekleidung ist endlich die Steindossirung, bei der man den Deichkörper mit genau aneinander gefügten und durch Cement verbundenen Quadern von Granit oder Sandstein, oder auch mit äußerst hart gebrannten Ziegeln, z. B. sogenannten holländischen Klinkern, belegt. Diese Art der Bekleidung findet bei sehr wenigen oder nur bei den allerstärksten Seedeichen statt, welche den wüthendsten Wogendrang abzuhalten haben. Wir finden sie in Holland, Ostfriesland, an der Nordspitze des Butjadingerlandes und an der holsteinischen Küste.

Außerdem schützt man die Deiche noch dadurch, daß man am Fuße der äußeren Bärme eine oder mehrere Reihen von Weidenbäumen pflanzt, an denen sich die Wogen brechen.

Doch nützen sie im Ganzen wenig. Weiden gedeihen auch nur, so weit der Fluß süßes Wasser führt, und verkümmern, wenn Seewasser die Ufer bespült. Der beste Deichschutz jedoch ist und bleibt ein recht großes Vorland. Wo ein solches vorhanden, leiden die Deiche sicherlich am wenigsten. —

Wer heutigen Tags, auf dem hohen Deiche sich haltend, in schöner Sommerzeit unsere Marschen durchwandert, dem bieten sie ein Bild dar, welches, wenn auch eben nicht durch reichen Wechsel der Gegenstände, doch durch seine eigenthümlichen Contraste immer ein höchst anziehendes genannt zu werden verdient. Der Deich bildet die schmale Scheidelinie zwischen zwei Landstrichen, die, wie nahe sie auch zusammengrenzen, doch im äußeren Character, in Bodenbeschaffenheit, in Flora, Fauna, kurz in Allem so von einander abweichen, daß in mancher Hinsicht kaum eine größere Verschiedenheit zu denken ist.

Auf einer Seite Sumpf und Binsen, Schilfgeflüster und Wogenrauschen, ferne schwellende Segel und das öde weite Watt mit seinen flatternden Mövenschwärmen; auf der anderen aber die mächtige grüne Ebene mit ihren buschreichen Dörfern, mit Thurmspitzen und stattlichen Bauergehöften, mit Saatfeldern und Viehschaaren, mit Rädergerassel und Sensenklang, mit Taubengeflatter und Lerchengeschwirr. Wer auf all' dies üppige Leben und Treiben nah und fern hinabschaut, wie es die reichen blühenden Marschen hinter ihren hohen starken Deichen entfalten, die sich gleich mächtigen Festungswällen in ihrer ganzen Länge schützend vor ihnen herziehen, dem wird schwerlich der Gedanke in den Sinn kommen, daß auch diese gesegneten Fluren einst nichts Anderes waren, als was jenseits der Blick erschaut, ein weites sumpfiges Rohrfeld, oder gar ödes kahles Watt ohne alle Vegetation, allenfalls an seinen höchsten Stellen ein paar fleischige Salzpflanzen tragend, und daß sie sofort wieder in den alten wüsten Zustand übergehen würden, wenn einmal die Deiche verschwänden.

So sehen wir also in diesen letztern die erste aller Daseinsbedingungen der Marschen, von deren Erhaltung das Leben wie das Wohl und Wehe vieler Tausende, ja von denen die Existenz ganzer Landstriche abhängt. Aber noch mehr — und daran mögen wohl Wenige denken — wir haben sie auch zugleich als ersten und einzigen Anlaß eines ausgebildeten, auf Gesetz und Recht begründeten Zustandes zu betrachten. Vor der Bedeichung stelle man sich die Marschen vor als weite, seichte und schlammgefüllte Busen, von kahlen Sanddünen, den jetzigen Haidehügeln, begrenzt und nach dem Meere zu offen. Der träge Fluß rieselt wohl in hundert Armen hindurch, eine Menge kleiner oder größerer Inseln und Sandbänke bildend. Die weiten Binsen- und Rohrfelder waren das einzige Grün. Zweimal des Tages kamen die grauen Fluthen und bedeckten Alles. In der einen Stunde sah man nichts als Schlamm, in der andern nichts als trübes Wellengeriesel; der nebelgraue Himmel vollendete das finstere öde Bild.

In dieser traurigen Einöde hatten sich nun die Menschen niedergelassen. Hier und dort auf den größten Inseln hatten sie, um sich gegen die Fluthen zu schützen, einen Erdhügel, eine Wurth aufgeworfen, da verbrachten sie in einsamer Rohrhütte, umgeben von Wellengemurmel und Schilfgeflüster, ihr armseliges Leben, von den Fischen, die sie fingen, und den Sumpf- und Seevögeln, die ihre Pfeile erlegten, sich kärglich nährend, aber in vollkommener Freiheit, in völliger Unabhängigkeit von einander. Höchstens vereinigte sie dann und wann ein Seeräuberzug. An ein gemeinsames Oberhaupt, an Gesetze und Spuren einer Verfassung war nicht zu denken.

So fanden Roms Legionen die Marschen. Sie mochten mit Recht diese Gegenden trostlos, ihre Bewohner elend und bedauernswerth nennen und konnten wohl vor solcher unwirthbaren Natur zurückbeben; kamen sie doch aus dem schönen, sonnigen Italien.

Ein ganz ähnliches Bild bieten noch jetzt die Watten Nordfrieslands mit ihren Halligen. Auch hier ist es gar mancher Schiffsmannschaft wie ein Zauberspuk erschienen, wenn sie bei dunkler Nacht und mitten im Wogengebraus plötzlich in die lampenhellen Fenster eines traulichen bewohnten Stübchens schaute, an denen sie hart vorbeisegelte.

Die noch jetzt zahlreich vorhandenen Wurthen sind ein deutliches Zeugniß von jener ersten Zeit der Marschen. Doch auch als schon Deiche das Land umgaben, wurden noch Wurthen aufgeworfen, theils um trocknere Wohnungen zu gewinnen, theils aber auch der Sicherheit wegen, da die anfangs schwachen und niederen Deiche wenig Schutz gewähren konnten. Vor Allem wurden für Kirchen und Begräbnißplätzen die höchsten Wurthen geschaffen. Sie sollten hoch und sicher hinausragen, wenn alles Land umher die Fluthen überbrausten.

Eine Menge Ortsnamen bezeichnen ebenfalls die Stelle solcher Wurthen: so im Lande Hadeln die Dörfer Lüdingworth, Ihlienworth; in Osterstade das Dorf Wurtfleth; im Stadlande erinnert das Wort Wurp (von werfen, aufwerfen), wie Golzwarder Wurp, Schmalenflether Wurp daran. Endlich hat das ganze Land Wursten seinen Namen davon, welches nichts Anderes heißt, als das Land der Wurthsassen, der auf Wurthen Ansässigen. Worsati nennen daher lateinische Chronisten die Wurster. Doch wieder zurück in die Vorzeit.

Jener armselige Zustand des vereinzelten Wurthlebens konnte nicht dauern. Die Bevölkerung nahm zu, die Wurthen vermehrten sich, wurden höher und ansehnlicher; auch vereinigte man mehrere zu einer großen gemeinsamen, auf der nun die ersten Dörfer entstanden. Die ersten Spuren von Viehzucht, welche einst diese Gegend so reich machen sollte, treten jetzt hervor, denn schon nähren die Hügel ein paar schlechte Schafe. Immer stärker und stärker wird die Bevölkerung, immer näher rückt man zusammen, auch ist bereits mancher kleinere und seichtere Flußarm abgedämmt; da endlich erwacht der Gemeingeist und durchdringt kräftig ermuthigend alle bisher in völliger Zersplitterung und Unabhängigkeit von einander lebenden Wurthbewohner.

Man verbindet und rüstet sich zum ernsten Kampfe mit den Fluthen und beginnt mit vereinter Macht durch Aufführung von Deichen dem Meere ein kräftiges „Bis hierher und nicht weiter!“ zuzurufen.

Eine solche Vereinigung Vieler mußte sofort ein neues Leben entfalten. Gegenseitige Pflichten und Rechte mußten festgestellt werden, Pflichten gegen den Deich, Rechte auf das dadurch gesicherte Land, Strafen wurden geschaffen für den saumseligen Arbeiter oder den muthwilligen Zerstörer der Deiche, Richter gewählt, um entstandene Streitigkeiten zu schlichten; den Erfahrensten und Aeltesten unter ihnen wurde die Aufsicht und Leitung des Ganzen übertragen, genug: die Geschichte der Bewohner, als Volk, hat begonnen, ein geordneter Rechtszustand ist angebahnt und die reichen blühenden Marschen sind begründet.

Diese Vereinigung zu gemeinsamer Arbeit nannte man, wie sie noch jetzt heißt, eine Deichacht oder einen Deichband, ihre Statuten Deichordnung oder Deichrecht und die ersten Aufseher und Leiter des Deichwesens Deichgräfen.

In diesen alten Deichordnungen herrscht oft eine Weisheit, Umsicht und Klarheit, eine solche der Wichtigkeit des Gegenstandes angemessene Strenge, daß sie uns immer noch mit Bewunderung und Verehrung für den Geist unserer Vorfahren erfüllen müssen, wenn sie gleich für unsere Zeit nicht überall passen würden.

Schon aus dem 14. Jahrhundert haben sich noch friesische Deichordnungen erhalten, vielleicht die ältesten bekannten. Vortrefflich ist das im Jahre 1670 neubegründete Deichrecht für Ostfriesland; für die bremischen Marschen gilt die 1743 in

Stade publicirte Deichordnung. Früher hatte jede Marsch ihre eigene.

Es ist hier nicht der Ort, auf diese Deichgesetze näher einzugehen, obwohl sich daraus auf Charakter und Sitten der alten Zeit manche interessante Schlüsse ziehen ließen.

Die erste Grundlage aller Deichordnungen beruhte auf dem Spruche: Kein Land ohne Deich, kein Deich ohne Land. Also jedes von den Deichen beschirmte Grundstück ist deichpflichtig, und die Deichpflicht ist von dem Lande, worauf sie haftet, unzertrennlich und geht als Reallast auf jeden Besitzer desselben für alle Zeiten über. In einigen Marschen ist freilich nach und nach diese Regel vielfach umgangen und verletzt worden. Grundstücke, die man verkaufen wollte, belegte man stark mit Deichen, indem man andere dadurch bedeutend erleichterte, ja oft gänzlich von Deichlasten befreite. Es wäre aber sehr zu wünschen, den alten Kernspruch wieder in voller Kraft zu sehen.

Ein anderer heißt: De nich will diken, mot wiken. Auf ihm beruht das sogenannte Spatenrecht. Wer die auf seinem Grundstücke haftenden Deichpflichten, namentlich in Nothfällen, nicht erfüllte, ging desselben ohne Gnade verlustig. Dem Eigenthümer stand aber selbst ein Recht zu. Wollte oder konnte er bei wiederholten und großen Deichschäden die hohen Kosten nicht tragen, so stach er seinen Spaten in das belastete Grundstück und zeigte dies sodann dem Deichgräfen oder Deichrichter an. Damit entsagte er gänzlich seinem Anrechte daran. Wer nun den Spaten zog, übernahm die Deichlasten und ward Besitzer des Grundstücks. Fand sich in bestimmter Zeit keiner dazu, so mußte der Resignirende sein aufgegebenes Eigenthum zurücknehmen; im Fall er jedoch durchaus unvermögend und unfähig war, nahm die Gemeinde Deich und Land an sich. In den meisten Gegenden ist das Spatenrecht längst aufgehoben, in andern besteht es bis heute. Allein schwerlich wird jemals noch ein Spaten in's Land gestochen werden. Das letzte Mal dürfte es in Osterstade nach der furchtbaren Weihnachtsfluth 1717 in Anwendung gekommen sein.

Von einer wahrhaft drakonischen Strenge waren in einigen alten Deichordnungen die Strafen. Wer nur Bäume, die zum Schutz des Deichs gepflanzt waren, beschädigte, dem wurde die Hand abgehauen; wer seinen Deich in schlechtem Zustande hielt, also daß dieser dadurch zum Verderben des Landes einbrach, der wurde lebendig mit sammt dem Holz und den Steinen seines Hauses darin bedeicht (Stedinger Deichrecht, 1424). Und wer muthwilliger und boshafter Weise den Deich beschädigte, der ward ohne Gnade verbrannt. Noch in der Deichordnung für das Herzogthum Bremen, 1743, kommen ähnliche Strafen vor. In dieser heißt es auch, daß Deichgräfen und Deichgeschworene mit Strenge darauf zu halten haben und mittelst harter Bestrafung verwehren sollen, daß bei den Deichen und der Deicharbeit, „als wobei man sonderlich auf die gerechte und sündenstrafende Hand Gottes zurückzusehen hat, nicht geflucht, liederlich geschworen und gotteslästerliche oder ärgerliche Reden verführet werden.“ Ja in einer Deichordnung herrschte sogar ein Gesetz, das den Deich zu einem Asyl machte und gebot, daß ein verfolgter Uebelthäter, wenn er gerade an dem Deich arbeitete, nicht eher, als nach vollbrachtem Tagewerke verhaftet werde, sondern so lange er arbeitet, unantastbar sei. Mit so viel Ernst, ja mit solch' hoher Ehrfurcht betrachtete man damals die Deiche, auf's Tiefste von ihrer hohen Bedeutung und Wichtigkeit durchdrungen.

Wie schon gesagt, ist wenig mehr von allen diesen, einem anderen Zeitgeiste angehörenden Gesetzen und Rechten in Kraft. Theils sind dieselben durch die Regierungen förmlich aufgehoben, theils nach und nach von selbst abgekommen und veraltet.

Als die Freiheit der Marschen verloren gegangen war, nahmen sich die Regierungen der oberen Deichaufsicht an und ernannten nun mit mathematischen Kenntnissen versehene Wasserbau-Directoren, Inspectoren und Conductoren, von denen die ersteren anfangs den Namen Oberdeichgräfen führten. Aber die derben, freiheitsliebenden Marschbauern sahen lange mit Unwillen und Groll auf die Neuerungen dieser „studirten Herren", deren Gelehrsamkeit und theoretisches Cirkelwesen auch oft gegen die langjährigen trefflichen Erfahrungen der ersteren schlecht genug Probe hielt. In letzter Zeit hat sich das gottlob geändert und beide Theile sind jetzt so vernünftig, sich gegenseitig anzuerkennen und zu ergänzen; gänzlich indeß ist hier und dort dieser Kampf der Theorie mit der Praxis noch immer nicht vorüber.

Zum Deichgräfen wird, wenigstens in den hannoverschen Marschen, noch heute ein erfahrener, angesehener Bauer gewählt, der mit einem Wasserbaukundigen und den Deichgeschworenen jährlich zweimal einen Umzug (oft zu Pferde) in seinem Distrikt unternimmt, oder wie es genannt wird, Deichschau hält. Die erste heißt die Frühlingsschau und findet meistens im März oder April statt. Bei dieser wird nachgesehen, wie der Zustand der Deiche nach den Stürmen und Fluthen des vergangenen Winters beschaffen ist, und werden die daran vorzunehmenden Arbeiten bestimmt, während bei der Herbstschau, die man in der Regel im October hält, die vollendeten Arbeiten selbst abgenommen werden. Ist die Schau vorüber und deren Ergebniß zu Protocoll genommen, so geht es hie und da nach alter Sitte zu einem offiziellen Gastmahle, welches entweder der Deichgräfe, der dafür die bei der Schau fallenden Strafgelder bekommt, oder, wie es im Oldenburgischen Sitte ist, der Beamte des Bezirks giebt, und wozu auch Andere geladen werden. In alten Zeiten hatten diese Deichmahle wahrhafte Bedeutung; eigene Gesetze bestimmten oft die Zahl und Art der Gerichte, und im Lande Wursten brachte dann der Deichgräfe stets den alten Spruch dabei aus:

Gott bewahre Damm und Diken,
Siel un Bollwark un dergliken
Darto unse Land un Got
Un en ehrlik Wurster Blot. —

Mit der alten Kraft der Friesen verschwand in letzter Zeit leider auch manche ehrwürdige Sitte. So sind auch diese alten Deichmahle in vielen Marschen entweder ganz abgekommen oder höchstens in ein einfaches Frühstück verwandelt. Nur die Wurster hielten noch vor etwa 40 Jahren, als eine große allgemeine Deichverstärkung vollendet war, ein feierliches Deichfest mit einem Umzuge zu Wagen und zu Pferde auf dem Deich, an welchem sich fast das ganze Land betheiligte, mit Gottesdienst in der alten Kirche zu Dorum und einem großen Gastmahle im Landeshause. Ein anderes schönes Fest gab es zu Anfang der sechziger Jahre bei der Einweihung des großen neuen Siels zu Aschwarden in Süd-Osterstade.

Um ganz die hohe Wichtigkeit und Bedeutung der Deiche zu begreifen, muß man einmal eine gewaltige Sturmfluth mit angesehen haben; denn wer ein solches Ereigniß nie erlebte, wird sich schwerlich von der Größe und Schrecklichkeit desselben eine Vorstellung machen können. Die rechte Zeit der Sturmfluthen ist vom October bis zum April.

Wenn eine Zeit lang ein anhaltender Westwind weht, der große Wassermassen in den Canal trieb, und diese nun, sich nach Nordosten oder Norden umsetzend, gegen die Küsten und weit in die Flüsse hinaufpeitscht, wodurch die Ebbe sehr aufgehalten oder fast ganz gehemmt wird, wenn sich dazu noch eine Springfluth gesellt, dann steigen die wilden Wasser oft zu einer Höhe und Furchtbarkeit, die einem das Herz erbeben machen.

Aber ruhig erwartet sie der Marschbewohner; weiß er doch, daß seine Deiche hoch und stark genug sind, ihm sicheren Schutz zu gewähren. Höchstens mag ihn ein trüber Gedanke an die Mühen und Kosten der Deicharbeit kommen, die wenige Stunden herbeiführen können.

So steht er, unbekümmert um den heulenden Sturm, auf der Kappe des Deichs und schaut in ernstem Sinnen auf die wallenden Fluthen, von denen er genau weiß, wann sie den Deich heranströmen werden.

Noch ist das Vorland trocken, noch sind die Fluthen in ihrem Bette, doch sieht man schon, wie sie toben, wie sie sich bäumen und die weißen Zähne zeigen, als harrten sie voll Ungeduld der Stunde, da eine höhere Macht ihnen das Zeichen zum Angriffe giebt.

Jetzt nahen sie. Lauter und lauter wird das Brausen und Donnern. Sie erreichen das Vorland, in kurzer Zeit ist es bedeckt und beut nun, so weit das Auge reicht, nur eine einzige wilde Wasserwüste, deren Schaumkämme blendend weiß gegen das trübe Grau der Wogen abstechen. Kein Schiff ist weit und breit zu erspähen, alle sind sie vor dem Sturme in sichere Buchten geflüchtet, und nur hier und dort kündet ein einsamer Weidenbaum, der mit seinem nickenden, wild zerzausten Haupte aus den Fluthen ragt, daß da unter den wilden Wogen grünes fruchtbares Land liegt.

Und noch immer höher schwillt das Gewässer; jetzt ist auch die Bärme, der Fuß des Deiches, befluthet, endlich der Deich selbst und es beginnt durch den Widerstand desselben eine furchtbare Brandung, ein wahrhaft majestätisches Schauspiel. Mit zerstörender Gewalt schnaubt Woge an Woge an ihm hinauf; kaum wird die erste zurückgewiesen von seiner Schrägung, als schon die nächste mit erneuter Wuth heranrollt. Dazu steigt die Fluth noch mit jedem Augenblicke. Hochauf bäumen sich die wilden Wasser und schauen gierig über den Deich in's gesegnete Land, weit hinein ihren stäubenden Schaum schleudernd, als ob sie der Anblick ihres alten Eigenthums mit doppelter Wuth erfüllte. Dazu der heulende Sturm, der des Himmels dunkle Regenwolken in rasender Eile vor sich hinjagt; Schaaren segelnder Möven, die umsonst mit dem Winde kämpfen, bis sie ermattet sich auf die geschützten Wiesen und Aecker flüchten, und endlich hie und da ein Marschbewohner, der trotz Sturmgewalt und Wogendrang sich mühsam längs des Deichs durch den spritzenden Schaum hinarbeitet, um zu erspähen, ob ihm nicht die Fluthen einen Balken oder einige Bretter oder sonst eine Beute zutreiben: alles Dies vereint, giebt ein Bild von wilder Großartigkeit.

Doch der Marschbewohner blickt noch immer kalt und ruhig in den Aufruhr. Hat nur der Deich hinreichende Höhe und Schrägung, so wird er nicht vor einer Fluth weichen, ob auch ihre Wogen noch so mächtige Stücke herausreißen und noch so tiefe Höhlungen in seinen Leib wühlen.

Doch wehe ihm! wenn das Wasser so hoch steigt, daß es mit dem Gipfel des Deichs gleich wird. Vom unablässigen Bespülen ist dann bald die festgetretene Kappe erweicht, und das Schicksal der Menschen hängt oft nur noch an einem Haar. Die geringste Lockerheit des Erdreichs, ein einziges Mauseloch oder ein Maulwurfsgang kann jetzt Ursache des größten Unglücks werden. Durch die kleinste Rinne dringt sofort das Wasser, spült sie schnell weiter und im Nu reißt ein Stück der Kappe fort.

Ist aber Das geschehen, so ist auch ein Deichbruch unvermeidlich; denn mit furchtbarer Gewalt dringt jetzt die hoch aufgestaute Fluth durch die entstandene Oeffnung, die mit jeder Minute breiter und breiter wird. Da endlich bricht auch das letzte noch feste Erdreich fort, und durch nichts mehr gehemmt, schießt donnernd und brausend der rasende Strom durch die weite Gasse dahin, tief den Grund aufwühlend, Alles, was er auf seinem Wege findet, mit sich fortspülend, Häuser im Nu zertrümmernd, Bäume ausreißend, Menschen und Thiere in seinen Fluthen begrabend und bald die weite ruhige Marschebene in eine wilde graue Wasserfläche verwandelnd.

Sowie sich daher eine Kappstürzung zeigen will, wird in höchster Hast das Mögliche aufgeboten, um dieselbe zu verhindern. Sandsäcke, Mist, Stroh, Balken, Bretter, Alles was nur irgend dienlich sein kann, wird zur Verstärkung auf die bedrohte Stelle gebracht.

Ebenso eilt man auch nach einem wirklichen Deichbruche, so wie nur die Ebbe es zuläßt, die entstandene Lücke für die nächste Fluth so gut wie möglich zu verstopfen. Eiligst und mit großer Strenge werden selbst die umliegenden Ortschaften dazu aufgeboten, um schnell aus allem möglichen Material eine hohe mächtige Barrikade aufzuwerfen. Man arbeitet mit kaum glaublicher Anstrengung, und spült vielleicht schon wenige Stunden darauf die Fluth das ganze mühevolle Werk wieder fort, und Alles war umsonst.

In genauer, fast unzertrennlicher Verbindung mit dem ganzen Deichwesen stehen die Schleusen, in den Marschen Siele genannt, obgleich ihre Bestimmung eine den Deichen durchaus entgegengesetzte ist. Haben die Marschbewohner sich durch ihre Deiche gegen die Verheerungen und Nachtheile des Meeres geschützt, so suchen sie durch ihre Schleusen wieder die Vortheile desselben zu erlangen; schlossen sie sich durch die Deiche vom Meere ab, so streben sie durch die Schleusen wieder mit ihm in Verbindung zu treten; wehren sie durch jene dem Eindringen des Seewassers von außen, bahnen sie durch diese ihrem überflüssigen inneren Wasser einen Weg zum Meere. Die ganze bedeutende Wassermenge, welche kleine Binnenflüsse, die vielen Bäche der höher gelegenen Geest und endlich Regen und Schnee den Marschen zuführt, würde sich hinter den Deichen sammeln, anschwellen und in kurzer Zeit das ganze niedere Marschland überschwemmen und in eine öde Sumpfgegend umwandeln. Man mußte daher bedacht sein, denselben einen bequemen Ausgang zu verschaffen, durch den sie ungehindert in's Meer fließen konnten. Wären nicht Ebbe und Fluth vorhanden und wäre der Meeresspiegel immer von gleicher Höhe, so hätte es zu diesem Zwecke nur eines einfachen, hinreichend weiten Canals durch den Deich bedurft. So aber war man genöthigt, zugleich der andringenden Fluth, welche das Land ebenfalls überschwemmt haben würde, den Eingang zu versperren. Auf diese Weise entstanden die Siele.

Das Wesentlichste eines solchen Siels ist das Folgende.

Ein langer, der hindurchzulassenden Wassermenge angemessen geräumiger Canal, oder besser gesagt Stollen, zieht sich quer unter dem Deichkörper sowohl, als unter seinen Bärmen hin. Er ist entweder mit Balken und starken Bohlen bekleidet und dann viereckig, oder aus Sandsteinquadern bestehend und in diesem Falle mit einem Tonnengewölbe bedeckt. Vorn, das heißt nach der äußern Mündung zu, erhöht und erweitert sich der Stollen, hier fast immer aus Holz bestehend, und heißt Vorsiel. In diesem Vorsiel befinden sich zwei mächtige, aus starken Bohlen gezimmerte und reichlich mit Eisen beschlagene Thorflügel, die sich nur nach außen hin öffnen. Das Binnenwasser stößt sie daher leicht auf und fließt ungehindert hindurch, sobald aber die Fluth kommt, dringt dieselbe mit gewaltigem Drucke gegen die offenstehenden Thüren, diese geben dem Drucke des Wassers nach und schließen sich selbst zu. Auf diese Weise hat sich die Fluth selbst den Eingang versperrt, so daß, wenn die Thüren gut schließen, auch kein Tropfen hindurch kann; weßhalb auch die Thorflügel den Namen Fluththüren führen.

Da Beschädigung oder Zerstörung einer solchen Thüre von

großen verderblichen Folgen sein kann, so hat man in den meisten Schleusen vor jenen noch ein anderes Paar Thüren angebracht, welche die äußeren Fluththüren oder Noththüren heißen. Für gewöhnlich sind diese aber an den Wänden festgehakt, wodurch sie aufgesperrt erhalten werden und werden nur dann freigelassen, wenn die inneren Fluththüren beschädigt sind oder reparirt werden.

Damit aber gerade so viel Wasser durch den Siel gehe, als der Marschbewohner für nöthig erachtet, so ist an den größeren und wichtigeren Schleusen endlich ein drittes Paar Thüren, die Ebbe- oder Stauthüren, angebracht. Diese haben ihren Platz vor der inneren Mündung des Stollens und öffnen sich in einer den Fluththüren entgegengesetzten Richtung. Auch diese Thüren sind, wenn man ihrer nicht bedarf, durch Haken aufgesperrt, verschließen jedoch, wenn sie beweglich gemacht werden, nur die untere Hälfte des Stollens, da sie eigentlich nur Halbthüren sind.

Herrscht starke Dürre, daß auch die Geest den Marschen wenig Wasser zuführt, und das Vieh auf den Weiden zu dursten beginnt, so läßt man die Ebbethüren los, um das mit jeder Ebbe mehr und mehr wegfließende jetzt so nöthige Wasser zurückzuhalten. Dieses drängt dann die Ebbethüren zu, staut davor bis zur Höhe derselben auf und das überflüssige Wasser strömt darüber weg, während der andere Theil zurückbleibt und die lechzenden Wiesen und Weiden erfrischen kann.

Anstatt der Ebbethüren besitzen auch manche Schleusen nur ein einziges Ziehthor vor ihrer inneren Mündung, das Schott genannt, welches gleiche Bestimmung hat, aber durch Ketten und eine Art von Ankerwinden, oder durch eine Daumkraft aufgezogen und niedergelassen werden kann. Namentlich wird dieses Schott im Winter bei starkem Froste heruntergelassen, um zu verhüten, daß die Fluththüren nicht festfrieren, wodurch unfehlbar eine Ueberschwemmung verursacht werden würde.

Schließlich wird die äußere Mündung wohl noch durch ein Balkengerüst, der Sielhammer genannt, bekrönt, daß ihr theils als Zierrath, theils als schützendes Geländer dient; während sich über der inneren Mündung häufig ein steinernes Denkmal von verschiedener Form erhebt, den Namen des Erbauers dieser Schleuse, die Zeit und Kosten ihrer Anlegung und die Namen des damaligen Deichgräfen, wie der Deichgeschwornen tragend.

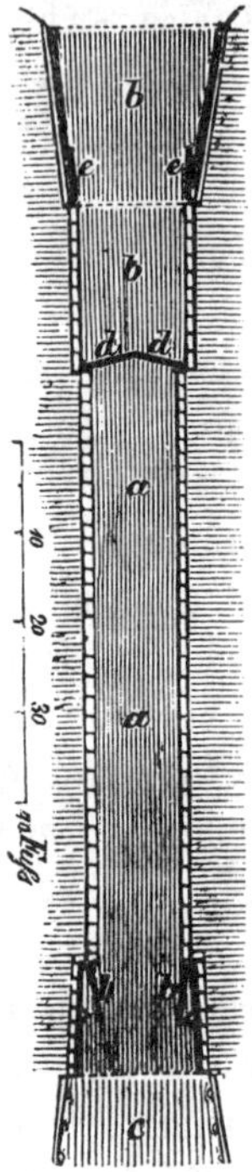

Grundriß eines Siels.

Nebenstehende Zeichnung, der Grundriß einer steinernen Schleuse, giebt ein klares Bild von ihrer inneren Einrichtung. aa ist der eigentliche, von einem steinernen Gewölbe bedeckte Stollen; bb der sich erweiternde Vorsiel, in welchem sich die Thüren befinden; c der Canal, welcher das Wasser in die Schleuse leitet; dd sind die beiden inneren Fluththüren; ee die äußeren oder Noththüren, welche hier an den Wänden festgehakt erscheinen. Soweit die Schraffirung geht, wird der Siel durch den Deich und die Bärmen bedeckt.

Da sich fast immer zwischen Deich, Meer und Strom ein größeres oder kleineres Vorland befindet, so führt eine Fortsetzung des Canals das aus der Schleuse hervorströmende Wasser vollends in den Fluß, dient häufig zugleich als Hafen für kleinere Schiffe und Kähne und wird Sieltief genannt.

Das Hindurchlassen der Binnengewässer ist aber nicht der einzige Zweck der Schleusen. Der nächste ist, zugleich die Schifffahrt zwischen den Binnencanälen und dem Flusse herzustellen. Zwar werden hierzu nur die größeren Schleusen genommen und auch durch diese können natürlich ebenfalls nur schmale Schiffe passiren, die entweder gar keinen Mast haben oder den=

selben niederlassen können. Sie warten, bis sich die Schleuse geöffnet hat und der hohe, während der Fluth aufgestaute Wasserstand hinreichend gefallen ist, und arbeiten sich dann rasch hindurch, oder lassen sich ziehen. Am häufigsten wählen sie die allerletzte Ebbe dazu, müssen aber alsdann sehr vorsichtig und schnell zu Werke gehen, damit sie nicht die kommende Fluth überrascht, während sie sich vielleicht gerade zwischen den Thüren befinden. Die Gewalt, mit welcher diese mächtigen Bohlenwerke zuschlagen, ist so groß, daß eine Zertrümmerung der Schiffe unvermeidlich wäre. Das Wasser dringt mit jeder Minute heftiger gegen die halbzugesperrten Thüren, welche keine Macht mehr zurückbringen kann und eine allgemeine Ueberschwemmung ist unabwendbare Folge.

Noch wird durch die Siele ein dritter Zweck erfüllt.

Die Bewohner der Marschen nämlich, deren Fluß süßes Wasser führt, haben durch sie den Vortheil, dieses nach Belieben in's Land lassen zu können, wenn dort Wassermangel herrscht. Durch eine Vorrichtung sperrt man die Fluththüren um ein Weniges auseinander, wodurch das frische Wasser einströmt, bis man genug hat. Die höher hinauf liegenden Flußmarschen haben daher einen großen Vorzug vor denen, welche vom salzigen Wasser bespült werden.

Die Siele gehören zu den wichtigsten Werken der Wasserbaukunst und die Kosten des Baues gehen immer in die Tausende. Die Anlage der größten derselben erforderte oft die Summe von 30 bis 40 000 Thalern.

So umgiebt denn sämmtliche Marschländer, viele Meilen weit, der Deich mit all seinen Schleusen. Hunderte von Thüren lassen ruhig und ungehindert das Binnenwasser in's Meer fließen und schließen sich zweimal jedes Tages mit dumpfem Gekrache, wenn die Fluth heranschwillt.

Die Sturmfluthen.

Die Geschichte des Friesenvolkes, so weit zurück wir sie verfolgen können, ist eine einzige Kette unsäglicher Kämpfe und namenloser Leiden, wie wir sie in solchem Maße bei keinem anderen Volke wiederfinden werden.

Wo es auch seine Wohnungen aufgeschlagen, ob am Zuydersee, am Dollart oder am Busen der Jade, ob im Stedinger- oder Butjadingerland, in Osterstade, im Lande Wursten und weiter an der Nordsee bis hinauf zu Jütlands Küste: was seine Chroniken melden, ist ein ewiges Siegen und Erliegen, ein grausiges Ringen und Kämpfen ohne Ende; hier mit den Fluthen um den theueren Heimathsboden, um Existenz, um Hof und Heerd, um Weib und Kind; dort um seine Freiheit und sein gutes Recht mit hochmüthigen Fürsten, kriegerischem Adel und den mächtigen herrsch- und habsüchtigen bremischen Erzbischöfen.

Es ist herkömmlich geworden, den Muth der Vesuvnachbarn anzustaunen, welche ohne Furcht, wenn kaum der alte Feuerspeier, der soeben ihre Hütten, Felder und Weinberge zerstörte, ausgetobt hat, immer und immer wieder an seinem Fuße ihre Wohnungen bauen und von Neuem zu säen und zu pflanzen beginnen in dieser gefährlichen Nachbarschaft. Allein was sind solche Gefahren gegen das namenlose Elend, welches das Friesenvolk seit so vielen Jahrhunderten erduldete! Was sind einzelne Vesuvausbrüche, die dann und wann nach langen Zwischenräumen einige von ihren Bewohnern meistens schon verlassene Dörfer und Flecken zerstören und ein paar hundert Morgen Landes begraben, — was sind sie gegen die ungeheuren Sturmfluthen, deren das Volk der Friesen so viele in seinen Annalen aufzuweisen hat; — Sturmfluthen, von denen eine einzige oft 20 bis 30 Dörfer vom Erdboden verschwinden ließ, meilenlange reiche Landstriche in ödes Watt verwandelte, vielen Tausenden wackerer Menschen das Leben raubte, die kostbarsten Schleusen und Deichanlagen in wenigen Stunden vernichtete und ganzen Küstenstrichen nicht selten eine andere Gestalt gab!

Und dennoch trotz alledem und alledem verließen sie nicht ihre vielbedrängte, fluthenumtoste Heimath! Nie wanderten sie in sichere höher gelegene Gegenden, sondern immer und immer kehrten sie zurück, sowie sich nur das Wasser verlaufen, und suchten wieder die zerwühlten, kaum mehr kenntlichen Plätze, wo ihre Wohnungen gestanden hatten, begannen von Neuem ihre verwüsteten Felder zu bestellen und von Neuem die hundertmal zerrissenen Deiche zu bauen, wohl wissend, daß schon der nächste Tag ein gleiches Elend bringen konnte.

Nein gewiß, in gleicher Weise hat kein Volk der Erde gelitten und gestritten, mit so rührender Liebe und Treue keines seiner Heimath angehangen! Eine derartige tausendjährige Leidensgeschichte mußte ihm endlich das tiefste Gepräge aufdrücken.

Ein Blick auf die Karte genügt, die Zerrissenheit der ganzen Küste von der Schelde bis Jütland, darzuthun. Wie früher gesagt, man kann dreist annehmen, daß noch zur Zeit Karls des Großen das Land der Friesen das Doppelte an Umfang hielt als ihr jetziges Gebiet. Was heute noch übrig ist, sind nur die Trümmer des großen Ganzen; jene Inseln, die sich in langer, nur von Weser und Elbe unterbrochener Reihe an der ganzen Küste hinziehen, sind ärmliche dünengeschützte Brocken, welche sich oben erhielten, als ringsum soviel schönes Land in die Fluthen sank. Und hier und da wühlten die Wogen noch tiefe Meerbusen in's Land, als wollten sie gierig bis zum Herzen Deutschlands vordringen. Der Zuydersee, das jetzt wieder nach vielen hundert Jahren trocken gelegte Harlemer Meer, der Dollart, der Jadebusen: Alles, was dort die trübe salzige Meerfluth bedeckt, war einst Land voller Fluren und Saatfelder, voller Dörfer, Kirchen und Klöster, und belebt mit einer kernigen, wackeren Bevölkerung.

Die unbedeutende Landgewinnung in den letzten Jahrhunderten, die paar eingedeichten, mühsam erworbenen Polder sind ein kläglicher Ersatz gegen so viel Versunkenes. Auch an jenen Inselbrocken nagen fort und fort die Fluthen und werden sie allmälig sämmtlich ihrem Untergange zuführen, dem einige von ihnen schon längst anheim gefallen sind.

„Weit aus in der See“, meldet Adam von Bremen, „liegt die Insel Farria, wo Bischof Eilbert (im 11. Jahrhundert) das erste Kloster baute, denn die Insel ist sehr fruchtbar, sehr reich an Korn und hat viel Geflügel und Vieh. Es ist nur ein Berg da, aber keine Bäume, und ringsum liegen viele böse Felsenriffe; nur an einer Stelle kann man landen, wo auch frisches Wasser ist.“

Längst ist diese fruchtbare, vieh- und kornreiche Insel verschwunden. Bloß die Bergklippe ragt noch einsam und kahl mit ihrem zerrissenen, rothen Gestein aus der weiten Wasserwüste. Man nennt sie — Helgoland.

Und vor der Weser lag im 11. Jahrhundert die Insel Mellum und soll ein festes Schloß getragen haben. Das Schloß im Meere ist dahin und die ganze Insel dahin! In der einen Stunde ist dort nur graues Fluthengewühl, in der nächsten dehnt sich ödes und weites schweigsames Watt an ihrer Stelle; die Schiffer aber nannten bis zu den letzten Jahrzehnten das mächtige Balkengerüst, welches sich da erhob, die Baake auf Mellum. Jetzt ragt dort der staatliche bremer Leuchtthurm in die Luft.

Noch vor zweihundert Jahren war die Insel Neuwerk fast dreimal so groß als jetzt. Vor Allem leiden heutiges Tags die Inseln und Halligen Nordfrieslands, von denen in jedem Jahrhundert mehrere dem Meere zum Opfer fallen. Wie furchtbar Wangerooge u. A. von den Fluthen zerrissen wurde, können seine zum Festlande geflüchteten Bewohner erzählen.

Ohne Zweifel beginnt die Zertrümmerung Frieslands schon in vorgeschichtlichen Tagen, mit dem Durchbruche der Meerenge von Dover und Calais, oder vielmehr mit der im nennten Jahrhundert eintretenden Erweiterung derselben; denn die vom Süden kommenden Fluthwellen, welche vorher nach ihrem weiten Umwege um Schottland und nach dem Anprall gegen Norwegens Felsenwände nur höchst kraftlos die deutsche Küste erreichten, mußten wohl, durch diese neue Pforte zusammengedrängt und hoch aufgestaut, mit verderbenschwangerer Macht auf das unbeschützte Land heranbrausen.

Von den ältesten Sturmfluthen haben wir nur sehr dunkle Kunde, auch die späteren sind meistens mit wenigen dürren, oft von einander abweichenden Worten aufgezeichnet. Im Munde des Volks haben sich ebenfalls verhältnißmäßig wenig Nachrichten darüber erhalten. Wie vermochte auch das arme Volk alles Elend im Gedächtniß zu bewahren! Man redete und klagte über die eine Fluth so lange, bis die andere kam und das Andenken der Vorgängerin mit erneuter wilder Gewalt fortspülte. Es war ja eine fast ununterbrochene Reihe, aus welcher nur die allerentsetzlichsten durch Jahrhunderte wie dunkle, grausige Schreckbilder hervorragten. Nur von solchen Hauptfluthen, meistens nach dem Heiligennamen des Tages, an dem sie einbrachen, benannt, haben wir etwas bestimmtere Kunde. Ganz sicher aber werden die Nachrichten erst mit Einführung der Reformation; in die von da an überall genau geführten Kirchenbücher verzeichnen die Prediger manche traurige Geschichte.

Die älteste Sturmfluth, von der wir etwas genauere Nachricht besitzen, war 1012. Zugleich erfahren wir vom alten Reimchronisten Renner, daß sie zu den ersten Deichen an der Weser Anlaß gab.

De Elve un de Wesserfloth
Sind düsser Tied geworden grot
Un hebben velen Schaden dahn,
Darob is man tho Rade gahn,
Den Wesserdiek to maken u. s. w.

Hernach sagt er davon: „De Elve un de Wesser branden in Norden dree Dage lang. Se wurden baben de Mate grot und lepen awer. Do dat Water wedder wegfell, wurden vele dode Lüde funden, davan quam ene grote Pestilenzie.“

Darnach haben wir Kunde von einer großen Fluth im Jahre 1144. Von ihr melden der Mönch Godefried und der friesische Historiker Ubbo Emmius, daß sie fast zwölf Meilen weit in's Land eindrang.

In den Fluthen des 12. und 13. Jahrhunderts entstand der Jadebusen.

1164 verwüstete, wie der Chronist Heimreich berichtet, eine Fluth ganz Nordfriesland. Im Kirchspiel Brunnsbüttel kamen fast alle Menschen ums Leben.

Das Jahr 1216 kostete allein Nordfriesland 10 000 Menschen. Drei Jahre später brach die „Marcellusfluth“ ein, und eben so viele verloren ihr Leben.

1277 war die „Erste Weihnachtsfluth“. In ihr entstand der Dollart, und 30 Dörfer gingen verloren.

1287. Große, namentlich für Ostfriesland verderbliche Fluth am 14. December.

1300 war die „Zweite Marcellusfluth“. 7600 Menschen ertranken und halb Helgoland wurde fortgerissen.

1362 brauste eine furchtbare Sturmfluth über ganz Friesland hin und verschlang 30 Kirchspiele mit ihren Bewohnern.

Das war die große Mannstränke, wie sie in Chroniken genannt wird.

1373 kam die „Dionysiusfluth“.

Im 15. Jahrhundert waren fünf Fluthen, darunter 1412 die „Cäcilienfluth“, welche 3600, und 1421 eine andere, die 10 000 Menschen kostete.

In den Stürmen der Jahre 1509 und 1511, wo die „Antonifluth“ einbrach, bekam die Jade ihre heutige Gestalt, und die drei Dörfer Seediek, Dowens und Oberahn wurden ein Raub der Wogen. An das letzte Dorf erinnern die im Meeresbusen liegenden „Oberahnischen Felder“, kleine grüne Inseln, welche theils bewaldet, theils gemäht werden, und der stille Brütort einer Menge Sumpf- und Seevögel sind.

Von allen früheren und späteren Fluthen ragt indeß keine mit so furchtbarer Großartigkeit hervor, als die im Jahre 1570, urplötzlich mitten in dunkler, stürmischer Nacht einbrechende Allerheiligenfluth. Namenlos war das Elend, das sie brachte. Von Holland bis Jütland wurde Alles in wenigen Stunden eine einzige wilde Wasserwüste; kein Deich widerstand, kein Dorf blieb verschont, keine Wurth blieb trocken, und man nahm an, daß in ihren Wogen mehr als 100 000 Menschen ihr Grab gefunden hätten. Vom Butjadingerlande weiß man, daß allein hier über 4000 Menschen ertranken. Noch lange nachher lag eine Menge Land unbenutzt und verwildert, weil die Hände fehlten, es zu bebauen, und im nämlichen Jahrhundert ging noch dreimal das gierige Meer über's Land.

Dreizehn Sturmfluthen ereigneten sich im 17. Jahrhundert, doch sind nur drei wahrhaft bedeutend; die von 1634, dann die Fastnachtsfluth von 1648 und die Catharinenfluth von 1685. Von dieser litten die Marschen am rechten Weserufer am meisten. Osterstade lag drei Jahre lang offen und drohte eine öde Sumpfebene, die nur Binsen und Rohr trug, zu werden; — so waren die Deiche zerstört und fortgespült. Zum Andenken an diese Fluth beging man noch bis zum Anfange des jetzigen Jahrhunderts den Catharinentag (den 25. November) mit einer kirchlichen Gedächtnißfeier.

Für Nordfriesland brachte die von 1634 das meiste Elend. 15 000 Menschen ertranken, 50 000 Stück Vieh gingen verloren, 30 Mühlen und 6 Kirchen stürzten zusammen, und tiefe Armuth kam über's Land.

Noch muß ich einer höchst merkwürdigen Fluth desselben Jahrhunderts erwähnen, der Sommerfluth im Jahre 1630, bei der ebenfalls die Wesermarschen sehr litten. Mitten im Sommer an einem schönen Tage, kam still und harmlos das Wasser, stieg höher und höher, überströmte und zerriß bald den Deich, verdarb alles Korn und zog sich dann ruhig und friedlich, wie es gekommen war, in sein altes Bett zurück.

Das vorige Jahrhundert hat eigentlich nur eine allgemeine Sturmfluth aufzuweisen, aber eine ganz entsetzliche, die Weihnachtsfluth des Jahres 1717. Gerade am heiligen Christabend, nachdem schon Tage lang ein furchtbarer Sturm aus Westen geweht, der ungeheure Wassermassen durch den Canal gepeitscht hatte, brach sie über die armen Marschen herein und richtete wieder unbeschreibliches Unglück an. Nicht eine Gegend blieb verschont, namentlich litten die Oldenburger Marschen, und fast in allen Kirchen hängen dort heute noch Gedächtnißtafeln, die aus ihren Kirchspielen manch' grausige Geschichte erzählen. Genau weiß man, daß diese Fluth hier 2471 Menschen und über 4000 Stück Vieh fortspülte, in Ostfriesland die fast gleiche Zahl und auf der ganzen Nordseeküste 15 000 Menschen. Auch nach dieser Fluth lag Osterstade wieder zwei Jahre offen; weit und breit waren die Deiche zerstört und die Lasten auf den Ländereien wurden so unerträglich, daß mancher Grundeigenthümer, welcher die Kosten des Deiches nicht erschwingen konnte, nach altem Brauch in seine schönsten Ländereien den Spaten steckte. Wer ihn herauszog, übernahm die Deichlasten und ward Besitzer des Landes. Muthige Arbeiter haben manchen Spaten gezogen und dadurch für bessere Zeiten einen Reichthum gegründet, dessen sich jetzt viele Familien in den Marschen zu erfreuen haben.

Der Geschichte der Sturmfluthen von Arends*) ist die nachfolgende Darstellung entnommen.

Nachdem es mehrere Tage vor Weihnachten (1717) stark und anhaltend aus dem Südwest geweht hatte, und dadurch viel Wasser durch den Canal in die Nordsee getrieben war, — wandte sich am heiligen Abend der Wind westlich, wurde mit Sonnenuntergang Nordwest, ließ aber dann allmälig nach. Niemand ahnte daher in Emden die drohende Gefahr, um so weniger, als der Mond im letzten Viertel stand und die nächste Fluthzeit (der Gezeiten) erst gegen 7 Uhr des nächsten Morgens eintreten mußte. Alles — namentlich die Bewohner der von gewöhnlichen Fluthen weniger bedrohten Stadttheile — legte sich ganz unbesorgt zu Bette.

Da erhob sich unerwartet Nachts zwischen 1 und 2 Uhr der Sturm wieder mit unerhörter Wuth aus dem Nordwest. Die See schwoll rasch zu solcher Höhe an, daß schon kurz nach 2 Uhr das Wasser durch die ganze Stadt strömte. Die Fluthen sollen an einzelnen Stellen mehrere Fuß über die Deiche hinweggegangen sein. Letztere vermochten dem Andrang der Wogen nicht zu widerstehen und brachen an vielen Stellen. Mit reißender Schnelligkeit ergoß sich das wildtobende Wasser in die weiten, offenen Ebenen, sodaß in kurzer Zeit Alles rings umher einer aufgeregten See glich.

Aus dem ersten tiefen Schlaf wurden die sorglosen Bewohner mitten in der finsteren Nacht aufgeweckt durch das Heulen des rasenden Sturmes, das Rollen des Donners, das Getöse der einbrechenden Wogen. Noch schlaftrunken erheben sie sich, um nach der Ursache des Unerhörten zu forschen. Kein Stern leuchtet ihnen, einzelne Blitze nur durchzucken den finstern Himmel. Doch nur zu bald wird ihnen das Unglück klar, aus dem

*) Arends, Physische Geschichte der Nordseeküste und deren Veränderungen durch Sturmfluthen. II. Bd., S. 192—244.

warmen Bett sich erhebend steigen sie in das kalte Wasser. Von dem immer höher steigenden Wasser überrascht, müssen Viele, halb oder fast ganz nackend, auf Böden und Balken, wohin sie sich gerettet, die Nacht zubringen, zähneklappernd vor Kälte, kämpfend gegen Tod, Hunger und Durst. Und als endlich die Nacht des Schreckens vorüber war und das heißersehnte Tageslicht anbrach, brachte dieses keinen Trost, sondern zeigte nur das Unglück in seiner ganzen Größe. — Nicht wie sonst fiel das Wasser um die Ebbezeit, sondern der volle drei Tage unausgesetzt wüthende Orkan trieb immer neue Wogen gegen die Küste; — so lange blieb die See überall stehen.

Halbe Häuser, Dächer, Sparren, Bretter, Schränke, Betten, auf denselben Menschen und Menschenleichen, Vieh, Heu, Stroh, Kornhaufen, Alles schwamm im buntesten Gemisch durch die Straßen.

Hier hatten Menschen die Dächer der Häuser, dort aus dem Wasser hervorragende Balken oder Bäume erklettert, manche im bloßen Hemde. Schaudernd vor Kälte mußten sie ohne Nahrung nicht stunden-, nein tagelang ausharren. Mattigkeit und Kälte schwächte endlich die erstarrten Glieder, bis sie in die Tiefe sanken. Ihr Hülfegeschrei war verhallt unter dem donnerartigen Brausen des Sturms und der Wogen. — Das Schicksal derer, welche sich auf die Böden gerettet hatten, war wenig besser. Ohne Feuer, ohne Lebensmittel, oder mit dem Wenigen, was ihnen mitleidige Nachbarn auf Stangen durch die Dachluken zugereicht, mußten sie ausharren in den kalten Winternächten, ohne Trinkwasser mitten im Wasser quälenden Durst leiden.

Diese Sturmfluth erstreckte sich längs der ganzen südlichen und östlichen Nordseeküste. Am schwersten wurden Groningen, Ostfriesland, Jever und Oldenburg mitgenommen. Auf einer Strecke von etwa 20 Meilen Länge wurden mindestens 75 □Meilen überströmt, an manchen Stellen 5, 6, 8, 10, ja

14 Fuß über die gewöhnlichen Fluthen. Im Amt Emden stieg sie noch 2 Zoll höher, als um Allerheiligen 1570, wie aus dem Merkzeichen am Thurm zu Suderhausen zu ersehen ist.

Schwer litt die Stadt Emden. Mit Ausnahme der Deichstraße, des höchsten Punktes der Stadt, welcher vor Jahrhunderten ein Deich gewesen sein soll, war die ganze Stadt überströmt, in den meisten Häusern hatte das Wasser 3—4 Fuß hoch gestanden, in manchen noch höher. Tiefe Löcher waren in die Straßen gerissen. In dem schwer getroffenen Amt Esens allein ertranken 842 Menschen, in den an einander grenzenden Orten Dornumer- und Westeraccumersiel blieb von den meisten Häusern keine Spur, fast alle Einwohner waren umgekommen. Ein Haus in Wirdum trieb mit 5 Menschen ganz nach dem Moor hinter Ochterbur, wo es in Trümmer ging. Solcher Unglücksfälle finden wir in den Spezialberichten hunderte.

Schrecklich war der Anblick des Landes nach dem Abzug des Wassers. Fast überall fand man auf den Feldern Leichen. Hier sah man Mütter, welche noch im Tode das Kind umklammert hielten, dort vor Kälte erstarrte Menschen in den Bäumen hängen, andere in verschlammten Gräben stecken. Hier lagen die Leichen einzeln, dort in Gruppen, unweit Dornum waren bei einem Steg sogar 30 angetrieben. Ueberall sah man auf dem platten Lande Trümmer von Häusern, Brücken, Stroh, Heu, Torf, Haus- und Ackergeräth, vermischt mit Viehkadavern. Noch im Sommer darauf fand man Leichen beim Aufräumen der angeschwemmten Heu- und Strohhaufen im Schlamm oder in Gräben. Fast keine Familie gab es in dem angegebenen Küstengebiete, welche nicht das Leben eines oder mehrerer Angehörigen betrauerte.

Hierzu kam noch für die Ueberlebenden vielfach Noth an Lebensmitteln und Nahrung für Menschen und Vieh, sowie der Mangel an Feuerung und Trinkwasser, und außerdem die Sorge und Angst vor neuen Fluthen. Denn die Deiche waren fast alle zerrissen. Durch viele in ihnen entstandene Grundbrüche drang täglich das Wasser wieder ein, niedrige Gegenden blieben monatelang ein See. Große Kolke waren an vielen Stellen entstanden.

Jahre lang dauerte es, ehe die Deiche vollständig wieder geschlossen werden konnten. Neue Fluthen, namentlich während der ersten Jahre, zerstörten das mühsam Wiederhergerichtete, überschwemmten von Neuem das Küstengebiet, so 10 mal im Jahre 1718, 3 mal 1719, 5 mal 1720, wo besonders die Fluth vom 31. December schwere Verheerungen anrichtete. Erst im Jahre 1725 wurden im Emdener Amt die Hauptdeiche vollendet. Fast 1 Million Thaler sollen für die ostfriesische Küste allein auf den Deichbau verwandt sein, ungerechnet die von den Bewohnern selbst unentgeltlich geleistete Arbeit.

Die von Arends zusammengestellten speziellen Listen ergeben, daß 10 828 Menschen, über 90 000 Stück Vieh ihren Tod in den Wellen fanden, 4915 Häuser wurden ganz weggespült, 3375 beschädigt.

Die Weihnachtsfluth des Jahres 1717 gehört, wie schon angegeben, zu den schwersten, welche seit historischen Zeiten uns überliefert sind. Wenn indeß die meisten der Sturmfluthen auch nicht einen gleich hohen Wasserstand erreichten, so wirkten doch viele der in früheren Jahrhunderten vorgekommenen verheerend und verwüstend auf dem ganzen Küstengebiet, da dieses früher durch bei weitem schlechtere Deiche weniger gegen die Gewalt der erregten Wogen geschützt war. —

Das war die letzte große Fluth des 18. Jahrhunderts, welche über das Friesengebiet hinbrauste. Einzelne Marschen dagegen litten noch öfter. In das arme Nordfriesland brach in jedem der drei folgenden Jahre das Meer ein, und endlich noch zweimal in den fünfziger Jahren. Dann erst trat Ruhe ein, die nun fortdauerte bis in's 19. Jahrhundert.

Nicht mehr als zwei bedeutende Fluthen hat letzteres aufzuweisen, wovon auch nur die im Februar des Jahres 1825 größere Deichbrüche veranlaßte. Nordfriesland mit seinen Inseln und Halligen litt wieder am meisten und büßte abermals 80 Menschenleben ein; ebenso noch andere Marschen. Wohl war diese Sturmnacht schrecklich und verderblich, allein doch nicht zu vergleichen mit dem Elend der Vorzeit, wenn auch die Fluthen höher stiegen als 1717, denn überall waren die Deiche seitdem erhöht und verstärkt worden.

Am 21. October des Jahres 1845 stürmte das Meer noch einmal mit wilder Gewalt gegen die Küsten, aber seine Macht war vergeblich. Diesmal trotzten alle Deiche, welche jetzt indessen fast doppelt so hoch und stark waren, als die von 1717, die Wogen vermochten nur tiefe Höhlungen hineinzuwühlen, und sie oft bis zur Hälfte zu zerreißen und fortzuspülen. Aber eine zweite, unmitlelbar darauf folgende Fluth würde alle Deiche zertrümmert und unsägliches Unglück herbeigeführt haben. Das Schicksal des Osterstader Dorfes Offenwarden hing bei dieser Fluth an einem Haare. Der wegen eines Schleusenbaues neu aufgeworfene, noch ganz lockere Deich vor jenem Orte litt schon auf das Höchste. Bereits fingen die hochgeschwollenen, unablässig heranbrausenden Fluthen an, sich oben durch die Deichkappe einen Weg zu bahnen. Die Gefahr hatte den letzten Gipfel erreicht. Eine Kappstürzung war mit jeder Minute vorauszusehen, und dann ein vollendeter Durchbruch unvermeidlich. Da warfen sich die Einwohner des Dorfes, an ihrer Spitze der Ingenieur Schröter, ein Enkel des Astronomen, voll Muth mit ihren Leibern auf die Deichkappe. Jeder ein Bündel Stroh vor sich, lagen sie hier so lange in Sturm und Wogendrang, bis das Wasser gefallen und die Noth vorüber war. So retteten sie mit Gefahr ihres Lebens unter der unsäglichsten Anstrengung ihr Heimathsdorf.

Von der noch etwas höheren nächtlichen Neujahrsfluth am ersten Januar 1855 ist nicht eben Bemerkenswerthes anzuführen. Daß endlich die furchtbare Sturmfluth in der Ostsee, welche am 13. November 1872 den westlichen Küsten derselben so viel Noth und Elend brachte, für die Nordseemarschen vollends ohne Bedeutung sein mußte, war natürlich, weil ja nur ein Sturm aus Nordosten die Ursache davon war.

Mag es mit dieser kurz zusammengedrängten Aufführung der bedeutendsten und verderblichsten der Fluthen genug sein. Wer einen tieferen Blick in all das Elend der Vorzeit zu werfen wünscht, der lese „Die Lebens- und Leidensgeschichte der Friesen" von Clement (Kiel 1845). Man wird das Buch nicht ohne ein tief ernstes, wehmüthiges Gefühl, nicht ohne lebhafte Bewunderung für solch' ein Volk aus der Hand legen. Mag auch die eigenthümliche Schreibart anfangs etwas befremden, die Wahrheit, das tiefe Gefühl sprechen aus jedem Worte.

„Die Geschichte der Wasserfluthen", heißt es da z. B., „ist ein großer Theil unserer Lebenszeit. Sie stellt uns dar, wie dem Volke der Friesen, Deutschlands Ehrenvolke, das so harten Kampf mit Gott gekämpfet, nach und nach die See den geliebten Boden hier genommen, dort zertrümmert, wie es vorgebaut und nachgemühet, fortgelebt und fortgelitten Jahrtausende, nimmer müde, nimmer sicher, nimmer fertig unter Strom und Sturm, Eis und Wogen ewig bedroht, ewig verfolgt, von Morgen und von Abend; wie es seine Erde mit den Menschen verloren im Abgrunde der See; wie sie hinabgesunken lebendig oder in den Todtenhügeln schon ruhend, die Freunde des Vaterlandes alle, deren Art man nicht mehr kennt; wie es Gott geschlagen ohne zu murren, ohne zu fliehen von der Mutterbrust der schrecklichen und doch heiß von ihr geliebten; wie es geklebt und festgehalten an dem mächtigen Wesen: Heimath; wie es einerseits mit seinem eigenen Elemente, dem allmächtigsten gekämpfet, während andererseits mit gekrönten Häuptern und deren Knechten, welche kamen von Mittag und von Morgen und von Mitternacht, um dies eigenthümliche Volk zu vertilgen. Aber von politischer Gewalt kann es nimmer ganz vertilget werden, so zäh ist der echte Geist der Friesen. Erst wenn das Meer alle Niederungen an seinen Rändern verschlungen, hat dies Geschlecht ein Ende."

„Von Fürstenmacht, die es zu lieben gar keine Ursache hat, ist es getreten und vom Meere zerschnitten worden, wie eine Amphibie zertreten und zerschnitten wird, doch wenn auch in Stücken, es lebt fort in unverwüstlicher Natur, wie die zerhackte Amphibie, deren getrenntes Leben, so spricht die Volkssage, sich noch rühret bis die Sonne untergeht." —

Dicht an der inneren Seite der Deiche, gefüllt mit klarer Fluth und Wasserpflanzen, sieht man wohl hie und da stille, runde, rohrumkränzte Kolke, in den Marschen meistens Braken genannt. — Das sind die Denkmale, welche einst die wilden Sturmfluthen sich selbst geschaffen haben, als sie durch die gesprengte Deichbresche donnerten und hier tief sich in den Boden wühlten.

Jetzt bieten solche Wasserbecken nur Bilder des tiefsten Naturfriedens dar. Das hohe Schilf nickt und flüstert leise, braune Rohrkolben und purpurne Butomusdolden, Wasseraloen und Nymphäen schauen aus klarer Flut, indeß am Ufer die scheue nächtliche Fischotter haust oder das Wasserhuhn nistet, tief im Grunde aber bejahrte mächtige Schleien und Karauschen, braune Schlammpeizger und gefleckte Wassersalamander zwischen den schwarzen Blutegeln und Wasserkäfern lautlos hierhin und dorthin schleichen.

Das Klima der Marschen.

Die unmittelbare Nähe des Meeres und der großen Ströme, die niedere, ebene Lage und die Menge der Binnenkanäle und Gräben, machen die Marschen wohl zu den allerfruchtbarsten, aber auch nebligsten und regenreichsten Landstrichen Deutschlands. Wird überhaupt nach den bis jetzt gemachten meteorologischen Beobachtungen durchschnittlich für das ebene nordwestliche Deutschland im Jahre eine Zahl von 176 eigentlichen Regentagen und eine jährliche Regenmenge von 23 Zoll angenommen, so wird von dieser Durchschnittsannahme doch sicherlich das Maximum der Regenmasse auf die Küstenstriche und also auch auf die Marschen fallen.

Den größten Theil des Jahres wölbt sich ein grauer wolkenumzogener Himmel über den Marschländern, ein trüber, kalter Nebel bedeckt oft Tage lang die weiten Fluren, und häufig strömt ganze Monate hindurch, mit Ausnahme kurzer Pausen, der Regen hernieder. Namentlich sind Mai, Juli, August, October und November oft völlige Regenzeiten; dagegen März Juni, September und Januar durchgehends die heitersten und beständigsten Monate. Nie steigt aber im Winter die Kälte zu der gleichen Höhe, wie im oberen Deutschland, wo schon reinere Bergluft weht, und 18—20 Grad Kälte (Reaumur) gehören zu den Seltenheiten. Im Frühlinge, ja oft an den wärmsten Tagen und bei dem reinsten und sonnigsten blauen Himmel, wälzt sich plötzlich aus Westen ein schwerer, grauer Seenebel daher, welcher Alles mit seinem kalten Hauch durchschauert. Die Sonne verliert ihren Glanz und ihre Wärme, die Vögel verstummen, grau und leblos wird Alles, und die ganze Natur ist auf einmal so still, so ernst und finster geworden, wie sie noch vor wenigen Minuten freundlich und sonnig war. Eine unbestreitbare Einwirkung auf dies kühlere Klima haben auch die Fluthwellen. So weit ihre Strömungen in die Flüsse hinaufgehen, ist immer die Temperatur im Sommer niedriger und im Winter höher, als über diese Grenze hinaus. An heißen Sommertagen erhebt sich sofort eine kühle Brise, wenn die Fluth kommt und im Frühling ist die Natur hier immer um einige Tage zurück, als höher hinauf. So ist die Fluthgrenze der Flüsse zugleich eine Klimagrenze ihrer Ufer. —

Selbst aber wenn das Meer seine Nebel nicht sendet, ist

im Frühling die Luft stets mit Dünsten angefüllt, die aus dem feuchten und von den warmen Sonnenstrahlen berührten Boden emporsteigen, und selten so klar, daß man mehrere Stunden weit sehen kann.

Niemandem muß diese dunstvolle Atmosphäre mehr auffallen als dem, der den deutschen Süden, z. B. die baierische Hochebene, oder gar die Alpen selbst zu seiner Heimath zählt. Während dort Gegenstände, z. B. Felswände, Wälder, Häuser, Thürme u. s. w. in einer Entfernung von mehreren Meilen oft noch auf's Reinste ihren Localton zeigen, genügt in den Marschen oft schon der Zwischenraum einer Wegstunde, um Alles bläulich oder grau abgetönt erscheinen zu lassen, und nur der September läßt auch hier die Landschaft in vollen Farben sehen. Fast kommt es dem, der in leichter und reiner Bergluft aufgewachsen ist, vor, als ob unsere Luft sich beinahe mit Händen greifen ließe.

Dieser starke, bläuliche Duft, der sich oft den ganzen Tag hindurch auf Land und Meer lagert, ist ein Hauptmerkmal unserer Marschen; in ihm haben wir die Hauptursache der bei uns herrschenden Krankheiten zu suchen. Namentlich die Seemarschen, wie das Land Wursten, das Butjadinger- und Jeverland, deren Boden reichlich mit Salpeter, Natron, Schwefelwasserstoffgas und animalischen Theilen geschwängert ist, hauchten schon wahrhaft seuchenbringende Dünste aus. Es zeigten sich dann die heftigen und hartnäckigen Gallen- und Wechselfieber, von welchen letzteren die drei- und viertägigen die allergefährlichsten und langwierigsten waren und nur allzu häufig mit dem Tode durch Auszehrung endeten. Der Marschbewohner nennt jene verderbenbringenden Dünste „die salze Luft".

In den nördlichen Marschen ist es sogar schon gefährlich, im Frühling, und sei es auch nur eine Stunde, sich auf der bloßen Erde zu lagern. Große Mattigkeit, Schwere und Uebelkeit, dumpfe Betäubung, Kopfweh und oft ein plötzliches Schwellen des Gesichts sind die augenblicklichen noch leichtesten Folgen davon, und man kann froh sein, wenn nicht ein hartnäckiges Marschfieber nachschleicht.

Die Feldarbeiter in solchen Gegenden legen sich deshalb niemals nieder, ohne vorher sorgfältig ihre Jacke oder etwas Stroh unter das Haupt zu schieben; fremde Wanderer aber müssen oft für ihre Unvorsichtigkeit büßen.

Die Flußmarschen, z. B. Osterstade, das Land Wührden, das Stedinger- und Stadland, das Alte Land und das Land Kehdingen sind ungleich gesunder und von den oben erwähnten Krankheiten seltener geplagt; allein nach der Sturmfluth des Jahres 1825, wobei durch die Deichbrüche salziges Wasser in's Land kam und stehend wurde, brachen überall auch hier die hartnäckigsten Marschfieber aus, welche erst nach Jahren wieder verschwanden.

Obgleich Einheimische weit weniger von den Einflüssen des ungesunden Klimas zu leiden haben als Fremde, die meist früher oder später dem Marschfieber zur Beute werden, so ist doch auch unter den Eingeborenen, insbesondere den der nördlichsten Marschen, nach genauen statistischen Beobachtungen, die Anzahl der Opfer verhältnißmäßig fast noch einmal so groß, als in dem übrigen Norddeutschland. Erkrankten doch allein im oldenburgischen Amt Burhave im Sommer 1846 von 5200 Einwohnern 2940 Menschen am Gallen- und Wechselfieber, und im Amte Tettens (Jeverland) in demselben Sommer von 4230 Einwohnern an gleichen Fiebern über 3000, davon 147 erlagen. Und das Alles sind nur Fälle, welche aufgezeichnet und bekannt wurden, wie mancher mag ganz im Stillen seine Fieberanfälle ertragen haben. So viel aber ist gewiß, daß zu einigen Zeiten in jenen Gegenden oft nur ein Fünftel der Bevölkerung als gesund zu betrachten ist. Wie sich unsre Marschkrankheiten zu den berüchtigten Malarien, jenen Sumpffiebern, welche die von Miasmen geschwängerte Luft, die sog. Arria cativa der Marschen Italiens hervorrufen, verhalten, solches hier darzuthun, liegt außer dem Bereich dieses Buches, daß indeß zwischen beiden eine große Verwandtschaft besteht, liegt außer allem Zweifel. —

Ein Alter von 70 bis 80 Jahren gehört in einigen Marschen zu den Seltenheiten, und der Fremde ist sonderbar überrascht, wenn er in manchen Jahren Sonntags in den Kirchen oft ein Drittel der Anwesenden in schwarzen Trauerkleidern erblickt: dann ist jener Würgeengel durch's Land gegangen.

Und doch ist eine reine Feuchtigkeit das eigentliche Element des Marschbewohners, der eine wahre Amphibiennatur besitzt. Je rauher und stürmischer die Witterung ist, je mehr Nebel und Regen den Himmel verdunkelt, desto wohler und gesunder befindet er sich. Lang anhaltende Trockenheit aber, und namentlich im Winter scharfer Ostwind mit Frost ohne Schnee, bringen sogleich überall Krankheitsfälle hervor.

Auf der, unmittelbar an die Marschen grenzenden Geest dagegen findet, wie aufmerksame Beobachtungen der Aerzte bewiesen haben, gerade der umgekehrte Fall statt.

Die Marschfieber sind in den Marschen selbst seit 40—50 Jahren nicht mehr epidemisch aufgetreten; jetzt hört man nur noch selten von einzelnen Fällen. Auch auf der Geest, wo die Epidemien noch 20 Jahre länger anhielten, sind die Fieber jetzt fast ganz verschwunden. Ob bessere Lebensweise, erhöhte Bodenkultur, vermehrte Abwässerung, Brunnenanlagen u. s. w. oder ob Witterungsverhältnisse solches bewirkt haben, dürfte noch nachzuweisen sein.

Luftspiegelungen.

Die schönste und interessanteste Erscheinung, welche die dunstgeschwängerte Atmosphäre der Marschländer verursacht, und zugleich wohl die wunderbarste Eigenthümlichkeit derselben sind die Luftspiegelungen. Diese auffallende Art der Strahlenbrechung, die noch immer nicht hinreichend von den Gelehrten erklärt ist, sieht man nirgends so häufig, so anhaltend und deutlich als in den Marschen, wo sie sich meistens in folgender Gestalt darstellt.

Wenn Morgens, namentlich an heiteren, warmen Tagen, die Nebel von der weiten Ebene empor geschwebt sind, und die höher gestiegene Sonne die untersten Luftschichten erwärmt hat, glaubt man plötzlich die weite grüne Ebene, in der Entfernung von einer Stunde, durch eine mächtige Ueberschwemmung oder einen großen stillen See begrenzt zu sehen. Die über diese Grenze hinausliegenden Gegenstände, wie z. B. Bäume, Häuser und Thurmspitzen, erscheinen, als lägen sie auf Inseln und zeigen ihr verkehrtes Spiegelbild in der stillen klaren Fläche ganz so, wie es wirklich der Fall wäre, wenn sie an einem ruhigen Landsee lägen. Nähert man sich, so rückt auch die Erscheinung weiter, die vorher wie auf dem Wasser schwimmenden Gegenstände treten hervor, und die Täuschung erneuert sich nun für eine andere Gegend. — Mit scharfem Auge oder durch ein Fernrohr nimmt man am Horizonte oft auch ein eigenthümliches Flimmern, Zittern von sehr schnellen Wellenschwingungen wahr, die sich sichtlich fortbewegen. „Wetterkatzen“ nennt hie und da der Landbewohner diese Erscheinung und deutet sie auf trockne Witterung.

Die erste Erscheinung aber ist so wunderbar täuschend, daß der fremde Reisende, der in der festen Meinung, einen Landsee mit vielen Inseln vor sich zu haben, darauf zugeht, auf das Höchste überrascht und erstaunt ist, wenn er das ganze Trugbild sich plötzlich in Dunst auflösen oder zurückweichen sieht. —

Wer denkt hier nicht an die zauberische Fata Morgana bei Reggio's Küste, an die arktischen Meerspiegelungen, oder an das Trugbild der afrikanischen Wüsten, das dem vor Durst verschmachtenden Karawanenpilger auf einmal von fern eine klare Wasserfläche zeigt, die aber, wenn er vor unendlicher Freude jubelnd hineilt, seine trockene, lechzende Zunge zu erfrischen, in bloßen trügerischen Duft verschwimmt und den armen grausam Getäuschten in dumpfer Verzweiflung stehen läßt.

Durch dieselbe Erscheinung, wie die in unseren Marschen, wurden die Franzosen öfter bei der ägyptischen Expedition in den nördlichen Nilebenen getäuscht. Und auch dort wie hier sind Marschländer.

Beim Auf- und Untergang der Sonne bemerkt man niemals dies Phänomen, sondern es beginnt gewöhnlich erst gegen 10 Uhr Morgens. An warmen dunstigen, aber von hellem Sonnenschein begleiteten und durchaus stillen Frühlingstagen ist die Erscheinung am schönsten und dann oft viele Tage hindurch sich wiederholend, seltener im Spätsommer und im Herbst. Im Winter zeigt sie sich niemals.

Auch auf der Wasserfläche der Ströme und des Meeres stellt sie sich bei warmem, stillem Wetter dar. Alle dahinter befindlichen Gegenstände scheinen alsdann über dem Wasserhorizont hoch und frei in der Luft zu schweben und zeigen sich auch hier zuweilen mit ihren nach unten gekehrten Spiegelbildern.

Während diese wunderbare Erscheinung den Fremden mit freudiger Bewunderung erfüllt, ist sie dem Marschbewohner so etwas Gemeines und Alltägliches, daß er sie kaum eines aufmerksamen Blickes würdigt; aber er liebt sie, weil sie auf beständiges, gutes Wetter deuten soll.

Auf die oben geschilderte Weise stellt sich die Luftspiegelung für gewöhnlich dar; aber die Marschländer bieten, wiewohl seltener, noch ganz andere und viel seltsamere Wirkungen der Strahlenbrechung. Ferne und weit außer dem Gesichtskreis liegende Gegenstände treten plötzlich nah und deutlich vor's Auge, bald in natürlicher Größe und Lage, bald aber auch entweder breit zusammengedrückt oder in die Länge gezogen und vergrößert, ja zuweilen sogar auf dem Kopf stehend oder auf das Wunderlichste verschoben.

Der berühmte Physiker und Mechaniker Brandes*), welcher selbst die Marschen zur Heimath hatte, giebt in seinem Buche: „Beobachtungen und Untersuchungen über Strahlenbrechung“ (Oldenburg, Schulzesche Hof=Buchhandlung) viele interessante Bemerkungen über diese Luftspiegelungen der Marschländer, welche dem großen Publikum weit weniger bekannt sind, als sie es verdienen.

So erzählt er in demselben von seinem Aufenthalte im Butjadingerlande und auf der Insel Neuwerk unter Anderem Folgendes:

„Mein dortiger Wohnort lag nahe am großen Meerbusen der Jade, dessen jenseitiges Ufer theils eine halbe Meile entfernt war, theils sich bis drei Meilen jenseits des Wassers hinzog. Bei dem gewöhnlichen Zustande der Luft sah man hier Bäume, Dörfer und Kirchthürme des jenseitigen Ufers in ihrer natürlichen Gestalt und erblickte wenig von Dem, was tiefer im Lande lag, weil in dem ganz ebenen Lande entferntere Gegenstände hinter den näheren versteckt blieben. Aber an heiteren Frühlings= oder Sommerabenden, wenn die Luft nach einem sehr warmen Tage ganz still war, zeigten sich diese Gegenstände in einer ganz andern Gestalt; die am Ufer liegenden Häuser schienen zusammengedrückt, oft so niedrig, daß man sie nur mit Mühe erkannte, aber das ganze dahinterliegende Land mit seinen Dörfern, Häusern und Bäumen war oberhalb jener nächsten Gegenstände zu sehen, gerade als ob das Auge von einer großen Höhe auf eine Ebene herabsähe, oder das ganze flache Land sich als ein Theil einer hohlen Kugel in größerer Entfernung emporhöbe. Dörfer hinter Dörfern wurden viele Meilen weit sichtbar. Sobald sich aber ein frischer Wind erhob, waren alle diese Erscheinungen verschwunden

*) Er war, ehe er die Professur der Physik in Breslau und später in Leipzig bekleidete, Wasserbauconducteur im Oldenburgischen.

und das alte wohlbekannte Ufer lag wieder deutlich da, ohne daß auch nur eine Spur von Dem zurückblieb, was noch eben so fremd und täuschend dem Auge vorgeschwebt hatte.

Auf der Insel Neuwerk (wo **Brandes** die Leitung der Wasserbauten im Jahre 1794 hatte) waren diese Erscheinungen dadurch noch ausgezeichneter, daß man die, sieben Meilen entfernte, sonst vermöge der Krümmung der Erde unsichtbare Insel Helgoland sah, und zwar nicht blos den hohen Felsen, sondern auch die kleine, wenig über die Meeresfläche erhabene, niedrige Düne und das sie umgebende Meer selbst, und zwar oft mit ausgezeichneter Deutlichkeit. Diese Phänomene, wo sehr entfernte, sonst unsichtbare Gegenstände zu Gesicht kommen und andere oberwärts ein umgekehrtes, auch wohl zwiefaches Bild über sich haben, bemerkte man nur an schwülen, gewitterhaften Tagen und meistens erst gegen Abend, dagegen stellte sich an kühleren Sommertagen eine ganz andere Erscheinung dar. Man sah alsdann die Gegenstände jenseits des Wassers in ihrer natürlichen Gestalt, aber sie schienen oberhalb des Wasserhorizontes in der Luft zu schweben, und wenn man sie mit dem Fernrohre genau betrachtete, so sah man, daß der Gegenstand zwar in seiner natürlichen Gestalt erschien, aber unterhalb sich wie gespiegelt zeigte, so daß das umgekehrte Bild des Gegenstandes, seine untere Seite unmittelbar berührend, gesehen wurde."

Der Marschboden.

Man würde sehr irren, wenn man sich die Marscherde als eine gleichmäßige, gewisse Erdart denken wollte. Die Marschen, und selbst einzelne derselben, besitzen oft eine eben so große Verschiedenheit des Bodens, wie andere Länder, wenn auch dieser Unterschied der Erdarten nicht immer an der Oberfläche liegt und sofort in die Augen fällt. Die eine Marsch ist nicht allein durch ihr leichteres oder schwereres Erdreich von der andern verschieden, sondern man braucht oft nur eine Stunde weit zu gehen, um schon auf diesem Wege den verschiedenartigsten Boden zu treffen. Hier ist das Erdreich thonig, dort sandig und weiter hin vielleicht kalkig, in diesem Striche von höchster, kaum erschöpfbarer Fruchtbarkeit, in jenem mager und nur schlechtes, hartes Gras hervorbringend; und der Marschbauer unterscheidet ohne alle chemischen Kenntnisse recht gut die Güte dieses Stück Landes von jenem, das vielleicht nahe daran liegt.

Aber noch verschiedenartiger und schroffer von einander gesondert treffen wir, wenn wir in die Tiefe gehen, die Erdarten, bei deren Vorkommen uns die wunderbarsten und dunkelsten Räthsel entgegentreten, deren völlige Lösung, wer weiß es, welcher Zeit vorbehalten ist. Vollends räthselhaft wird diese Schichtung der verschiedenen Erdarten dadurch, daß diese nur im älteren Marschlande stattfindet; wogegen der Boden, den man in letzter Zeit dem Meere abgewonnen, z. B. jene Polder Ostfrieslands und Groden Oldenburgs, fast immer ein durchaus gleichmäßiges Erdreich besitzt.

Thon ist indessen in allen Marschen die vorherrschende Bodenart, sei er nun in verschiedener Lage oder Tiefe mehr oder weniger mit Sand, Kalk, Humus oder anderen Gegenständen vermischt; er fehlt wenigstens nirgends gänzlich.

Im Allgemeinen lassen sich in den Marschen fünf hervorstechende Erdarten annehmen, die in mächtigeren oder dünneren Lagen und durchschnittlich in folgender Ordnung aufeinander geschichtet sind.

Die alleroberste Schicht bildet natürlich Humuserde, auch Damm- oder Bauerde genannt. Sie besteht aus einem Gemisch von Thon, Sand und einer Menge ganz oder halb verwester Pflanzentheile, welche derselben die große Fruchtbarkeit verleihen. Im trocknen Zustande ist sie mausfarben und von ziemlich heller Farbe, naß dagegen tief dunkelgrau. Je nachdem in diesem Boden der Thon oder der Sand überwiegend ist, bezeichnet man ihn als schweren oder leichten. Doch bezieht sich diese Benennung nur auf die Bearbeitung des Bodens, welche allerdings durch Vorherrschen des Thones erschwert und durch das des Sandes dagegen erleichtert wird. Sonst ist dem specifischen Gewichte nach Sandboden schwerer als Thonboden, und überhaupt der Sand stets der schwerste Theil aller Ackererden. Doch fällt es Keinem ein, den Marschboden nach seinem specifischen Gewichte leicht oder schwer zu nennen. Schwer ist daher gleichbedeutend mit bindig, zähe und steif.

Nicht in allen Gegenden ist die Bauerde von gleicher Tiefe. Während sie an dieser Stelle kaum eine Handbreit Dicke besitzt, ist sie an jener vielleicht mehrere Fuß mächtig, doch selten über 4—5 Fuß, nur in den neuen Groden und Poldern ist sie von bedeutender Mächtigkeit. Den schwersten Boden finden wir im nördlichen Osterstade, im Vielande, im südlichen Lande Wursten und Kehdingen, dann im Stad- und dem südlichen Butjadingerlande. In allen diesen Distrikten ist daher meistens die Viehzucht gegen den Ackerbau vorwiegend. Leichteren sandigeren Boden besitzen dagegen das südliche Osterstade, das nördliche Wursten, das Land Hadeln, das Alte Land und von den oldenburgischen Marschen das nördliche Butjadinger- und Jeverland. Hier herrscht aus leicht erklärlichen Ursachen überall der Ackerbau vor.

Fast unmittelbar unter der Bauerde findet sich der sogenannte Knick oder Stört, eine harte, bröckliche, dunkelbraune und viel Eisen-Oxyd-Oxydul enthaltende Erdart. Sie ist die schlechteste von allen, fast ganz untauglich und es bedarf langer Zeit und großer Mühe, wenn sie an die Oberfläche gebracht ist, dieselbe nur einigermaßen zum Ackerbau tauglich zu machen. Daher hütet man sich fast ängstlich, mit dem Pfluge den Knick aufzurühren. Hier und dort geht diese eisenhaltige Erde mitunter in wirkliches Rasenerz über, ist indeß immer die dünnste Bodenschicht und nur sehr selten kommt sie über einen Fuß mächtig vor.

Nun folgt meistens ein großes Thonlager, oft mit feinem Sande vermischt, oft aber auch so rein, daß sich die Erde im feuchten Zustande fett und schmierig fast wie Seife anfühlen läßt. Bald ist sie heller, bald dunkler grau, oft auch von schwarzblauer Farbe, modrigem Geruche und dann meistens alten Humus mit sich führend. Wo sie recht zäh und bindig auftritt, wird sie in einigen Gegenden Dwa oder Dwo genannt. Anfangs ist sie ziemlich unfruchtbar, erst wenn sie längere Zeit den Wirkungen der Luft und Sonne ausgesetzt ist und namentlich, wenn sie mit Sand und Kalktheilen vermischt ist, wird sie milder und zur Acker- und Gartencultur tauglich. Zum Deichbau ist sie indeß vortrefflich und bietet namentlich das Material zur Ziegelfabrikation in den Marschen. —

Die obigen drei Erdschichten treffen wir überall; nun aber kommen zwei Schichten, die nur gewissen Gegenden angehören und auch hier nur in bestimmt abgegrenzten Lagern von verschiedener Mächtigkeit, nicht aber gleichmäßig ausgebreitet wie die vorigen, und endlich niemals zusammen vorkommen. Diese sind die kohlensaure Kalkerde und der Darg.

Betrachten wir die erstere. Eingebettet in dem reinen Thonboden, meistens 4—6 Fuß unter der Oberfläche, treffen wir diese interessante Erdart, wie sie sich als fünf bis acht Fuß mächtiges Lager in einer Breite bis zu einer halben Stunde, aber ungemein lang gestreckt und stets mit dem Flusse in paralleler Richtung dahin zieht, an beiden Enden meistens dünn und spitz ausgehend. Sie besteht aus einem Gemisch von Thon, feinem Sande, aber vorzüglich aus kohlensaurem Kalk, der mitunter fast allein herrscht. Im feuchten Zustande ist die Erde bläulich grau, getrocknet aber hellgrau, und je mehr Kalk darin ist, desto weißer. Außerdem enthält sie, zwar im geringen Maße, noch Kiesel, Schwefel und einiges Andere.

Im Stedingerland, Osterstade und Wührden tritt sie nur in unbedeutenden Spuren auf. Im Butjadingerlande aber, wie im Lande Wursten, Hadeln und den holsteinischen Elbmarschen erscheint sie in großer Mächtigkeit und Fülle und spielt im Ackerbau dieser Gegenden eine bedeutende Rolle. Man bringt sie nämlich nach Art des Mergels nach oben und vermischt mit ihr die Ackerkrumen, wodurch dem erschöpften Boden eine neue Güte und Fruchtbarkeit gegeben wird, namentlich, wenn man noch einen auch nur geringen Theil thierischen Düngers hinzusetzt. Man nennt ein solches Verfahren verschieden: im Oldenburgischen heißt es „Wühlen", im Lande Wursten und Hadeln „Kuhlen", in Holstein und Schleswig „Kleien" oder „Wallpiepen", und auch die Erde darnach „Wühl-, Kuhl- oder Pieperde". — Bei Beschreibung der einzelnen Marschen mag auch das Verfahren umständlicher besprochen werden, darum hier nur noch ein paar Worte über die Entstehung dieser Schicht.

Es treten uns bei dieser Frage eigenthümliche Räthsel entgegen. Einige der Schichten, namentlich die im Lande Hadeln vorkommen, dürfen wir ruhig und mit Sicherheit als einstige große Muschelbänke bezeichnen; denn das ganze Lager sitzt noch voll Schalen, namentlich der Gattung Cardium, Mactra und Mya, dieselben Arten und in derselben Weise gelagert, wie wir sie in zahlloser Masse noch heutiges Tags auf den Watten finden. Theils sind die Schalen noch wohlerhalten und kennbar, theils in kleinen Trümmern, theils aber auch im Laufe der Jahrhunderte gänzlich zu einer unorganischen Kalkmasse zerfallen. Genug, ihr Ursprung ist keinem Zweifel mehr unterworfen, und würden die großen lebenden Muschel- und Austernbänke der Nordsee plötzlich trocken und mit Erde bedeckt, so dürften sie sicherlich nach einem Jahrtausend ganz dieselbe Wühl- oder Kuhlerde geworden sein.

Anders ist es aber mit vielen Schichten im Lande Wursten und vorzugsweise im Butjadingerlande. In ihnen findet sich kaum eine Spur von Muscheln, dagegen bestehen einige fast ganz aus den Panzern mariner Mikroorganismen, aus kohlensaurem Kalk gebildet, während dagegen in andern die Kieselpanzer von Süßwasserbewohnern vorherrschen. Chemische Untersuchungen wiesen in den Schichten marinen Ursprungs zugleich einen gewissen Gehalt von Schwefel nach, den die Schicht der Kieselpanzer nicht enthielt. Diese letztere wird nie nach oben gebracht, da man sie für gänzlich unfruchtbar hält.

Der Darg bildet endlich, da wo er vorkommt, fast immer die letzte Lage, mit dem die Marscherde aufhört. Er besteht aus einer compaeten, reich mit schweflichen Theilen durchzogenen dunkelbraunen Schicht von Blättern, Halmen und Wurzeln des gemeinen Rohrs (Phragmites), welche torfartig verwoben, durch gewaltigen Druck fest zusammengepreßt, aber meistens noch völlig erkennbar sind. Er findet sich in sehr verschiedener Tiefe, oft dicht unter der Oberfläche, oft 30 ja 60 Fuß im Grunde. Durchgängig aber bildet er die allerunterste Schicht und liegt unmittelbar auf dem Grundsande. Getrocknet hat der Darg die größte Aehnlichkeit mit leichtem Torf, brennt auch wie dieser, entwickelt aber beim Brennen einen so unangenehmen schwefligen Geruch, daß man ihn nie zur Feuerung benutzt, und selbst die ärmsten Leute ihn verachten.

Spärlich, unzureichend und oft noch grundfalsch ist, was bis jetzt über diese mächtigen Darglager und ihre Entstehung geschrieben wurde. „Es waren ungeheure Rohrfelder, die von darüber sich lagernden Schlammmassen begraben sind.“ Mit diesen oberflächlichen Worten pflegten die meisten Geognosten der Marschländer den Darg abzufertigen. Wie leichtsinnig und unhaltbar das aber ist, wird auf den ersten Blick klar, wenn man die große Mächtigkeit mancher Schichten betrachtet, denn ein überschüttetes und zusammengepreßtes noch so üppiges Rohrfeld würde doch kaum ein Fuß dickes Lager bilden; auch das ungleiche Vorkommen der Schichten, bald hoch, bald in großer Tiefe, hier völlig wagerecht und gleichmäßig, dort wieder geneigt liegend und an Mächtigkeit an einem Ende das Doppelte als am andern haltend, läßt sich nicht dadurch erklären.

Alles aber wird plötzlich klar und begreiflich, sobald wir uns wieder das Bild, das die Marschen vor einem Jahrtausend darboten, vor Augen stellen.

Da sehen wir, von den Dünenhöhen, den jetzigen Hügeln am Geestrande, begrenzt, die weiten, menschenleeren Sumpfebenen sich dehnen. Jede Fluth bespült sie, der träge Fluß windet sich in hundert kleinen oder größeren Armen hindurch, eine Menge flacher Inseln bildend; nirgends ein Baum oder auch nur ein Strauch, nirgends Gras und bunte Blumen. — Das einzige Grün dieser fluthenumrauschten Einöde aber waren die mächtigen hohen Rohr- und Binsenfelder, die unabsehbar alles höhere Land umwogten. Kein menschlicher Fuß betrat sie, keine Sense erklang in ihnen, wenn der Herbst kam; nur ungeheuere Schaaren von Sumpf- und Wasservögeln schwärmten und hausten dort. — War indeß das Jahr zu Ende, dann kamen auf hochgeschwollener Fluth scharfe gewaltige Eisschollen und mähten Alles kahl. Die ungeheueren Massen dieser Binsen und Rohrhalme, die sonst spurlos verwittert wären, trieben nun dicht geballt lange Zeit Strom ab und Strom auf, hierhin und dorthin, lagerten sich zum Theil wie ein Wall an den Inselrändern, füllten oft ganze Flußarme aus und sanken endlich schwer geworden zu Boden, wo sie allmälig höher und immer höher vom abgesetzten Schlamme bedeckt wurden.

Namentlich hatten Weststürme, da vorzugsweise diese von den höchsten Fluthen begleitet sind, sie an die rechten Flußufer getrieben. In den Marschen der linken Weser- und Elbufer,

z. B. im Butjadingerlande, im Lande Hadeln und Kehdingen, findet sich der Darg nur in höchst unbedeutenden Spuren. Osterstade und Wührden, sowie die holsteinischen und lauenburgischen Marschstriche, besitzen ihn in großer Mächtigkeit.

So lagern nun die Massen hier Jahrhunderte lang tief im Grunde, hoch mit fruchtbarer Erde belastet, selbst aber wunderbar erhalten. Aus einem Stücke Darg kann man oft alle Wurzeln, Stengel und Blätter herauslösen, ja man sieht auch die feinste Structur an letzteren. Dieser aus versunkenen Rohrmassen entstandene Darg bildet aber nur einen Theil dieser Bodenart. Der bei weitem größte besteht indessen aus den abgestorbenen Wurzelballen des Rohrs, den sog. Packwurzeln, deren dicht verschlungene zusammengedrängte Massen ebenfalls oft von bedeutender Mächtigkeit sind.

Die Fülle von Schwefelwasserstoffgas in diesem Darg, die ihn zum Brennen untauglich macht, ist auch in vielen Gegenden die Ursache des übelriechenden Trinkwassers. Es gewähren diese längst versunkenen gewaltigen Rohrmassen ein eigenthümliches Interesse und erinnern lebhaft an die untergegangenen Urwälder unserer Stein- und Braunkohlenlager, ja in der Lettenkohle und im sogenannten Schilfsandsteine, beide Gesteine der Trias-Periode angehörend, haben wir eine völlig analoge Erscheinung und wohl nichts Anderes als verkohlten und verkieselten Darg vor uns. —

Alle diese vorhin beschriebenen Erdschichten der Marsch liegen indeß nicht immer so regelmäßig und genau nach der Ordnung, wie ich sie angeführt habe, auf einander. Ich habe nur die Reihenfolge erwähnt, welche durchschnittlich am häufigsten stattfindet. Es kommt jedoch auch sehr oft vor, daß eine oder die andere Schicht gänzlich fehlt, oder äußerst unbedeutend ist, aber auch in verschiedener Tiefe ein oder mehrmal wiederkehrt. —

Durchbohren wir alle diese verschiedenen Erdlagen, so treffen wir endlich eine mächtige, reich von Wasser durchzogene, reine Sandmasse, welche überall die Grundlage der ganzen Marsch bildet und eigentlich nichts weiter ist als eine unterirdische Fortsetzung der Geest. Die Tiefe, in welcher dieser Sand beginnt, ist sehr verschieden. Da, wie schon früher erwähnt, dieses unterirdische Sandland ebensowohl Hügel und Niederungen hat wie das sichtbare, so muß man in den Marschen vielleicht an dieser Stelle über 70—80 Fuß tief graben, um auf Sand zu stoßen, und an jener dagegen zu diesem Zwecke kaum 10—12 Fuß, während an einer noch andern Stelle der Sand sogar an die Oberfläche tritt, ja selbst sich oft einige Fuß hoch darüber erhebt.

Je näher der Geest, desto höher liegt natürlich meistens der Sand. Wie mächtig nun diese Sandmassen sind, was unter ihnen liegt, und wie tief man bohren müsse, bis man zum Felsgrunde, dem Gerippe der Erde, dringt, Alles dies ist dunkel und wenig erforscht. Der Marschengeognost braucht es auch nicht zu wissen, er dringt nur durch die Erdschichten bis zum Sande vor, aber Alles, was dann kommt, geht ihn nicht weiter an. —

Ein großer Uebelstand in den meisten Marschen ist der Mangel an gutem Trinkwasser. Die Brunnen müssen oft 60 bis 70 Fuß tief durch alle Erdschichten geführt werden, bis man auf das Sandlager stößt. Hier erst findet sich einigermaßen gutes Wasser, das demungeachtet sehr selten klar und reinschmeckend ist.

Und dennoch können die Bewohner der Gegenden, wo Brunnen möglich sind, sich glücklich preisen. In den nördlichen Marschen, wie im Jeverlande, Ostfriesland, Butjadingen und im Lande Wursten, findet man in einigen Strichen oft weit und breit keinen einzigen. In diesen Gegenden ist der Boden so reich an Salztheilen, anderen Orts wieder an Schwefelwasserstoffgas, das sich vorzüglich in der Dargschicht findet, daß alle Versuche, Trinkwasser aus ihm zu erhalten, gänzlich scheiterten. Es war stets trübe, übelriechend, ungesund und vom abscheulichsten Geschmacke. Wo die Geest nahe ist, führt diese noch einiges Wasser herbei, sonst ist man einzig und allein auf Regenwasser angewiesen, das man in Gräben und Cisternen auffängt. Und selbst dieses kann man nicht immer vor den Einwirkungen des Bodens bewahren. Kommt nicht oft frischer Zufluß, so stagnirt es bald, überzieht sich mit einer dicken, farbenschillernden Haut und kann nun vor üblem Geruche und Geschmacke kaum hinunter gewürgt werden. Viele Häuser besitzen daher einen Filtrir-Apparat, in welchem das Wasser sich reinigt, indem es durch mehrere Schichten von Kiessand, zerstoßenen Muschelschalen und Holzkohlen sickert. Dieser leistet durchgängig treffliche Dienste. Im Winter, wenn ein strenger Frost das Wasser in den Gräben und Cisternen gefrieren macht, vor Allem aber bei lang anhaltender Dürre eines heißen Sommers, steigert sich die Noth in diesen Gegenden oft zu einer wahrhaft betrübenden Höhe. Weit umher ist dann oft kein Glas genießbaren Wassers zu finden, das Vieh rennt, vom furchtbarsten Durste geplagt, blöckend im Felde umher, alle Gräben sind ausgetrocknet oder zu stinkenden Pfützen geworden, alles Wasser in den Cisternen ist faul und trübe und kaum zum Essen und Kochen tauglich. Mehrere Stunden weit wird zwar täglich frisches Wasser auf Wagen angefahren, aber wie wenig ist das bei solchem Mangel!

Endlich kommen noch zu der allgemeinen Noth die verheerenden Sumpf- und Gallenfieber, die, herbeigeführt durch Genuß und Ausdünstung des stagnirenden Wassers, wahrhaft pestartig wüthen.

Der Bewohner dieser Marschen kommt zu Zeiten wohl in ähnliche Lagen, wie der Seemann. In dem Augenblicke, wo er mit den wilden Fluthen kämpft, die ihn zu begraben drohen, dürstet er vielleicht nach einem Schluck frischen Wassers, seine Zunge zu befeuchten.

Die ausgebildetere Technik und erweiterte Erfahrung im

Brunnengraben hat auch in den brunnenarmen Marschen in letzter Zeit ihre Erfolge gehabt und namentlich steht das Beste von der allgemeineren Einführung der sog. Abessinischen Röhrenbrunnen zu hoffen, deren Eisenrohr alle Marschschichten durchbohrend und die Einwirkung ihrer Bestandtheile absperrend noch tief in den reinen Sand des Untergrundes eindringt. Am sichersten würde dadurch die Wirkung der Dargmassen verhindert, indeß auch in den salzgeschwängerten Gegenden dürften die Abessinischen Brunnen zum wahren Segen werden. Das allerschlechteste und übelschmeckendste Wasser tritt erfahrungsmäßig im Gebiet der alten und später zugeschlammten Flußarme auf, weil sich hier jedenfalls die größte Menge organischer Ueberreste findet.

Ungleich glücklicher sind in dieser Hinsicht jene Marschen, bei denen noch die Flüsse süßes Wasser führen, welches man, wenn auch das Wasser der Gräben und Brunnen verderben sollte, durch Schleusen in's Land zu führen vermag. Solchen unberechenbaren Vorzug besitzen zum Beispiel das Stedinger- und Stadland, Osterstade, Land Wührden und das Alte Land.

Eine zweite Schattenseite der Marschländer ist die schnelle Erweichung ihres Bodens. Im Gegensatze zu Sand- und Lehmboden nennt man den der Marschen Klei, welches Wort mit dem englischen clay (Thon) die nämliche Abstammung und Bedeutung besitzt. Im Sommer und überhaupt bei trocknem Wetter wird der Kleiboden sehr fest, hart, zieht sich zusammen und erhält dadurch nach allen Richtungen hin starke Risse, die oft mehr als einen Fuß in die Tiefe hinab sich erstrecken. Wenige Regentage dagegen sind hinreichend, den Kleiboden in völligen Schlamm aufzulösen.

Im Sommer sind daher die Wege in den Marschen außerordentlich hart, eben und in jeder Hinsicht ausgezeichnet, so daß sie den besten Kunststraßen nicht nur nicht nachstehen, sondern dieselben sogar übertreffen. Im nassen Herbst und Winter hingegen befinden sich jene in einem Zustande, von dem es schwer ist, sich einen Begriff zu machen, so daß der Fremde, welcher die Wege nur im Sommer gesehen, es kaum glauben wird, daß es noch dieselben sind. Regnet es stark, so erweichen alle Straßen zu einem grauen flüssigen Brei, der beim Reiten und Fahren unaufhörlich in die Höhe spritzt und in welchem der Fußgänger bis über die Knöchel einsinkt. Regnet es weniger, so ist es noch schlimmer; alsdann wird der Boden ein äußerst zäher, steifer und bindiger Teig, welcher sich dem Wanderer schwer an die Füße hängt und den Fuhrwerken die Räder füllt, so daß man sich nur ganz langsam und mit größter Anstrengung hindurch arbeiten kann.

Die schlechten Wege erschweren mithin die Verbindung der Marschdörfer und Höfe ungemein, nicht minder die Communication mit der Geest, und so geschieht es, daß die Marschen oft den ganzen Winter hindurch von keinem Fremden betreten werden, ja einzelne Höfe oft so isolirt und wenig besucht sind, als lägen sie auf unzugänglichen Inseln im Meere. Diese Verkehrserschwerung mag wesentlich beigetragen haben, Sitten und Charakter der Marschbewohner so rein und frei von äußeren Einflüssen zu bewahren.

Aeußerst spät begannen die Marschen ihren Verkehr durch Anlegung guter gepflasterter Landstraßen zu erleichtern, und die Behörden, welche damit vorgehen wollten, pflegten in der Regel bei den Marschbewohnern den heftigsten und entschiedensten Widerstand zu finden. Wohl mochten die bedeutenden Kosten theilweise Grund sein dieses Widerstrebens; denn zu den Chausseen bedarf man Sand und Steine, und die Marsch ist gänzlich sand- und steinlos, also muß das Material aus den Flüssen und von der fernen Geest herbeigeschafft werden.

Mehr aber noch war die Ursache der Opposition in der natürlichen Trägheit und der Liebe zum Alten zu suchen, da beides Hauptzüge im Charakter des Marschbauern sind, welcher sich, umgeben von seinem tiefen Schlamm und durch ihn vom Verkehr abgeschnitten, fast behaglich und sicher zu fühlen scheint.

Dieser starre Conservativismus ist indeß gegenwärtig im raschen Verschwinden begriffen und fast alle Marschen der Elbe und Weser sind jetzt mit trefflichen Kunststraßen versehen, was, als im Jahre 1856 dieses Buch zuerst erschien, noch von den wenigsten zu sagen war. Die Marschen der Elbe und des rechten Weserufers wählten meistens Grandchausseen, die oldenburgischen auf dem linken Ufer dagegen nahmen größtentheils einen hartgebrannten schwarzblauen Backstein aus der Jadegegend zum Material ihres Straßenbaues, darin wohl zunächst Holland nachahmend. —

Von solch' trefflichen Backsteinchausseen sind auch die Marschen Ostfriesland und Jeverlands durchzogen, die sicherlich zu den besten gezählt werden dürfen, was je die Straßenbaukunst den Ebenen geleistet hat. — Seit einigen Jahrzehnten endlich beginnt auch das Dampfroß hier und dort bereits die grünen Marschebenen zu durchbrausen und damit möchte vollends eine neue Kulturepoche für dieselben angebrochen sein.

Das Moor.

Wie schon oben erwähnt, liegt zwischen Geest und Marsch sehr häufig ein Strich Moorboden, der fast überall ganz allmälich in das eigentliche Marschland übergeht. Diese Vermischung von Moor und Marscherde nennt man gemeiniglich „Bruchland“, welches meistens aus sumpfigen Wiesen voller Binsen und harter Halbgräser besteht, die Region der Cypergräser, wie man diesen Strich nennen könnte. In geognostischer wie ökonomischer Hinsicht steht das Moor in ungleich näherer Beziehung zur Marsch als die Geest und ich glaube daher, daß eine Schilderung desselben gerade hier wohl am Platze sein dürfte. —

Die Moore sind in der ganzen gemäßigten Zone verbreitet, doch hauptsächlich dem Norden derselben eigen und ziehen sich hier hinauf bis nach Lappland, Canada und Nord-Sibirien. Den eigentlichen Polargegenden fehlen sie dagegen nicht minder gänzlich, als den Tropen, ja schon im Süden Europas und selbst Deutschlands, wo sie Moose genannt werden, ist ihr Charakter bedeutend von dem der nordischen abweichend, und das Dachauer und Donau-Moos in Altbaiern, das große Sterzinger Moos in Tyrol am Fuße des Brenners unterscheiden sich von den norddeutschen Mooren schon auf den ersten Blick. Auch in verticaler Richtung ist ihr Vorkommen sehr ungleich. Wir finden Moore sowohl auf den muldenförmigen Einsenkungen der höchsten Berge, selbst nahe an der Grenze des ewigen Schnees, wie in den tiefsten Flachländern, die kaum wenige Fuße die Meeresfläche überragen. Das eigentliche Entstehen desselben und seiner eigenthümlichen Flora ist indeß von Verhältnissen bedingt, die vielleicht noch lange Zeit ein Räthsel bleiben werden, — ein Räthsel, dessen Lösung wohl nur der Chemie vorbehalten bleibt.

Hier haben wir es indeß nur mit den Mooren des nordwestlichen Deutschlands zu thun, die einen nicht unbedeutenden Theil seiner Oberfläche einnehmen.

Sicherlich die größte zusammenhängende Moorfläche, welche Deutschland aufzuweisen hat, ist jene ungeheure Einöde an der holländisch-ostfriesischen Grenze, im Ganzen einen Flächenraum von 50—60 Quadratmeilen einnehmend und in seinem Haupttheil das Bourtanger-Moor genannt.

Ihrer Lage nach darf man die Moore Norddeutschlands als Hochmoore, Randmoore und Marschmoore bezeichnen. Unter ersteren werden die verstanden, welche sich mitten auf der hohen sandigen Geest bildeten; Randmoore ist der passendste Name für solche, die an der Grenze derselben entstanden, als Zwischenglied zwischen Geest und Marsch und oft als Bruchland so allmälich in letztere übergehend, daß man kaum erkennen kann, wo das Moor aufhört und die Marsch beginnt. *Marschmoore* endlich bedeuten hier jene Moorstrecken, wie sie sich sporadisch auf dem Marschboden und rings von der Marsch umgeben finden, stets aber unbedeutend an wagerechter wie senkrechter Verbreitung gegen die ersten beiden Arten.

Hinsichtlich ihrer Bestandtheile, ihres eigentlichen Bildungsmaterials dagegen können wir von *Haidmooren* und *Wiesenmooren* reden.

Auf den ersteren finden sich viele hübsch-blühende Pflanzen, so namentlich Arten der Gattungen Calluna, Erica, Vaccinium und Andromeda, die den Wiesenmooren fehlen, die dagegen vorzugsweise harte Carex- und Scirpus-Arten, überhaupt Halbgräser bieten.

Vor allen Dingen gehört zur Moorbildung eine Niederung, in welcher Wasser versumpft, das gewisse mineralische Theile in einem bestimmten Verhältnisse mit sich führen muß. Vor Allem steht fest, daß Wasser, welches durch Quarzsand sickerte, die Moorbildung zunächst hervorruft, ebenso, wenn es durch Gneis, Granit und andere Urgebirgsarten, ungleich weniger dagegen, wenn es durch Kalk, Mergel und Lehm geflossen ist. In den Senkungen der Schiefer- und Kalkgebirge finden sich daher stets die geringsten Spuren von Mooren; häufiger zeigen sich dieselben in den granitnen Urgebirgen, z. B. am Brocken, im Riesengebirge, in Finnland und Schweden; doch die großartigsten und mächtigsten bleiben nach den sibirischen Tundras, die indeß besser Sümpfe als rechte Moore genannt werden können, vorhin mit den Namen „Marschmoore" bezeichnet, die norddeutschen Moore, welche mit dem Sandwasser der Geest getränkt werden. Die geringen Moorschichten, welche hie und da auch Thonboden mitten in der Marsch bedecken, können hier nicht in Betracht kommen. Ihre Masse hat hier nicht ihren

Ursprung, sondern ist ohne Zweifel hierher getrieben worden, als noch alle Marschen ein weites fluthenbespültes Schlammfeld waren. Auch ist dieses Moor jetzt gewissermaßen todt zu nennen, es hat keinen Zufluß mehr und wächst nicht wieder, wenn es einmal abgegraben ist; denn das eigentliche Marschwasser erzeugt wohl stagnirend eine reiche Sumpfflora, nie aber ruft es die zur wirklichen Moorbildung nöthigen Pflanzen hervor, noch bewirkt es jenen eigenthümlichen Proceß der Verkohlung auf nassem Wege, wodurch die Bildung des Torfs bedingt wird.

Tiefgrüne, schleimige Massen von Wasserfäden (Conferven), die Anfänge alles pflanzlichen Lebens im Süßwasser, zeigen sich auch in den Niederungen an und auf der Geest zuerst. Es währt einige Jahre, so haben sie alle Lachen zu einer dicken grünen Masse verwandelt und in dieser wurzelt eine neue, zwar noch cryptogamische, doch schon ungleich höhere Pflanze, die bedeutendste aller Moore, das Torfmoos, Sphagnum. —

Dieses hochwichtige Moos ist von einem sehr blassen Grün und seine oft fußlangen schlaffen Stengel, welche rings mit niedergebogenen Aestchen besetzt sind, erscheinen fast niemals vereinzelt, sondern stehen immer dichtgedrängt und von reichlichem Wasser durchzogen im weichen Confervenschlamm. Alle Winter sinkt das Moos zusammen und wird überschwemmt; jeden Frühling steigt und quillt es neu empor und immer dichter, vermehrter und massenhafter. So steigt Schuß auf Schuß viele Jahre hindurch und während die unteren und ältesten Enden zu einem schwarzen gleichmäßigen Brei zerfließen, häufen sich die oberen zu so dichten und festen Polstern, daß bald auch andere Pflanzen, selbst holzige, Festigkeit für ihre Wurzeln finden können.

Das gelbe Nartkecium, das Wollgras, einige Riedgräser, stellen sich ein, dann die reizende Moosbeere und andere Vaccinienarten, die Sumpfhaide, die gewöhnliche Haide und zuletzt der starkriechende Gagelstrauch, auch Porst genannt. Alle diese durchziehen mit ihren Wurzeln vielfach die Moospolster und sind noch deutlich im Torfe zu erkennen, wenn das Moos selbst längst zu einer formlosen Masse vermodert ist.

Fort und fort wächst auf diese Weise das Moos vor unsern Augen, alljährlich Trieb auf Trieb nach oben ansetzend, nach unten zu verwesend oder verkohlend und so tiefe Gründe und Mulden ausfüllend. Dreißig, fünfzig, ja achtzig Fuß und darüber hat man hier und da in die Moore hinabgebohrt und noch keinen Grund gefunden. In Deutschland mögen das Teufelsmoor bei Bremen, vor allen aber die Ostfriesischen Moore und die im Münsterlande die größte Mächtigkeit haben; eine noch größere besitzen die Moore Irlands. Die mittlere Tiefe des großen Bourtanger Moors, durch welches die holländisch-ostfriesische Grenze geht, nimmt man zu 10 Fuß an und hat darnach allein in diesem Moore den noch unausgebeuteten Brennstoffschatz auf 250 Kubikmeilen berechnet. Viele Jahrhunderte sind freilich nöthig gewesen so gewaltige Lager zu bilden, da die Zeit eines Menschenlebens nur eine kaum zwei bis drei Fuß dicke Schicht und noch dazu des allerlockersten Torfgewebes entstehen läßt.

Eine der eigenthümlichsten Erscheinungen ist die langsame Verkohlung dieser Vegetationsmassen, deren Fortschritt von unten nach oben zu sich deutlich erkennen läßt. Während an der Oberfläche die untergegangenen Pflanzen nur eben gebräunt sind und kaum eine Veränderung zeigen, sind sie im Grunde tief schwarz, gleichsam verbrannt und mineralisch geworden, auch wohl in einigen Gegenden von wirklichem Erdöl (Bitumen) durchzogen. Solche Schichten liefern auch einen Torf, der fast der Steinkohle gleich zu achten ist. Wo das Moor auf reinem Sandgrunde ruht, führt der Torf keine anderen Bestandtheile mit sich, als welche seine Pflanzen, die ihn bildeten, einst enthielten; lagert er dagegen auf Thonmassen, so ist er meistens angefüllt mit Mineralien, die ihm zwar größere Schwere, aber auch geringeren Werth verleihen, das Brennen hindern und mit einer Menge nutzlosem Rückstand den Ofen füllen.

Tief im Grunde vieler Moore stößt man sehr häufig auf eine Menge von Ueberresten vielfach zerschmetterter und geknickter einheimischer Waldbäume. Nach den verdienstvollen Untersuchungen von T. Schacht über die „Moore des Herzogthums Oldenburg“ (Petermanns Mittheilungen XXIX) sind es „Kiefern, Birken und Erlen, auch Haselnuß und mächtige Eichen. Meistens sind nur die Wurzelstöcke mit einem etwa $^3/_4$ m hohen Stumpf des Baumstammes wohl erhalten, doch kommen auch gut konservirte ganze Stämme vor. Die Wurzeln dieser unter dem Moore begrabenen Bäume reichen meistens in den sandigen Untergrund; nur in einzelnen Fällen — besonders bei Birken — kommt es vor, daß sie auf einer dünnen Moorschicht stehen, also erst entstanden sein können, als bereits die Moorbildung vor sich ging. An diesen Wurzelstöcken kann man vielfach erkennen, daß diese Bäume in Folge des Aufwachsens des stets nassen Moores dann abstarben, als das Moor eine gewisse Mächtigkeit erreicht hatte. Bis zu dieser Höhe, etwa $^1/_2$ bis $^3/_4$ m über dem eigentlichen Wurzelstock, waren die Stämme damals von dem konservirenden Moor eingeschlossen, und sie sind noch heute wohlerhaltene Zeugen längst vergangener Zeiten. Als die Bäume abgestorben waren, ragten zuerst ihre kräftigen Stämme noch über dem Moore hervor; aber sie wurden morsch, und nach und nach fiel das vermoderte Holz in und auf das weiche, den Wurzelstock einschließende Moor, oder aber heftige Stürme stürzten den ganzen Baum oder den aus dem Moore hervorstehenden Stamm und begruben ihn in der weichen Moormasse. Im ersteren Falle findet man neben den konservirten Wurzelstöcken nicht die zugehörigen Stämme; vielmehr sind diese als größere oder kleinere vermoderte Stücke dem Moore vollständig einverleibt und geben mit diesem einen zwar bröckelnden, aber lebhaft brennenden und viel Heizkraft entwickelnden, häufig mit weißer Birkenrinde durchsetzten hellbraunen Holztorf. Im anderen Falle, wenn der ganze Baum oder der über dem Moore hervorstehende Stamm vom Sturme umgeweht ist, findet man solche Massen weniger, weil dann meistentheils nur die dünnen Zweige zu dieser Bildung beigetragen haben; dagegen ist der Hauptstamm alsdann in der Regel wohlerhalten."

Ein hohes Interesse gewähren diese untergegangenen Wälder namentlich in solchen Fällen, wo sie unter dem gegenwärtigen Wasserspiegel liegen; sind sie doch ein untrügliches Zeichen, daß eine Bodensenkung stattgefunden haben muß, seitdem sie in grauer Vorzeit grünten und blühten.

Den am meisten in die Augen fallenden Beweis einer solchen Bodensenkung liefern jene merkwürdigen versunkenen Moore, wie sie an der Schleswigschen und Jütländischen Küste tief im Meere, ja selbst noch eine gute Strecke unter dem Meeresboden sich finden, zum Theil von großer Mächtigkeit und, wie dänische Naturforscher nachgewiesen haben, in ähnlicher Weise Waldmassen enthaltend.

Noch mannigfach anderes Interesse bieten namentlich die Wiesenmoore, welche, wie schon angeführt, nicht aus Haiden und Moosen, sondern vorzugsweise aus dem vertorften Wurzelgewebe verschiedener saurer Halbgräser (Cyperaceen) gebildet wurden. Meistens liegen sie am Rande des Geestlandes und haben ihre größte Breite immer da, wo dieses sich buchtartig einwärts zieht, umgekehrt dagegen, also wo die Geest weit vorspringt, ist der Moorstrich äußerst schmal und unbedeutend, ja er verschwindet hier und da gänzlich, so daß der Sand unmittelbar an die schwerste Marsch tritt. Dieses ist z. B. bei den hannoverschen Dörfern Stotel, Wulsdorf und Geestendorf der Fall; eine Erscheinung, die sehr leicht zu erklären ist, wenn wir nur wiederum einen Blick auf den Urzustand der Marsch werfen. Ehe der Mensch seine Deiche aufwarf, war diese, wie wir gesehen haben, nichts als ein weites schlammiges Becken mit hunderten von kleineren oder größeren Inseln, zwischen welchen Meer- und Flußwasser in einer Menge von Armen auf- und abrieselte, während die jetzige Geest dies Ganze mit ihren Sanddünen umfaßte. Wo sich nun eine lange Insel gerade vor einer Einbiegung des sandigen Ufers aufwarf, entstand natürlich dazwischen eine Niederung, gewissermaßen ein abgeschnittener todter Flußarm, welcher deßhalb bald versumpfen mußte. Meerfluth und Flußwasser vermochten, je mehr die Insel an Ausdehnung und Höhe zunahm, immer weniger und zuletzt gar nicht mehr die Niederung zu erreichen, und das Geestwasser behielt endlich allein seine Einwirkung. So mußte die Marschflora untergehen; im stagnirenden Sumpfe traten Halbgräser und Mooswuchs an ihre Stelle, und das Moor war begründet.

Mitten in solchem Wiesenmoore finden sich hier und da höchst seltsame, vielleicht durch starke Quellen entstandene Wasserbecken. Meistens sind dieselben sehr tief, rund wie ein eingesunkener Krater und gefüllt mit klarem, braunem, eiskaltem Wasser, oder auch mit einem dünnen schwarzen Schlamme. Das Torfmoos und die eigentlichen Moorpflanzen verschwinden in ihrer Nähe, dagen sind ihre Ufer mit verschiedenen Gräsern, namentlich der Glyceria aquatica bewachsen. Nach und nach überzieht dieses Gras auch die Oberfläche des Kolks mit dem fast fußdicken engverfilzten Gewebe seiner Wurzeln, zuerst ringförmig und in der Mitte eine Oeffnung lassend. Doch immer kleiner und kleiner wird diese, endlich ist die ganze Oberfläche des Wassers fest begrünt und in eine runde schwimmende Wiese verwandelt, die dann ein D o b b e n heißt. Diese Dobben nun sind freundliche Oasen vom üppigsten und saftigsten Grün mitten in dem öden schwarzbraunen Moore. Oft sind die nicht unbedeutend, selbst einige Morgen groß, von reichem Heuertrag, und ihr Wurzelgewebe ist so zähe und fest, daß sie ohne Furcht sogar mit Pferden und Wagen befahren werden, wie sehr auch ihr Boden zittert und tief in sich einbiegt. Allein gefährlich ist es, wenn ein Dobben noch nicht zugewachsen. Das Thier oder der unvorsichtige Wanderer, der hinüberschreiten will, versinkt plötzlich spurlos. Der geheimnißvolle finstere Schlund verschlingt den Menschen in einem Nu. Er ist ohne Rettung verloren, wenn man nicht sofort mit Stricken und Stangen zu Hülfe eilen kann. An Schwimmen ist selten zu denken, denn der schwarze Moorschlamm hängt sich fest an den Körper und hindert jede Bewegung der Glieder; der Angstruf verhallt in der menschenleeren Oede, ein gräßlicher Erstickungstod ist unausbleiblich.

Man sagt, das Teufelsmoor habe seinen unheimlichen Namen davon bekommen, daß in alten Zeiten so manche Wanderer, die sich ohne Führer hindurchwagten, in ihm spurlos verloren gingen. Sie waren, so ging die Sage, eine Beute der höllischen Mächte geworden, die in dem einsamen Moore hausen. Jetzt sind diese halboffenen Dobben indessen seltener und seltener geworden, und werden eines Tages völlig verschwunden sein.

Immer wankt und zittert der Moorboden, wenn man ihn überschreitet oder überfährt, welches Letztere fast nur im hohen trocknen Sommer möglich ist. Auch steigt und fällt das Moor je nach dem Wasserstande. Schwimmende Wiesen finden sich bei Hechthausen im Amte Himmelpforten, bei Horst im Amte Ricklingen und am Steinhuder Meere. Nirgends aber tritt diese Erscheinung in solcher Großartigkeit auf wie im Amte Osterholz beim Dorfe Waakhausen, dessen schwimmendes Erdreich eine gewisse Berühmtheit erlangt hat. Ueber eine Stunde lang und eine Viertelstunde breit bei einer Dicke von fünfzehn bis zwanzig Fuß zieht sich die schwimmende Wiese am südlichen Ufer der Hamme dahin, die Uferwiesen selbst, aus einer Art Marsch bestehend, treiben nicht in die Höhe und werden überschwemmt, wenn der Fluß austritt. Der dahinter gelegene Landstrich aber schwimmt mit Allem, was er trägt, mit seinen

Eichen und Tannen, Erlen und Birken und reichem Unterholze, mit Aeckern und Gärten durchaus hoch und trocken auf den Fluthen. Nur die Häuser schwimmen nicht mit, sondern sind auf festen Erd- und Sandwurthen erbaut. Diese Letzteren zeigen recht das Steigen und Fallen des Landes an, da sie bald hoch auf ihren Hügeln hervorragend, bald wieder, wenn das Moorland emporgetrieben, als zu ebener Erde gebaut erscheinen. Bei hohem Wasserstande, namentlich wenn es Sturm giebt, zeigen sich noch allerhand Verrückungen des Landes, welche nicht selten die ganze Aussicht aus den Fenstern der Wohnungen umwandeln; ja es reißen wohl selbst mächtige Stücke, sogar ganze Wiesen los und treiben den Fluß hinab oder lassen sich, wenn das Wasser fällt, auf die überschwemmten Uferwiesen nieder. Oft genug hat man daher schon Aecker und Wiesen anbinden müssen, damit sie nicht buchstäblich auf- und davongingen. Im Jahre 1761 wurde auf solche Weise einem Hofbesitzer, Namens Hinrich Ahrensfeld, fast seine ganze mit 80 baustämmigen Eichen besetzte Hofstelle von seinem Hause abgerissen und 100 Schritte weit fortgetrieben. Aber noch ehe das Wasser fiel, hatte er sie mit Hülfe von Erdwinden wieder herangezogen. Ein anderes mit Nadelholz bewachsenes Landstück, von der Größe eines Morgens, setzte sich auf das überschwemmte Feld eines Nachbarn und veranlaßte einen längeren Proceß, der indeß noch verglichen wurde. Solcher Processe kennt das vorige Jahrhundert noch mehrere, denn der, auf dessen Eigenthum eine solche fremde Wiese geschwemmt wurde, bestand natürlich darauf, sie solle sofort heruntergeschafft oder zum Ersatz seines Schadens ihm selber zugesprochen werden.

Jetzt erklärt sich leicht das Vorkommen des Moores mitten in der Marsch. Es ist sicherlich ebenso hergeschwommen, hat sich niedergelassen und ist hier gelagert geblieben, als die Marschen höher und trockener und endlich den Fluthen durch die Deiche ganz entrückt wurden. So das große Kehdinger-Moor zwischen dem Lande Kehdingen und der Ostemarsch und das Schweier-Moor im Oldenburgischen. Hier in dem Kirchspiele Schweiburg tritt sogar der interessante Fall ein, daß das Moor unmittelbar an den Jadebusen stößt. Der Deich zieht sich mitten hindurch, so daß ein großer Theil des Moores noch das Außendeichsland bedeckt und wirklich auf dem echten salzigen Meereswasser schwimmt, wenn die Fluth steigt. Vielleicht das einzige Beispiel auf der ganzen Erde, daß Moor und Meeresfluth sich berühren und Moorgewächse mit Meerespflanzen gute Nachbarschaft halten.

Genugsam bekannt ist es, welch' eine hohe Wichtigkeit die Moore durch ihren Torf erhalten, und wie der Handel mit diesem Brennmaterial schon Wohlstand und Civilisation in manche öde Moorgegend getragen hat und noch von Tage zu Tage mehr verbreitet. Bloß die reine Pflanzenerde liefert guten Torf; wo das Moor dagegen mit Sand und Thontheilen vermischt ist, je nachdem Geest oder Marsch eingewirkt haben, giebt es wohl schweren Torf, allein dieser brennt schlecht und hinterläßt auch eine Menge mineralischen Rückstandes.

Die oberen Schichten des Moores liefern den weißen leichten Torf, auch Pfeifentorf genannt, der mit hellen Flammen, aber mit geringer Hitzkraft brennt und daher meistens nur zum Brennen der Ziegel und des Kalks benutzt wird. In ihm ist kaum das Moos verwes't, und alle andern Stengel und Wurzeln sind deutlich zu erkennen. Tiefer sitzt der gute Ofentorf, schwarzbraun von Farbe, eine schwere compacte Masse, in der nichts als die größeren Holzwurzeln bemerkbar sind. Noch tiefer sind auch diese nicht mehr zu erkennen, das Ganze ist ein schwarzer Brei. Derselbe wird herausgeholt, noch tüchtig durchgearbeitet, hierauf zu einem glatten Kuchen auseinander geschlagen und endlich in längliche Stücke (Soden) geschnitten, um ihn so völlig zu trocknen. Dieser Torf ist der schwerste und theuerste, kommt fast der Steinkohle an Hitzkraft nahe und heißt Backtorf, zum Unterschiede von dem andern, der gleich in Soden gegraben und in einigen Gegenden Kliptorf genannt wird.

Nur vermöge einer guten Wasserverbindung kann sich der Handel mit Torf zu wirklicher Bedeutsamkeit erheben, da er einestheils häufig zu leicht und wohlfeil ist, um den Fuhrlohn auf weite Entfernungen tragen zu können, anderentheils die Anlage von guten Wegen, ganz abgesehen von gepflasterten Landstraßen, in den Mooren die größten Schwierigkeiten hat. Es ist indeß nur noch eine Frage der Zeit, wann jene Handelswege hergestellt sein werden.

Die Moore sind eine kaum zu erschöpfende Fundgrube; denn Tausende und Tausende von Fudern Torfes, welche erst eine allgemeine Abwässerung heben läßt, lagern noch unerreichbar in Sumpf und Wasser. Die Canäle sind die Lebensadern der Moorgegenden; durch sie allein werden die früher grauenhaftesten Einöden zu blühenden Colonien umgeschaffen. Vor Allem ist hier der großartigen Canalanlagen Ostfrieslands zu gedenken, die unter dem Namen F e h n e bekannt sind. Das Wort stammt jedenfalls aus dem Altdeutschen, wo Feen oder Fenne so viel als Morast bedeutet, wie denn z. B. auch Finnland (Fennia) von den Deutschen darnach benannt wurde. Fehne aber nennt man jene breiten schiffbaren Canäle, die sich unmittelbar vom Meere oder von der Ems tief in die Moore hinein erstrecken und zu beiden Seiten mit Häusern, Gärten, Aeckern und Stapelplätzen versehen sind. Die Colonisten nämlich, nachdem sie einige Schichten Torf abgegraben, haben hier den untern Boden wieder zum fruchtbarsten Acker- und Wiesenlande geschaffen, indem sie mit ihren Schiffen, auf denen sie den Torf verfuhren, als Rückfracht theils thierischen Dünger aus dem Ueberflusse der Marschen, namentlich aber den an organischen Stoffen so reichen Wattenschlick herbeibrachten, um damit den Boden wieder zu erhöhen und nutzbar zu machen. Kaum gieb es Ueberraschenderes, als den Anblick eines solchen Fehns. Stundenlang wandert man in der einsamen schweigenden Wüste; nichts erblickt das Auge als Moor und Haide, kein menschlicher Laut dringt an's Ohr, da nahet man dem Fehn und auf einmal ist die ganze Scene eine andere und das regste Leben und Treiben treten an die Stelle der Einöde. Der breite Canal dehnt sich unabsehbar dahin, eine Unzahl von Booten, Kähnen, kleinen Seeschiffen, ein buntes Segel- und Flaggengeflatter belebt ihn; an seinen Ufern, kaum 20—30 Schritte von einander, erheben sich Haus an Haus mit freundlichen rothen Ziegeldächern vom reinlichsten Ansehen, dahinter Blumen- und Krautgärtchen, aus denen mancher Fruchtbaum emporsteigt; weiterhin wogen goldene Saaten, leuchtende Raps- und duftende Buchweizenfelder, und dazwischen weidet schweres Marschvieh im üppigen Klee; dort wieder Stapelplätze mit ungeheuren Torfbergen; drüben vielleicht Schiffswerfte mit lautem Hammergepoch; weiterhin lustig drehende Windmühlen, und wohin man blickt, Handel und Wandel, Arbeit, Wohlstand und Fröhlichkeit, so daß Einem das Herz mit fröhlich wird, denn hier arbeiten nicht Hunderte von Knechten für einen Einzigen, sondern Jeder hat sein eigenes Haus, Ackerland und Torfgrund, wenn auch nicht in großer Ausdehnung, doch hinreichend, um Armuth und Sorge fern zu halten und ein behagliches Familiendasein gründen zu können.

Die allergroßartigste dieser Anlagen ist Papenburg, welches nichts Anderes ist als ein Fehn, wenn es auch den Namen nicht führt. Im Jahre 1675 wurde die Colonie namentlich durch die Bemühungen eines Freiherrn von Landsberg gegründet. Nichts war damals dort zu erblicken als ödes Moor, jetzt aber zählt Papenburg über sechstausend Einwohner, hat ansehnliche Schiffswerfte, mehrere Kirchen, eine Navigationsschule und eine Handesflotte von mehr denn hundert und dreißig kleineren und größeren Seeschiffen. Ebenso ist das Teufelsmoor durch eine solche Canalanlage sehr wohlhabend geworden, und dem Moorcommissair Findorf, der sich um die Anlage desselben große Verdienste erwarb, hat man auf dem Weiherberge, einer ansehnlichen Sandhöhe, ein wohlverdientes Denkmal errichtet. Demnach ist die Canalisirung das einzige und echte Kultur- und Lebensprincip der Moorbevölkerung, ohne welche kein Emporkommen denkbar ist.

Auch der Getreidebau hat sich seit Kurzem in allen Mooren sehr gehoben. Namentlich wird Roggen und Hafer, aber auch Buchweizen und sogar Sommerraps gebaut, die letzteren beiden meist nach dem üblichen Brennen des Moores. Dieses Brennen, wonach der Boden mild und entsäuert wird, geschieht, indem man die obere Schicht dünn abpflügt, diese Schollen sodann zum Trocknen in Haufen oder Reihen zusammenstellt und im April oder Mai anzündet. Noch ehe Alles zu Asche gebrannt ist, wirft man es auseinander und pflügt nun den Acker noch einmal dünn um. Oft auch säet und egget man den Buchweizen unmittelbar in die kaum erkaltete Asche. In guten Jahren erntet man dann zwanzig- ja wohl dreißigfach, doch schon nach sechs Jahren ist meistens der Boden erschöpft, trägt vielleicht noch etwas dünnen Hafer und bald gar nichts mehr, so daß er oft dreißig Jahre hindurch kraft- und nutzlos öde daliegt, bis er wieder hinreichend von Haidekraut überzogen ist, um von Neuem seine Brandkultur auszuhalten. Demnach bleibt der Buchweizen für die nicht canalisirten Moore eine wahre Lebensbedingung, und doch ist kaum eine andere Kulturpflanze dem Fehlschlagen ihres Baues mehr unterworfen. Ein Regen hindert das Brennen, ein Nachtfrost zerstört die Blüthen, in den ärmeren und entlegenen Moorgegenden nur zu oft Zustände hervorrufend, die geradezu an Hungersnoth grenzen. In den Mooren Hollands, Ostfrieslands, Oldenburgs, Hannovers und Westfalens hat das Moorbrennen im Laufe des vorigen Jahrhunderts in großartigem Maßstabe zugenommen, freilich zu argem und gerechtem Leidwesen des übrigen Deutschlands, dem jene ungeheuren Rauchmassen nur allzu oft die schönsten Frühlingstage verderben, die Luft verpestend, manchen heißersehnten Regen aufhaltend, ja selbst die liebe Sonne ihrer Strahlen beraubend.

Nachdem man unbegreiflicherweise den leidigen Moorrauch viele Jahre hindurch, ja bis vor einem Jahrzehend fast noch so gänzlich verkannte, ihn Höhenrauch, Heerrauch nannte, ihn atmosphärischen Ursprungs hielt und von „zersetzten Gewittern“ faselte, hat man doch endlich das Richtige eingesehen und denkt ernstlich daran, wie die traurige Brandkultur und damit der Moorrauch zu beseitigen und welcher Ersatz den armen Moorbewohnern dafür wiederzugeben sei. — Dem in letzten Jahren entstandenen „Verein gegen das Moorbrennen“, welcher die Erörterung dieser hochwichtigen Sache sich zur Aufgabe gemacht hat, wünschen sicherlich Tausende mit mir den besten Erfolg seines Strebens.

Ueberraschend ist es noch zu sehen, wie schnell das Moor sich in gute Wiese verwandelt, so wie nur seine Oberfläche mit Dünger bestreut wird. Sofort verschwinden Haide und Moorpflanzen und die trefflichsten Wiesengräser und Kräuter treten wie hervorgezaubert an ihre Stelle, namentlich das Ruchgras, Anthoxantum odoratum, mit seinem köstlichen Waldmeisterduft, der Schafschwingel, Festuca ovina, sowie die beiden Kleearten, Trifolium repens und pratense, und geraume Zeit ist nöthig, um sie wieder durch die ursprünglichen Moorpflanzen zu verdrängen. —

Marsch, Geest und Moor vergegenwärtigen uns gewissermaßen die menschlichen Temperamente. Die Marsch repräsentirt, auf den ersten Blick erkennbar, das Phlegmatische. Ihre ewigen schnurgeraden Linien, die wagerechte, ruhige Ebene mit dem einförmigen Grün, die träge fließenden Binnengewässer, der zähe thonige Boden, die schweren behäbigen Thiere, die

Bevölkerung, Alles ist ein Bild des ruhigsten Phlegma's, wie keine andere Gegend es bietet. Die leichte Geest dagegen ist durch und durch sanguinisch. Hier ist Alles Wechsel, bald ernst, bald heiter, bald dürr, bald fruchtbar, bald Thal, bald Hügel; hier dämmeriger Wald, dort schattenlose Sandwüste; hier grünender Wiesengrund und wallende Kornfelder, dort steiniges unfruchtbares Haideland; hier rauschende Mühlenbäche, dort stille rohrumflüsterte Teiche, — Alles in schroffen Gegensätzen, wie der Ausdruck eines sanguinischen Gemüths. Wie das Geestvieh leichter und lebhafter ist, als das Vieh der Marsch, so oft auch der Menschenschlag. Im Moor endlich findet die tiefste Melancholie ihren Ausdruck, welchen der köstlichste Frühlingsmorgen und der sonnigblauste Sommertag nicht ganz verscheuchen können, der aber bei trübem, wolkigem Himmel, im Spätherbst und zur Winterzeit wahrhaft grauenerregend auf die Seele zu wirken vermag. Nie wird man von diesem Eindrucke so mächtig berührt, als wenn man kaum noch die Wiesen der Marsch durchwanderte und nun plötzlich das Moor betritt. Mit einem Male ist man in einer andern Welt. Alles heitere Grün ist verschwunden, Nichts zu erblicken als ödes schwarzbraunes Land von unheimlichem, verbranntem Ansehen, begrenzt von einer ernsten tiefblauen Ferne. Die schwarzen Torfhaufen, oder hie und da die einsame, armselige Hütte eines Torfbauern, von einigen weißstämmigen Birken umgeben, sind die alleinige Unterbrechung der traurigen Ebene. Da und dort wallt eine graue Rauchmasse still zum Himmel, so daß man sich oft in einer vulkanischen Gegend glauben könnte, und ringsum herrscht eine Stille, ein Todesschweigen, welche das Herz mit Grauen erfüllen.

„An der holländischen Grenze," sagt der Botaniker Griesebach in seiner trefflichen Schrift über die Moore Ostfrieslands, „habe ich das pfadlose Moor von Bourtange überschreitend einen Punkt besucht, wo, wie auf offenem Meere, der ebene Boden am Horizont von einer reinen Kreislinie umschlossen ward und kein Baum, kein Strauch, keine Hütte, kein Gegenstand von eines Kindes Höhe auf der scheinbar unendlichen Einöde sich abgrenzte. Auch die entlegeneren Ansiedlungen, die im Birkengehölz verborgen noch lange wie blaue Inseln in der Ferne erschienen, sinken zuletzt unter diesen freien Horizont hinab. Dieses Schauspiel, auf festem Boden fast ohne Gleichen, überall hinauf abgerundete Haiderasen und über dem Schlamm gesellig lebende Halbgräser, das Auge einschränkend, zugleich seltsam das Gemüth mit der Gewalt des Schrankenlosen ergreifend, versetzt uns in ursprüngliche Naturzustände, wo eine organische, jedoch einförmige Kraft, Alles überwältigend, gewirkt hat."

Die Haide ist in ihrer menschenleeren Einsamkeit ähnlichen Ausdruckes. Auch sie macht das Herz still und schwermüthig; aber ungleich unheimlicher ist der Charakter des Moores. Die Haide zeigt noch ein wechselndes Auf und Ab, oft in den weichsten Wellenlinien, das Moor ist eine starre unbewegte Ebene; in der Haide ruht das Sonnenlicht warm auf den rothgelben Sandblößen und giebt mit den rothen, grauen und weißen Steinen, die da umherliegen, ein reizendes Spiel von Lichtern, Schatten und Reflexen, das Moor, alle Strahlen einsaugend, aller lichten Farbentöne entbehrend, zeigt nichts als sein trauriges Braun und wieder Braun. Ueber die Haide weht der Hauch der Romantik um die wachholderbewachsenen Grabhügel verschollener Helden und Nordlandsrecken, um den halbversunkenen granitnen Hünenstein, der einsam und wie ein graues Räthsel aus sagenvoller Runenzeit uns anschaut. Ueber dem schweigenden Moor aber schweben nur Teufelssagen, gerade so unheimlich und schwarz wie es selbst ist. Die Haide hat ein emsig wimmelndes Thierleben. Es schwirrt die Haidlerche über ihr, muntere Eidechsen schlüpfen hurtig durch das blühende Kraut, schnelle Laufkäfer, oft von schönen glänzenden Farben, bevölkern alle Sandblößen, die kleinen reizenden Haidschmetterlinge, azurblau und glänzend wie Atlas, oder auch feuerfarbig, flattern und spielen, und eine Unzahl schwirrender Grillen, summender Bienen und anderer Insecten wimmeln und schwelgen auf den süßduftenden Blüthen, so daß Alles lebt und webt, wohin man horcht. Wie anders das Thierleben in den Mooren! Auch in ihm spricht sich die düstere Stimmung der Landschaft aus; es ist spärlich und still, stiller als in jeder andern Gegend. Da haust nur noch das Birkhuhn, die menschenscheue Rohrdommel läßt in stiller Nacht ihren unheimlichen Laut hören; die Sumpfeule (Strix brachyotus) nistet auf dem Erdboden und in Binsenbüschen, und man sieht sie, selbst am Tage, oft mit lautlosem Fluge wie ein graues Gespenst über das braune Land schweben; hie und da fliegt eine Moorschnepfe vor dem Wanderer auf, oder eine Bekassine, die ihr heiseres „Rätsch" ausstößt. Sonst ist Alles stumm, denn auch Insecten hegt das Moor nur äußerst wenige. Ein Hauptbewohner desselben aber ist die giftige, braungefleckte Kreuzotter, die man an heißen Tagen oft spiralförmig zusammengerollt in der Sonne liegen sieht. Auch die übelriechende Ringelnatter ist häufig. Frösche und Wassersalamander (Triton cristatus) beleben die stillen Lachen.

Diese auffallende Aermlichkeit des Thierlebens erklärt sich vielleicht aus der eigenthümlichen Eigenschaft des Bodens, auf lange Zeit die Winterkälte zu bewahren. Nirgends hält sich das Wintereis so lange, wie im Moore. Mitten im Juni ist es vorgekommen, daß die Torfgräber hier in einiger Tiefe noch auf gefrorenes Erdreich stießen. Wenn Alles rings umher lange schon grünt und blüht, liegt das Moor noch todt und winterlich da, und feiert erst seinen Lenz, wenn andere Gegenden ihn fast vergessen haben.

Die Moorflora ist jedoch eine charakteristische und interessante. Wir finden die reizendsten, wie die seltsamsten Pflanzengebilde, und eine Sommerwanderung durch das Moor ist für den aufmerksamen Beobachter deshalb höchst unterhaltend, so einförmig und düster die Landschaft. Die größere Menge der Moorpflanzen besteht aus sehr kleinen Holzgewächsen, deren Zweiglein meistens am Boden sich hinstrecken oder doch nur wenig von demselben sich erheben. Fast alle diese Gewächse haben harte, lederartige, immergrüne Blätter, deren Farbe völlig mit dem tiefen Ton des Bodens harmonirt und meistens sehr dunkel ist, ebenfalls in's Braune oder Graue spielend; ebenso sind sie fast alle von herbem zusammenziehendem Geschmacke und vielen Gerbestoff enthaltend, doch entwickeln einige die niedlichsten und zartesten Blüthen, die man sehen kann, und späterhin manch' blaue und rothe eßbare Beere.

Vor Allem fällt der aromatische Gagelstrauch in die Augen (Myrica Gale), die nordische Myrte, wie man ihn schon genannt hat, wenn der Vergleich auch etwas kühn ist. Es ist ein geselliger Strauch von zwei bis drei Fuß Höhe, der große Strecken mit dem traurigen Graugrün seiner zolllangen schmalen Blätter bedeckt. Diese sind voll aromatischen Oels und riechen einzeln nicht unangenehm, in Menge aber und namentlich an heißen Tagen hauchen ihre Büsche einen so bedeutenden Duft aus, daß man mit starken Nerven begabt sein muß, um nicht heftige Kopfschmerzen davon zu tragen. Man benutzt das Laub zum Gelbfärben. Der Gagelstrauch ist ein Hauptrepräsentant der Moore des deutschen Nordwestens und fehlt denen des Ostens fast gänzlich, während umgekehrt hier der charakterische Sumpfporst (Ledum palustre) wieder in den nordwestlichen Mooren so gut wie vergebens gesucht wird. Die Elbe scheint zwischen beiden die Grenze zu bilden.

In großer Ueppigkeit gedeiht die schöne Sumpfhaide (Erica Tetralix) mit ihren rothen Blumenköpfchen, auch die gemeine Haide (Calluna vulgaris) wächst überall hoch und kräftig, und dazwischen windet sich mit liegenden Zweigen die schwarze Rauschbeere (Empetrum nigrum), deren kleine Blätter vor allen Moorpflanzen durch das schönste Grün sich auszeichnen.

Weiter findet man hie und da die kleine reizende Andromeda (Andromeda polifolia), meistens in aristokratischer Einsamkeit blühend, nie gemein sich machend. Ihre lanzettförmigen Blätter sind oben dunkelgrün, unten zart silbergrau und ihre sanft gerötheten Blüthen schüchtern und verschämt zur Erde geneigt, wie ein Mädchenköpfchen, so daß man diese niedliche Pflanze nicht ohne Wohlgefallen betrachten kann. Dennoch wird sie an Zartheit noch von der Moosbeere (Voccinium oxycoccos) übertroffen. Wie zartverschlungene braune Fäden liegen die gleichwohl holzigen und mit kaum ein paar Linien haltenden Blättern besetzten Zweige der letzteren auf den blaßgrünen feuchten Moospolstern und tragen an ihren Spitzen Blüthen, die in Gestalt völlig einer kleinen rothen Türkenbundlilie gleichen. Aus diesen Blüthen werden späterhin Beeren, wie kleine Aepfelchen, erst gelblich mit scharlachrothen Bäckchen, dann immer röther und feuriger, so daß ein solches Moospolster mit seinen zahlreichen Beeren eine köstliche Farbenwirkung bietet.

Sie alle sind kleine ausdauernde Holzgewächse, deren Zweige, so dünn sie sind, unter dem Mikroskope Rinde und Jahresringe zeigen. Es giebt indeß auch manche ein- und zweijährige Kräuter im Moor und unter diesen wiederum die niedlichsten und interessantesten Gebilde, welche theils Sumpfpflanzen sind, theils als echte Wassergewächse in der braunen Fluth wohnen. Drei dieser Kräuter namentlich sind durch ihre ungewöhnlichen Eigenschaften merkwürdig.

Zuerst die wundersame Parnassia (Parnassia palustris), eine schöne fußhohe Pflanze mit einer Blüthe vom feinsten Weiß, das köstlich gegen das dunkle Grün ihrer rundlich herzförmigen Blätter absticht, eine Pflanze von eigenthümlicher Erscheinung. Was dieselbe zu einer der interessantesten macht, ist die seltsame Art ihrer Befruchtung. Die Blume hat fünf pfriemenförmige Staubfäden, deren jeder mit einem länglichen Staubbeutel versehen ist. Hat nun die Blume sich vollständig geöffnet, so zeigt sich plötzlich ein seltsames Schauspiel: die Staubfäden bewegen sich sichtbar zum Fruchtknoten, wie liebend schmiegen sie sich an denselben an, entledigen sich ihres feinen Pollenstaubes und kehren dann langsam in ihren vorigen Stand zurück. Und diese Bewegung geschieht nicht gleichförmig, sondern erst langsam, dann schneller und endlich förmlich ruckweise, dabei ein Staubfaden nach dem andern; ja Humboldt, der dieses Schauspiel schon 1794 näher beobachtete, entdeckte sogar eine genaue Reihenfolge dabei. Wenn man z. B. die Staubfäden von 1—5 von der Rechten zur Linken zählt, so bewegt sich Nr. 1 zuerst, dann Nr. 5, hierauf Nr. 2, nun Nr. 4 und endlich fällt Nr. 3 mit seiner Bewegung zwischen die beiden vorigen, wenigstens erhebt er sich schon, ehe Nr. 4 sein Befruchtungsgeschäft vollendet hat. Die Blüthe der Berberitze ist ein Beispiel ähnlicher Art und doch nicht ganz mit ihr zu vergleichen; denn ihre Staubfäden bewegen sich nur durch den Reiz äußerer Berührung. Bei der Parnassia ist es indessen ein durchaus innerer Drang, der sie aufrichtet, und allein dieses höchst merkwürdigen Anblicks wegen sollte man diese Pflanze in Gärten zu cultiviren suchen, wenn sie das nicht ebenso schon ihrer Schönheit halber verdiente.

Andere sehr anziehende Pflänzchen sind die drei Arten des sogenannten Sonnenthau's (Drosera). Es sind kleine niedliche Kräuter, deren langgestielte fleischige Blätter unmittelbar aus der Grundachse kommen, flach im Kreise auf dem Boden liegen, an einer Art rund, bei andern Arten länglich sind und kleinen Löffelchen sehr ähnlich sehen. Diese niedlichen hellgrünen Blätter tragen auf der Oberseite eine Menge rother Härchen, jedes an seiner Spitze mit einer kleinen Drüse, welche rings eine crystallklare, zähe Flüssigkeit ausschwitzt, so daß es den Anschein gewinnt, als ob Alles mit einem glänzenden Thaue bedeckt sei, und je heißer die Sonne scheint, desto größer sind die Tropfen. Darum konnte man keinen schöneren und treffenderen Namen dafür finden, als Sonnenthau, wie das Volk diese Pflanzen genannt hat. Auch diese Pflanze zeigt große Reizbarkeit, zwar nicht an den Blüthen, die unbedeutend und weißlich sind und auf nacktem rothen Schaft stehen, sondern vielmehr an den Blättern, namentlich bei heißen Tagen, wo sich dieselben bei Berührungen empfindlich zusammenziehen. Diese Reizbarkeit wird zuweilen so stark, daß, wie bei der berühmten Fliegenfalle Südcarolinas (Dionaea muscipula), sobald sich ein Insect auf die Blätter setzt, sich diese schnell schließen und das Thier mit ihren Härchen festhalten, bis es todt und der durch sein Arbeiten verursachte Reiz vorüber ist. Man nimmt an, daß sie die gefangenen Thiere zum Theil aufsaugen und bezeichnet sie als „fleischfressende" Pflanzen. Zu ihnen gehört auch die liebliche veilchenähnliche Pinguicula, auf anmoorigen Wiesen hin und wieder in Mengen auftretend. Das dritte seltsame Gewächs der Moore ist der Wasserschlauch (Utricularia). Bei ihm indeß ist es nicht die Sensivität, welche es so merkwürdig macht, sondern eine andere kaum minder interessante Eigenschaft. Die Pflanze bewohnt die wassergefüllten Torfgruben und andere Lachen, und besteht aus langen dünnen Stengeln, die mit einer Menge haarförmiger und vielfach fiederspaltiger Blättchen besetzt sind. An diesen letzteren befinden sich viele kleine, runde, häutige Blasen oder Schläuche, deren jeder an seinem obern Ende eine sehr kleine Oeffnung hat. Fast das ganze Jahr hindurch sind diese kleinen Schläuche mit Wasser angefüllt, und die Pflanze liegt still in der braunen Moorfluth auf dem Boden. Sobald aber der Junius naht, die Blüthezeit der Pflanze, dann beginnt eine eigenthümliche Veränderung. Die Schläuche entwickeln nunmehr in ihrem Innern Luft und entleeren sich dadurch von Wasser. Dadurch gehoben, steigt die Pflanze an die Oberfläche. Ihr Blüthenschaft aber erhebt sich aus dem Wasser und trägt zierliche gelbe Blumenkronen, später kleine Samenkapseln. Kaum aber ist die Blüthezeit vorüber, so öffnen sich schon die Schlauchdeckelchen, die Säckchen füllen sich mit Wasser, und die ganze Pflanze sinkt wieder hinab und liegt von Neuem still auf dem kalten Grunde, harrend des nächsten Frühlings, wo sie wieder schwellen und aufsteigen kann, um zu blühen im warmen Sonnenschein.

Noch manche andere reizvolle Pflanze hegt das Moor, z. B. die weiße Calla, das gelbe Narthecium, das sammetbraune Comarum, das seidenflockige Wollgras und ein schönes Moos (Polytrichum formosum) u. m. A.

Wildwachsende Bäume dagegen fehlen heutzutage fast gänzlich, wenigstens in unsern Mooren. Angepflanzt werden indeß fast alle Arten, insbesondere aber Birken. Wie in den Marschen die Weide und Esche, im Sumpfe die Erle, auf Lehmboden die Eiche und Buche, im Sande die Föhre, so ist die Birke der echte Baum der Moore, und ihre blendendweißen Stämme, welche bei jeder Hütte aufragen, stechen grell, fast gespenstig ab gegen das dunkle Braun des Bodens, welcher durch sie nur noch tiefer und schwärzer erscheint. —

Es sei vergönnt, hier gleich ein paar Worte über das Volk in den Mooren beizufügen. An die Fehncolonisten und Anbauer der übrigen großen Moorcanäle darf aber dabei nicht gedacht werden. Bei ihnen haben Kultur, Handel und Verkehr mit Nachbargegenden jene andere Einwirkung verhindert. Ganz anders aber ist das bei den einzelnen Colonisten und Torfbauern der öden entlegenen Moorstrecken, welche nur im Sommer mit der Außenwelt in sparsame Berührung kommen, im Herbst und Winter hingegen, wo kaum ein Fuhrwerk sie erreichen kann, in der entsetzlichsten Einsamkeit ihre Tage zubringen. Traurig ist das Leben solcher Torfbauern, wenn sie auch selten mit bitterer Armuth zu kämpfen haben; denn abgerechnet den Verdienst durch Torfhandel können leicht ein paar

Aecker des wohlfeilen Landes bestellt werden, um so viel Korn, Buchweizen und Kartoffeln, als zur Nahrung seiner Besitzer nöthig, zu gewinnen.

Da sitzen sie in ihren kleinen schwarzgeräucherten Hütten die lange trübe Winterzeit hindurch, ohne die geringste geistige Anregung, ohne Nachricht vom Treiben der bunten Welt und selbst oft ohne körperliche Beschäftigung, ihre Tage in stillem geistlosem Hinbrüten abspinnend. Sogar einen Verkehr unter sich kennen sie meistens nicht; denn ihre Wohnungen liegen fast immer ganz vereinzelt und in ansehnlichen Entfernungen von einander. Ihre Schulen waren ein der Regel unsäglich elend. Man miethete auf die Wintermonate, so billig man konnte, oft für fünf bis acht Thaler, irgend einen armen Schulmeister, der gewöhnlich mühsam von Haus zu Haus wandern mußte, um sein Mittagsbrod auf dem Reihetisch zu finden, im Sommer indessen, wo keine Schule gehalten wurde, sich meistens als Knecht verdingte oder Torf grub. Wie traurig solch' ein Unterricht beschaffen war, läßt sich leicht denken. Die grenzenloseste Unwissenheit und der krasseste Aberglaube waren die unausbleibliche Folge, welcher letzterer insbesondere vielleicht nirgends so seine Sitze aufgeschlagen hat wie in den Mooren. — Dazu kommt noch der Umstand, daß man allerlei unheimliches und verdächtiges Gesindel, von dem man die menschliche Gesellschaft befreien wollte, in die Einsamkeit der Moore verbannte und ihm hier Wohnsitze anwies. Alles das hat ein Geschlecht gezeitigt, wie es zu der dunkeln Oede seiner Heimath in schauerlichem Einklange steht.

Nicht darf diese Schilderung geschlossen werden, bevor nicht noch einer Eigenschaft gedacht ist, in welcher das Moor auch für die Geschichtskunde zu den interessantesten Bodenbildungen unserer Erdrinde gehört, nämlich als Bewahrer und Erhalter von Culturresten einer mehr als tausendjährigen Vergangenheit.

Nicht nur, daß tief im Grunde der braunen Umhüllung jene schon erwähnten untergegangenen Waldreste uns ihre Räthsel aufgeben, nicht nur, daß zwischen ihnen die oft mächtigen Gebeine fast oder völlig ausgestorbener Thiere lagern, ungeheure Geweihe des Riesenhirsches (Cervus megaceros), des Elenn und der Schädel des wilden Urs, oder selbst wohl das Gerippe des Mammuth; auch des Menschen Werk und ihn selber bewahrt aus dunklen Zeiten die dunkle Pflanzenmasse oft in wunderbarer Weise fast unverändert, mag auch droben ein Jahrhundert nach dem andern mit seinen Wandlungen darüber hinrollen, sie getreulich den Forschern der Vorzeit überliefernd, wie in solcher Weise keine andere Bodenart.

Im Vertorfungsprocesse, dieser Verkohlung auf nassem Wege, von all' den harzigen und Gerbsäure enthaltenden Gewächsen, aus denen das Hochmoor besteht, entwickelt sich nämlich theils eine dem Holzessig ähnliche kreosothaltige, theils dem Holztheer gleichende Flüssigkeit, und beide sind eben jene ausgezeichneten Erhaltungsmittel, welche solche Resultate liefern.

Die wohlerhaltenen römischen Holzbrücken, die sog. Pontes longi, auf denen die Heere des Germanicus und Caecina durch Friesland zogen, die Pfahldämme Karls des Großen in der Gegend von Bederkesa im Herzogthum Bremen, auf welchen er von der Weser nach der Elbe vordrang; der hochinteressante reiche Fund von Süderbrarup im Schleswigschen, ein vierzig Fuß langes sog. Wikingerboot mit vielen Römerwaffen, die aber später durch seltsame barbarische Zuthaten und Anhängsel geschmückt waren; das goldene, mit römischen Münzen behangene Halsband von Sievern (bei Bremerlehe): wunderbar erhaltene Leichen, bald in Thierfellen, bald in groben Wollstoffen, bald ebenfalls mit römischem Schmuck (goldene Spangen für Arm und Fuß); endlich jener weibliche Körper von Haraldskivr in Jütland, mit Ketten an einem Pfahle befestigt, gar für den der armen Königin Gunilda von Norwegen gehalten, die der König Harald Blaatand 965 gewaltsam in das Moor senken ließ*) — das Alles sind Moorfunde, mit deren weiterer Aufzeichnung Seiten gefüllt werden könnten. — Welche Dinge aber mag die geheimnißvolle dunkle Tiefe noch bergen?

Siehe Hermann Meiers interessanten Aufsatz in der Zeitschrift Globus von Karl Andree, Band VI, Lieferung V.

Die Pflanzenwelt der Marschen.

Der Charakter der Marschländer tritt vielleicht nirgends so deutlich in die Augen als in ihrer Pflanzenwelt. Die Flora der Marschen ist eine so merkwürdige und auffallende, daß man nicht erst Botaniker zu sein braucht, um ihre große Verschiedenheit von der anderer Gegenden auf den ersten Blick wahrzunehmen.

---

*) Von höchstem Interesse und wahrhaft hervorragender Bedeutung ist ein Fund, der 1817 in einem Moore Ostfrieslands gemacht wurde Man entdeckte nämlich schon 6 Fuß tief im Sande und vom Moore hoch bedeckt ein menschliches Skelett, dessen Bekleidung vollkommen erhalten war, obwohl es nach wissenschaftlicher Schätzung sicher weit über tausend Jahre im Boden gelegen haben mußte. — Die Kleidung bestand aus einem groben, härenen, gewalkten (nicht gewebten) kurzen Rocke ohne Nähte und Knöpfe, mit einfachen Löchern für Hals und Arme, sodann Beinkleidern aus gleichem Stoffe, ebenfalls ohne Knöpfe und durch einen Lederriemen um den Leib gehalten, endlich aus Schuhen, die aber nichts anderes waren, als Stücke von Thierfell, welche noch mit röthlichen Haaren bedeckt waren. Auch diese wurden vermittelst Riemen, welche durch Löcher liefen, um den Fuß geschnürt, aber trotz ihrer primitiven Gestalt entbehrte diese Fußbekleiduag keineswegs einiges Schmuckes, der sogar aus einer Reihe von Sternen oder Rosetten bestand, die nicht ohne Geschmack durch sauber ausgeschnittenes Laubwerk unter einander verbunden waren. Alles wurde sorgfältig ausgehoben und befindet sich jetzt neben anderen Landesalterthümern in einer Sammlung zu Aurich.

Der überaus fruchtbare, gänzlich steinlose, thonige, feuchte und mit vielen Salztheilen durchsetzte Marschboden konnte nicht anders, als eine Flora erzeugen, welche eben so schroff gegen die der benachbarten Moore und Geesthöhen absticht, wie die Marsch selbst in ihrer Gesammtphysiognomie.

Zuerst überrascht der gänzliche Mangel aller wild wachsenden Bäume und Sträucher. Hätte nicht der Mensch seine Wohnungen, seine Deichbärmen und seine Feldwege hier und dort mit Bäumen umpflanzt, so wären die sämmtlichen Marschländer eine einzige weite, völlig baum- und gebüschlose Ebene. Die Ononis spinosa, Hauhechel, welche hie und da an trocknen Wegen wächst, ist der einzige sehr unscheinbare Repräsentant der Holzgewächse in den Marschen. Sodann fällt das Vorherrschen der Rohrgewächse auf, der Binsen, Cariceen und Gräser über die eigentlichen Kräuter. Weiter befremdet die äußerst geringe Zahl der Flechten und Moose, vielleicht zusammen kaum 16 Arten, und endlich, bei aller Ueppigkeit und Fülle der Vegetation, doch die große Armuth an Geschlechtern und Arten, wie nachstehende kurze Uebersicht beweist.

Die Familie der Compositen ist noch bei weitem die zahlreichste. Sie findet sich mit 40 Arten ein; dann folgen dem Umfange nach die Cruciferen 18 Arten, Umbelliferen 18 Arten, Labiaten 14 Arten, Papilionaceen 12 Arten, und Ranunculeen 13 Arten (das Genus Ranunculus hat allein 10 Arten). Ferner giebt es 5 Arten Potameen, ebenso viele Chenopodeen und Rumexarten, 6 vom Genus Polygonum und Veronica und endlich nur 3 Arten des Genus Plantago, Epilobium, Euphorbia und Lysimachia.

Diese Familien sind die hervorstechendsten Pflanzen in der Vegetation der Marschen. Alle übrigen der vorkommenden Genera werden durchgängig nur von einer oder zwei Arten repräsentirt, und sehr viele von denen, welche auf der Geest die Hauptflora ausmachen, fehlen gänzlich.

Nach der Farbe gereiht, sind gelbe Blüthen die häufigsten; darnach weiße, violette und violett rosenfarbne; dagegen besitzt die gesammte Marschflora durchaus keine scharlach-rothe, und in der Meerstrandsaster, Aster Tripolium, der Vogelwicke, der Gundelrebe, dem Vergißmeinnicht und einigen Veronica-Arten die wenigen Pflanzen mit blauen Blüthen.

Die einzelnen Pflanzen der Marsch selbst unterscheiden sich meistens durch Größe, Ueppigkeit und Saftreichthum sehr von denen gleicher Art der Geest.

Die Flora der Marschen läßt sich bequem in drei Regionen eintheilen, welche, wenn auch einzelne Pflanzen sich durch jede derselben hindurch ziehen, doch ungemein von einander verschieden sind, in:

die Region der Außendeiche,
die Region der Weiden und Aecker, und
die Region der Bruchwiesen,

welche den Uebergang von der Marsch zur Moor- und Geestflora bildet und fast schon Grünlandsmoor heißen dürfte.

Beginnen wir mit der ersteren, die wir nothwendig wieder in zwei sehr contrastirende Gegenden einzutheilen haben, in die der Groden und Außendeiche, welche vom süßen, und die, welche von salzigem Wasser bespült werden, oder kürzer in die Flora der Flußgroden und die der Seegroden.

Diese Flora fängt am äußersten Uferende an, umfaßt alle unbedeichten Inseln, Platen und Sande, und reicht bis an den Deich, der sie schroff abgrenzt. Wir betrachten zuerst die Flora der Flußgroden.

Hier sind die ersten höheren Pflanzen, welche Demjenigen, der sich dem Lande nähert, entgegentreten, Scirpusarten. Aus dem allerweichsten, fast flüssigem Schlamme, der kaum mit niedrigster Ebbe frei wird und nur die leichten Strandläufer und die Möve zu tragen vermag, den Menschen aber tief einsinken läßt, sprossen jene Binsenarten erst sparsam und einzeln, wo aber der Schlamm um ein Weniges höher und fester wird, häufiger hervor. Aus ihnen flicht der Marschbewohner Stricke und Stuhlsitze, oder streut mit einigen Arten derselben seinem Vieh. Die niedrigsten Platen sind mit ihnen ganz bewachsen, und der Scirpus lacustris ist als die erste höhere Pflanze und der Anfang aller Vegetation der Marsch überhaupt zu betrachten.

Wenn der Schlamm sich verdichtet, stellen sich Glycerien ein, es verbreitet der Kalmus seinen aromatischen Geruch; es hebt die Rohrkolde (Typha latifolia und angustifolia) ihr braunes Haupt aus dem grünen Schilfe.

Wenn der Boden noch fester und höher wird, so daß ihn gewöhnliche Sommerfluthen nur eben benetzen und bespülen, erheben sich die langen, mächtigen Rohrfelder, welche für manche Gegenden so wichtig sind. Dieser zweite Strich hat fast keine einzige andere Pflanze aufzuweisen, da das oft nahe an 10 Fuß hohe Rohr (Phragmites communis) durchgängig eine außerordentlich dichte Wildniß bildet, die keine andere Vegetation zuläßt und durch welche sich der Mensch nur mühsam hindurch arbeiten kann. Ein solcher Rohrstrich ist bald schmäler, bald breiter, aber oft ununterbrochen mehrere Stunden lang.

Er ist, wie schon einige Male bemerkt, für die Landbildung wie für den Haushalt der Marschen sehr bedeutsam, ebenso aber ist er es auch in ästhetischer Beziehung. Nehmen wir die weiten Grasfluren aus, so ist keine andere Pflanze der Marsch im Stande, der Landschaft ein so eigenthümliches Gepräge aufzudrücken, als das Schilf, wenn es in hoch rauschenden, gedehnten Feldern das Flußufer bedeckt. Diese größte aller norddeutschen Gramineen hat schon als einzelnes Pflanzenindividuum ihre eigenthümliche Schönheit. Dieselbe liegt in der reizenden weichen Linie, welche der oft 10 Fuß hohe Halm bildet, in dem zarten Graugrün seiner in feinster Spitze auslaufenden Blätter, und in der schön geschwungenen Blüthenrispe, die mit ihrem purpurbraunen Seidenglanze wie ein stattlicher Federbusch hoch auf der Spitze schwankt. Aber erst als Masse gewinnt sie ihre wahre Wirkung. Tief ernst, ja öde und fast unheimlich könnte der Eindruck genannt werden, den diese mächtigen, stundenlangen, dichten Rohrfelder machen, durch das einförmige Graugrün der Blätter und das Braun der Blüthen, wenn nicht das Leichtbewegliche der Halme, dieses Wanken und Schwanken, Neigen nnd Beugen, alles Finstere und Starre wieder in elegische Weichheit auflöste. Rohr und Weiden sind in der Marsch die einzigen Pflanzen, die ihre leise Sprache haben. Stumm wankt der Grashalm im Winde, fast lautlos wallt das Saatengefild. Allein das Rohr mit seinen hohen Halmen, die über einen Reiter fast zusammenschlagen, das schauert und seufzt, das flüstert und rauscht wie vor Wehmuth und Sehnsucht im Abendwinde, darein murmeln die Fluthen ihre Märchen süß und träumerisch und wiegenliedheimlich, wenn die Luft kühl wird, der Tag sich neigt und im goldenen Westen die rothen Abendwolken leise verglühen. oder in stiller Sommernacht, wenn das Mondlicht breit auf dem Strome zittert und rings umher Alles Blau und Silber ist. — Das Rohr ist eine recht eigentliche Charakterpflanze der Marschen. —

Rohr und Weiden haben oft ihre Dichter gefunden, ihr Rauschen tönt nach in manchem Gesange: denke man nur an die schönen schwermüthigen Schilflieder des armen Lenau! Mächtige Rohrfelder umrauschen auch die Donauufer Nieder-Ungarns; wie oft mag er ihrem Flüstern gelauscht haben! —

Auch das Thierleben in den Rohrfeldern ist ein eigenthümlich stummes, nächtliches und geheimnißvolles. Die einsame Fischotter haust da in tiefer Verborgenheit, der scheue Reiher steht lauernd am Ufer, Tags sieht man wohl die braune Rohrweihe mit schönem sanften Fluge darüber schweben, und tief im Dickicht wohnt das schwarze Wasserhuhn, ein stilles sanftes

Thier mit schönen klugen Augen, mit der seltsamen weißen Stirnplatte, rothen Kniebändern und wundersamen Lappenfüßen. Und wie klug, wie vorsichtig ist es! Es baut sich ein dickes, großes Nest aus trocknen, hohlen Stengeln, aber heftet es weislich nicht an den Boden. Kommt nun die Fluth, so schwimmt es lustig mit seinem Nestküchlein oben und steigt und fällt mit ihr, doch damit Wind und Wellen es nicht gar auf den offenen Strom treiben, hat es das Nest an die Spitze eines langen, überhängenden Rohrhalms befestigt und kann so mit aller Gemüthsruhe dem Gange der Dinge zuschauen. Auch das zierliche, gefleckte Rohrhuhn, die Ralle und der Wachtelkönig sind scheue, selten bemerkbare Schilfbewohner; doch vernimmt man in warmen Sommernächten allerlei Stimmen. Namentlich läßt dann der stets unsichtbare Wiesenschnarrer sein einförmiges, seltsames Schnarren hören, das genau so klingt, als ob man schnell zweimal hintereinander mit einem Messerrücken über die Zähne eines weiten Kammes fährt; vor allem aber zwitschert, pfeift, schnattert, zischt und gurgelt der kleine lustige Schilfsänger, auch Rohrsperling genannt, in allen Tonarten unermüdlich bis an den hellen Morgen. Viel seltener dagegen tönt das dumpfe, schauerliche Stöhnen oder Brüllen der Rohrdommel durch die Stille der Nacht. Das regere Treiben auf den Strömen, namentlich die brausenden Dampfschiffe, die von Jahr zu Jahr mehr die Fische der Fluth, wie die scheuen Bewohner der Ufer verscheuchen, haben auch diese Reiherart fast gänzlich vertrieben. —

Der dritte Strich endlich besteht schon aus ganz festem und hohem Erdreich, welches nur bei höheren Fluthen überschwemmt wird, und reicht vom Rohrstrich bis zum Deiche. Hier verschwindet das Rohr auf einmal gänzlich; hohes üppiges Gras in mehreren Arten (Poa, Festuca, Aira u. s. w.) bedeckt überall den Boden, eine Menge Kräuter erscheinen und schmücken mit ihren Blumen die lebhaft grüne Flur. Hier wächst das schöne Symphytum mit seinen bald purpurvioletten, bald weiß oder rosenfarbenen, hängenden Glockenbüscheln, die zarte Wiesenkresse, eine Orchis, einige Ampfergattungen, der süßduftende Rhinanthus, einige Ranunculusarten; hin und wieder die ulmenblättrige Spiräa (Sp. Ulmaria) mit ihren fast vanilleartig duftenden Blüthen, und der officinelle Baldrian. Die gelbe Caltha aber macht, wenn sie blüht, diesen Strich zu einer wahren Goldflur, deren Glanz weithin leuchtet und das Auge blendet. Noch finden sich hier einige, meistens starkriechende Schirmpflanzen, wie die mächtige Archangelica, das Heracleum und in ziemlicher Menge der gemeine Kümmel. An der Grenze dieses Bereichs, wo er an den Deich stößt, stehen häufig zum Schutze des letzteren einige Reihen Weiden. Unter ihrem Schatten entfaltet der große Huflattig (Petasites officinalis) seine riesigen Blätter, besonders häufig und oft in riesiger Höhe auf Thonboden (in der Nähe von Ziegeleien). Hier grünt die Brunnenkresse und die aromatische Wassermünze (Mentha aquatica); hier prangt das Lythrum mit seinen hohen, rothen Blumensträußen und daneben die gelbe Lysimachia (L. vulgaris) und Epilobien und Rumexarten, und da, wo die Deichbärme anstößt, bezeichnet der kleine Huflattig (Tussilago farfara) den höchsten und trockensten Boden dieser Region. —

Eine durchaus andere wird plötzlich die Vegetation und überhaupt die ganze Natur der Ufer dort, wo schon salzige Meerfluth den Strand benetzt und der Strom, breit und mächtig geworden, sich anschickt, dem Ocean in die Arme zu eilen. Schaumgekrönt und in langen, gestreckten Linien rollen jetzt seine Wogen, weit aus dehnt sich das Bett, kaum reicht der Blick von einem Ufer zum andern, das sich darstellt nur wie ein luftblauer unbestimmter Nebelstreifen; eine rauhere und frischere Luft weht uns entgegen; wir fühlen die Nähe des alten ewigen Oceans und seiner Wunder und verschwunden ist fast Alles, was noch an den früheren Charakter des Stromes erinnerte, auch er selbst, seine Thier- und seine Pflanzenwelt sind verändert. Die blumenreichen Wiesen und die hohen Rohrfelder, welche noch wenige Stunden aufwärts den Strand umgaben, sind nicht mehr zu erblicken. Wohl zeigte sich noch die Rohrpflanze, aber nicht mehr wie früher in dichter Waldung, sondern ganz einzeln und so verkrüppelt, so dünn und niedrig, daß man schwer glauben will, es sei noch jene stolze Grasart. Keinen Strauch, viel weniger einen Baum erspäht das Auge; die letzte Weide hat uns längst verlassen, und über das gradlinige kahle Ufer, über ein weites ödes Watt und langgedehnte Sandbänke schweift der Blick, durch nichts gehemmt, bis zur fernen Kimmung.

Auch landwärts ist das Bild kaum reicher. Gleichmäßig hoch zieht sich der Deich in großen Schwingungen dem Ufer entlang, jeden Blick landeinwärts wehrend; von allem Ueppigen oder Lieblichen, das er schützend umgiebt, erschauen wir nichts. Etwa ein Kirchthurm, ein Mühlenkreuz oder ein paar Häusergiebel unterbrechen da und dort die Einförmigkeit der Linie. Bäume wagen kaum hinüber zu schauen in das wilde Meer, sie hocken wie ängstlich und frierend hinter dem warmen Schutze des Deiches, um sich vor ihrem ärgsten Feinde, dem rauhen, salzführenden Seewinde, zu bergen. Wohl versucht es einzeln eine kräftige Marschesche des Windes zu spotten und ihr Haupt höher und stolzer zu erheben, aber bitter muß sie es bereuen; denn bald steht ihre Krone sturmzerzaust und voll bleicher, dürrer Aeste, und wie im angstvollen Sehnen streckt sie ihre Zweige dem tieferen Lande zu, wo ihre Brüderbäume in linderer Luft und wärmerem Sonnenschein friedlich und ruhig ihr reichbelaubtes Geäst ausbreiten können.

Betreten wir jetzt jenes große fruchtbare Vorland, die Außendeiche, Groden oder Helder, wie in verschiedenen Marschen diese Anschwemmungen außerhalb der Deiche genannt werden. Während wir im älteren Marschlande, in die Tiefe dringend, verschiedenartige Erdschichten durchschneiden, so begegnen wir in diesen späteren Alluvionen fast immer nur einer einzigen Erdart, reinem festem Thon, — der höchstens ab und an mit einer kleinen Schicht von Sand oder von Kalk aus verwitterten Muscheln durchsetzt ist. Fast überall können wir 10, ja 20 Fuß und darüber einbohren, — allenthalben finden wir dieselbe Thonerde. Auch das eigentliche Watt besteht da, wo sich nicht gerade Sandbänke angelagert haben, aus derselben. Das niedere Watt, welches jedesmal von der Fluth bedeckt wird, ist beinahe völlig vegetationslos, außer wenigen und sehr spärlich stehenden Algenarten. Der interessante Blasentang, welcher in der Nordsee in Unmassen vorkommt, fehlt hier, obwohl das Wasser schon sattsamen Salzgehalt besitzt, weil der Felsgrund, den derselbe nothwendig braucht, um daran haften zu können, mangelt. Wo indessen durch Zufall ein Stein, ein Anker oder ein Stück Holz in's Watt gerathen ist, da stellt er sich sofort ein. Jene feinen, häutigen Algen, eine purpurrothe und eine breitlaubige grüne, die fast Salatblättern gleicht, sind dafür ziemlich heimisch und bilden hier, wie an den Ufern des Süßwassersees die Conserven es thun, die ersten Anfänge jeder Vegetation. Zur Strandflora können wir sie aber trotzdem nicht füglich zählen; sie gehören offenbar dem Wasser mehr an, als der Erde. Freilich müssen sie ein paar Ebbestunden im Trocknen sein, allein sie liegen dann welk, platt und verschrumpft da und gewinnen nicht eher wieder ihre Schönheit, Farbentiefe und Gestalt, bis das flüssige Element sie von neuem umfluthet. Erst da, wo den Boden die tägliche Fluth zwar benetzt, aber die Pflanzen nicht ganz bedeckt, beginnt die eigenthümliche Flora, welche wir eben schildern.

Ist überhaupt die Marsch nicht reich an Zahl der Pflanzengeschlechter, so darf die Vegetation dieses Striches in dieser Hinsicht wahrhaft armselig genannt werden. Kaum zählt sie zwölf Genera und selbst nicht viel mehr Species. Eigenthümlich aber und auffallend ist auch sie im höchsten Grade, was nicht befremden darf, wenn man weiß, daß dieser compacte, thonige Boden an Jod und Natrium so reich ist wie kein anderer Deutschlands. Keines dieser Gewächse ist irgendwie in Schönheit der Gestalt, Farbe und Blüthe oder Lieblichkeit des Duftes ausgezeichnet, fast alle sind unansehnlich mit kleinen grünlichen oder weißen Blumen geschmückt; nur einige zeigen ein mattes Rosa, und eine einzige, die Meerstrandsaster, ein ebenso mattfarbiges Lila. Ebenso enthält auch nur eine dieser Pflanzenarten wirkliches Aroma, der Seewermuth. Alle anderen sind von einem tiefen, oft in's Schmutzigbraune übergehenden Grün und, das ist charakteristisch, die meisten dickfleischig und von seltsam unbestimmter, beinahe unaufhörlich schwankender und abweichender Blattform, dabei mit einem so reichlichen, salzigschmeckenden Safte gefüllt und von so lockerem Zellgewebe, daß die meisten getrocknet bis zur Unkenntlichkeit zusammenschrumpfen und tief schwarz werden. Beim Verbrennen liefern alle eine Menge Salze und gewähren so dem Haushalte des Menschen einen nicht unbedeutenden Nutzen. Freilich ist an unseren deutschen Küsten die Sodagewinnung noch äußerst unbeträchtlich, hat aber auch hier vielleicht eine Zukunft.

Verlassen wir das kahle Watt, so ist die erste Pflanze, die uns auf dem etwas höheren Boden entgegentritt, zugleich die auffallendste der gesammten Flora. Es ist der sonderbare Krückfuß, Salicornia herbacea, in einigen Gegenden auch Glasschmalz genannt, eine so seltsame Saftpflanze, wie man sie wohl unter den Tropen, schwerlich aber in dem rauhen Norden zu finden vermuthen sollte. Wer diese Pflanze in ihrer ungewöhnlichen Ueppigkeit zum ersten Male erblickt, glaubt eher vor einem Mesembryanthemum Südafrikas oder vor einem Cactus Brasiliens zu stehen, als vor einem ehrlichen deutschen Kraute. Dem Cactusgeschlechte Rhipsalis ist unser Krückfuß, seiner äußeren Gestalt nach, ich möchte nicht blos sagen ähnlich, nein, fast gleich. Man bemerkt an ihm kein Blatt, ein runder

Stengel sproßt aus dem andern, und dabei zeigt sich eine solche Saftfülle, daß nur das feine Oberhäutchen und der dünne, drahtförmige innere Stengel zurückbleibt, wenn man die Pflanze mit der Hand drückt, während das Salzwasser in kleinen Strömen ausfließt. Bei Ostende, namentlich aber in der Bretagne wurde früher diese Pflanze gemäht, verbrannt und zur Sodabereitung verwandt. Ebenso die ihr an Salzgehalt nachstehenden Salsola-Arten, welche indeß seltener vorkommen; sie lieben sandigen Boden und finden sich daher häufig am Strande der Nordseeinseln. Der Krückfuß bildet recht eigenthümlich den Uebergang zwischen Wasser- und Landgewächsen; die allerfeuchtesten Stellen der Groden, insbesondere die schlammigen, vom Meereswasser, das während der Ebbe zurückbleibt, gebildeten Lachen sind seine liebsten Standorte.

Seine nächste Nachbarin ist die sogenannte Strandnelke (Statice Limonium), ein fußhohes Gewächs, erst mit hell violetten, dann weißlich seidenglänzenden und gekrümmten Blüthenähren, mit denen die Bewohner der kleinen Nordseeinseln, in Ermangelung anderer Blumen, ihre niederen Stübchen schmücken, weil die Blüthe auch getrocknet den Seidenglanz behält. In gleicher Bodenhöhe wachsen dann das kleine an der Erde hinkriechende Milchkraut (Glaux maritima) mit seinen winzigen, rosenfarbenen Blüthen, der umgestaltete Seegängefuß (Chenopodium maritimum), der Meerstrandwegerich (Plantago maritima), das Triglochin (Triglochin. maritima), dessen junge Blätter unter dem Namen „Röhr“ im Lande Wursten als ein delikater Frühlingskohl verspeist werden, und endlich die größte dieser Pflanzen, die Meerstrandaster (Aster tripolium), deren drei Fuß hohe, mit lilafarbigen Blüthen bedeckten Büsche noch einigermaßen aus der einförmigen Fläche hervortreten. Weiter ist als hier vorkommend eine wichtige officinelle Pflanze anzuführen, das Löffelkraut (Cochlearia officinalis), jenes unschätzbare Geschenk des Nordens, dessen scharfer Saft die scorbutzerfressene Mundhöhle der Polarbewoher und Grönlandsfahrer in wenigen Tagen mit Wunderkraft heilen macht; denn das Löffelkraut dringt, wie fast alle aufgeführten Gewächse, bis in hohe Breitengrade vor. Auch die Schwesterpflanze desselben, unser Meerrettig, findet sich hier und dort in üppigen Büschen.

Wo der Boden endlich so hoch und trocken ist, daß nur Winterfluthen ihn bedecken können, bezeichnen noch zwei Kräuter die Grenzen der Flora, gewissermaßen als ihre Vorposten gegen das Land hin. Das eine ist die Ameria (Ameira vulgaris), welche sicherlich vielen Lesern, die auch nicht den Seestrand besucht haben, bekannt sein wird. Es ist nämlich jene Pflanze, die ihrer schmalen grasartigen Blätter wegen „englisches Gras" genannt, und ihrer rosenrothen Blüthenköpfe halber häufig zur Einfassung von Blumenbeeten verwandt wurde. Die andere Pflanze ist der silbergraue weiche Seewermuth (Artemisia maritima), aus dem der friesische Schiffer seinen wohlthuenden wärmenden Magenbittern bereitet, den an allen Küsten als Präservativmittel gegen das Marschfieber hochgepriesenen und hochgehaltenen Trank.

Die meisten dieser Pflanzen stehen mehr oder weniger vereinzelt, nur der Krückfuß und etwa noch das kleine Milchkraut überziehen hie und da in größerer Menge den Boden. Eigentlich gesellig und zugleich fast die einzige Grasart dieses Pflanzenstrichs ist nur die Glyceria maritima, in Ostfriesland wie im Jever- und Butjadingerlande „Andel" genannt. Sie bildet die reichsten, üppigsten Viehweiden und Schurwiesen, und ohne sie würden die mächtigen Groden am Meere vor ihrer Eindeichung von äußerst geringem Nutzen sein, während sie jetzt Tausende einzubringen vermögen. Alle niedrigen Inseln und Halligen Frieslands sind mit diesem herrlichen weichen Grase bedeckt, welches ebenso, wie die anderen Strandpflanzen, voller Saftes und Salzgehaltes ist. Der Andel trocknet deshalb äußerst schwer, weil das Salz immer wieder feucht wird; ein Fuder dieses Heues ist aber mehr werth als zwei von anderem Grase, und das Vieh frißt es, frisch wie getrocknet, lieber als jedes andere Futter, um dabei außerordentlich zu gedeihen.

Noch bleibt eine hervorstechende Eigenschaft dieser Groden=pflanzen zu erwähnen, ihre merkwürdige Exclusivität. Nur höchst selten nämlich wandert eine oder die andere derselben in's Land, und eben so selten ist es, daß irgend eine der Binnenmarsch bei ihr einwandert. Das gemeine Kreuzkraut (Senecio vulgaris) möchte in Norddeutschland vielleicht das einzige Gewächs sein, das zuweilen den Deich überschreitet, sich am Strande ansiedelt und sich hier wohl zu fühlen scheint, ja, das sich im Salzboden vollkommen acclimatisirt und auf ihm so corpulent und saftreich wird, daß man Mühe hat, diesen ehrlichen Proletarier unserer Aecker und Gärten in seiner neuen wohlhäbigen Gestalt wieder zu erkennen. —

Wird ein Groden eingedeicht, so ist in wenigen Jahren die frühere Flora gänzlich verschwunden; die echte innere Marsch=vegetation mit ihren Gräsern und Thonkräutern tritt an ihre Stelle. Viele Meilen weit kann man in der Umgegend umher wandern, ohne daß auch nur eine Spur der alten Vegetation uns begegnet, bis uns vielleicht erst wieder im höheren Binnen=lande, oft in der Mitte, ja selbst im Süden von Deutschland ein Stück derselben plötzlich und überraschend entgegentritt; an Orten nämlich, wo salzhaltige Quellen ein thoniges Erdreich benetzen. Aehnliche Erscheinungen bemerken wir z. B. an einer kleinen Stelle bei Halle an der Saale und bei Artern in Thü=ringen. Der Verfasser erblickte sogar einmal mitten in den Salzburger Alpen, im Pinzgau, und ringsumgeben von einer echten Gebirgsflora, ein kaum zwanzig Quadratfuß haltendes Fleckchen Erde, das sich ausnahm, als sei ein Stückchen nord=deutschen Meeresstrandes hierher getrieben, um in der Fremde und Vereinsamung ihn wehmüthig anzuheimeln. Alpen und

Meeresstrand, Deutschlands Norden und Süden, — hier schlugen sie durch ihre Pflanzenwelt, wie ja auch mitunter in einzelnen Charakterzügen ihre Bevölkerung, auf wunderbare Weise den nämlichen Accord an.

Dabei werden wir wiederum auf's Mächtigste zu der so vielfach verketzerten Lehre von der Urzeugung (Generatio aequivoca) oder dem Entstehen der Gewächse ohne Samen und durch bloße zusammentreffende Verhältnisse hingeführt. Mit welch' bitterem Spott hat man von jeher diese Hypothese verfolgt und verhöhnt, und doch wie natürlich erscheint sie! Das wunderbare regelmäßige Zusammenschießen von Krystallen aus völlig formloser Masse, dieses Uebergehen vom Chaos zur regelmäßigen Gestalt, das nimmt Niemanden Wunder; daß aber in der Erde bei einem gewissen und genauen Verhältnisse von Elementen und Stoffen, von Wärme, von Magnetismus und unter Mitwirkung von wer weiß welchen uns noch unbekannten Naturkräften eine kleine Pflanzenzelle entstehen, oder, wenn man will, krystallisiren könne, um dann weiter und weiter sich fortzubilden, und begünstigt von allen nöthigen äußeren Umständen sich allmählich zum eigentlichen Pflanzenindividuum zu erheben, — dagegen sträubt man sich mit aller erdenklichen Macht und mit allem Aufwande von Geist, Gelehrsamkeit und — Unsinn, weil man dies stille wunderbare Weben und Schaffen der Natur nicht gerade mit Händen greifen und unter Oberhäuser'sche Gläser bringen kann. Darwin und Häckel aber werden schon das Feld behaupten.

Doch es ist hier nicht der Ort, diesen Gegenstand, über den sich Bücher schreiben ließen, näher auszuführen. Auch von der Meeresflora selbst sei hiermit genug gesagt, ist's doch eben eine gar arme und unscheinbare, farb- und duftlose Pflanzenwelt ohne höhere Form!

Ueber ihrem, unter Wogengebrause und Seenebel entsprossenen einförmigen Grün singt kein Vögelein sein munteres

Frühlingslied, kein bunter Falter umflattert ihre Blüthen, kein summend Bienchen kommt aus ihnen zu nippen, nur Schwärme langbeschwingter Möven und Seeschwalben segeln darüber hin, nur Kibitze, Regenpfeifer, Strandläufer und andere Stelzfüßler beleben oft zu Tausenden den Strand, sich jagend, beißend, lärmend und im hurtigen Laufen auf den fluthentblößten Bänken ihre Beute erhaschend. Nicht einmal der ehrliche Grünfrosch quakt sein Lenzgequack, blos schmutziggraue Strandkrabben huschen, wenn menschliche Tritte nahen, lautlos in die Salzlachen und plumpe Robben sonnen sich auf weitem ödem Watt.

Und dennoch, welche Poesie umschwebt diese arme Pflanzenwelt! Ist sie doch die erste, die dem Seemanne, dem nach langer, langer Meeresfahrt heimkehrenden, zum freundlichen Willkommen ihre Blumen entgegen reicht! Wie jubelt sein Herz auf in unsäglicher Lust, wenn er den schmalen Streifen heimathlichen Strandes zuerst erblickt, wie gierig trinkt sein Auge das liebe, holde Grün der Muttererde, wie hängt es daran in stiller Seligkeit und kann nimmer und nimmer sich satt sehen! Es hat so lange nichts geschaut als das ewige Einerlei von Fluth und Himmelsblau oder Himmelsgrau; sein Ohr nichts vernommen als das Windgepfeif im Tauwerk und das eintönige Rauschen der brechenden Wogen am Schiffsbug! — Versunken steht er nun in dem herzerquickenden Anblick. Da plötzlich weht es wohl zu ihm herüber, — die ersten Heimathsgrüße sind es —, Glockenklänge, getragen vom linden Landwinde, tönen ihm entgegen, daß ihm auf einmal wunderbar wehmüthig und selig zugleich zu Muthe wird. Wie tief und mächtig sie sein Herz durchzittern, wie sie es erfüllen mit unendlicher, ahnungswonniger Gewalt! — Kindheit, Elternhaus, Heimathflur tauchen wieder auf im Gemüthe mit glänzenden und strahlenden Farben, — alte liebe Gestalten, ob auch fern, ob selbst längst hingeschieden, neigen sich zu ihm und breiten ihre Arme ihn zu empfangen, sein Auge glänzt, und von wetterbrauner Wange rollt eine Thräne. — Der Glocke letzter Ton ist verhallt. Mit rauher Hand wischt er schnell die feuchten Augen. — — —

So wie wir den Deich überschritten haben, sind wir in einer anderen Pflanzenwelt, die Sumpf- und Strandpflanzen verschwinden und wir stehen auf dem zweiten der drei Hauptgebiete der Marschflora, auf dem der Gräser, welche nun vorherrschen. Dies Gebiet umfaßt die nördlichsten, wie die südlichsten Marschen.

Schon an den Deichwänden selbst begegnen wir einigen neuen Pflanzen, z. B. dem gelben Wiesenbocksbart (Tragopon pratensis), dem Ackervergißmeinnicht (Myosotis intermedia), der Hundszunge (Cynoglossum officinale), dem Feldsalat (Valerianella olitoria), dem schönblüthigen Leinkraut (Linaria vulgaris), dem Kreuzkraut (Senecio vulgaris), der zierlichen Ackerwinde und anderen Kräutern, die thonigen und trocknen Boden lieben.

Verlassen wir den Deich und steigen in's Land, dann sind wir erst im eigentlichen Reiche der Gräser, die hier jene unabsehbaren, üppigen, prächtig grünen Weideflächen bilden, wie sie so in keiner anderen deutschen Gegend angetroffen werden mögen. — Arten der vorherrschenden Geschlechter Agrostis, Bromus, Aira, Phleum, Alopecurus, Festuca, Dactylis, Hordeum, Triticum, Cynosurus, u. dgl. m. treten uns hier dicht gedrängt, in Menge und ungemeiner Ueppigkeit entgegen. Eigentliche Kräuter aber finden sich verhältnißmäßig nur wenige, die Maasliebe (Bellis perennis), der Löwenzahn (Leontodon), ferner die gemeine Prunelle (Pr. vulgaris), der rothe Augentrost, die Achilleen und zwei Distelarten sind die häufigsten und nennenswerthesten darunter. An den Wegen und an den hohen trocknen Ufern, den Gräben, welche überall die Marschweiden durchschneiden, herrschen dagegen die Kräuter vor. Die Potentilla anserina überzieht hier in ungeheurer Anzahl den Boden, die beiden Wegericharten, Plantago major und lanceolata, die gemeine Klette, die Waldkarde (Dipsacus silvestris), der Sinau (Alchemilla), der Rainfarren (Tanacetum vulgare), die Vogelwicke (Vicia Cracca) mit ihren schönen purpurblauen Blüthentrauben, die Platterbse (Lathyrus pratensis), der gelbe aromatische Melilotusklee und einige andere sind ziemlich häufig.

Eine andere wieder ist die Vegetation auf den Saatäckern, wo uns die meisten der genannten Pflanzen ebenso als lästige Unkräuter entgegentreten wie anderswo auch. Zuerst der Hederich und einige Senfarten, die, mit ihrem grellen Gelb oft ganze Aecker überspinnend, die wahre Strafe werden für jeden nachlässigen Landmann; sodann die Chamillenarten, der bunte Hohlzahn (Galeopsis versicolor), das unangenehme Klebkraut (Galium Aparine), welches das Korn bestrickt und zu Boden zieht, die Quecke (Triticum repens), und der fast unausrottbare Duwock (Equisetum arvense), welcher mit seinen weit kriechenden Wurzeln oft 10 Fuß tief in das Erdreich dringt. Weniger lästig, allein auch ziemlich häufig ist das Barbenkraut (Barbaraea vulgaris) und das lauchartig riechende Taschenkraut (Thlaspi arvense). Außerdem findet sich noch der kleine Mäuseschwanz (Myosurus), das niedliche Frühlingshungerblümchen (Draba verna), das Ackervergißmeinnicht, die Veronica arvensis, agrestis und verna, die Kornrade, Agrostemma u. a. m.

Dagegen fehlt beinahe gänzlich die Saatwucherblume, diese Plage anderer Gegenden, nicht minder aber auch die schöne blaue Kornblume und der Feldmohn.

Es bleibt uns noch übrig, der dieser Region ebenfalls angehörenden Flora der Gräben zu gedenken, die zwar in mancher Hinsicht dieselbe ist mit der der Flußgroden, auch fast alle Schilfarten und Sumpfgewächse aufweist, indessen sich doch durch ihren verhältnißmäßigen Pflanzenreichthum vor jener auszeichnet.

Die Fruchtbarkeit des Grabenschlammes, die immerwährende Feuchtigkeit im Verein mit der tiefen windgeschützten Lage erzeugen eine unglaubliche Ueppigkeit der Vegetation. Pflanze drängt sich an Pflanze, Generation folgt auf Generation, während die Menge der vermodernden Gewächse den nachkommenden eine immer sich steigernde Nahrungsfülle zuführt. So werden diese Gräben in wenigen Jahren mit einer höchst fruchtbaren Pflanzenerde ausgefüllt und geben ein glänzendes Beispiel der regen Bildungskraft, welche den Marschen innewohnt. Während auf der Geest ein mit Wasser gefüllter Graben einer langen Zeit bedarf, ehe er durch Pflanzenverwitterung allmählich einige Zoll Erde absetzen kann, wird ein mäßig tiefer Marschgraben schon in wenigen Jahren zum Sumpfe. Ehe ein Jahrzehend abläuft, ist oft alles Wasser beseitigt, und ein trockenes, festes und fruchtbares Erdreich an seine Stelle getreten, wobei das Niedersinken abgebröckelter Ufererde natürlich auch nicht ohne Wirkung gewesen ist.

Ist ein Graben vollendet und mit Wasser gefüllt, so beginnt im Sommer schon nach einigen Wochen die Pflanzenwelt ihre ersten Keime zu entwickeln. Zuerst überziehen die Wasserfäden oder Conferven mit ihren langen, grünen, schleimigen Fasern den Boden. Ihnen folgen bald darauf die Wasserlinse, das dunkle Ceratophyllum und der zarte Wasserstern Callitriche.

Aus diesen Pflanzen besteht die Flora des ersten Jahres meistens.

Im zweiten stellen sich neben ihnen schon andere von höherer Organisation ein, meistens aber noch frei im Wasser treibend, wie der rundblättrige Froschbiß (Hydrocharis), die zwei schwimmenden Ranunculus-Arten, R. fluitans und hederaceus, ferner die schöne Hottonia und endlich die hellgrüne scharfzackige Wasseraloe, Stratiotes, deren große Massen oft die ganze Wasserfläche bedecken.

Das dritte Jahr zeitigt mehrere andere Gewächse, welche schon fest im Schlamme wurzeln und mit dem größten Theil ihres Körpers, ihren Blättern und Blumen hoch und frei aus der Fluth ragen, während die in und auf dem Wasser schwimmenden Gewächse nach und nach von ihnen verdrängt werden und allmählich absterben.

Das Pfeilkraut, Sagittaria, und das Equisetum palustre kommen jetzt zum Vorschein. Die Wassermünze, die wasserliebenden Ehrenpreisarten, Veronica Anagallis und V. Beccabunga, die Brunnenkresse und das Vergißmeinnicht erheben sich aus dem Wasser. Der Froschlöffel (Alisma Plantago) zeigt seine sparrigen Rispen und nervigen Blätter, der schlanke Butomus richtet den schönen Blüthenschirm in die Höhe, der scharfe, fleischige Froschpfeffer (Ranunculus sceleratus) sproßt zugleich mit der betäubend riechenden Schirmpflanze, Phellandrium, Sium und der Oenanthe hervor.

Zuletzt erscheinen Pflanzen von noch festerer Structur: die schilfartigen Glycerien, die Igelskolbe, Sparganium, die Poa aquatica, dann Carices und darauf Rohr, das mit seinen dicken, schlangenartigen Wurzeln den ganzen Grund anfüllt, ihm immer größere Festigkeit verleihend, bis in wenigen Jahren auch dieses verschwindet, und nun allerlei nahrhaftere Gräser von dem jetzt ganz trockenen Boden Besitz ergreifen.

Weniger rasch geht diese Erdbildung in den fließenden Gräben, den Flethen, Wettern oder Wasserlösen vor sich, welche allenthalben die Marschen durchschlängeln, das überflüssige Wasser den Schleusen zuführend. Indeß auch sie muß man alljährlich reinigen, damit ihr Seichtwerden und gänzliches Zuschlammen verhindert wird. Als ihre vorzüglichsten Pflanzen müssen der Wasser-Hahnenfuß (Ranunculus aquatilis), der Armleuchter (Chara) und mehrere Arten von Potamogeton bezeichnet werden, welches letztere oft so überaus zahlreich ist, daß es den Strom des Wassers aufhält.

Die dritte Region, das Gebiet der Cypergräser, bildet den Uebergang von der Marsch zum Moore, das sie umsäumt: niedere, sumpfige, im Winter meistens überschwemmte Wiesen, deren Boden aus einer Mischung von Moor- und Marscherde besteht und vielen sauren Humus enthält. Man pflegt dieses Land „anmoorig“ oder „bruchig“ zu nennen. So schlecht und mager dieser Boden, seine Region ist gerade in botanischer Hinsicht die allerreichste und übertrifft an Mannigfaltigkeit ihrer Vegetation weit die Flora der anderen beiden. Nicht allein besitzt sie mit Ausnahme der Gräser und Meerstrandspflanzen alle Gewächse jener vereint, sondern erzeugt nebenbei eine Menge in den andern Strichen nicht vorkommender Kräuter, welche im Frühlinge und Sommer diese feuchten Wiesen mit dem reichsten und prächtigsten Blumenteppich bekleiden und dem Heu einen köstlichen würzigen Duft verleihen, den man bei dem viel nahrhafteren des echten Marschbodens vergeblich suchen würde.

Vorherrschend sind die Cypergräser: Carex, Schoenus, Scirpus, Eriophorum, die Simsen: Juncus, Luzula, weit zahlreicher als die Gramineen und Kräuter, so viele der letzteren auch auftreten, von denen nur erwähnt seien: die gelbe Wiesenraute (Thalictrum flavum), die wohlriechende Spiräa, die schöne Lychnis mit ihrem leuchtenden Hellroth, einige zierliche Lotusarten, der dreiblättrige Fieberklee (Menyanthes), die gelbe Wasseriris, das sammetbraune Siebenfingerkraut (Comarum palustre), der blaue Günsel, Ajuga, der niedliche Augentrost, das Sumpfveilchen (Viola palustris), der braune Wiesenknopf (Sanguisorba), die Calla, die purpurne Pedicularis, einige Orchisarten, namentlich die gefleckte Orchis, die Färberscharte (Serratula tinctoria), die aromatische Arnica, die beiden Flockenblumen (Centaurea Jacea und Scabiosa) und die gelbblühende Cineraria — sämmtlich schönblühende Pflanzen. — Je mehr man sich dem Moore nähert, je schlechter und torfiger sich der Boden darstellt, desto mannigfaltiger wird die

Vegetation, bis sie endlich in die so interessante eigentliche Moorflora übergeht.

An Giftpflanzen ist die Marsch sehr arm. Von giftigen Schirmpflanzen finden wir namentlich in Gräben anmooriger Marschwiesen massenhaft und in üppiger Größe Cicuta virosa, den Wasserschirling. An Gartenhecken und auf Kirchhöfen hin und wieder den Landschirling (Conium), in Gärten ebenso die Gleisse (Aethusa). Von den Giftpflanzen anderer Familien dürften wohl der schwarze Nachtschatten und einige scharfe Hahnenfußarten die einzigen sein, welche in der Marsch vorkommen. Häufiger dagegen sind ihre officinellen Gewächse, von welchen indessen nur wenige gesammelt werden. Die vornehmsten derselben sind: der Kalmus, der Löwenzahn, der kleine Huflattig, die Camille, die Schafgarbe, der Baldrian, die Angelica, die Senfarten, das Löffelkraut und die Arnica. — Wie auf der Geest die knorrige Eiche und die Buche, wie in den öden Moorgegenden die weißstämmige Birke und in den sumpfigen Brüchen die Erle, so sind es in der Marsch nur Weiden und Eschen, welche der Landschaft ihr charakteristisches Gepräge aufdrücken. Vorzugsweise sind es die drei Arten der weißen (Salix alba), der Bruchweide (S. fragilis) und der Korbweide (S. viminalis).

Mit Weiden bepflanzt der Marschbewohner seine Deichbärmen, seine Wege, seine Gräben um Haus und Garten. In vielen Gegenden, z. B. im Stedingerlande, bildet sogar der Anbau der Weiden in eigenen Weidenhöfen (Wydhöfe) einen nicht ganz unbedeutenden Erwerbszweig durch das Material, das er zu den Schlengen und zum Dachdecken liefert.

Hohe, oft mächtige, alte Eschen umgeben fast jeden einzeln liegenden Marschhof in den Elbmarschen, auch häufig Erlen. Neben ihnen gedeiht am besten die Ulme, welche den Seewinden gegenüber widerstandsfähig sich zeigt. Eichen, Buchen und Tannen gehören dagegen zu den größten Seltenheiten, und nur zuweilen schmückt mit ihnen der reiche Marschbauer, wie z. B. der prachtliebende Hadler, seine oft parkartigen Gärten.

Obstbau wird nur in den höher gelegenen Marschstrichen getrieben und ist bekanntlich im Altenlande, dessen treffliche Kirschen, Zwetschen und Aepfel weit und breit, selbst nach England versandt werden, ein wichtiges Gewerbe. In den nördlichen Marschen ist er des rauhen Klimas und der heftigen Seewinde wegen fast unmöglich. Hier kommen die Bäume gar nicht in die Höhe, sondern kränkeln und bleiben unfruchtbare, knorrige Krüppel, so lange sie überhaupt vegetiren. So im nördlichen Butjadingerlande und im Lande Wursten.

Den Buchweizen ausgenommen, werden in den Marschen alle norddeutschen Getreidearten angebaut. Fast jede Gegend hat ihre eigene Kornart, die sie vorzugsweise cultivirt, z. B. Weizen, Roggen und Raps im Lande Hadeln und Wursten, Hafer im Stedingerlande, Bohnen in Osterstade, wo auch, wie im Lande Wührden, viel Gerste und Hafer geerntet wird.

Ueberall, wo der Boden nicht schwer und bindig ist, eignet er sich trefflich zum Kornbau und bringt vielfältige und schwere Frucht.

Die Thierwelt der Marschen.

Weit weniger eigenthümlich als die Vegetation ist die Thierwelt in den Marschen. Sie ist beinahe dieselbe wie die der übrigen norddeutschen Küstenländer, weshalb sie hier nur in kurzen Zügen geschildert sei.

Die höheren Klassen des Thierreichs, namentlich die Säugethiere, sind in der kahlen, baum- und buschlosen und überall bebauten Marsch nur sehr schwach vertreten. Der Fuchs ist ihr größtes wildes Landsäugethier, doch auch ihn kann man hier kaum heimisch nennen, da er seinen Bau nie in den Marschen hat, sondern nur von der benachbarten Geest nach Beute herunterstreift. Hasen hingegen hegen Kornfelder und Wiesen in ziemlicher Menge, während die Fischotter hie und da an abgelegenen Gräben und den stillen, schilfigen Kolken, welche einst durch Deichbrüche entstanden, ihr einsames Wesen treibt.

In den Dörfern hausen der Marder, der Iltis und in ihrer Nähe sehr häufig das gemeine Wiesel, an feuchten Ufern die Wasserspitzmaus (Sorex fodiens) und die große Wasserratte (Hypodaeus amphibius). Der Maulwurf verursacht Deichen, Wiesen und Gärten vielen Schaden, und die Feldmaus erscheint manches Jahr in ungeheurer Schaar als unwillkommenster Gast.

Die zwei interessantesten größeren Bewohner oder vielmehr Besucher der Marsch sind der Seehund (Phoca vitulina) auf den Watten und an den Platen, wo er sich oft in Trupps von 7 bis 8 sonnet, und der Delphin, auch Braunfisch oder Tümmler genannt (Delphinus Phocaena), der häufig in langen Reihen sich meilenweit vom Meere in die Flüsse hinaufwält.

Viel reicher und mannigfaltiger ist die Welt der Vögel, von denen die Marsch manch' seltene und merkwürdige Art beherbergt. Natürlich sind die Sumpf- und Wasservögel die zahlreichsten.

Möven und zierliche Seeschwalben umschwärmen in Schaaren die Küsten. Schwärme wilder Gänse ziehen im Herbst und Frühling in langen, spitzen Winkeln fliegend mit Geschrei durch die Luft und bevölkern, vereint mit zahllosen Entenflügen, unter denen manche schöne Gattung, die schilfigen, menschenleeren Platen der Flüsse, wo sie in stillen Nächten entsetzlichen Lärm verursachen. Auch Schwäne zeigen sich in manchem Herbst und Winter; ferner der große Säger (Mergus merganser) mit seinem stattlichen, dunkelgrünen Federkamm, der langschnäblige Säger (Mergus serrator), der gefleckte Seetaucher (Colymbus septentrionalis) mit seinem scharfen, pfriemenförmigen Schnabel und mehrere Steißfußarten.

Auf Sanden und Watten tummeln sich die Strandläufer (Tringa, Totanus, Strepsilas), unter denselben der bunte, rothfüßige Austernfischer (Haematopus ostralegus). In den mächtigen Rohrfeldern der Außendeiche wohnen das schwarze Wasserhuhn, in Nordfriesland Bläßkater (Falica atra), die Ralle (Rallus aquaticus), das zierliche Rohrhuhn (Gallinula chloropus), das gefleckte Rohrhuhn (Gall. porzana). Hier läßt in lauen Sommernächten der Wachtelkönig (Crex pratensis) sein Geschnarre erschallen und an den Schlengen, an den schilfigen Ufern und stillen Platen steht der graue Fischreiher (Ardea cinerea) unbeweglich wie ein Bild, oft halbe Tage lang auf Beute lauernd.

Andere Sumpfvögel wieder halten sich mehr im Felde, besonders aber in den niedrigen, feuchten Bruchwiesen auf.

Da schreitet ernst und gravitätisch der rothbeinige Storch; der große Brachvogel, auch Regenwolf genannt, mit langem, gebogenem Schnabel, meistens in kleinen Trupps von 6 bis 12 Stück, verräth sich schon von fern durch seine volle, weithin klingende Stimme; die Becassine sitzt still und unbemerkbar an nassen Stellen und fliegt mit leisem Gekrächze auf, wenn man naht; der Kiebitz umkreist ängstlich schreiend den Wanderer und schaart sich im Herbste nicht selten zusammen mit dem Goldregenpfeifer (Charadrius pluvialis) zu ungeheuren Flügen.

Raubvögel horsten wenig in der Marsch. Auf dem Zuge erscheint der Seeadler (Falco albicilla), an den Flüssen fliegt die Rohrweihe (Circus rufus), und im Felde schwebt der große Bussard (Circus Buteo vulgaris) niedrig über den Boden hinweg, um auf Feldmäuse zu stoßen. Außerdem finden sich noch einige kleine Falken und Habichte und im Winter häufig die Sumpfohreule (Strix brachyotus), obwohl fast kein einziger dieser Raubvögel in den Marschen nistet. Von den Rabenarten sind es fast nur die Saat- und die Nebelkrähe, welche die Marsch sieht. Auch von Singvögeln, welche die

Gebüsche und Haine der Geest in reicher Zahl beleben, müssen sie viele vermissen. Am schmerzlichsten die Nachtigall, die sich nie, oder etwa nur auf einige Tage, in die Marschen hinunterwagt. Ebenso hört man niemals den flötenden Laut der Drossel, wenngleich die Krammetsvögel diese Gegenden auf ihrem Zuge nach Süden im Herbste berühren; wie auch Mönch, Dompfaff, Kreuzschnabel, Zeisig, Flachsfink (Acanthis linaria) und noch manche andere Sänger die Marsch nur selten besuchen. Von dürren Wipfeln einzelnstehender Bäume läßt die Grauammer (Emberiza miliaria) ihr stets sich wiederholendes einförmiges Geschwirr hören.

Dem pflügenden Landmann folgen die beiden zierlichen Bachstelzen (Motacilla alba und flava), während die Haus- und Rauchschwalbe stets willkommen und traulich bei ihm Einkehr halten.

Dafür aber erfüllen im Frühling unzählige Lerchen die Luft mit ihrem jubelnden Geschwirr, Staare pfeifen von hohen, einsam stehenden Weidenbäumen und bilden im Spätsommer zu vielen Tausenden geschaart oft förmliche Wolken, und in recht buschigen Dörfern und Gärten stellt sich wohl mit dem Rothkehlchen, dem Zaunkönig, dem Goldhähnchen, dem Buchfink, dem Fliegenfänger, dem Neuntödter und der Brunelle auch die Grasmücke ein, und der kleine Rohrsänger (Calamoherpe arundinacea) bewohnt die schilfigen Ufer, bis tief in die Nacht hinein munter zwitschernd. Seltener findet sich hier die hübsche Bartmeise (Parus barbatus), außer ihr noch die Kohl-, die Blau- und die Sumpfmeise. Die spechtartigen Vögel werden nur einzig vom grauen Baumläufer (Certhia familiaris) vertreten. Rabenarten giebt es drei, wilde Tauben zeigen sich nur sehr einzeln, außer der Nachtschwalbe aber fast das gesammte Schwalbengeschlecht. Einzeln auch gewahrt man den Eisvogel mit seinem Gefieder von tropischer Farbenpracht. Das Rebhuhn, welches in den kornreichen Marschgegenden nistet, repräsentirt die Hühnerarten; selten wird dagegen der Schlag der Wachtel gehört.

Für die Küche liefern nur Gänse, Enten, Becassinen, Rebhühner, Kibitze, Brachvögel und Goldregenpfeifer ihren Tribut.

Von Amphibienarten zählt die Marsch nur vier, sämmtlich Batrachier: den braunen und den grünen Frosch (Rana temporaria und esculenta), die gemeine Kröte (Bufo vulgaris) und den in schlammigen Gräben sich aufhaltenden Wassersalamander (Triton cristatus). Von Schlangen, die auf der Geest und im Moor ziemlich zahlreich sind, streift nie eine hinüber in die Marsch. Ja es ist fast als ob in letzterer alle Lebensbedingungen für diese Thiere fehlten. Ich selbst habe oftmals den Versuch gemacht, Schlangen und Eidechsen in meinen Garten zu versetzen und ihnen darin sogar Haide und Moorboden gegeben. Allein selbst die muntersten dieser Thiere waren schon nach einer Woche matt und krank, und lebten selten länger als einen Monat. Nur allein die gelbbäuchige Eidechse (Lacerta crocea) ist heimisch in der Marsch.

Der Fischreichthum früherer Zeiten hat leider wie fast überall, auch in den Marschen sehr abgenommen, jedoch der Aalfang ist in den Binnengewässern wie in den Flüssen noch sehr bedeutend.

In den Gräben und Kolken (Braken) halten sich Hechte, Karauschen, Schleie und Schlammpeizger auf, Flußbewohner dagegen sind die Quappe, die beiden Barscharten, die Barbe, der Schnepel (Salmo lavaretus), der Weißfisch, der Alant und das Rothauge.

Der Fang des Lachses ist von keiner Bedeutung, wohl aber der Störfang, welcher oft riesenhafte Thiere und einen Caviar liefert, der dem russischen wenig nachgiebt. — Ferner wird im Frühjahr und Herbst in ungeheurer Menge der Stint gefangen, zur guten und wohlfeilen Speise für Stadt und

Land, im Herbst in geringerem Maße auch die Neunauge für feinere Gaumen.

Da wo das Wasser schon brakig wird, hält sich vorzüglich der Butt auf, endlich an den Mündungen der Flüsse kommt schon mancher Seefisch zum Vorschein, z. B. der Häring, der Seewolf, einige Rochen und andere.

Sehr unbefriedigt lassen die Marschen den Entomologen, da sie kahl, baumarm und feucht, wenige und nur die allergemeinsten Insekten aufzuweisen haben. Die Zahl der Käfer erreicht kaum 30 Arten, darunter sind der rosenduftende Bockkäfer, welcher sich an den Weiden aufhält, der gemeine und der Gartenlaufkäfer (Carabus vulgaris und hortensis), der große Schwimmkäfer (Hydrophilus piceus), der gesäumte Wasserkäfer (Dyticus marginalis), der mäusegraue Springkäfer (Elater murinus) und der siebenpunktige Sonnenkäfer (Coccinella septempunctata) die häufigsten. Selbst der Maikäfer fehlt meistens.

Auch Schmetterlinge besitzt die Marsch in viel geringerer Anzahl als die Geest, und hat nur die gewöhnlichsten Falter, wie den Baum- und Kohlweißling, den Admiral, den großen und kleinen Fuchs, das Pfauenauge, den Distelfalter, die Aurora, den Citronfalter u. s. w. Noch weniger zahlreich sind Dämmerungs- und Nachtfalter heimisch, nur die blumenreichen Bruchwiesen bergen einige seltene Eulen: Sesien und Atychien.

Hingegen erscheinen Libellen, vorzüglich die platte und die große Libelle (Libellula depressa und grandis) während mancher Sommer in außerordentlich dichten Schwärmen.

Die Bienenzucht ist unerheblich. Aber auch die lästigen Wespen, Hornissen, Fliegen, Mücken und Ameisen sind seltenere Gäste der Marsch als der Geest.

Von Crustaceen liefert der Seestrand die Strandkrabbe (Cancer Moenas) und die Garnele (Crangon vulgare), auf deren nicht unbedeutenden Fang im Lande Wursten ich bei Beschreibung desselben näher zurückkommen werde.

Schließlich wäre noch der Weichthiere der Marschen kurz zu gedenken. In den Teichen und Gräben mit stehendem Wasser begegnen wir den beiden Tellerschnecken (Planorbis corneus und carinatus), einigen Arten der Schlammschnecke (Limmaeus), der lebendig gebärenden Sumpfschnecke (Paludina vivipara) und der gemeinen Kugelmuschel (Cyclas cornea); in fließenden Binnengewässern häufig der Malermuschel (Unio pictorum) und der Entenmießmuschel (Anodonta anatina); auf den Watten der eßbaren Mießmuschel (Mytilus edulis) in großer Menge, der großen Sandmuschel (Mya arenaria), der eßbaren Herzmuschel (Cardium edule) und der gemeinen Korbmuschel (Mactra solida). Meistens findet man von den letzten drei Arten nur die leeren Schalen, mit denen die Watten und Sande oft fußtief angefüllt sind. Man sammelt davon ganze Schiffladungen, um aus ihnen Kalk zu brennen.

Im nassen Herbste haben einige Marschgegenden außerordentlich von der grauen Ackerschnecke (Limax agrestis) zu leiden, welche die junge Weizen- und Roggensaat sehr oft völlig wegfrißt. An Deichen und Wegen bemerkt man noch die große, schwarze Wegschnecke (L. empiricorum) und die gefleckte Gartenschnecke (Helix arbustorum), in Gärten die Waldschnecke (Helix nemoralis); endlich wird, wenn auch selten, in einigen Marschen, z. B. im Jeverlande, die große Weinbergschnecke angetroffen.

Das Volk der Marschen.

Erste Bevölkerung der Marschen.

Wann bauete der Mensch zuerst seine Wohnungen auf dem meerentstiegenen Lande unserer Marschen? — Weß Stammes waren die ersten Marschbewohner? — Woher kamen sie? — Waren es die Urväter der heutigen Bevölkerung oder gehörten sie einem längst verdrängten, längst untergegangenen Geschlechte an?

Alles das sind Fragen, deren Lösung schwerlich je vollkommen gelingen wird. Nur so viel ist gewiß, daß schon vor Christi Geburt oder doch wenigstens zu dessen Zeit die ältesten unserer Nordseemarschen bevölkert waren, mochte es noch so spärlich sein.

Die Römer, welche unzweifelhaft bis zu den Marschen streiften, fanden sie bewohnt. Ihre Schriftsteller Plinius und Tacitus nennen bekanntlich das Volk zwischen Ems und Weser Chauci minores und das zwischen Weser und Elbe Chauci majores, und der Letztere bezeichnet sogar die Chaucen als das edelste Volk unter den Germanen. Könnten darunter nun auch immerhin Geestbewohner verstanden sein, so redet Plinius doch ausdrücklich von Sumpfansiedlern (paludicolae) und seine Schilderung (Buch 16, Cap. 1) der deichlosen oder von jeder Fluth überspülten Gegend, der künstlich aufgeworfenen Hügel

(Wurthen) mit den kleinen Hütten darauf und des ganzen Lebens und Treibens dieses armen Fischer- und Jägervolks ist so lebendig und bestimmt, daß gar kein Zweifel aufkommen kann.

Ob nun aber vor germanischer Einwanderung schon Andere, seien es Kelten oder gar Hyperboräer, eskimoartige langschädeltragende Pfahlbaubewohner, bereits hier den Kampf um's Dasein begonnen hatten, das ist eine Frage, welche durch die in den letzten Jahren gemachten hochwichtigen Entdeckungen im Stande ist, das höchste Interesse der Alterthumsforscher in Anspruch zu nehmen. Ob ihre Lösung gelingt, wer weiß es. Im tiefsten Dunkel ruht für uns jene Zeit. Kein Lied tönt daraus hervor, keine Sage meldet davon, kein Schriftsteller berichtet uns von ihr. Aber dennoch ist auch sie nicht dahin gegangen, ohne uns ihre Denkmale zu hinterlassen.

Erst in den letzten Jahrzehnten freilich hat man begonnen, sie mit forschenden Blicken zu betrachten. Spuren uralter Wohnsitze sind es, zum Theil unsichtbar im Wattengrunde untergegangener Landstriche liegend, bedeckt von Schlammlagen, überspült von der Meerfluth, unscheinbar und dürftig und vielfach bis zur Unkenntlichkeit zerstört, aber dennoch hochbedeutsam für die ernsten Forscher ferner Vergangenheit, deren künftige Reihe in vielverheißender Weise durch den verstorbenen großherzoglich oldenburgischen Oberkammerherrn Baron Friedrich von Alten eröffnet worden ist.

Seine Entdeckung und Erforschung der merkwürdigen Brunnen- oder Kreisgräber, wie er sie nennt, steht in ihrer Art einzig da und hat das höchste Aufsehen in der archäologischen Welt erregt.

Für jetzt genüge der nachstehende Bericht, den wir der Güte des verehrten Entdeckers zu verdanken haben.

„Was zunächst die Oertlichkeit angeht," sagt Herr von Alten, „so sind diese hochwichtigen Alterthümer bis jetzt fast nur in den Watten gefunden, und zwar an der östlichen und nördlichen Küste des Butjadingerlandes, der südlichen und nördlichen des Jadebusens, sowie bei den in diesem befindlichen kleinen Inseln. Ein großer Theil jenes Küstenstriches war bekanntlich festes Land, bis es vom Meere verschlungen ward, um an anderen Punkten der Küste als Schlick wieder angeschwemmt zu werden. Diese abgespülten oder in Abbruch befindlichen Küstenstrecken sind das rechte Feld des Alterthumsforschers, und hier wurden bis auf 1000 Meter vom Festlande entfernt diese merkwürdigen Reste untergegangener Ansiedlungen gefunden, welche sicherlich einer Völkerschaft angehörten, die jene Küstenstriche lange vor den Friesen bewohnte. Fanden sich gar an der Nordküste des Jadebusens im versunkenen Moore unter der Marschablagerung spätere Jahrhunderte, und umgeben von längst untergegangenen Waldresten deutliche Spuren menschlicher Wohnsitze mit Gräbern, Urnen, Küchenabfall und Düngergruben, jedenfalls auf eine Zeit deutend, die wohl Jahrtausende hinter uns liegen mag.

Die Hauptspuren dieser Ansiedlungen zeigen sich in kreisrunden, von Moor- (Darg) Soden eingefaßten, etwa 1 Meter im Durchmesser haltenden brunnenartigen Vertiefungen, deren Boden zuweilen dicht mit halbgebrannten Topfscherben gepflastert erscheint und in welchem dann neben verschiedenen Dingen, wie Behausteinen und steinernen Spindeln, Kohlenschlacken und verbrannten Knochen und Holzstücken, mitunter eine im Feuer gehärtete thönerne und sehr rohe Aschenurne gefunden zu werden pflegt.

Höchst bemerkenswerth ist auch eine kleine Bronze, die in einem dieser Kreisgräber sich fand. Dieselbe scheint einer Spange oder Fibula (Brosche) anzugehören. Die Arbeit daran ist zwar sehr roh, doch ist deutlich eine sitzende Figur wie mit einem Eulenkopf zu erkennen, welcher, wie es fast aussieht, zu beiden Seiten Thiere die Vordertatzen auf die Kniee und Schultern legen. Fast sollte man glauben, daß demnach diese Bronze phönicischen Ursprungs sei. — Diese, wie alle übrigen in jenen Gräbern gefundenen Gegenstände, befinden sich jetzt in der Sammlung von Landesalterthümern zu Oldenburg.

Da die Fluth die bezeichneten Oertlichkeiten täglich zweimal 6—8 Fuß hoch überspült, so ist die Untersuchung jenes schlammigen Territoriums natürlich mit ganz ungewöhnlichen Schwierigkeiten verknüpft, und um so schwieriger, als von jenen merkwürdigen Kreisgräbern nur bescheidene Reste erhalten sind.

Indeß hat ein günstiger Zufall auf dem trockenen Festlande jüngst eine Anzahl völlig analoger Reste aufgeschlossen. Man fand nämlich ganz in der Nähe des kleinen Seebades Dangast, welches baumbeschattet und hübsch auf hohen Dünen am Südstrande des Jadebusens liegt, beim Sandgraben 13 Fuß unter der Oberfläche und mitten im Sande eine Anzahl solcher cylindrisch geformter Grabstätten, deren Bedachung kuppelartig abgerundet war, so daß das Ganze eine sehr beachtenswerthe Aehnlichkeit mit den auf der Antoniussäule zu Rom vorkommenden Darstellungen germanischer Hütten hat. Die Annahme, daß die Form der benachbarten, aber von den Wellen zerstörten Kreisgräber eine durchaus gleiche gewesen ist, erscheint gewiß völlig gerechtfertigt. Auf dem Boden eines dieser Gräber (im Wattengrunde des Waddenser Siels) fand sich merkwürdiger Weise ein roh gearbeitetes Wagenrad, welches keine Spur von Arbeit mit eisernen Werkzeugen zeigt. Auf der Büchse dieses Rades stand die Urne. Ob dieser eigenthümliche Umstand mit den religiösen Vorstellungen jener Bevölkerung zusammenhängen mag, muß wohl vor der Hand dahin gestellt bleiben.“

So weit der Bericht des Herrn von Alten. Mit eifrigster und verdienstvoller Unterstützung des verstorbenen Directors des oldenburgischen naturhistorischen Museums, Herrn Wiebken, hat von Alten seine Forschungen über einen großen Theil dieser Gegenden verbreitet und stellt interessante Schlußfolgerungen auf. Die wichtigsten Ausgrabungen und Funde geschahen zu Haddien, Accum und beim Waddenser Siel im Jeverlande, sodann bei den Oberahnischen Feldern, wo sich in einer dieser Kreisgruben Schädel einer äußerst kleinen untergegangenen Rindviehrace fanden, vielleicht vom Todtenmahl herrührend, möglicherweise gar mit der Torfkuhrace der Pfahlbautenzeit übereinstimmend.

Vierzig dieser kreisrunden Höhlungen allein fand er im Wattengrunde des sogenannten Hohenwegs nördlich vom Butjadingerlande, die jedoch nicht alle Gräber, sondern auch Abfall- und Düngerstätten waren. — Bei Haddien entdeckte man sodann außer Urnen mit Gegenständen von Bronze noch Massengräber, deren zahlreiche Skelette Langschädel zeigten, seltsamerweise alle an der linken Seite eingeschlagen. Aschenurnen, ganz wie die der Hünengräber, und Skelette mit Langschädeln fanden sich sodann zu Butterburg in Butjadingen, und endlich zeigte sich die Wurthstelle des Herrn Gerold Lübben bei Rodenkirchen im Stadlande als ein reiches und höchst interessantes Feld dieser Forschungen, das mit seinen unzähligen Urnenscherben und anderen Culturresten, z. B. thönernen Netzbeschwerern, bearbeiteten Knochen rc., schon bei geringen Ausgrabungsversuchen die bedeutsamste Ausbeute versprach.

Schon jetzt entscheiden zu wollen, welcher Zeit, welchem untergegangenen Volksstamme die Gräber dieser untergegangenen Landstriche angehören, wäre vorschnell und thöricht. Ebenso, wie weit sich diese Spuren davon verbreiten, muß erst durch planmäßige Untersuchungen festgestellt werden. Außer dem, was von Alten's verdienstvolle Bemühungen zu Tage förderten, ist Alles durch blinden Zufall bekannt geworden, doch mag das große friesische Watt noch manche merkwürdige Zeugen grauester Vorzeit unter seinen Schlamm- und Sandmassen bergen, bis hinauf zu den Marschen Schleswig-Holsteins, wo z. B. zu Anfang der sechsziger Jahre im Schlick von Husum ebenfalls ein wohlerhaltenes Grab mit Urnen und Feuersteinmessern entdeckt wurde. (Hansen's Wattenmeer Seite 51.) Verschieben wir daher alle Schlüsse und Bestimmungen auf eine spätere Zeit, da weitere Forschungen weiteres Licht geben werden, um uns vorläufig getrost an Tacitus zu halten und mit ihm die Urväter unserer gottgesegneten Marschen Chaucen zu nennen, „das edelste Volk unter den Germanen“.

Später verschwindet der Name Chaucen, oder wird gleichbedeutend mit der allgemeinen Bezeichnung Sachsen, Niedersachsen. Von Westen her, aus dem jetzigen Holland und Ostfriesland, zieht ein neuer Stamm, die tapferen Friesen, und nimmt bald von den Wesermarschen Besitz. Allein nur in wenigen Gegenden läßt sich die Zeit solcher Einwanderung mit einiger Sicherheit bestimmen. Charakter, Sitten und Sprache zeugen dagegen in manchen Marschen laut genug von dem rein friesischen Element, welches jedoch im Stedingerlande und südlichen Osterstade durch die vielen Kämpfe mit den bischöflichen Bremern bedeutend geschwächt und mit sächsischem Blute vermischt ist. Ebenso in den Elbmarschen, Land Hadeln und Kehdingen findet man kaum eine Spur friesischer Namen und Sitten. Vielleicht widerstand hier der Einwanderung eine schon ziemlich starke ursprüngliche Bevölkerung, wie dies auch in Dithmarschen der Fall war.

So treffen wir nur rein friesisches Volk im Lande Wursten, im Vielande, im Lande Wührden, sowie im Stad-, Butjadinger- und Jeverlande.

„Es schwillt“, sagt Plinius der Aeltere im Buche 16, Cap. 1 seiner Naturgeschichte von dieser Gegend: „Es schwillt zweimal hier in einer Tages- und Nachtlänge unermeßlich sich ergießend der Ocean und sinkt nieder. Zweifeln möchte man, ob es Land sei oder Meer, was man sieht. Da wohnt das armselige Volk in seinen Hütten auf Hügeln von Menschenhand aufgerichtet, so hoch wie die Fluth reicht; Schiffenden gleich, wenn die Gewässer die Gegenden bedecken, Schiffbrüchigen aber, denen die fliehenden Fluthen Seefische und Muscheln zur Nahrung lassen, wenn sie sich verlaufen haben. Nicht wie die Nachbarn können sie Vieh halten und von Milch sich nähren, nicht einmal mit wilden Thieren können sie kämpfen, weil ihr Land von allem Gebüsch entblößt ist. Aus Schilf und Binsen fertigen sie Stricke und Netze zum Fischfang, und indem sie den mit ihren Händen hervorgeholten Schlamm (vielleicht Darg) mehr im Winde als in der Sonne trocknen, erwärmen sie mit dieser Erde ihre Speisen und ihre vom Nordwind starrenden Glieder. Getränk haben sie nur vom Regen, den sie in Gruben im Vorplatze ihres Hauses aufbewahren."

Das ist eine sicherlich getreue und treffende Schilderung jener Zustände. „Und diese Leute meinen," schließt er dieselbe, „wenn sie jetzt von den Römern besiegt würden, in Knechtschaft zu gerathen!" —

Vor solch' trostlosem Anblicke konnten wohl die Römer, aus dem schönen Italien kommend, zurückbeben und den Zustand dieses armen Küstenvolks doppelt entsetzlich und bejammernswerth halten.

Aber ein köstliches Gut genossen die armen Bewohner im reichsten Maße — die goldene Freiheit. Einen Unabhängigkeitssinn bewahrten sie, wie kein anderes Volk Deutschlands.

Tacitus, der Erste, welcher schon einen Unterschied zwischen Chaucen und Friesen macht, nennt gar die Chaucen das edelste Volk unter den Deutschen. Populus inter Germanos nobilissimus, quique magnitudinem suam malit justitia tueri sine cupiditate, sine impotentia. — Id praecipuum virtutis ac virium argumentum est, quod ut superiores agant, non per injurias assequuntur. Prompta tamen omnibus arma, ac si res poscat exercitus plurium virorum equorumque; et quiescentibus eadem fama. Zu deutsch: Sie sind das edelste Volk unter den Germanen, welches seine Größe am liebsten auf Gerechtigkeit stützen will. Ohne Gier nach fremdem Gute, doch auch nicht machtlos suchen sie ruhig und sicher keinen Krieg und gehen nicht auf Raub und Plünderung aus. Das eben ist der rechte Beweis der Mannhaftigkeit, daß sie ihr Uebergewicht nicht durch Gewaltthätigkeit erlangen. Aber wenn es die Umstände erfordern, so sind Allen die Waffen zur Hand und der größte Theil der Männer und der Rosse steht alsbald im Felde. Doch ihr Ruhm ist derselbe im Frieden, wie im Kriege. — Das sind seine lobpreisenden Worte, aber dennoch sagt er ausdrücklich, daß wohl Chaucen als Söldlinge im römischen Heere Dienste genommen, nie aber Friesen, sondern daß vielmehr diese sich fortwährend auf das Hartnäckigste gegen römisches Joch gesträubt hätten. —

Daß schon Tacitus einen solchen Unterschied zwischen Chaucen und Friesen macht, ist sehr bedeutsam; wo aber die einen anfingen und die andern aufhörten, darüber wird wohl nie ein Forscher zur Gewißheit gelangen.

Der oldenburgische Geschichtsschreiber von Halem stellt die Vermuthung auf, daß wir die Haupteinwanderung der Friesen in die Marschen hauptsächlich als Folge der großen Sachsenzüge nach England im fünften Jahrhundert ansehen müßten, da alsdann die Friesen sicherlich die entvölkerten Gegenden überzogen hätten. Diese Ansicht ist offenbar sehr vernünftig; eine andere aber, die mehrfach aufgestellt wurde, daß nämlich nur die älteren bremischrn Erzbischöfe die Friesen in's Land gerufen haben sollen, weil sie des Deichbaues kundig gewesen seien, ist gänzlich unhaltbar; denn als Karl der Große das Erzstift Bremen gründete, waren längst fast alle Marschen bewohnt und friesisch. Dagegen beriefen die Erzbischöfe im zehnten und eilften Jahrhundert eingeborne Holländer, ließen von diesen Deiche aufführen und gaben ihnen manches Stück Land auf geringen Erbzins. Dies ist sogar zum Theil urkundlich nachzuweisen und ohne allen Zweifel. —

Nicht lange jedoch sollte jener armselige Zustand dauern. Die Bevölkerung nahm zu, die Wurthen vermehrten sich, wurden höher und ansehnlicher, man vereinigte auch mehrere Wurthen zu einer großen gemeinsamen und auf ihnen entstanden Dörfer. Die ersten Spuren von Viehzucht, die dereinst diese Gegenden so reich machen sollte, begannen sichtbar zu werden; schon kann der Wurthbewohner, wenn auch wenige, schlechte Schafe halten, und endlich durchdringt die bis dahin einzeln und in gänzlicher Unabhängigkeit von einander Lebenden der Gemeingeist. Man vereinigt sich mit seinen Nachbarn und Genossen zum ernsten Kampfe gegen die Fluthen und spricht zu ihnen: „Bis hieher und nicht weiter!“ — man legt Deiche an.

Man verbindet sich dann noch enger untereinander zum Schutze und zur gemeinsamen Erhaltung derselben. Gesetze werden errichtet; Aufseher und Aelteste gewählt; Grenzen abgesteckt und — die Geschichte der Marschbewohner hat begonnen.

Die in allen Marschen noch zahlreichen Wurthen sind das deutlichste Zeugniß jener Zeit. Doch wurden auch später, nachdem schon Deiche das Land umgaben, Wurthen aufgeworfen, theils des feuchten, ungesunden Bodens halber, theils der Sicherheit wegen, da die noch schwachen und niedern Deiche nur zu oft von wilden Sturmfluthen fortgerissen wurden. Vor Allem wurden Kirchen und Gottesäcker allein auf den höchsten Wurthen aufgeführt, damit das Gotteshaus doch hoch und sicher herausragte, wenn auch alles Land rings die Wogen überbrausten.

Religionsverhältnisse.

Von dem Glauben, dem Cultus und allen sonstigen Religionsverhältnissen der ersten Marschbewohner wissen wir nicht das Geringste. Es ist anzunehmen, daß sie ebenso wie die Nachbarstämme dem germanischen Götterdienste anhingen. Ein

Chronist*) erzählt, man habe Gottheiten mit Namen Foseta, Freda, Meda und Weda verehrt; doch ist seine Nachricht so dunkel und unvollständig, daß sie wenig authentischen Werth besitzt. Sodann erwähnt derselbe eines alten Gottes Stavo, Beschützer der Deiche, den man bei Sturmfluthen anrief.

In den Marschen selbst findet sich von einem solchen Cultus schwerlich das kleinste Denkmal. Der gänzliche Mangel an Steinen, das weiche schlammige Erdreich, welches, wenn man auch Steine zu Altären oder Denkmälern herbeiholte, dieselben doch bald hätte versinken lassen, und die häufigen Sturmfluthen und die dadurch verursachten großen Umgestaltungen, — alles Dies läßt jenen Mangel heidnischer gottesdienstlicher Ueberbleibsel leicht erklären.

Sicher zogen die Marschbewohner nach der nahen Geest, ihren Göttern zu opfern und ihre Todten zu begraben. Denn gerade nahe den Stellen, wo Geest und Marsch zusammenstoßen, finden wir auf ersterer am häufigsten noch granitne Steinaltäre, Hünenringe und eine Menge Grabhügel mit Aschenkrügen.

Das Christenthum in den Marschen.

Auch die Frage, wann das Christenthum in diesen Gegenden zuerst verbreitet wurde, läßt sich keineswegs mit Bestimmtheit beantworten. Wahrscheinlich hatten die ersten Bekehrungsversuche schon im achten Jahrhundert, wenn auch fruchtlos, stattgefunden. Im Jahre 752 wird bekanntlich der große Apostel der Deutschen Bonifacius bei Dockum (Ostfriesland) von den heidnischen Friesen erschlagen. Ebenso finden sich dunkle Spuren, daß Mönche aus Schottland herüberkamen, das Christenthum zu predigen.

---

*) Heimreich, Nordfriesische Chronik lib. I, cap. VIII.

Friesen und Sachsen sind indeß wohl die letzten deutschen Stämme, welche der neuen Lehre huldigten. Waren sie schon damals von größerer Zähigkeit im Festhalten, ist die Ursache davon vielleicht in dem Umstande zu suchen, daß sie auf ihrem alten Heimathsboden bei den Heiligthümern ihres Volks geblieben waren, während fast alle übrigen Stämme im großen Drängen und Wogen der Völkerwanderung durcheinander und auf fremden Boden gezogen oder geschoben waren. Genug, die Friesen und Sachsen verehrten noch voll Ernst und Inbrunst ihre alten Götter, als Franken und Schwaben schon längst mit gleicher Inbrunst an Gott, Christus und Maria ihre Gebete richteten.

Nicht minder unklare, aber höchst interessante Nachrichten sind uns aufbewahrt vom Einfalle der Normannen, Askomannen wie sie auch genannt werden, in Friesland, was wohl zu Ende des siebenten Jahrhunderts geschehen sein mußte. Im alten Rustringer Azinge- oder Asegabuch, was so viel als Richterbuch heißt und später aus dem Friesischen in's Niedersächsische übersetzt wurde, steht Folgendes darüber:

„Darna quemen de Denen und Norwegers mit eren heren mit groter macht van volke un wunnen alle diße lande, un makeden se also eygen dat se holten halsbande umme den hals mosten dragen. Und na de tidt anbededen de Fresen Affgade (Abgötter), wente so lange dat Sanct Gregorius Pawest to Roma sande Willebrordum den byschop ut Engeland in Freslandt to predigen den christliken geloven, un quam mit sinen schepen to lande to Holwirdum bi Dockum. Disse selve hillige byschop timmerde und buwede vele kerken in Freslandt und bekerede vele volkes to den christen geloven. Dar starf he to Othmersum un ward geforedt in sine stadt Utrecht dar he byschop was un Sanct Bonifacius byschop to Menz quam darna mit sinen gesellen in Freslandt umme to predigen den christen geloven darumme he mit sinen gesellen van den Fresen bi Dockum wurde gedodedt. —

Hyrna setten de Denen enen koninck in Freslandt geheten Radbatus und was ungelovich, und alse disse hylligen byschoppen den christliken geloven predigeden ward he mede gelovig also dath men eme scholde dopen. So fragede he wo sine vorvaders gebleven weren und nademe sehe im ungeloven gestorven, antworde eme de byschop, dath sehe weren in der helle und alse he dat horede wolde he sik nich dopen laten, wen (denn) he wolde bliven und faren, dar sine vorvaders gebleven weren. —

Darna quam der mechtige Konink Carolus mit ener groten macht van volke und vordref den Konink Radbatus und he toch wedder in Norwegen. Und alse nu Konink Corolus here was aver Freslandt, do erwelede he twolve van de eddelsten und wisesten Mannen, de in allen Freslanden waren und gebodt eme dath se scholden utgrunden en landrecht und dat beschrieven darmede dat land mochte geregeret werden. Darup se antworden dath se dat nich wolden dhon, denne se wolden bliven bi alle solken rechte alse ere vorvaders hadden gehadt von Adams tiden her. Darumme Konink Carolus tornich wardt und gaff eme soven dage tidt, dath se sik darup bedenken und bereden scholden, dath se dat landrecht scholden maken edder se scholden alle ere lyve vorlesen (Leben verlieren) und nademe alse de soven dage geendiget weren hebben se dat nich dhon wyllen. Tor stund gebot Konink Carolus dewile he eme tidt hadde gegeven sylkes to donde und se deß em weygerden, dath men se setten schölde in eyn schip sunder segel, remen und roer und also laten driven in der See vor windt und wage (Woge) und indeme alse dat also geschehen, so segen se nich anders vor Ogen denne den dod. — Do sprak eyn van ehm allen und was von gewaldigem geslechte und syn name Azinge und was de erste von den Fresen de also hetede und sprak: Allerlevesten brodere ick hebbe gehoredt von den wysen geysthliken manne Willebrordus predigen, dath do de here Christus na de upstandnige sine Aposteln sach in groter bedrofnisse do apenbarede he sik sulvest den Apostelн in beslaten dhoren und trostede se in erer bedrofnisse. Darume rade ik dath wy ok Jesum Christum Marien sone anropen in unserer hogesten nodt up dath he uns erredde und kame uns to hulpe in dussere bedrofenisse, elende und dodesgefahr. Unde indeme also se bededen so apenbaredt sik eme eyn wolgelaten man achter inne dem schepe und hadde eyn krumholdt (Krummstab) in der handt und warp dat achter ut dem schepe und forede also disse wedder to lande in de havene dar se ut gekamen weren. Und do disse drutteinste to lande quam so nam he dat holdt und warp dat up dat land und dar entsprank eyn schone borne, so noch hute to dage för ogen is und men apenbar sehen mag. Dar giengen dusse twolve myth den drutteinsten umme sitten und laveden sik und de drutteinste was enem idtliken van den twolven so gelik, dath man se nich unterschede konde. Und dusse drutteinste lernde den twolven wat articeln se schriven und kesen scholden und also dat geschehen was tor stund segen se den drutteinsten nich mher. — Da ermanede se wedderumme de vorgeorte Azinge tor danksagunge und sprak: „Allerlevesten brodere, latet uns Christum, Marien sohne mit unsem gebede dank seggen, dewile he uns arme sundere hefft gnedichliken unse gebedt erhoredt un uns sinen engel gesandt, welker uns erreddet hefft ut dodes angeste und ut des levens gefarlicheidt. —

Darnha quamen de twolve gesundt vor Konink Carolus, welker menede dath se lange verdrenket weren und se koren dat landrecht dat eme geleret was und Konink Carolus konfirmerede ehme dat und besegelde idt to ewigen tyden und de Fresen brukende dat sulve landrecht to ewigen tyden sunder jennich wederseggen des Kaysers van Roma offt jennigen fürsten und wol se darinne bekrenkede de valdt in ungnade des Kaysers.“ —

So wörtlich die Sage von der Entstehung des Friesenrechts.

Darauf folgen in dem Asegabuch die alten Gesetze und Institutionen selbst, die 17 Ludekusten (Kust vom Worte kiesen sich herleitend heißt das Erkiesete, Ludekust also das von den Leuten Erkiesete) und 24 Landrechte, und ich werde später wohl einmal darauf zurückkommen. Jetzt sind uns diese Landrechte und Ludekusten (andernorts auch Willküren genannt) nur in einer Fassung aufbewahrt, die etwa 400 Jahre nach Karl dem Großen entstand, sicherlich aber eines der ältesten deutschen Gesetzbücher bilden.

Erst Karl dem Großen war es vorbehalten, zugleich mit seinem siegreichen Heere über diese öden Sumpfe die milde Lehre des Evangeliums zu bringen und zu befestigen.

Die Gründung der Bisthümer Hamburg und Bremen erfolgte im Jahre 788 durch ihn; damit hat das Christenthum den festen Heerd gefunden und sendet die mächtiger und mächtiger werdenden segensreichen Strahlen seines Lichtes in's kalte, heindnische Land der Friesen.

Gewaltig wirken die ersten Bischöfe, der h. Willehadus, Ansgarius und Rembertus, so daß im zehnten Jahrhundert bereits das ganze Land christlich ist und bald überall von sichern Wurthen Kirchen und Bethäuser (Oratorien) über Meer und Land herabschauen.

Von diesen ersten Bauten werden kaum noch Reste vorhanden sein. Sie sind jedenfalls ganz unbedeutend gewesen.

Die Kirchen und Kirchhöfe der Marschen.

Die ältesten der noch heute stehenden friesischen Kirchen dürfen wenigstens in's eilfte und zwölfte Jahrhundert versetzt werden. Gebäude aus dieser Zeit finden wir in allen ältesten Marschen, namentlich in Ostfriesland, Jever- und Butjadingerland, im Lande Wursten, Hadeln sind sie auf den ersten Blick zu erkennen.

Sie sind alle nur sehr klein und niedrig, an der Westseite mit einem niedern Thurm geziert, der jedoch in Ostfriesland häufig fehlt. Das dicke Gemäuer ist völlig cyclopisch von unbehauenen Granitsteinen durch Gußwerk verbunden aufgeführt. Wenige äußerst kleine, schießschartenähnliche, rundgewölbte Fenster gestatten im Innern nur eine matte Dämmerung. Das Bezeichnendste derselben ist der Chor, welcher stets als ein niedriger, innen mit einem Rundbogengewölbe versehener Anbau, von außen platt abgeschlossen erscheint. Apsiden und Krypten

Altfriesische Kirche.

finden sich nie. Ein Scheidebogen, der auf zwei dicken, kurzen, romanischen Säulen ruht und an den altchristlichen Triumphbogen erinnert, führt vom Chor in das höhere, mit einer flachen Decke versehene Schiff der Kirche. Wo Sculpturen und Ornamente vorkommen, sind dieselben meistens sehr roh, zeigen indessen deutlich den romanischen Styl.

So stehen diese grauen, uralten Gebäude einsam auf den kahlen Wurthen, umgeben von niedrigem Weidengebüsch oder einigen alten, sturmzerzausten Eschen, und melden von alten

Tagen. Trotz ihrer geringen Größe sind sie unendlich ehrwürdig.

Auf diese alten Granitkirchen folgen diejenigen, bei denen nur der Sockel von Granitblöcken, das übrige Mauerwerk dagegen von großen, behauenen Quadern jenes äußerst grobkörnigen Sandsteins, welcher aus den Brüchen der Porta Westphalica stammt. Sie sind meistens ziemlich geräumig, mitunter in griechischer Kreuzform erbaut, die Portale und Fenster noch romanisch rundbogig, die innern Ornamente, Säulencapitelle u. s. w. aber schon dem Uebergangsstyle angehörend.

In dieser Weise sind z. B. die zu Rodenkirchen, Esenshamm und Burhave in Butjadingen. —

Auch einige interessante Bauwerke aus porösem Tuffstein, den man aus Schottland geholt haben soll, gehören hierher, wenn sie nicht schon etwas älter sind, da einige noch echt romanische Anlage und Details zeigen. Tuffsteinkirchen finden wir zu Wremen im Lande Wursten, zu Langwarden und zu Blexen im Butjadingerlande, von welchem die letztere, höchst seltsam, in ihrem Mauerwerk schichtweise regelmäßig zwischen Bruch- und rothen Backsteinen wechselt.

An der Weser ist zu Berne die größte und ansehnlichste aller Marschkirchen. Sie ist ebenfalls aus Portasandstein, ganz im Uebergangsstyle erbaut und bildet eine dreischiffige Hallenkirche.

Nur unbedeutend ist meistens der gothische Styl in diesen Gegenden entwickelt. Die Strebepfeiler an den Außenmauern, die Spitzbogen an Portalen und Fenstern pflegt das Einzige zu sein, wodurch er sich ausspricht. Im Uebrigen ist das Aussehen der Kirchen fast ganz geblieben, wie es war; indeß tritt mit dem gothischen Style überall der Backsteinbau hervor, dem wir vor dem vierzehnten Jahrhundert hier selten begegnen.

Die späteren, meistens dem sechszehnten und siebenzehnten

Jahrhundert angehörend, sind sämmtlich aus Backstein errichtet und in jeder Beziehung durchaus unbedeutend. —

Manche der alten Kirchen spielen in der Geschichte der Marschen keine unwichtige Rolle. Ihnen weihten die Friesen die köstliche und seltenste Beute ihrer verwegenen Seeräuberzüge; hier hingen sie die Trophäen ihrer Siege auf; in den Kirchen hielten sie Zusammenkünfte und Volksberathungen; auf die Kirchenwurth als die höchste und festeste flüchteten sie mit ihrer Habe bei hereinbrechender Wassersnoth. Wenn der Feind in Uebermacht herandrängte, dann gewährte ihnen das dicke Kirchengemäuer Zuflucht, und die heilige Kirche ward zur festen Burg, zum letzten Hort ihrer Freiheit.

So ist manche alte Kirche, deren streitbares burgähnliches Gepräge der erste Blick wahrnehmen läßt, Zeuge geworden vom blutigsten, verzweiflungsvollsten Kampfe.

Wenn auch das Aeußere dieser merkwürdigen Bauwerke trotz fast tausendjährigen Alters, meistens noch wohl erhalten ist, so hat leider die Reformation und noch mehr die unselige Perückenzeit auch hier das Innere auf bedauernswerthe Weise umgestaltet, das Alte herausgerissen und einen Wust des geschmacklosesten bunten Plunders an dessen Stelle gesetzt.

Wenige Altäre sind noch ursprünglich; auch die kleinen Rundbogenfenster, welche so sehr mit dem ganzen niedern Gebäude im Einklang standen, wurden meistens zugemauert und nüchterne hohe viereckige Löcher dafür angebracht, die alles alte geheimnißvolle Dunkel und jeden Ernst im Innern zu Nichte machten.

Das Einzige, was diese Kirchen in ihrem Innern an Resten aus alter Friesenzeit aufzuweisen haben, sind meistens ihre ehrwürdigen Taufbecken. Die ältesten derselben sind fast immer von Sandstein, sehr schlicht und höchstens mit wenigen rohen Skulpturen geschmückt, oft indeß von sehr schönen Verhältnissen; die späteren, namentlich die gothischen Styls, häufig aus Bronze, Inschriften und reicheres Bildwerk führend und meistens auf vier grotesken männlichen Figuren ruhend. Ob diese weitere Bedeutung haben, als bloß Träger zu sein, ist bis jetzt noch nicht entschieden.

Nächst den alten Gotteshäusern sind es dann die sie umgebenden Grabstätten, welche die interessantesten und wichtigsten Denkmale der Vergangenheit bieten, und da fesseln vor allen jene uralten und räthselhaften Steinsärge unsere Aufmerksamkeit, die in ihrer Art zu den merkwürdigsten Resten der Vorzeit zu zählen sein mögen. Ihre Entdeckung dagegen gehört erst den letzten Jahrzehnten. Im Gegensatz zu den rechtwinkligen antiken Sarcophagen haben die Steinsärge im Allgemeinen die Form der gegenwärtigen hölzernen, sind also am Kopfende breiter und nach den Füßen hin schmaler werdend, ebenso auch im Grunde etwas enger als am oberen Rande, jedoch stets mit einer flachen Deckplatte geschlossen. Die Außenseite ist sehr roh und von primitivster Behandlung, das Innere dagegen etwas glatter und sorgfältiger und entbehrt bei mehreren selbst nicht einiger ornamentalen Figuren, z. B. rohen Zeichnungen von Arkaden, Kreuzen und Palmen. Namentlich ist aber mit solchen der Deckel geschmückt, und zwar, wie man erst spät entdeckte, seltsamerweise nicht die äußere Seite, sondern die innere, dem Todten zugekehrte. Die Elemente dieses Deckelschmucks wiederholen sich mit einiger Abwechselung auf den meisten. Es sind flache, grade Bänder, zuweilen unterbrochen von zickzackartigen Ausbiegungen, in der Mitte des Steins oft ein Kreuz und endlich in den Zwischenräumen Stäbe mit einem gekrümmten Ende (Hirtenstäbe), wie die nachstehende Abbildung zeigt, den Deckstein und Längendurchschnitt des zu Rodenkirchen (im Stadlande) gefundenen Steinsargs darstellend. Das Material derselben endlich ist stets ein ziemlich grobkörniger braunrother

Sandstein, dessen Fundort bis dahin noch nicht sicher festgestellt ist. —

Nachdem ein paar dieser Steinsärge, jedoch ohne Deckplatte, lange Zeit unbeachtet auf einer hohen Wurth zu Langwarden in Butjadingen gelegen hatten, erregte die erste Ausgrabung

a

b

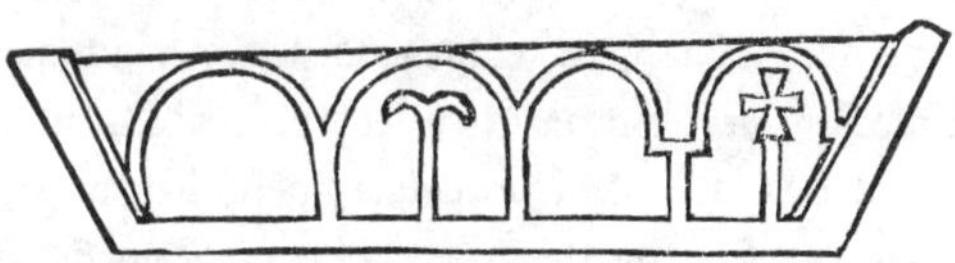

Steinsarg zu Rodenkirchen.
a Deckplatte. b Längendurchschnitt.

des hier abgebildeten zu Rodenkirchen großes und lebhaftes Interesse, das sich noch steigern und allgemein werden sollte, als man im Jahre 1864 auch auf dem alten Kirchhofe zu Bant (eines jener beim Einbruch des Jadebusens verschwundenen Kirchdörfer) nicht weniger als fünf solcher Steinsärge zu Tage beförderte. Und nun aufmerksam dadurch gemacht, fand man bald darauf selbst auf einigen Inseln Nordfrieslands, z. B. Pelworm, Theile von Särgen durchaus gleicher Art. —

Was indeß die Sache erst vollends interessant macht, ist noch der Umstand, daß man schon in den dreißiger Jahren ganz ähnliche Steinsärge bei der Kirche St. Maria Capitol zu Cöln auffand, deren Deckplatten man jetzt an einer der inneren Wände der Kirche aufgestellt sieht. Sodann noch eine diesen, wie denen in den Marschen gefundenen, gleichende Grabplatte liegt im nördlichen Schiffe des Doms zu Bremen, in welchem sie höchst wahrscheinlich das Grab eines der allerersten Bischöfe bedeckt hat, und endlich sieht man einzelne solcher Sarcophage oder deren Deckel in den Alterthümersammlungen zu Wiesbaden, Frankfurt und Mainz. Alle diese hier erwähnten Steinsärge sind nicht nur mit gleichartigem Ornament geschmückt, sondern anscheinend auch aus demselben rothbraunen Sandstein gehauen. —

Franz Kugler, welcher die Cölner Grabsteine zuerst gewürdigt hat, glaubte dieselben bis in die Karolingische Zeit versetzen zu müssen, was mit der Annahme des Bremer Steines einigermaßen stimmen würde. von Quast, der zur Aufgrabung des Banter Kirchhofs hergereist war, hält diese etwas späteren Ursprungs. Mit sehr eingehenden Untersuchungen darüber beschäftigte sich der Baron von Alten in Oldenburg, wohin auch die meisten in den Marschen gefundenen Steinsärge gebracht wurden. — Die in ihnen enthaltenen Gebeinreste boten keinerlei Anhalt, Inschriften fanden sich nirgends und nur die sich stets wiederholenden Hirtenstäbe an der Deckplatte lassen ahnen, daß Geistliche in diesen Särgen ihre Ruhestätte fanden.

Bis jetzt sind, so weit bekannt ist, derartige Steinsärge noch an keinem anderen Orte gefunden, als an den genannten, und darin eben beruht ein eigenthümliches Interesse, gleicherweise aber auch in der merkwürdigen Uebereinstimmung der in den Marschen entdeckten mit denen in der alten schönen Kirche zu Cöln und den übrigen der Rheingegenden.

Nach diesen merkwürdigen Resten alter Friesenzeit folgt nun ein bedeutender Zeitraum, aus welchem uns auch nicht das kleinste Grabdenkmal in den Marschen erhalten ist. Weder irgend einen Grabstein romanischen noch gothischen Styls haben diese Gegenden aufzuweisen. Erst mit dem Ende des sechszehnten Jahrhunderts knüpft sich wieder an ihnen das Gedächtniß vergangener Tage und hingeschiedener Menschen. Jetzt aber sind es keine Steinsärge, sondern liegende große Sandsteinplatten, etwa 7—8 Fuß lang, 6 Fuß breit und einen Fuß in der Dicke haltend, welche zuweilen ein steinernes Grabgewölbe, meistens aber nur die bloße Erde, in welcher der Todte begraben

Altfriesischer Grabstein zu Wremen.

ist, bedecken. In den vier Ecken derselben erblickt man in Medaillons die Attribute der vier Evangelisten, dazwischen in plattdeutscher Sprache und Minuskeln den Namen, Geburts- und Todestag und in der Mitte in sehr flachem Relief das Bild des Verstorbenen in alter Tracht mit Pumphosen, Mantel und Radkragen in angedeuteter Höhlung liegend, die Hände meistens gefaltet oder die eine am Schwert. Mitunter sind diese Sculpturen, wenngleich von handwerklichem Gepräge, doch recht tüchtig gearbeitet und die Köpfe nicht ohne würdigen ernsten Ausdruck, aber leider haben das Wetter von Jahrhunderten und

Altfriesischer Grabstein zu Wremen.

Tausende von Menschenfüßen viele dieser Grabsteine oft bis zur Unkennbarkeit geglättet und nur wo Moos und Rasen sich wie eine schützende Decke darüberlegten, zeigen noch Schriften und Bilder die ursprüngliche Schärfe.

Die späteren Grabsteine aus dem siebenzehnten Jahrhundert, als schon die Marschen längst ihre Unabhängigkeit verloren hatten, sind gleichfalls noch liegende Platten, die in ihren Winkeln, gerade wie die ältern, die Attribute der Evangelisten zeigen. Dagegen fehlt beinahe durchgehends das Bild des Todten, dessen Stelle nun meistens Wappenschilde einnehmen, auch ist die Schrift schon Hochdeutsch mit lateinischen Lettern und enthält Bibelsprüche.

Die Steine aus dem achtzehnten Jahrhundert endlich stehen sämmtlich aufrecht, sind ziemlich dünn, oben abgerundet und

Grabsteine in den Marschen aus dem siebenzehnten und achtzehnten Jahrhundert.

später auch an den Kanten vielfach aus- und eingebogen, bauchig und geschnörkelt, wie es jenes Jahrhundert liebte. Jeder Stein ist horizontal in zwei Hälften getheilt, deren obere das Bildwerk, die untere aber die Schrift einnimmt. An der einen Seite befinden sich die Wappen, an der andern eine bildliche Darstellung, meistens Kreuzigung, Grablegung oder Auferstehung Christi. In den nördlichen Marschen erscheint häufig das Bild des Gekreuzigten, zu dessen beiden Seiten die Familie des Verstorbenen kniet, rechts die Männer, links die Frauen, oft sogar betende Wickelkinder darunter; Alles roh und ohne Kunstwerth. Die spätesten und ansehnlichsten dieser Steine tragen noch allerlei zierendes Beiwerk, Blumengewinde, Füllhörner, Todtenschädel, dicke posaunende Engelein und pausbackige Seraphsköpfe. Der Kunstkenner sieht, daß das Unwesen Bernini's selbst bis in die stillen friesischen Marschen gedrungen ist.

Und auf diese folgen sodann jene antikisirenden Denkmale, wie sie das Ende des 18. Jahrhunderts hervorrief, z. B. jene allbekannten Aschenurnen auf Postamenten, mit Palmen, Lorbeerkränzen und anderen Emblemen geschmückt, von welchen das Bild des Seelenschmetterlings, ob nun verstanden oder nicht, sehr beliebt war. — Erst in den letzten Jahrzehnten richtet man das christliche Kreuz auf den Gräbern empor, welches selten vorher dieselben bezeichnet. — Manch' altes wohlhabendes Bauerngeschlecht hat auch sein stattliches Gruftgewölbe, oft mit mächtigen Sandsteinplatten bedeckt. —

Damit vorläufig genug von den Ueberbleibseln aus alter Zeit. Jede einzelne Marsch hat auch ihre eigene Geschichte, die sich nur selten mit der anderer Marschen verwebt; bei Schilderung jener einzelnen Bezirke kommen wir auf die Geschichte derselben ausführlicher zurück.

Die Marschbewohner.

Der erfahrene und aufmerksame Beobachter unterscheidet meistens sofort den Marschbewohner, namentlich den aus echtem Friesenblute entsprossenen, von seinem Geestnachbar.

Eine derbe, breitschulterige, fleischige, oft stark in's Corpulente gehende Gestalt, mehr groß als klein, Hände und Füße stark und breit, das Haar schlicht oder nur schwach gekräuselt und blond, der Bart röthlich und nicht sehr dicht, das Auge hellblau oder grau und das geröthete Gesicht von rundlichem Schnitte, — das ist der echte Friesentypus.

Der niedersächsische Geestmann ist dagegen durchgehends magerer, schmächtiger und aufgeschossener, von kurzem Oberbau und langen, schmalen Beinen, wenn auch mitunter stark knochig, und sein Gesicht häufig von schäferen und eckigeren Umrissen. Da, wo die Geest an die Marsch grenzt, sind diese Gegensätze freilich noch nicht sehr hervorstechend. Hier zeigt sich der Uebergang vom friesischen zum sächsischen Elemente, ja manche dieser hart am Rande liegenden Geestdörfer haben sogar noch durchaus friesische Bevölkerung, wie z. B. die Dörfer Nesse, Wulsdorf und Geestendorf im Vielande.

Fast noch bedeutender ist der Unterschied zwischen Geest und Marsch hinsichtlich des geistigen Charakters ihrer Bewohner.

Leichte Geest und schwere Marsch, — in diesen Worten ist der ganze Grundzug Beider enthalten.

So ist der Geestmann durchaus empfänglich, leicht zu erregen, gelehrig, erfinderisch und bei seinen Festen heiter bis zur lärmenden Lustigkeit.

Ganz anders dagegen der friesische Marschbewohner, dessen hervorstechendes Temperament, wie bei seinem Stammverwandten, dem Holländer, das phlegmatische ist.

Viel weniger empfänglich für äußere Eindrücke, ist er fast nie wahrhaft begeistert. Seine kaltblütige Ruhe und sein würdevoller Ernst verlassen ihn nur äußerst selten. Alle Feste, Hochzeiten, Jahrmärkte werden von ihm auffallend still begangen, namentlich vom Nordfriesen.

Darum ist sehr schwer auf ihn einzuwirken, alte Gewohnheiten zu vernichten und Neues bei ihm einzuführen. Hat er sich aber vom Guten desselben einmal überzeugt, und hat er eine neue Sitte einmal angenommen, dann hält er daran mit viel größerer Zähigkeit und Ausdauer fest als der Geestmann.

Man macht viel Rühmens von dem politischen und selbst kriegerischen Element, das den Marschbewohnern eigen sei. Namentlich die Leute jenseits der Berge denken, wenn sie zufällig von den Friesenstämmen im wogenumbrandeten Lande Wursten oder im Butjadingerlande lesen und hören, nichts Geringeres, als daß noch heute die Bewohner dieser Küstenstriche ein Heldenvolk seien.

Allein der jetzige Marschbewhner ist an diesem seinem Ruhm im Ganzen völlig unschuldig, und es möchte eben nicht allzu glänzend mit seinem kriegerischen Rufe bestellt sein, wenn er nicht seine tapferen streitbaren Vorfahren gehabt hätte.

Das Jahr 1848, das ganz Deutschland zu neuem Leben und neuer Kraft aufrütteln wollte, hat es hinreichend bewiesen, wie sehr politische Trägheit und Indifferentismus noch in den Marschen hausen. Gerade die rein friesischen Bezirke, z. B. Land Wührden, Vieland, Land Wursten und Butjadingen waren die ruhigsten und theilnahmlosesten. In den nichtfriesischen Marschen, in dem Lande Hadeln und Kehdingen, wie auch auf den Geesten erwachte dagegen sogleich ein regeres Leben.

Es trug sich damals eine unendlich spaßhafte Geschichte hier zu, allzu bezeichnend, als daß ich sie übergehen möchte. Als nämlich in den Märztagen von allen Enden laut der Ruf nach Preßfreiheit, Volksbewaffnung und deutschem Parlament erscholl, als viele Regierungen längst Alles bewilligt hatten, was man nur wollte, und allein die hannoversche noch immer hartnäckig blieb, tauchte urplötzlich in der Residenz das dunkle Gerücht auf, es solle in den bremischen Marschen furchtbar gähren. Immer bedenklicher, immer drohender wurden von Stund zu Stunde die Nachrichten vom beabsichtigten Aufstande. Endlich hieß es, zwanzigtausend todesmuthige Bauern, bis an die Zähne bewaffnet, ständen bereit, auf den ersten Wink ihrer Führer nach Hannover zu ziehen, wenn die Regierung nicht nachgäbe. Einige zufällig dort anwesende Marschbewohner gingen, als sie ernsthaft gefragt wurden, wie es eigentlich um die Marsch-insurrection stehe, zum Spaß auf die köstliche Jagdgeschichte ein. „Zwanzigtausend ist offenbar arg übertrieben," sagten sie, „es mögen indeß immerhin zehn- bis zwölftausend schlagfertig stehen. Aber nun bedenkt, wie wird der Zug lawinenartig anschwellen, wenn er durch's Land zieht." — Das wirkte wie Hannibal ante portas. Allgemein war der panische Schrecken in höheren Kreisen wie unter den guten Residenzbürgern. „Nein," hieß es sogar unter Letzteren, „so gern wir die Freiheit wollen, aber sengende und brennende Bauernmassen, an die sich, Gott weiß es, was Alles für Raubgesindel anschließen wird, werden wir nie und nie in unsere liebe gute Stadt lassen, eher machen wir selbst mit den Soldaten gemeinsame Sache und vertheidigen uns bis auf den letzten Blutstropfen." Da plötzlich gab die Regierung nach, bewilligte Preßfreiheit, Vereinsrecht, Volksbewaffnung, Stüve, genug Alles, was man sich nur wünschte — und wer weiß es, ob doch nicht die zwanzigtausend todesmuthigen Marschbauern redlich mit dazu geholfen hatten. — Aber das Beste war, während sie in Hannover so trefflich mit „errungenschafteten", saßen sie daheim in den Marschen ruhig zwischen ihren vier Pfählen, oder kamen höchstens so weit aus ihrem Gleichmuthe, daß sie sich doch nach langer Ueberredung bequemten, einmal ein paar ausgeschriebene Volksversammlungen zu besuchen. Als die Errungenschaften endlich da waren, schlugen sogar Viele verwundert die Hände über'm Kopf zusammen über alle die so plötzlich vom Himmel gefallenen Rechte und Freiheiten und wußten oft kaum, was sie mit alledem anfangen sollten, denn, wie ein geistreicher Schriftsteller der Gegenwart mit unvergleichlichem Humor sagt: eine siebenfache Rhinoceroshaut von sogenannter Ehrbarkeit, Sitte und Vorurtheil pflegt sie vor allen Sonnenstichen des Enthusiasmus und idealistischen Schwärmereien zu schützen.

Gilt es dagegen alte Gewohnheiten, Rechte und Freiheiten mit Kraft und Ausdauer zu behaupten und Alles daran zu setzen, sie nicht fahren zu lassen, dann stehen die Marschen in der ersten Reihe. Nur ihrer unermüdlichen Ausdauer und Zähigkeit haben sie den Besitz so vieler Freiheiten zu verdanken, auf welche die Regierungen schon oft genug Angriffe machten.

Und auch neuere Zeiten haben es gezeigt, daß die alte Kraft und Festigkeit nicht verloren gegangen ist.

Als im Jahre 1837 die hannoversche Regierung das Staatsgrundgesetz eigenmächtig umwarf, fand sie gerade in den bremischen Marschen den hartnäckigsten und lebhaftesten Widerstand.

Es besitzt kein Volk ein so prächtiges Oppositionstalent als das der Marschen. Zur Revolution taugt es dagegen ganz und gar nicht, da ihm alles Feuer und alle echte Begeisterung abgehen und es conservativ durch und durch ist. —

Selbstgefühl und Stolz sind hervorstechende Züge im Charakter des Marschbewohners, namentlich des wohlhabenden. Vor Allem stolz ist der Marschbauer auf seine fruchtbare Heimath, die er um keinen Preis mit einer andern vertauscht, am allerwenigsten mit der nahen Geest, auf welche er nur mit einer gewissen Verachtung und mit Bedauern herunter- oder vielmehr hinaufsieht. Aeußerst charakteristisch ist daher die bekannte Anekdote von jenem alten Marschbaner, wie er seinen reiselustigen Sohn mahnend an die Hand nahm und ihn davon abzubringen suchte.

„Sü Jung,“ sprach er, „hier is de Marsch un de ganze anner Welt is man Geest. Wat wullt du dumme Jung nu in de Welt maken?“

Noch stolzer erscheint der reiche Marschbauer auf seinen Stand als freier Grundbesitzer oder wie es hier heißt als Hausmann oder Hofbesitzer, was er am liebsten hört. Diese angesehensten und ältesten Hausmannsfamilien sind vollkommene Aristokraten und vertreten den in den meisten Marschen fehlenden Adel in ihrer Art völlig. Den weniger Besitzenden, den Köthner, pflegt der Marschbauer meist nur über die Schulter anzublicken, ihn nicht anders zu nennen als den „litten Mann, geringen Mann“, an welchen seine Tochter zu verheirathen, ihm eine ewig schmerzliche Schmach sein würde. Daher verbinden sich die Hausmannsfamilien fast ausschließlich mit Ebenbürtigen.

Meistens aber geschehen die Verheirathungen in der Familie selbst, damit Geld und Gut ja recht zusammengehalten werde; denn dieses ist in der Marsch mit äußerst seltener Ausnahme doch bei allen Verbindnngen das erste Hauptstück. „De Leefde will woll nakamen“ heißt es dann gewöhnlich zur Beruhigung.

Mag dieser Stolz des Marschbauern immerhin sehr zu tadeln sein, tausendmal jedoch wird man mit ihm versöhnt durch das mächtige und wahre Ehrgefühl, welches ihn begleitet. — Eine Kränkung seiner Ehre, und komme sie von wem sie wolle, erfüllt ihn mit dem lebendigsten und anhaltendsten Zorn. Schwere Verbrechen kommen daher in den friesischen Marschen nur sehr selten vor, und wäre nicht das alte Land, daß ich als völlig eigenthümlich ausnehme, wenn ich von den Marschen im Allgemeinen rede, so hätte seit langer Zeit kaum ein Marschbauer vor dem Criminalgericht gestanden. Gefängnißstrafe, und sei sie auch noch so milde, sei sie nicht einmal eigentlich ehrenrührig, z. B. wegen Jagdvergehen, hält er für so schmachvoll, daß er Alles daran setzt, ihr zu entgehen; er würde oft lieber Tausende geben, lieber fliehen und auswandern, als im Gefängniß sitzen. Ja ein Marschbauer, der hörte, daß sein studirender Sohn kürzlich ein paar Tage im Carcer gehaust habe, begann vor Wuth und Scham zu weinen. „Ach Gott,“ rief er im tiefsten Schmerze aus, „warum hett de Jung mi dat nich schreven, ick harr jo gern dusend Daler un noch mehr baden, wenn he man nich sitten schull!“ —

Auch das Soldatenleben sah man in unseren Marschen lange als das bedauernswürdigste Dasein an, und wer nur irgend konnte, suchte sich durch Auswandern, Vorschützen leiblicher Fehler oder Stellvertretung davon zu befreien. Freiwillige aber gehörten zu den größten Seltenheiten, ganz im Gegensatz zu den Marschen der oberen Weser, wo z. B. im Hoyaschen die Söhne der wohlhabendsten Bauern, getrieben von echter Reiterlust, massenhaft bei der Cavallerie eintraten. — Jene Abneigung ist jedoch mit der Einführung der allgemeinen Wehrpflicht sehr geschwunden und schnell hat der gesunde Sinn des Volks sich mit der neuen Einrichtung befreundet. Namentlich wirkte der letzte große Kampf gegen den alten Erbfeind Deutschlands auch in den Marschen kräftigend und erfrischend, und die Söhne derselben sind wahrlich nicht die schlechtesten in den Reihen der Siegreichen gewesen. Dem Friesenjüngling behagt indessen ein rüstiges Schifferleben noch besser; hier ist er ganz in seinem Elemente. **Nicht** im Landheer, wohl aber auf der deutschen Flotte wird er vielleicht seine schönsten Lorbeeren erringen.

Mit dem zähen, hartnäckigen Charakter des Friesen hängt noch seine **Proceßlust**, seine Unversöhnlichkeit, die selbst mitunter in die kleinlichste Rachsucht übergeht, zusammen. Streitsüchtig ist er nicht, allein rechthaberisch bis zum Eigensinn. Sehr häufig geschieht es, daß ganze Familien oft zeitlebens um geringer Sachen willen auf gespanntem Fuße leben. Bei allen möglichen Gelegenheiten, namentlich bei Hochzeiten, Kindtaufen und Beerdigungen, zu welchen man dann einander sorgfältig nicht einladet, pflegt dieser Haß an den Tag zu treten.

Hoch in Ehren wird fast überall das Verhältniß der Nachbarschaft gehalten, und höher als Freundschaft, denn „en goden Naber (Nachbar) is beter as en faren (ferner) Fründ“ heißt das überall beliebte Sprüchwort, und der Landbewohner überhaupt ist viel zu praktisch, um den Werth rascher Hülfsleistung in schleunigen Fällen nicht hoch zu schätzen, wenn z. B. seine Kuh schwer kalbt, sein Pferd im Graben sitzt oder gar Feuer in seinem Hause ausbricht, ebenso bei Krankheits- und Sterbefällen der Seinen, und wahrhaft wohlthuend ist es zu sehen, mit welcher uneigennützigen Bereitwilligkeit jedesmal solche Hülfe geleistet wird. Aber auch zu den Familienfesten des Hauses den Nachbar nicht einzuladen, gleichviel ob er noch so arm und niedrig sei, wäre eine tief verletzende Beleidigung. So nimmt er stets Theil an des Hauses Freud' und Leid, Wohl und Weh.

— Welch ein Abstand mit den modernen städtischen Verhältnissen!

Eine traurige Schattenseite, die freilich mit dem ungemeinen Selbstgefühle des Marschbauern zusammenhängen mag, ist der gänzliche Mangel an Gemeinsinn, welcher in einigen Marschgegenden herrscht und allen öffentlichen, gemeinsamen Verbesserungen hemmend entgegentritt. So oft noch rege Fortschrittsmänner für das allgemeine Wohl streben und wirken wollten, meist wurden ihren Bemühungen überall Hindernisse in den Weg gelegt. Sie scheiterten fast immer an dem heillosen Egoismus der Einzelnen und wurden in der Regel nur mit dem schändlichsten Undanke belohnt. Daher kommt denn der unglaublich schlechte Zustand so vieler öffentlichen Anstalten und Dinge, wie der Kirchen und Schulgebäude, der Begräbnißplätze, der Wege u. s. w., oft mit der Wohlhabenheit der Gegend und der Stattlichkeit der Wohnungen im grellsten Contraste. Als vor Jahren in den oldenburgischen Marschen die schönen trockenen Fußwege von Dorf zu Dorf angelegt wurden, deren noch heutigen Tags die hannoverschen so schmerzlich entbehren müssen, fand diese so einleuchtende und nothwendige Verbesserung dennoch bei manchen alten Hausleuten den entschiedensten Widerstand, und aus welchem Grunde? Sie sagten ganz einfach: „Use Olen sind so lange dör den Dreck kamen, wi brukt et nich beter to hebben.“ Ja, einige trieb wirklich ihr starrer Eigensinn dahin, daß sie, nachdem die schönen Fußpfade vollendet waren, lieber nebenher im fußtiefen Klei gingen, als den verhaßten Weg der Neuerung zu betreten. Sie wollten ad oculos demonstriren, daß die Sandpfade unnütz seien und recht gut vermißt werden könnten. — Leider herrscht nur allzu oft und gerade bei den reichsten Bauern eine Geldsucht, die geradezu in die unwürdigste und elendeste Knickerigkeit ausartet. Da ist's denn mit dem alten schönen Stolz auf einmal zu Ende. Ich könnte ganz unglaubliche Erlebnisse nach dieser traurigen

Seite hin berichten, wenn ich es meinen Heimathsgenossen anthun möchte.

In einem unerklärlichen Gegensatz zu diesem so ausgeprägten Conservativismus steht bei den Marschbewohnern das geringe historische Bewußtsein. Verschwunden ist fast überall das Gedächtniß an die Vorzeit. Aeußerst gering ist, was an Ueberlieferungen davon im Munde des Volkes lebt und fast Alles, was es von seinem alten Kampf und sturmvoller Geschichte heute weiß, hat es erst wieder gelernt aus den Büchern der Gegenwart. Sogar die Stedinger hatten völlig vergessen, was ihre Väter gethan und gelitten hatten, erst die sechshundertjährige Gedächtnißfeier an die Schlacht in Altenesch sammt der von Oldenburg ausgegangenen Errichtung des Denkmals mußte sie wieder davon in Kenntniß setzen. Die Ostfriesen und Dithmarschen mögen die Einzigen sein, welche die alten Traditionen treuer bewahrt haben. Und so ist's auch mit den Resten und Denkmalen aus der Vorzeit der Fall. Wie wenig hat man sich um sie gekümmert! Auf den Kirchenböden unter Staub und Spinnweb zerfallen wurmzerfressen die alten interessanten Schnitzwerke, welche einst Altar und Kanzel schmückten, wenn sie nicht längst den Ofen des Küsters geheizt haben; das Land durchspürende Trödeljuden läßt man für ein wahres Spottgeld die schönsten alten reichgeschnitzten Truhen und Schreine, einst Zier und Stolz des Hauses, fortschleppen, und weit und breit ist auch nicht eine einzige Waffe mehr aufzutreiben aus jener alten ruhmvollen Zeit, da Alles Schwert, Speer und Streitaxt führte. Das ist sehr betrübend. —

Zum Schluß dieser allgemeinen Charakterschilderung muß jedoch bemerkt werden, daß man, ebenso wenig wie dies anderswo statt hat, keineswegs die sämmtlichen Marschbewohner über einen und denselben Kamm scheeren darf. Wie jede einzelne Marsch in ihrem ganzen äußern Ansehen, in ihren Wohnungen, Sitten, Einrichtungen u. s. w. ihre Eigenthümlichkeit hat, so findet dies auch in den hervorstechenden geistigen und sittlichen Zügen ihrer Bewohner statt; aber nur langjährige Beobachtungen lassen diese Unterschiede erkennen.

So ist z. B. der Osterstader und der mit ihm verwandte Stedinger der zahmste, gutmüthigste und loyalste aller Marschbewohner, der Butjadinger, namentlich der Wurster, derb, voll Kraft und Festigkeit, der Jeverländer der freisinnigste und thatkräftigste, allein zum Theil noch ziemlich roh, der Hadler und Kehdinger zwar auch kräftig und freiheitsliebend, aber luxuriös und oft etwas stark renommistisch, der Altländer endlich schlau, gewandt, mißtrauisch und verschlossen gegen Fremde, dagegen am strengsten auf alte Gebräuche haltend. Das ist überhaupt im Allgemeinen als wahr anzunehmen: Bei niedrigen Kulturstufen der Völker sind die Individuen am gleichartigsten, die Völker jedoch am verschiedenartigsten zu einander, während umgekehrt mit fortschreitender Bildung die Einzelnen sich individualisiren, die Völker dagegen mit einander sich nivelliren.

Ebenso verschieden ist der Kulturstand der Marschen. Die osterstader, wührder, wurster, vieländer und namentlich die altländer Bauern haben ihre alte Einfachheit noch am meisten bewahrt, und selbst die allerreichsten ließen oft noch bis zu den letzten Zeiten ihre Kinder selten anderswo als in ihren heimathlichen Dorfschulen unterrichten; denn gegen den gebildeten oder sogenannten lateinischen Bauern waltet das entschiedenste Vorurtheil ob. — Wiederum hat hier der große Umschwung der letzten Jahre, die Annexion der hannoverschen und schleswig-holsteinischen Marschen durch Preußen, namentlich das militairische Institut des einjährig freiwilligen Dienstes stets wie das der Schwur- und Schöffengerichte und ganz besonders die freiere Selbstverwaltung der Gemeinden außerordentlich segensreich auf die Hebung der Intelligenz eingewirkt und das Streben darnach wird mit jedem Tage allgemeiner und lebendiger. —

Auch das Innere der Häuser trägt in den eben erwähnten Bezirken nur selten Spuren moderner Eleganz, und die alten, braunen, großväterlichen Hausgeräthe werden noch hoch in Ehren gehalten.

Mehr schon berührt von moderner Kultur erscheint das Stedinger-, Stad- und Butjadingerland. Hier findet man in der That elegcnte Wohnungen; hier sendet man die Söhne häufig auf höhere Bürgerschulen, während die Töchter nach ihrer Confirmation ein Jahr in der Residenz Oldenburg oder in Bremen zubringen, um hochdeutsch sprechen zu lernen und sich den Firniß feinen Benehmens anzueignen. Vor allem aber legt man Werth auf gediegene, zierliche Kleidung, die namentlich beim weiblichen Geschlechte oft völlig luxuriös wird. Das kann man auf den Jahrmärkten, zu denen man sich in jeder möglichen Weise herauszuputzen sucht, am besten beobachten. Die derbsten und stämmigsten Bauerntöchter, mit rothblühenden Gesichtern, kräftigen Gliedern und Händen, denen man die tüchtige Arbeit, die sie verrichteten, nicht erst abzufühlen braucht, sieht man da im eleganten, aber freilich nicht immer geschmackvollen Gewande der Salondamen einhergehen, in Sammet und Seide und mit schwerem Goldschmucke meist überladen.

Von allen Marschen steht das Land Hadeln, wo es sich um modernen Luxus handelt, oben an.

Die glänzenden Staatszimmer, die herrlichsten, parkähnlichen Gärten, das kostbare Porcellan- und Silbergeräth und die eleganten Equipagen der hadler Bauern sind weit umher bekannt, fast sprichwörtlich geworden.

Bei ihren Familienfesten pflegte ein so gewaltiger Luxus und Pomp zu herrschen, daß schon in den Jahren 1602—1733 eine Reihe von eigenen Gesetzen erlassen werden mußte, um diese Verschwendung nur einigermaßen zu zügeln. Freilich trifft man hier auch die gebildetsten und intelligentesten aller Marschbauern. Die Söhne der angesehensten Familien besuchen fast alle das Progymnasium in Otterndorf oder die Rectorschule in Altenbruch, in Dorum, in Rodenkirchen u. a. a. O. Man kann dort junge Bauern in groben Arbeitskleidern hinter ihrem Pfluge finden, die englisch und französisch verstehen und treffliche geographische, historische und literarische Kenntnisse besitzen. Aus Solchen werden dann gar prächtige Ständemitglieder.

Wir dürfen indessen annehmen, daß fast überall in unsern Marschen Luxus und moderne Sitten erst in den letzten Jahrzehnten Eingang gefunden. Zu Anfange des vorigen Jahrhunderts finden wir zum Theil noch wahrhaft patriarchalische Verhältnisse, selbst bei den reichsten, angesehensten Familien. Kein Hausmann ließ sich einfallen, hochdeutsch sprechen zu wollen. Nicht speisten in dieser Stube die Herrschaft und in jener Knechte und Mägde, wie heute fast durchgängig Gebrauch, sondern des Mittags versammelte sich das ganze Haus an einer mächtigen, mit derber Hausmannskost beladenen Tafel, wobei vom Hausherrn, oder auch von dessen Kindern, nach uralter Sitte das einfache Tischgebet vor und nach dem Essen gesprochen wurde. Und Sonntags zog meistens das ganze Haus zur Kirche, höchstens ein einziges weibliches Mitglied blieb daheim, um nach dem Kohltopfe zu sehen. Denn Kohl war die stehende Sonntagskost, eben weil er ruhig stehen und schmoren konnte, ohne zu verderben, wenn der Pastor etwa seine Predigt in die Länge zu ziehen beliebte.

Das sind jetzt überwundene Standpunkte. Nur hie und da essen noch kleine Bauern mit ihren Leuten an einem Tische zusammen. Bei den eigentlichen Hausleuten dagegen wird überall in zwei Stuben und aus zwei Töpfen gespeist. Das Tischgebet ist ebenso verschwunden, nur in Hadeln und Kehdingen ist es noch einzeln Sitte am Gesindetische, an welchem der Junge vorbeten muß. Allein es pflegt stets leeres Geplapper zu sein, dem Würde und Erbauung völlig mangeln;

Einfluß auf den sittlichen Zustand hat hier das Beten erst vollends nicht, denn derselbe ist gerade in diesen beiden Marschen unter den Dienstboten der allertraurigste.

Das Alte Land ist die einzige Marsch, wo Einfachheit und alte Sitte sich bis auf den heutigen Tag und trotz der Nachbarschaft des großen Hamburgs in seltener Reinheit erhalten haben.

Auch von alten Volksgebräuchen, Festen und Belustigungen giebt es im Allgemeinen nicht viel mehr. Doch wurde Weihnachten vielerwärts noch bis zu den letzten Zeiten wie in England mit tüchtigem Essen und Trinken gefeiert, und der Weihnachtsabend heißt deshalb in manchen Gegenden „Vullbuksabend", an dem ein gewaltiger Mehlpudding mit Rosinen nebst geräuchertem Schweinskopf die Hauptrolle spielen. Zu Ostern genießt auch in den Marschen Jedermann Eier, auf den Deichen lodern überall mächtige Feuer und auf hohen Stangen brennende Theertonnen, zu Pfingsten aber schmückt man Zimmer, Diele und Hausthür mit grünem Birkenreis und richtet Maienbäume auf, wie in anderen Theilen Deutschlands.

Niemand möge indessen glauben, daß mit dem Verschwinden jener Einfachheit und jener alten Sitten auch Verfall der Sittlichkeit selbst stattgefunden habe. Im Gegentheil, hier zeigt sich der merkwürdige Umstand, daß gerade in dem Maße, wie Luxus und Mode sich mehrten, im Allgemeinen auch der moralische Zustand sich hob, und alle Verbrechen und Laster sich minderten.

Statistische Untersuchungen, wie die genauesten Beobachtungen liefern den klarsten Beweis, daß z. B. Diebstahl, Unzucht, Liebe zum Trunke, Rauflust und andere Rohheiten gerade im 18. Jahrhundert die doppelte und dreifache Höhe erreichten, als es in unserer Zeit der Fall ist, und um Einzelnes anzuführen, ist in ganz Osterstade seit beinahe 50 Jahren fast kein einziger qualificirter Diebstahl verübt worden, während man vormals gar häufig von solchen hörte; auch haben Schlägereien, die früher bei keiner Hochzeit fehlten, so gut wie gänzlich aufgehört, wie sich auch seitdem die Zahl der unehelichen Geburten außerordentlich gemindert hat. Die oldenburgischen Marschen und das Land Wursten stehen in sittlicher Beziehung gleichfalls sehr hoch. Viel weniger ist das der Fall in den hannoverschen Elbmarschen. Im Lande Hadeln und Kehdingen, wo zwar, wie wir sahen, das Gesinde noch das Tischgebet sprechen muß, herrschen gerade unter diesem Unzucht und Rohheit, wie nirgends; aber auch in keiner Marsch stehen Herrschaft und Dienstboten einander so fern, nirgends zeigen die letzteren so geringe Anhänglichkeit, nirgends findet so häufig Dienstbotenwechsel statt, als in den genannten beiden Marschen. Diese nebst dem Alten Lande, das seiner alten Einfachheit und seinen Trachten und Gebräuchen so treu geblieben, liefern der Schwurgerichtsbank zu Stade die meisten Verbrecher, namentlich des Diebstahls, Kindesmords und grober Körperverletzung Angeklagte.

Zum herrschenden Reichthum in den Marschen bildete lange Zeit und selbst bis zur gegenwärtigen der unglaublich klägliche Zustand des Volksschulwesens einen wahrhaft betrübenden Abstand, und nur die oldenburgischen Gegenden machten darin durchweg eine rühmliche Ausnahme. Auf Religion, biblische Geschichte, Lesen, Schreiben und nothdürftiges Rechnen beschränkte sich in den meisten Marschschulen der ganze Unterricht. Nicht die geringsten naturgeschichtlichen oder geographischen Kenntnisse wurden den Kindern beigebracht, das geographische Wissen derselben erstreckte sich in den Wesermarschen bis nach Bremen; Alles, was dahinter liegt, ward mit „baben Bremen“ abgefertigt und war so unbekannt wie böhmische Dörfer. Die vaterländische Geschichte blieb ganz unberücksichtigt. Dafür wurden lieber alttestamentliche Geschichte, die Kriege und Klopffechtereien der Hethiter, Amalekiter, Philister u. s. w. desto eifriger eingepaukt. Das Schreiben war nichts als ein mechanisches Buchstabenmachen, an Uebungen im Briefschreiben und in sonstigen freien Aufsätzen wurde nicht gedacht, und Rechnen endlich nur auf Verlangen und für eigene Bezahlung gelehrt; Niemand aber war gezwungen, seine Kinder Rechnen lernen zu lassen. So war es oft noch vor einigen Jahrzehnten hie und da.

Einzelne lobenswerthe Ausnahmen fehlten natürlich auch hier nicht, allein sie hingen einzig von dem guten Sinne oder dem Eifer einzelner Lehrer oder Prediger ab. Von den oberen Behörden geschah äußerst wenig, diesen traurigen Zuständen abzuhelfen; die Gemeinden selbst wissen's aber nicht besser und ändern darum nichts.

Noch weniger darf man über die Lehrer selbst den Stab brechen. Sehr viele derselben sind, selbst in den reichsten und in den üppigsten Gegenden, mit ihrem Gehalte so kärglich gestellt, daß ihnen unter wirklichen Nahrungssorgen entweder alle Lust und aller Eifer schwinden oder sie Zuflucht zu einem Nebengeschäft nehmen müssen, z. B. zur Bienenzucht, zum Abschreiben, Rechnungsführen u. s. w., welche Beschäftigung sie wiederum vom Schulunterrichte abzieht. Ehe daher nicht vom Staate selbst der Anstoß zu gründlicher Verbesserung dieses materiellen Punktes gegeben wird, ist schwerlich auch an innere Umgestaltung und Vervollkommnung des Unterrichts zu denken. — Erst in allerletzter Zeit scheint es auch hiermit zum Besseren sich zu wenden.

Unter diesen Umständen blieb es in der That zu bewundern, daß man trotzdem in den Marschen noch so manchen belesenen, aufgeklärten, politisch gebildeten und intelligenten Bauern findet, obgleich auch diesem keine andere Jugendbildung gewährt worden ist, als die seiner armseligen Dorfschule.

Abergläubische Sitten und Meinungen stehen in den Marschen in vollster Blüthe; gegen sie hat weder Kirche noch Schule ein Wort der Bekämpfung.

Nur am Dienstage läßt man das Kind seinen ersten Schulgang machen, nur dann gedeiht es; nur an gewissen Tagen begräbt man seine Todten, nur auf gewissen Wegen bringt man sie zum Kirchhof, sie haben da sonst keine Ruhe. In den zwölf ersten Tagen nach dem Weihnachtsfeste darf keine Wäsche an der Leine trocknen, sonst stirbt im kommenden Jahre Jemand im Hause; nur beim zunehmenden Monde schlachtet man seine Schweine, sonst quillt der Speck nicht aus im Kochen; und wenn im Frühlinge das Vieh ausgetrieben wird, legt man wohl eine Axt vor die Hausthür oder bestreut es schweigend mit Salz, damit es vor Unheil bewahrt bleibe. Und was derartigen Aberglaubens noch mehr ist.

Selbst der Glaube an Hexen und ihren häufigen Einfluß, z. B. wenn die Kühe wild werden, die Milch keine Butter absondert, Kinder erkranken u. s. w., wurzelt noch tief und fest im Volke. Ist man „verhext", so holt man sich Rath und Gegenmittel aus Bremen, wo allerlei weise Männer und Frauen wohnen sollen. Ueberall hört man vom Vorhersehen der Feuersbrünste, Leichenzüge, Unglücksfalle, ja selbst lustiger Hochzeiten, und ganze Bände der wunderbarsten und grausigsten Spukgeschichten ließen sich in den Marschgegenden sammeln.

Es ist dies um so auffallender, da wirklich keine Gegend der Welt weniger zu so spukhaftem Wesen angethan ist, als die platte, einförmige, prosaische Marsch, wo kein düsterer Wald, keine wilde Bergschlucht, kein altes verfallenes Schloß die Phantasie erregt und einen Haltpunkt giebt für Sagen und Geschichten.

Die einzige, lediglich den Marschen angehörende Sage ist die vom sogenannten „Dränger", jenem formlosen, nächtlichen Gespenst, das an einsamen Deichstrecken haust und dessen auch Mügge in seinem Buche über Schleswig-Holstein erwähnt.

Den Wesermarschen fehlt sie völlig, in den Elbmarschen soll sie einzeln vorkommen.

„Der Dränger fällt den einzelnen Wanderer an und faßt ihn mit seinen kalten entsetzlichen Armen. Man sieht ihn nicht, man hört ihn nicht; aber man fühlt sich wie mit eisernen Ketten umschlungen. Der Dränger will sein Opfer in die hungrig wartende Fluth hinabdrängen, dies wehrt und sträubt sich dagegen, und nun geht es an ein Balgen auf Leben und Tod, bis alle Kraft erschöpft ist und der Dränger es ersäuft oder das gräßliche Wesen mit dem ersten Morgenstrahle ablassen und entfliehen muß. Mancher hat so gerungen die ganze Nacht über und ist endlich in Schweiß gebadet mit dem Leben davon gekommen, Andere verschwanden auf ewig."

So wenigstens spricht Mügge von jener Sage, die wirklich eigenthümlich schauerlich ist. Wie viel indeß dem Volke und wie viel dem Dichter davon gehört, mag dahin gestellt bleiben. Ist indeß irgend ein Ort in den Marschländern geeignet, solche wilde dunkle Phantasieen hervorzurufen und zu beherbergen, so sind es die einsamen Strecken jener schleswig-holstein'schen Seedeiche, zu deren Füßen bald das Meer mit seinen wilden grauen Wogen brüllt, bald der weite schwarze Wattengrund sich ausbreitet, still, todt, eine große unheimliche Wüste.

In merkbarer Weise jedoch ist aller Aberglaube und mit ihm jeder Hang zum Geheimnißvollen und Schauerlichen vor der immer mächtiger werdenden Bildung von Tage zu Tage im raschen Verschwinden begriffen.

Heimathliche Kulturbetrachtungen.

Auf dem ganzen Gebiete heimathlicher Volkskunde dürfte kaum etwas von größerem Interesse sein als die Beobachtung der Wandlungen in der Anschauung und Lebensweise unserer

Bevölkerung, sowie die Entwickelung ihrer modernen Kultur. Es kommt natürlich darauf an, daß wir solche Beobachtungen vom richtigen Standpunkte aus anstellen, sei es vom eigentlich landwirthschaftlichen oder vom volkswirthschaftlichen. Vertiefen wir uns mit ernstem Forschungssinn in diesen Gegenstand und erheben wir uns dann wieder zu klarem Ueberblicke oder vergleichenden Seitenblicken, so werden wir unser Studium durch eine Fülle überraschender wie belehrender Ergebnisse belohnt sehen.

Eine nur einigermaßen genügende Darstellung solcher Anschauungswandlung und Kulturentwickelung würde indeß zum wenigsten einen ansehnlichen Band füllen, der dann, vorausgesetzt, daß er ebenso trefflich geschrieben wäre, eine Art Seitenstück zu Riehls vortrefflichem Buche: „Land und Leute“ bilden könnte, nur daß man hier in provinzialer Kleinmalerei ausgeführt sähe, was Riehls Werke in größeren und das ganze Vaterland umfassenden Zügen darstellt.

An diesem Orte muß ich mich darauf beschränken, nur durch kurze Andeutungen, Fingerzeige und Hervorhebung von besonders wichtigen Einzelheiten das allgemeine Interesse für diesen Gegenstand zu wecken, sowie den Blick auf richtige Weise dafür zu schärfen und zu lenken.

Der innige Zusammenhang des Klimas und der Bodenbildung einer Gegend mit ihren Kulturerscheinungen pflegt fast überall so klar vor Augen zu liegen, daß meistens ein einziger Blick dafür genügt, Ursache und Wirkung zu durchschauen. Die ursprünglichen und althergebrachten Formen des Hausbaues, der Tracht, der Lebens- und Nahrungsweise und selbst oft die geistigen Eigenschaften des Volkes stehen daher mit der Natur ihrer Heimathsgegend stets in vollendeter Harmonie, und auch ihre Wechselwirkung ist meistens unschwer zu erkennen und zu beurtheilen, da man es hier eben mit etwas Abgeschlossenem und Vollendetem zu thun hat. Ungleich schwieriger aber ist es jedenfalls, das noch im Werden Begriffene zu verstehen, die vielfachen Strömungen und Schwankungen im gegenwärtigen Volksleben zu verfolgen und vor allem schon Ursachen und Wirkungen in ihrem Zusammenhange darzulegen. Denn daß namentlich seit den letzten fünf Jahrzehnten, sagen wir einfach seit dem Jahre 1848, seit der freien Presse und Einführung des Vereinsrechtes, der Schwurgerichte, verbunden mit der ungeheuren Entwickelung des Eisenbahnnetzes und zuletzt mit der Einführung der allgemeinen Wehrpflicht, ein neues ungeahntes Leben unser Landvolk durchdringt und die Wandlungen in seiner körperlichen Lebensweise wie in seinen geistigen Anschauungen im riesigsten Fortschritte begriffen sind, wem, — der nicht geradezu blind wäre, müßte das nicht sofort in die Augen springen?! —

Wann und wo zuerst in unserer Provinz die moderne Kultur und Sitte in das Bauernthum auf entschiedene Weise eindrang, wird heute schwerlich mehr zu ermitteln sein. Nur im Großen und Ganzen dürfen wir annehmen, daß die reicheren Marschen der Elbe und der Weser sowohl wegen ihrer größeren Wohlhabenheit der hohen Geest gegenüber, wie wegen der unmittelbaren Berührung mit Handel und Schifffahrt und namentlich durch die Nähe der großen Kulturcentren Hamburg und Bremen sich jedenfalls am allerersten städtischem Einflusse geöffnet haben und hier wieder weitaus vor allen anderen das Land Hadeln, welches sammt seinem stammverwandten Gegenüber, dem reichen Dithmarschen, überhaupt wohl von allen Marschen in dieser Hinsicht von jeher in erster Linie steht.

Hierbei aber ergiebt es sich auf's klarste, daß keineswegs Handel und Schifffahrt oder die Nähe großstädtischen Lebens allein im Stande sind, eine Bevölkerung zu modernisiren, wenn nicht die ursprüngliche Eigenart ihrer Abstammung dazu beiträgt. Am schlagendsten sehen wir den Beweis davon im Alten Lande im Gegensatze zu den weiter stromabwärts liegenden Marschen. Keine liegt Hamburg so nahe, keine Bevölkerung kommt täglich so sehr mit dessen Leben und Treiben in unmittelbare Berührung, keine verkehrt überhaupt selbst durch Handel und Schifffahrt so sehr mit der übrigen großen Welt, und auch eine erfreuliche Wohlhabenheit herrscht, und endlich, baares Kapital sitzt bei den Leuten wie kaum in einer anderen Marsch, — aber dennoch trotz alledem und alledem, wo ist bei uns eine Bevölkerung, die ihr ureigenes Wesen, ihre alte Einfachheit, die Sitten und Bräuche ihrer Väter, die eigenthümliche Tracht und endlich ihre herkömmliche Denk- und Anschauungsweise mit solcher Zähigkeit viele Jahrhunderte hindurch behauptet hat wie die Altländer? Und warum? Weil es eben keine Niedersachsen sind wie ihre Nachbarn, sondern — wie viele Kennzeichen fast mit Sicherheit vermuthen lassen — eingewanderte Flamländer. Aber auch mit deren Widerstande scheint es vorüber zu sein, denn etwa seit einigen Jahrzehnten sehen wir städtische Mode und Sitte ungehindert ihren Einzug halten, das Alte verdrängend oder umgestaltend. Wenn auch nicht in gleichem Maße hat auch der Friesenstamm sich von jeher stark im Beharrungsvermögen gezeigt, bis etwa um die Mitte des 18. Jahrhunderts sich seine Natur fast plötzlich ändert und nun hie und da in den Marschen, wie z. B. das oldenburgische Butjadingerland zeigt, geradezu in das Gegentheil umzuschlagen scheint. —

Doch das sind Ausnahmen. Leichter als bei niedersächsischer Bevölkerung finden fremdes Wesen, feinere Sitte, wie Komfort und Luxus so willige Aufnahme und sind auch fast nirgends so früh schon eingezogen, denn der Sachse war von jeher nie so mißtrauisch gegen Fremdes wie der Friese oder gar der Altländer. Bemerkt sei hierbei übrigens, daß ich bei dieser Stammunterscheidung vorzugsweise den mir ungleich bekannteren Marschensaum unserer Provinz im Auge habe. Indeß auch auf der Geest verleugnet niedersächsische Bevölkerung nicht ihre Empfänglichkeit, sobald nur der Verkehr der großen

Welt sie berührt und ihr neue Elemente zuführt. Freilich dort in der Weltabgeschiedenheit solcher Dörfer, wie wir sie, umgeben von stillen weiten Haiden, dunkelen Gehölzen und öden Mooren, noch hie und da finden, ist es anders. Hier sind wir wie plötzlich in vergangene Jahrhunderte versetzt. Das moosige Strohdach und die Fachwände von Flechtwerk und Lehmbewurf umgeben noch hie und da die Zustände und Erscheinungen, wie sie für den Kulturhistoriker kaum interessanter sein können. Längst vergessene Volkstrachten treten uns entgegen, ein echt patriarchalisches Wesen vereint Herrschaft und Gesinde Morgens zum Tagewerk, Mittags zu gemeinsamem Mahle und Abeuds um die Flamme des offenen Herdfeuers, wo dann unter dem Schnurren der Spinnräder, und selbst vor wenigen Jahrzehnten noch umleuchtet von der Flamme des Kienspans, Anschauungen laut werden, wie wir sie im zwanzigsten Jahrhundert nicht für möglich halten möchten. Wir stoßen auf einen Aberglauben, dessen Elemente durchaus noch den Zeiten und Menschen angehören, deren zertrümmerte Aschenurnen vielleicht gestern erst Pflug und Spaten wieder ans Tageslicht brachte, und von Sitten und Bräuchen vernehmen wir, die uns wieder mit echt mittelalterlichem Hauche anwehen, wobei ich, um aus unserm Regierungsbezirk etwas anzuführen, z. B. an die lustigen Fastnachtsvergnügungen und vor allem an die Sitte in einigen Dörfern des Amtes Bremervörde denke, wo die reifere Jugend, wenn der Frühling wieder ins Land zieht, ein Ehrenpaar aus seiner Mitte ernennt, die Maibraut und den Maibräutigam.

Aber auch die stillsten und entlegensten Ansiedelungen weiß die moderne Kultur zu erreichen. Unaufhaltsamen Schrittes dringt sie vor, und mit ihrer alles nivellirenden Macht pocht sie dringender und dringender an die Thüren, um Althergebrachtes durch Neues zu verdrängen, sei nun ihr Eindringen ganz allmählich und dem flüchtigen Blicke kaum bemerkbar, oder sei es rasch und im schnellsten Rucke vom Primitiven zum Hochentwickelten, vom einfachen Kienspan bis zur trefflich konstruirten Petroleumlampe. —

Nicht aber diese dem großen Verkehre entlegenen Gegenden sollen uns hier beschäftigen. Vielmehr sei mir gestattet, den Leser in solche zu führen, welche uns näher liegen und gerade durch die Höhe ihrer Kultur uns interessiren, in die Gegenden meiner Heimath, die freien, gottgesegneten Marschen.

Jahrhunderte hindurch war ihre Geschichte eine einzige Kette von Kämpfen und Ringen, sei's mit den Wogen, sei's mit denen, die auf den Wogen kamen, sei's mit herrschbegierigen geistlichen und weltlichen Fürsten. Ruhe und Frieden und Sicherheit, wie sich die weiter zurückliegende Geest deren erfreuen durfte, waren hier unbekannt. Das ging fort bis ins siebenzehnte Jahrhundert hinein, dessen gräßlicher Kampf dreißig Jahre lang das Vaterland durchtobte. Doch gerade dieser hat unsere Marschen am wenigsten berührt. So ist denn auch wohl seit jener Zeit bis um die Mitte des achtzehnten Jahrhunderts im äußeren Aussehen und der Bauart schwerlich irgendwelche Veränderung von Bedeutung vorgegangen, es sei denn, daß etwa nach und nach mit der größeren Sicherung gegen Sturmfluthen, von welchen überhaupt das 17. Jahrhundert eben nicht stark heimgesucht wurde, ein erhöhter Wohlstand und ein Wachsen der Bevölkerung sich bemerkbar machte.

Die große Weihnachtsfluth im Jahre 1717, die entsetzlichste des ganzen Jahrhunderts, welche Tausenden das Leben geraubt, in einigen Marschen die Deiche so zerstört hatte, daß noch drei Jahre hinterher das Land offen lag und ein Sumpf zu werden drohte, mußte da freilich alles wieder in Noth und Elend zurückversetzen. —

Die Deichkosten wurden in einigen Gegenden so drückend, ja unerschwinglich, daß manche auswärts wohnende Besitzer von Marschländereien nach altgesetzlichem Brauche den Spaten in ihr Grundstück steckten. Wer ihn zog, zeigte damit an, daß er bereit sei, das Grundstück für die Deichlasten zu übernehmen. Rüstige Arbeiter zogen manchen Spaten und wurden Grundbesitzer. Ihre Nachkommen gehören sogar zum Theil zu den Reichsten der Bauernaristokratie. —

Indessen hatten gerade diese Jahre auch wieder ihre guten Folgen. Visbeck erzählt in seinem 1798 erschienenen Buche: Osterstade und die Unterweser, es habe sich durch das Offenliegen des Landes der Boden in Osterstade merkwürdig verändert. Während man früher zum Theil nur mit sechs Pferden pflügen konnte, waren hinfort nicht mehr als vier dazu nöthig, was also entweder auf eine Erhöhung oder auf eine Vermehrung des Sandgehaltes des Bodens schließen läßt. Heutzutage pflügt man hier gar mit Zweigespann.

Im Laufe des 18. Jahrhunderts nimmt nun der Ackerbau in allen Marschen den erfreulichsten Aufschwung und hält mit der Viehzucht harmonisch gleichen Schritt. Dann aber bricht in den sechziger und siebziger Jahren die furchtbare Rinderpest aus und vernichtet in einigen Marschen den gesammten Viehbestand, wodurch fortan der Ackerbau natürlich auf lange Zeit weitaus vorherrscht. Das Land Wührden, das nördliche Osterstade, jetzt eine einzige Weidefläche, belebt von Tausenden buntgefleckter Rinder, haben wir uns zu jener Zeit nur als eine fast ununterbrochene wogende Saatenflur zu denken. —

Die altheimische Viehrasse war aber so gut wie ausgestorben. Da holte man von Holland trächtige Kühe zur neuen Aufzucht, die Stammmütter der heutigen Rasse in Osterstade. Noch vor fünfzig Jahren und später unterbrachen goldene Weizenfluren, gelbleuchtende Rapsäcker und duftende Bohnenfelder ungleich häufiger die grünen Weideflächen hier. Bohnen waren in Osterstade weitaus die Hauptfeldfrucht, deren Wichtigkeit selbst lustiger Schmaus und Tanz bei der Ernte bezeichnete. Vor allen ward unter festlichem Jubel auf freiem Felde großes

Rapsdreschen gehalten. Seit Jahren aber hat der Rapsbau völlig aufgehört, seltener und seltener wird die Ernteluft, denn Viehzucht kennt in der Ebene keine Feste, nur in den Alpen giebt's fröhliches Gejauchze bei der Auffahrt und Zitherspiel und Tanz nach geschmückter Heimfahrt von der Alm. —

Mit einziger Ausnahme des Alten Landes haben von jeher sämmtliche Elb- und Wesermarschen das niedersächsische Bauernhaus angenommen, mögen sie friesische oder niedersächsische Bevölkerung hegen. Das mächtige steile Stroh- oder Rohrdach, das große Doppelflügelthor, die langgestreckte Dreschdiele zwischen den Reihen des Hornviehes zu beiden Seiten, der offene Heerd an ihrem Ende, die „Howand" zur Linken des letzteren, jener Raum für die Bettkojen der Mägde, der Speisetisch und die Borte des Küchengeräthes, sowie die Stuben und Kammern, die hinter dem Herde den letzten Theil des Hauses bilden: genug, es ist alles und jedes, wie wir es finden auf der Geest wie in der Marsch, von der Eider bis tief in's westfälische Land hinein, alles wie es schon der alte wackere Justus Möser in seinen patriotischen Phantasien mit so viel Begeisterung, wie er deren fähig war, geschildert und gepriesen hat. Mochten sich auch in den einzelnen Marschstrichen hie und da kleine Abweichungen davon ausbilden, sie blieben doch stets unwesentlich. Die Haupt- und Grundform war und blieb Jahrhunderte lang dieselbe vom großen Bauernhause an bis zur kleinsten Kötnerwohnung.

Endlich um die Mitte des 18. Jahrhunderts treten einige Veränderungen auf. Fast überall bestanden bis dahin die Wände aus hölzernem Fachwerke, das nur mit einem Strecksteine ausgefüllt und höchstens einen halben Fuß dick war, wie solches in Hadeln und Kehdingen noch fast durchweg der Fall ist. In den Wesermarschen beginnt man um die Mitte des achtzehnten Jahrhunderts und seitdem häufiger und häufiger, massive Hausmauern aufzuführen, bis es gegenwärtig die einzig angewandte Bauart ist. Wohnhäuser errichtet man ausschließlich aus massivem Mauerwerke, allenfalls einen Schuppen oder Schweinestall mag man noch hier oder dort aus leichtem hölzernen Fachwerke herstellen.

Endlich gegen das Ende jenes Jahrhunderts fängt man auch an, in größeren Häusern die Wohnung von Menschen und Vieh durch eine am Ende der großen Diele aufgeführte und mit einer Thür versehenen Querwand zu trennen und so einen Vorplatz, „Windfang“ genannt, herzustellen, ein bedeutender Fortschritt in Betreff der Wohnlichkeit. Der offene Heerd, dessen Rauchwolken, bevor sie durch's große Einfahrtsthor ihren Ausweg fanden, zuvor die Würste, Speckseiten und dann die Korngarben auf dem „Balken“ konserviren mußten, wird in die nördliche Howand verlegt, die man ebenfalls durch eine davor aufgeführte Wand zur geschlossenen Küche umwandelt. Zugleich aber und als nothwendige Bedingung dieser Raumveränderung wird die Firstlinie des Hinterhauses durch einen oder mehrere Schornsteine unterbrochen. Und damit beginnt in den Wohnräumen denn auch moderne Kultur und Bequemlichkeit ihren Einzug zu halten, fort und fort sich steigernd bis zur Stufe der Eleganz, wie sie uns heute bei den Hofbesitzern oft in einer Weise entgegentritt, daß kaum ein Unterschied darin zwischen Stadt und Land übrig bleibt, wobei endlich im letzten Jahrzehnte sich zugleich ein Streben zeigt, auch das Aeußere des Hauses, namentlich seine Vorderseite, durch einige architektonische Dekorationen zu schmücken, was wohl zunächst durch jüngere Maurer, die von einer Baugewerkschule kamen, veranlaßt wurde. —

Ein halbes Jahrhundert hindurch steht mir das Bild solcher wachsenden Wohlhabenheit, Sittenwandlungen und Kultursteigerungen klar vor Augen. Ich sah dabei erfreuliche und unerquickliche Erscheinungen auftreten, sah wie man sich neben alter Rohheit und Unwissenheit freilich auch alter guter Sitten und selbst alter Namen zu schämen begann, sah wie äußere Politur und Halbbildung eine widerwärtige unharmonische Mischung von ländlichem und städtischem Wesen erzeugte, und wie endlich gediegenere Bildung und bessere Einsicht und Auffassung der Verhältnisse wieder wahrhaft erfreuliche Erscheinungen darbot. Wenig vom Vorhergehenden ist noch zu beklagen, fast alles Werdende aber zu begrüßen. —

Das Kulturleben der Marschen zeigt eigenthümliche Gegensätze von Luxus und Einfachheit, und schon in alter Zeit mag es das gethan haben, und die kunstvoll geschnitzte Truhe, die noch heute die Freude des Antiquitätensammlers ist, das kostbare Brautkleid der Urgroßmutter von schwerem Seidendamast. das vielfach bewunderte Familienheiligthum, und das gediegene altväterliche Silbergeschirr in manchem Hause werden von je gegen die Einfachheit der übrigen Lebensweise sehr abgestochen haben. Doch schon in meiner Jugend zeigte sich überall ein Streben, solche Gegensätze möglichst auszugleichen. Von all den weitläufigen und umständlichen Gebräuchen bei Hochzeiten, Begräbnissen u. s. w. der alten und reichen Bauernfamilien meiner Heimath habe ich bereits an anderer Stelle dieses Buches geredet. Jene großartigen und wohl gar dreitägigen Feste, zu denen sogar Ochsen geschlachtet und die Bevölkerung auf Meilen in der Runde geladen wurde, sie sind sammt den widerwärtigen Schmausereien beim Einkleiden und Bestatten der Leichen, Gott sei Dank! in den letzten Jahrzehnten ungleich einfacher, stets nur eintägig, aber zugleich trotz den noch immer nach Hunderten zählenden Gästen ungleich anständiger und angenehmer geworden.

In alten angesehenen Marschfamilien hatte sich im Laufe der Zeit ein Ceremoniell ausgebildet, das mit einer Sorgfalt und Wichtigkeit gehandhabt wurde wie in strengster Hofetikette. Noch in meiner Jugend war es Sitte unter befreundeten Familien, sich durch expresse Boten mindestens alle Monate einmal gegenseitig nach dem Befinden erkundigen zu lassen, und ein

Unterlassen desselben würde man als Mißachtung oder absichtliche Entfernung von der anderen Seite aufgenommen haben. Nie besuchte man andere Familien, ohne sich vorher anmelden zu lassen, und alles ging nach Rang, Vermögen und Alter. Nirgends aber trat solch Ceremonienwesen mehr hervor als bei Sterbefällen, wo selbst die Dienstboten in den Häusern der Verwandten noch Zeichen der Trauer anlegen mußten. In der Familie des Gestorbenen aber gab es, ganz wie bei Hofe, eine Tiefstrauer und eine gewöhnliche, eine Volltrauer und eine halbe, je nach dem Verwandtschaftsgrade oder der nach dem Todesfalle verstrichenen Zeit, und im Verhältnisse zum Trauergrade mußte auch das übrige Verhalten stehen, so daß z. B. eine Frau in Tiefstrauer (schwarzes Wollkleid nebst gleichfarbiger dichter Krepphaube) ein halbes Jahr lang durchaus nicht das Haus verlassen durfte, bei Normaltrauer (schwarzes Kleid mit weißer, aber schwarzbebändeter Haube) nur wieder am öffentlichen Gottesdienste und an Beerdigungen theilnehmen und erst, wenn sie mit Violett „abtrauerte“, solches auch in Gesellschaften, d. h. Kindtaufen thun durfte, aber noch nicht an Hochzeiten.

So hatte auch bei den Todesfällen selbst alles und jedes seine feste Form und Regel, deren genaue Beobachtung zu den wichtigsten Angelegenheiten gehörte. Mit großer Anerkennung erzählten mir meine Eltern vom bewunderungswürdigen Sterben einer wackeren Großtante, die, ihrem Ende sich nahe fühlend, alle Hausgenossen vor ihrem Sterbebette versammelte, um ihnen genau und nachdrücklich einzuprägen, was alles bei ihrem Ableben beobachtet werden müßte, welche Rauchfleischstücke, welche Schinken und Hühner man zum „Einkleiden“, welche anderen man zum „ins Holz legen“ (Einsargen), und welche endlich man zum Begräbnisse kochen sollte; ferner, wem der Sterbefall angesagt werden müsse, wer zum Tragen, zum Aufwarten und zum Folgen bei dem Begräbnisse zu laden sei. Und dann erst befahl die Wackere Gott ihre Seele und verschied, dem Feldherrn gleich, welcher, zum Tode wund, noch das Weitere der Schlacht anordnet. —

Wie anders ist das Geschlecht geartet, das heute waltet!

Aber, wie schon gesagt, solch echt aristokratischem Wesen stand auch wieder andererseits eine große Einfachheit der Lebensweise gegenüber. Bis zu den vierziger Jahren etwa waren selbst in den angesehensten Häusern die Wohnräume äußerst schlicht, ja fast kahl und öde zu nennen. Den gedielten Fußboden bestreute man mit weißem Sande und dachte nicht an Matten oder gar Teppiche. Ein paar kurze Gardinenfähnchen von Kattun oder Musselin hingen vor den niederen kleinscheibigen Fenstern, deren Goldlack und Rosenstöcke, jetzt durch seltenere Gewächse verdrängt, allerdings lieblich genug blühten und dufteten. Die Zimmerwände waren meistens noch einfach geweißt oder mit Leimfarbe angestrichen und nur in der Staatsstube mit Tapeten bedeckt, die Balken und Dielen der Holzdecke mit heller Oelfarbe gemalt. Aus Eschenholz bestanden meistens die Möbeln, deren Polster in der besten Stube wohl mit schwarzen Stoffen, Moiree, Damast oder Haartuch, sonst mit Kattun überzogen waren. Ein Sopha, das heute kaum einer Handwerkerwohnung fehlt, sah man nur in den Zimmern der Hofbesitzer, deren Silber- und Linnenschatz meistens die mächtigen messingbeschlagenen Koffer draußen im Hausflure bargen.

Nur das im Hause gezogene flackernde Talglicht leuchtete Abends den Bewohnern, wie der Thrankrüsel mit dem Docht von Binsenmark die „Döns" der kleinen Leute mit trübem Scheine und Qualme erfüllte.

Mit gleich hellem Glanze umstrahlt heute alle des Petroleums Flamme, während nach den etwa noch vorhandenen Lichtscheeren und Krüseln sich bald die Antiquitätensammler umsehen mögen.

Einfach und schwer war von jeher die Hausmannskost in den Marschen, und wenigstens nur aus einem Gerichte bestehend, die Küche der Herrschaft oft nur wenig von der ihrer Leute verschieden, allenfalls etwas sorgfältiger zubereitet und besser gewürzt und geschmälzt. Zu Anfang des vorigen Jahrhunderts, ja bis in meine Jugendzeit hinein, aßen noch manche Familien der Hausleute mit ihren Leuten in patriarchalischer Weise an einem Tische und aus einem Topfe. Das ist längst abgekommen sammt dem gemeinsamen Tischgebete, das sich in den Elbmarschen länger erhielt, freilich ohne deren Bewohner darum frommer erscheinen zu lassen. „Jung' bä!" rief dort jedesmal der Großknecht, sobald das Gesinde um den Tisch saß, und der Schweinejunge plapperte dann, den lüsternen Blick auf die schönen Speckstreifen und mächtigen „Klüten" (Klöße) gerichtet, schnell sein „Vater unser" oder „Aller Augen warten" her.

Verschiedene Dörfer, auch Rechtenfleth, besitzen eine eigene Betglocke, aber so lange ich denken kann, zieht Niemand bei ihrem Klange fromm den Hut, wie es einst alle thaten, wenn der Schullehrer des Morgens, Mittags und Abends läutete, nur ein alter Knecht meines Vaters faltete jedesmal nach der Mahlzeit fromm die Hände und sprach gehobenen Blicks mit feierlichem Tone: „Herr, dein Knecht hat gessen und ist satt worden. Amen." —

Zur Morgenkost bekamen die Leute in Osterstade früher überall eine nahrhafte Milchspeise, süße Grütze oder aufgekochte Milch, in die man Schwarzbrod brockte. Das war ein wohlthuend kräftig Essen, das vorhielt bis zum Mittage. Jetzt herrscht dafür der leidige dünne Kaffee mit Butterbrodsbegleitung, der gar dreimal auf den Tisch kommt: früh Morgens, Vormittags und Nachmittags, oft aber auch noch Abends und so beliebt bei Jung und Alt ist, daß jeder Versuch der Rückkehr zur alten Weise und Speise sicherlich auf große Schwierigkeiten stoßen würde. Die morgendlichen Buttermilchsuppen der oldenburgischen, wie die Mehlklöße der Elbmarschen haben sich dagegen fester behauptet. —

Daß das Schulwesen und die Volksbildung in den Gegenden des rechten Weserufers hinter den oldenburgischen Marschen noch ungleich zurücksteht, ist keine Frage, und wenn überhaupt dort die ganze Kulturstufe eine tiefere ist, haben wir davon nur in dem so lange vernachlässigten Schulwesen den Grund zu sehen. Aber ebenso klar ist, daß wir auch darin seit dem bedeutungsvollen Umschwunge im Jahre 1866 eine neue hoffnungsvolle Bahn betraten. Dazu haben die gewaltigen Ereignisse der letzten Jahrzehnte ein hochwichtiges Bildungsmittel in den Vordergrund geführt, die Zeitungen, die seitdem erst recht Verbreitung fanden. Auch zur Bevölkerung der untersten Schichten brachen sie seitdem sich Bahn, und fast rührend ist es anzusehen, wie sich die Leute zuweilen abmühen, ihre leider fast überall noch unpopulär geschriebenen und von Fremdwörtern strotzenden Artikel durchzustudiren. Nur die Anzeigen und der Neuigkeitsklatsch, die „Eingesandtes", schlagen einen volksthümlichen Ton an. Schon seit Jahren halte ich es für Pflicht, auch für das Gesinde ein gutes politisches Blatt zu halten und versuchte es neben einem Lokalblatte mit der „Hildburghauser Dorfzeitung". Aber auch diese ist längs nicht mehr das prächtige Volksblatt, das sie einst vor 1848 war. Genug, das Herz muß einem weh thun, daß dies kernige und politisch angelegte Volk unserer Marschen noch immer ohne echte Volkszeitung ist. Wer unternimmts, ihm eine solche zu schaffen? —

Wir haben einen Verein für Volksbildung Nordwestdeutschlands; Bremen war bekanntlich der Verlagsort der nordwestdeutschen Volksschriften. Der niedersächsische Volkskalender ist schon eine gesunde Frucht seines Strebens; sein schönstes und segensreichstes Wirken aber wäre, unsere gesammte Land- und Localpresse stets mit guten volksthümlich geschriebenen Aufsätzen zu versorgen.

Als ein nicht minder wichtiges Kulturelement dürfen wir die Volksbibliotheken ansehen. Seit den vierziger Jahren schon besaßen manche Gemeinden im Stad- und Butjadingerlande dieselben, und auch für die meinige versuchte ich eine solche zu gründen. Aber der Erfolg entsprach nicht den Erwartungen. Ueber die Ursachen bin ich noch nicht ganz im klaren und gebe zu, daß der Grund am häufigsten am Lesematerial selbst lag. Der rein belehrende Theil war den meisten wohl zu schwer und zu hoch; der unterhaltende oft eher das Gegentheil, denn die meisten Volksbücher schlugen einen Ton an, wie er wohl für Schulkinder, aber nicht für verständige Marschbauern paßt. Andere Erzählungen waren mehr aus dem Volke als für dasselbe. Ein Bauer aber will zehnmal lieber eine Geschichte aus anderen Kreisen vernehmen als aus den seinigen. Auch an Mangel einer streng gehandhabten Verwaltung lag es oft, daß kein rechtes Gedeihen kommen wollte, und manche Büchersammlung, auch die unsere, ist nach und nach verzettelt und verloren, weil die Leute noch gar nicht vom rechten Ernste der Sache durchdrungen waren. Daß aber ein rechter Marschbauer, und sei er noch so wohlhabend und selbst leselustig, sich aus freiem Antriebe ein Buch verschreibt, das kommt verhältnißmäßig sehr selten vor, denn äußerst ungern giebt er Geld für Bücher aus. Nur durch tüchtige Umherträger ist in dieser Hinsicht etwas zu wirken. Von Oldenburg, Bremerhaven und anderen Orten durchstreifen auch solche zum öfteren unsere Marschen, leider außer ihren illustrirten Blättern nur zu oft die elendesten Skandal- und Sensationsromane unter die Leute bringend. Auf die Gartenlaube, das Daheim und das Familienblatt sollten sie sich lieber beschränken, vor allem ein gutes landwirthschaftliches Blatt unter die Leute bringen — das brächte Segen.

Es ist noch gar nicht lange her, daß man in meiner Heimathmarsch noch allgemein das Vorurtheil hegte, ein gebildeter Landmann könnte schwerlich ein tüchtiger sein. Jetzt ist dies freilich ein überwundeter Standpunkt. Die größere

Selbstverwaltung der Gemeinden, das Institut der Schöffen- und Schwurgerichte, das den Bauer in gebildete Kreise bringt, die stetig zunehmende Verkehrserleichterung durch Landstraßen, Dampfschiffe und Eisenbahnen, welche fort und fort die Marschen ihrer Abgeschiedenheit entreißen, und endlich der gar zu verlockende Einjährigfreiwilligen-Dienst für seine Söhne, genug eine Menge innerer und äußerer Gründe überzeugten ihn von der Nothwendigkeit, seine Kinder noch mehr lernen zu lassen, als auf der heimathlichen Dorfschule möglich ist.

Namentlich jene Militäreinrichtung zeigte sich sofort als der mächtigste Bildungsanlaß und berechtigte zu schönen Hoffnungen. In den ersten drei Jahren der preußischen Besitznahme Hannovers genügten bekanntlich zur Berechtigung des Einjährigendienstes für unsere Bauernsöhne schon die Kenntnisse, wie sie auf gewöhnlichen Bürgerschulen erworben werden konnten. Sofort sandte jeder, der es irgend vermochte, dahin seine Söhne, und ein bedeutender Schritt vorwärts schien sich damit in segenverheißender Weise kundzugeben. Und nicht allein die städtischen Bürgerschulen, sondern auch die landwirthschaftlichen, gegen welche man bislang häufig ein Vorurtheil gehegt hatte, wurden mit einemmale aufs erfreulichste von Söhnen der Marschbevölkerung besucht.

Als nun aber die Prüfungs-Kommissionen nach drei Jahren die Saiten straffer zogen und von den jungen, freien Friesen dasselbe verlangten, was die Söhne der Altpreußen, Rheinländer und Westfalen leisten mußten, machte sich leider in den meisten Gegenden sofort ein bedauernswerther Rückschlag geltend, denn einen gelehrten Bauern, hieß es nun oftmals wieder, wollen wir von unseren Jungen nicht haben, mag er dafür lieber seine drei Jahre Kommißbrot kauen. Namentlich in Osterstade war dies der Fall, ungleich weniger in solchen Marschen, deren heimisches Schulwesen schon früher auf einer höheren Stufe gestanden hatte. Das ist aufrichtig zu beklagen. Soviel aber ist gewiß, würde militärischerseits noch eine erleichterte Zwischenstufe geschaffen, etwa von zweijähriger Dienstzeit, zu der man schon durch den Unterricht der Bürgerschule gelangen könnte, so würde solches für das ganze Landvolk von den segensreichsten Folgen sein, zumal wenn bei der Vorbereitung für eine solche wenig oder gar nicht auf die Erlernung fremder Sprachen gesehen, dagegen aber auf Vertiefung in unserer deutschen Muttersprache, landwirthschaftliche oder technische Fachbildung Gewicht gelegt würde. Sicherlich dürften wir die Freude haben, bald den gesunden Einfluß auf die geistige Hebung unseres mittleren Bauernstandes wahrzunehmen, während ebenso sicher die Heerestüchtigkeit nicht dadurch beeinträchtigt würde.

Ein tief eingewurzeltes Mißtrauen gegen theoretische Landwirthschaft, gegen landwirthschaftliche Schulen, Vereine und Bücher, ja gegen alle von außen her angepriesenen Neuerungen beherrschte lange Zeit die konservative Seele unserer Marschbauern, denn: „Wat Nees is selten wat Godes", heißt ihr Lieblingssprüchwort. Alles, was da auf den Schulen, in den Vereinen und in den Büchern über Landwirthschaft gelehrt und gepredigt wird, mag wohl für die Geest und für das Oberland passen. Wir kennen unsere Marsch durch und durch und wissen besser, was uns dient, als die gelehrten Herren. Auch die meisten neuen Erfindungen und Maschinen sind dummes Zeug u. s. w.

Es ist noch gar nicht lange her, daß man solche Reden in den Marschen hören konnte. Und so ganz ohne Grund sind sie auch nicht, denn dem Bauern würde es wahrlich schlecht bekommen, wollte er alles gleich nachprobiren, was empfohlen und gepriesen wird. Dazu sind auch die Naturverhältnisse in den Marschen zum Theil so eigenthümlicher und von oberen Gegenden so abweichender Art, daß die von außen kommenden Neuerungen allerdings nur mit äußerster Vorsicht aufgenommen werden dürfen.

Aber es ist doch ein unleugbarer Umschwung in der Anschauung eingetreten, und namentlich in der Kultur der echten Kornbaumarschen, z. B. Land Wursten, Hadeln und Butjadingen, ist der erfreulichste Fortschritt wahrzunehmen.

Längere Zeit bewegte sich der Gang landwirthschaftlicher Kultur, namentlich in den Ems- und Wesermarschen, in einer Richtung, die von Westen nach Osten fortschritt. Zuerst wirkte Hollands Vorbild auf Ostfriesland, dieses dann auf Jeverland, von ihm empfing das Stad- und Butjadingerland früher manche Verbesserung, und diese beiden endlich blieben nicht ohne Einfluß auf das gegenüberliegende Land Wührden und Osterstade. Die hannoverschen Elbmarschen dagegen haben sicherlich von der Kultur des jenseitigen holsteinischen Ufers manches angenommen. Gegenwärtig ist jedoch von solchem Kulturgange nichts mehr zu merken.

Ein nicht minderes Interesse als die Beobachtung solcher Kultureinflüsse gewährt es, die Reihenfolge wahrzunehmen, in welcher sich die Steigerung moderner Kultur und geistiger Bildung kundgiebt. Sie beginnt immer mit dem Abwerfen der altüblichen Landestracht und dem Anlegen der modischen, einem Streben, welches rasch bis zur letzten Dienstmagd um sich greift, sobald die herkömmliche Sitte einmal durchbrochen ist. Nach diesem erst kommt dann der Sinn für hübsche und moderne Ausstattung der Zimmer, namentlich der Staatsstuben, welche weniger auf echte Behaglichkeit als auf Putz gerichtet ist. Elegantes Mobiliar und Tischgeräth, feine Fenstergardinen und zuletzt ein farbenleuchtender Fußteppich, das ist es, worauf dann das Hauptstreben der Hausfrau gerichtet ist, leider meistens gepaart mit gründlicher Verachtung der altmodischen Geräthe, mögen diese auch noch so kunstvoll und ehrwürdig sein. Und sollte es nun noch schicklich sein, mit dem alten grüngestrichenen Leiterwagen zu Hochzeits- und Jahrmarktslust zu fahren, wo man von so vielen Leuten gesehen wird? Weg denn mit ihm und einen neuen eleganten dafür, selbst auf die Gefahr hin, daß solcher oft genug zu den alten uneleganten Mähren, die davor sind, einen sehr unerquicklichen Anblick gewährt. —

Und wie der alten Geräthe, schämt man sich zugleich oder bald nachher auch seiner alterthümlich klingenden Taufnamen und ändert dieselben oft auf die unsinnigste Weise. Aus dem „Lüder" wird ein „Ludwig", aus dem „Wierich" ein „Wilhelm", aus „Karsten" „Karl", aus einer „Hedwig" ein Namenmonstrum „Hedewina", und selbst dem friesischen Namen „Almuth" hilft all sein wahrhaft hinreißender Zauber nicht, er muß sich in eine „Alma" verundeutschen lassen.

In gleichem Maße geht es dann mit der hochdeutschen Mundart; das Streben, dieselbe sich anzueignen und einzuführen, tritt in den letzten Jahren immer mehr hervor, so daß auch da, wo das alte, traute Plattdeutsch noch Haus- und Herzenssprache ist, man wenigstens mit seinen Kindern schon hochdeutsch spricht, um sie früh daran zu gewöhnen.

In stetem Kulturfortschritt dauert es nun auch nicht lange, so wird der Sinn für Schönheit der Natur rege. Hat man Freude an Blumen auch schon früher gehabt, so öffnet sich doch jetzt erst das Auge für das eigentliche Zusammenwirken von Farbe und Formen der verschiedenen Baumgestalten und Gebüsche, der Blumen und Blattpflanzen, der Weglinien und Rasenplätze, und bald bezeichnet die innige Freude an der edlen Gartenkunst, daß die Kultur abermals um eine schöne Stufe höher gestiegen ist.

Und hiermit haben wir schon wieder eine Kulturperiode vor uns, in welcher der Marschbewohner in seiner Kleidung, Wohnung, Sprache und Hausumgebung dem Städter so nahe kommt, daß nur ein feinerer Blick die noch vorhandenen Unterschiede herausfindet. Ein ziemlich untrügliches Merkmal echter Geistesbildung wird man in dieser Periode freilich noch oft vergebens suchen, nämlich einen wohlgefüllten Schrank mit wirklich gediegenen und wirklich gelesenen Büchern, die wahrlich eine bedeutsamere Zierde bilden würde, als der schimmernde Porcellan- und Silberschrank oder der ebenso selten fehlende feinpolirte Kasten des Pianinos. Ein Bücherbord aber, der neben Bibel, Gesang-, Andachts- und Thierarzneibuch doch auch schon das Conversations-Lexicon, ein paar Bände geschichtliches und naturwissenschaftliches Inhaltes, sowie Schillers und Reuters Werke aufweist, gehört indeß in den meisten Marschen eben nicht mehr zu den Seltenheiten.

Das offenbare Häufigerwerden solcher Erscheinungen aber begrüßen wir auf's freudigste als ein sicheres Vorzeichen, daß auch jene Zeit nicht allzufern ist, wo der junge Marschbauer es zur Vollendung seiner Bildung für eine Nothwendigkeit hält, wenigstens sein deutsches Vaterland aus einiger Anschauung kennen zu lernen und den Wanderstab zu ergreifen, ehe er sich einen eigenen Herd gründet, mag dafür die Sitte der Hochzeitsreise immerhin nur für die Städter bleiben, und endlich wird sicher als Zeichen der höchsten und schönsten Kulturstufe auch die bildende Kunst einziehen in sein Haus mit herzerfreuenden und herzerhebenden Werken. Er selber aber wird, anstatt der altheimischen Sitten, Mundart und Taufnamen sich zu schämen, nunmehr in vollendeter Bildung zu manchem davon sogar wieder zurückkehren, es liebevoll hegen und pflegen mit gesundem historischen Bewußtsein und warmem Heimathsgefühl, und so wird neben der Liebe zur theuren Heimath noch herrlicher, opferfreudiger die Liebe zum großen Vaterlande wohnen.

Friesische Rechts- und Sprachdenkmale.

Nach Verdrängung der Chaucen durch die Einwanderung der Friesen herrschte natürlich in den Marschen die Sprache der Letzteren, welche gleich dem Holländischen und Flämischen nichts anderes war, als eine Abzweigung des Niederdeutschen in großer Verwandtschaft mit dem Angelsächsischen, ja selbst noch mit dem heutigen Englischen. Wie aber schon erwähnt, ist mit gutem Grund anzunehmen, daß diese Einwanderung nicht in allen Gegenden stattfand, darunter nicht im Lande Hadeln und Kehdingen. Die Urbevölkerung mochte hier stark und tapfer genug sein, sich den Eindringlichen zu widersetzen. Die von den friesischen Marschen bedeutend abweichenden Sitten, das gänzliche Fehlen friesischer Namen und Benennungen, der Charakter der Bewohner, ja selbst ihr Gesichtstypus und noch Anderes deuten auf's entschiedenste darauf hin, daß hier keine friesischen Elemete mitgewirkt haben.

Wie weit die friesische Sprache in den Marschen verbreitet, wo ihre Grenze war und wann sie eigentlich unterging, läßt sich nicht mehr mit Genauigkeit bestimmen.

Die Kämpfe mit den bremischen Erzbischöfen, die vielen bedeutenden Niederlagen und namentlich der Umstand, daß in Folge derselben die Kirchen- und Schulstellen von den Erzbischöfen meist mit niedersächsisch redenden Mönchen besetzt wurden, haben zum Verschwinden das Altfriesischen beigetragen. Schon vor der Reformation scheint das letztere dem Niedersächsischen (Plattdeutschen) ziemlich Platz gemacht zu haben. Im Osterstadischen und im Stedingerlande ist es wahrscheinlich zuerst untergegangen; im Butjadingerlande, im Vielande, vornehmlich im Lande Wursten hielt es sich am längsten. Pratje*) erzählt, daß gegen Ende des siebenzehnten Jahrhunderts noch ganze Häuser und Familien untereinander friesisch redeten und nur in dieser Mundart bei dem Begräbniß der Wurstfriesen

*) Pratje, Altes und Neues aus den Herzogthümern Bremen und Verden. (Aus dem Buchhandel längst verschwunden.) Für fries. Geschichte und Sprache empfehlenswerth: Friesisches Archiv, herausgegeben von Ehrentraut, 2 Bände. Oldenburg. Schulzesche Hof-Buchhandlung.

Rede gehalten werden durfte; ja er sagt sogar, daß noch im Jahre 1740 manche alte Leute im Lande Wursten friesisch gesprochen hätten.

Als die ältesten schriftlichen Sprachreste des Friesenvolks haben wir jedenfalls jene Gesetze anzusehen, die es einst bei seinem berühmten Rechtsheiligthume, dem Upstalsboom, aufgerichtet hatte, die 24 Landrechte, 17 Willküren und 6 Ueberküren (Nachträge zu letzteren), von denen nachstehend eine Probe sammt ihrer wörtlichen Uebersetzung Platz finden mag.

Da sich nun hiebei aber Sprach= wie Rechtsalterthum auf's Innigste berührt, so wird eine Schilderung des Upstalsboom und seiner Versammlungen nicht minder am Orte sein, die nach den Worten in Onno Klopp's Geschichte Ostfrieslands erfolgen mag.

Etwa drei Viertelstunden südwestwärts der jetzigen Stadt Aurich erhebt sich in der Nähe des Dorfes Rahe der Boden schwach und allmählig. Mitten auf dieser sanften Anhöhe liegt ein Hügel in Gestalt eines länglichen Vierecks, etwa 138 Fuß lang, am einen Ende 62, am anderen 44 Fuß breit, mit schräg abgestochenen Seiten, von einem kleinen, kaum einige Fuß breiten, zugewachsenen Graben umringt. Das ist die größte, geschichtliche Merkwürdigkeit des friesischen Landes: der Upstalsboom, wo in grauer Vorzeit die Abgeordneten des friesischen Landes vom Fly bis zur Weser sich versammelten, um Rath zu pflegen über den Schutz des Vaterlandes gegen den äußeren und den inneren Feind. Zwar das älteste Zeugniß für diese Zusammenkünfte ist erst aus dem Anfange des dreizehnten Jahrhunderts (1214) von dem Abte Emo in Wittewerum im Groningerlande; aber eben dieser nennt diese Zusammenkünfte dort eine uralte Sitte. Wahrscheinlich reicht sie sehr hoch hinauf. Daß der Hügel des Upstalsbooms zur Zeit der heidnischen Friesen gekannt war, lehrt uns der Umstand, daß beim Nachgraben dort sich Urnen mit Asche gefüllt gefunden haben.

Die Worte der Ueberküren in Bezug auf diese Versammlungen lauten also:

1. Thiu forme urkere aller Fresena is, thet hia ense
Die erste Ueberküre aller Friesen ist, daß sie einmal
a jera to gadera koma to Upstalsboma, theysdeis and
im Jahre zu sammen kommen zu Upstalsboom, Dienstags in
thera pinxtera wika; anda thet ma thene ther birethe alle
der Pfingst woche; und daß man dann da berathe alle
tha riuchte, ther tha Fresa haelde scolden; ief aeng mon
die Rechte, die die Friesen halten sollen; wenn Jemand
eng riucht betera wiste, thet ma thet lichtere sette
irgend ein Recht besseres wüßte, daß man das leichtere setze
anda ma thet betere heelde.
und man das bessere halte.

2. Thet is thiu other Kere: ieff ther soghen selonde
Das ist die andere Kür: wenn der sieben Seelande
eng urhereth wurde, ayder fon tha Suthersaxa, ief fon
eins verheert würde, entweder von den Südersachsen, oder von
da Nordmanum, sa schellath tha sex tha sogenda to hilpe
den Normannen, so sollen die sechs dem siebenten zu Hülfe
kume.
kommen.

3. Thet is thiu tredde Kera: ief ther en fon tha
Dies ist die dritte Kür: wenn da eins von den
soghen selondum hwelde unhorsam hwirthe, sa scellath tha
sieben Seelanden wollte ungehorsam werden, so sollen die
sex tha soghenda stiura, thet hit al riuchte fare.
sechs dem siebenten steuern, daß es ganz recht fahre (thue).

Es erhebt sich zunächst die Frage nach der Bedeutung des Wortes Upstalsboom. Hier geben uns spätere Gesetze einen bestimmten Anhaltspunkt, indem sie den Richter eines friesischen

Seelandes mit dem Worte upstalling bezeichnen. Der Baum erklärt sich einfach aus der allgemeinen deutschen Sitte, die Versammlungen unter Gottes blauem Himmel, am liebsten in dem Schatten der Eichen zu halten. So wurden die Overysselschen Landtage auch später noch auf dem Schölderberge bei Zwolle gehalten, die Münsterschen auf dem Laerbruche unweit des Dorfes Laer, die Osnabrückischen unter einer großen Linde beim Dorfe Oesede. Der Benennung des Upstalsboomes kommt am nächsten die Staleke zu Hagen (Herzogthum Bremen), d. ist die Gerichtseiche. Der Upstalsboom ist mithin der Obergerichtsbaum des friesischen Landes. Auch sind uns bestimmte Nachrichten erhalten, daß früher auf dem in der Mitte kaum drei Fuß erhabenen Hügel drei Eichen standen, von denen Ubbo Emmius gegen das Ende des sechszehnten Jahrhunderts die eine fast abgestorben noch gesehen hat. Jetzt entdeckt man im Gestrüpp am Boden nur noch drei Stubben, wahrscheinlich die Ueberreste später hingepflanzter Bäume.

Wer nun berechtigt war, als Abgeordneter der Versammlung beim Upstalsboome beizuwohnen, sagen uns die alten Gesetze nicht mit bestimmten Worten: es ist nur die Rede von Consuln oder Geschworenen. Dieses giebt uns jedoch sichere Anhaltspunkte. Die freie Verfassung der friesischen Seelande ist nicht so zu verstehen, als wenn jeder Beliebige, jeder Warfsmann und Arbeiter in den wichtigsten Fragen mitzusprechen und mitzustimmen befugt war, sondern dies Recht knüpfte sich an den Grundbesitz. Auf diesen lag auch hauptsächlich die Pflicht der Landesvertheidigung; denn also bestimmen die friesischen Gesetze: wenn der freie Friese Land zu dreißig Pfund an Werthe hat, so soll er zu der Landwehr ein Pferd und Waffen halten, d. h. Waffen, die dem Reiterdienste entsprechen. Wenn einer Land besitzt zu zwanzig Pfund am Werthe, so soll er durchschlagende Waffen (ein Schwert) haben. Wer ein Erbe besitzt zu zwölf Pfund, der soll Speer und Schild halten; wer aber weniger besitzt, soll Köcher und Bogen halten. Die Weigerung ward bei Allen mit zwei Pfund bestraft. An den Grundbesitz war ferner das Recht gebunden, Richter, d. i. Consul zu sein in der Gemeinde, und wir dürfen wohl annehmen, daß nur der in der Gemeinde Berechtigte zum Abgeordneten nach Upstalsboom erwählt werden konnte; denn die Consules oder jurati, deren die Urkunden von Upstalsboom Erwähnung thun, sind mit den Richtern auch des Upstalsboomes einerlei.

Wir sehen, daß die scheinbare Volksherrschaft durch diese ausschließliche Berechtigung des Grundbesitzes eine bedeutende aristokratische Färbung erhielt. Doch liegt uns keine Andeutung vor, daß das Recht des Zuhörens den Nichtstimmenden versagt gewesen sei. Die Ankommenden begrüßten sich mit den Worten: Ela oder Eala fria Fresena. Spätere Unkunde hat aus dem Worte ela oder eala das Wort edel herausdeuten wollen: es ist lediglich ein Anruf, wie es auch in angelsächsischen Gebeten heißt Ela Drythen, O Herr! (Gott). Die Angekommenen ließen sich auf Rasenbänke nieder und dann begannen nach einem Gebete die Verhandlungen bei steigender Sonne. Wahrscheinlich führten die westerlauerschen Friesen den Vorsitz und stimmten zuerst. Vor dem Hügel liegen zwei lange Aecker, welche, wie man sagt, noch jetzt die Wandeläcker heißen. Auf diesen sollen die Abgeordneten zur Besprechung streitiger Fragen auf- und abgewandelt sein. Es ist wahrscheinlich, daß die Verhandlungen auch mit einem Gebete geschlossen haben. Geistliche waren immer zur Hand; denn nur sie waren des Lesens und Schreibens kundig und deshalb bei allen solchen Zusammenkünften unentbehrlich, zumal, so lange man sich bis ins dreizehnte Jahrhundert hinein zu öffentlichen Schriften und Urkunden nur der lateinischen Sprache bediente. Als nach und nach durch Urbarmachung, durch Schenkungen, Vermächtnisse und Kauf ein bedeutender Theil des Grundeigenthums in die Hände der Geistlichen kam, erlangten sie nicht wegen ihres Standes, sondern wegen dieses Besitzes Sitz und Stimme auf den öffentlichen Versammlungen.

Daß der Abend mit Gelage beschlossen sei, ist nach der Sitte der alten Deutschen höchst wahrscheinlich. Der friesische Geschichtsschreiber Kempius, der freilich auch manche Fabeln und Ungereimtheiten als Wahrheit vorbringt, berichtet, daß der Freund dem Freunde zum Willkommen einen Becher oder ein Trinkhorn dargebracht habe, mit den Worten: Het gild, ela frya Fresa, worauf dieser Bescheid gethan habe mit der Erwiderung: Faer wel, ela frya Fresa, d. i. es bekomme dir wohl, freier Friese. Hierauf gaben sie sich die Hand und küßten sich ohne Unterschied des Geschlechts. Diese Sitte, sagt Kempius, ist bei den Friesen noch lange beibehalten.

Die Versammlungen beim Upstalsboom betrafen den Schutz des friesischen Landes im Allgemeinen; in den einzelnen Bezirken war die Aufrechthaltung des Friedens dem Richter anvertraut, dessen Amt gemeiniglich nur ein Jahr dauerte. Das Amt desselben war umfassend: er verband mit der richterlichen Gewalt bedeutende Befugnisse der vollziehenden. Bei Widersetzlichkeiten stand es ihm zu, einen Hut auf einer Stange zu erheben, und dann waren die Einwohner seines Bezirkes ihm zur „Heeresfolge" gegen den Widerspenstigen verpflichtet. Bei Abend oder Nacht steckte er eine brennende Pechtonne auf und dies war überhaupt das Zeichen einer Gefahr, besonders auch, wenn sich normannische Fahrzeuge auf der See zeigten und mit einer Landung drohten. Dann erhoben sich bald den ganzen Deich entlang diese Feuerbaken und die Friesen, die zu jeder Zeit gegen jene Feinde kampfgerüstet sein mußten, standen alsbald in Waffen und folgten der Führung ihres Richters.

Zunächst war jedoch die Aufgabe des Richters das Rechtsprechen. Von den Gesetzen, nach welchen dies in den einzelnen

Bezirken geschah, ist uns außer vielen anderen der ausführliche Brokmerbrief erhalten.

Es mag lange Zeit gedauert haben, bis die Gesetze aufgeschrieben wurden; in früheren Zeiten wußten die Richter, d. h. die angesehendsten Grundbesitzer, sie auswendig. Daher kommt es, daß die 24 Landrechte, welche allen Friesen gemeinsam waren, sich in sechsfacher Weise finden, je nachdem die Aufzeichnung im Emsigerlande, in Rüstringen, westwärts vom Laubach, in Hunsingo u. s. w. geschah. Alle weichen in Kleinigkeiten von einander ab; dennoch sind die 24 Landrechte ganz dieselben. Auch in der Abfassung selber zeigen sich Spuren, daß man sie früher durch mündliche Ueberlieferung lernte; denn manche von ihnen tragen noch dichterischen Schmuck an sich und vielleicht sind alle früher in solcher Form überliefert. Als Beispiel möge uns das zweite der 24 Landrechte dienen. „Wenn eine Mutter ihres Kindes Erbe, bevor es zu seinen Jahren gekommen ist, nach dem Rathe ihrer Freunde verkauft oder austauscht: so soll dem Kinde, wenn es zu seinen Jahren gekommen ist, die Wahl freistehen, ob es den Kauf oder Austausch genehmigen will oder nicht. Beliebt es ihm nicht, so soll es sich setzen auf seinem eigenen Erbe ohne Streit und ohne Gewalt. Wer dann das Kind anfechten oder berauben will, der verbricht 10 Mark und dem Frohne (Richter des Königs) 3 Pfund, das sind 21 Schillinge. Und alle Leute und der Frohne sollen dem Kinde beistehen, daß es sein Erbe wieder erlange. Das soll geschehen, außer wenn die Mutter die Habe ihres Kindes verkauft hat um dreier Nothsachen willen. Die erste Nothsache ist: wenn das Kind in seiner Jugend gefangen und hinweggeführt wird, nordwärts über die See oder südwärts über die Berge. Dann muß die Mutter ihres Kindes Erbe versetzen oder verkaufen und das Kind lösen und ihm seines Leibes helfen. Die andere Nothsache ist: wenn das Jahr theuer wird und der heiße Hunger über das Land fährt und das Kind

Hungers sterben will: so darf die Mutter ihres Kindes Erbe versetzen und verpfänden und ihrem Kinde dafür kaufen Kuh und Ei und Korn, damit sie dem Kinde seines Lebens helfe; denn der Hunger ist das schärfste aller Schwerter. Die dritte Nothsache ist: wenn das Kind stocknackend und hauslos ist und die Nacht des düsteren Nebels anbricht und der kalte Winter in den Hof hineinglänzt, so sucht Jedermann seine Wohnung und sein Haus und seinen warmen Heerd und das wilde Thier birgt sich in seine Höhle und in einen hohlen Baum, auf daß es sein Leben erretten und behalten möge: dann weinet und schreit das unmündige Kind und zeigt auf seine nackenden Glieder und die Blöße seines Leibes, und klagt, daß sein Vater, der ihm helfen und es schützen sollte gegen den Hunger und den kalten Winter, nun so tief und so dunkel in der kalten Erde, unter den Eichenbrettern mit viel Nothnägeln beschlagen ruht. Dann darf die Mutter des unmündigen Kindes Erbe versetzen und verkaufen, denn sie ist verpflichtet es zu schützen gegen Frost und gegen Hunger."

Von dieser ausmalenden Ausdrucksweise finden sich sehr viele Spuren in den friesischen Rechtsalterhümern, wie z. B. das schöne Gleichniß in den 17 Willküren: „der Priester und der Richter sind die Augen der heiligen Christenheit, sie sollen sehen und helfen Allen denen, die sich selber nicht helfen mögen." — Ein tiefer Sinn ruht in den wenigen Worten, die für jene Zeiten mehr sagen, als für die unseren ein ganzer Band voll Gesetze.

Heutzutage wird das Friesische nur noch im oldenburgischen Saterlande, auf den friesischen Inseln Borkum, Juist, Norderney, Baltrum, Langeroog, Spikeroog und Wangeroog, wie auf den Inseln der Westküste von Schleswig, Sylt, Föhr, Amrum und Nordstrand gesprochen, und auch hier ist es augenscheinlich im Aussterben begriffen, vor Allen auf den ersten sieben Inseln, nicht minder in Nordfriesland.

Selbst die Grabsteine dieser Gegenden aus dem fünfzehnten und sechszehnten Jahrhundert haben schon sämmtlich plattdeutsche Aufschriften, die uralten metallenen Taufbecken lateinische. Inschriftliche Ueberbleibsel altfriesischer Sprache sind mir durchaus unbekannt, und ich zweifle sehr, daß sich davon irgend bedeutende Reste auffinden werden, weil auch schon früh Jedermann, der unter den Friesen zur Intelligenz gehörte und schreiben konnte, sich entweder der lateinischen oder der niedersächsischen Sprache bediente.

Zwei interessante altfriesische Kirchengesänge hat uns indeß der Chronist Ant. Heimreich in seiner „Nordfriesischen Chronik" aufbewahrt, und auch Pratje hat sie im 5. Bande seines Buches „Altes und Neues aus den Herzogthümern Bremen und Verden" abgedruckt, doch sind auch diese nicht mehr rein friesisch, sondern bereits stark mit plattdeutschen Wörtern und Wendungen vermischt und scheinen somit der letzten Periode der friesischen Sprache anzugehören.

Als die einzigen Reste friesischer Sprache sind daher nur einige Benennungen und viele der Vornamen, meistens männliche, zu betrachten, wie wir sie im Jever-, Butjadinger-, im Stadlande und im Laude Wursten am häufigsten vernehmen.

Zunächst folgen im Nachstehenden die noch gebräuchlichsten der friesischen Vornamen.

a) Männliche.

Arp, Addik, Abbo, Addo, Allmer (?) wahrscheinlich gleichbedeutend mit Elimar oder mit Adelmar.

Bolo, Bolko, Bredo.

Campo.

Detlef, Djurk.

Edo, Eido, Eibo, Ecko, Eimer (?), Eilert oder Ehler.

Feddo, Focko, Folkert (?), Franko.

Gerke (?), Gerrit.

Hajo, Hino, Heddo, Hero, Harbert (?).
Jürke, Jolf. — Lubbo, Luddo. — Meins, Nome.
Rolk, Ricklef, Reddo, Redlef, Rickmer, Reemt.
Sebbo, Sibo, Siabbo, Siado, Siebet.
Tanto, Teto, Tammo, Tiark.
Ummo, Ulfert.
Wabbo, Webko, Willo, Wierich (?) (wohl eine Zusammenziehung vom altniedersächsischen Willerich).

b) Weibliche.

Alget, Almuth, Adda.
Eka, Engel. — Freuke.
Imke, Imme (gleichbedeutend mit Emma).
Hemke, Hepke, Hasche.
Meine, Meike. — Sebke.
Tipke, Timke, Theda.
Wupke, Wabbe.

Die mit einem Fragezeichen versehenen Namen möchte ich nicht ohne Weiteres als echt friesisch ausgeben, möglich, daß sie ebensogut saßischer Abstammung sind, da sie auch bei den Bewohnern der höheren Geest gebräuchlich, wogegen man die eigentlichen Friesennamen lediglich in den nördlichen Marschen antrifft, außer, wie schon erwähnt, im Lande Hadeln und Kehdingen. Dagegen ist das Jeverland, das Butjadingerland und das Land Wursten die wahre Heimath der aufgeführten altfriesischen Namen. Pratje führt deren im vorerwähnten Buche noch eine Menge an, die aber jetzt fast alle untergegangen sind. Und auch die noch heute üblichen, besonders die Frauennamen, werden von Tag zu Tag seltener, wie die alte wohlklingende Endung der Männernamen **o** nur noch bei einigen gebräuchlich, bei den meisten dagegen in **e** verwandelt ist, was viel unangenehmer klingt. So sind denn die volltönenden Namen Addo, Bolko, Eko, Feddo, Siabo, Tanto, jetzt zu Adde,

Bohlke, Eke, Fedde, Siade und Tante geworden, eben so sehr das Ohr durch ihre Mattigkeit und Plumpheit beleidigend, wie sie es ehedem durch ihren kräftigen Wohlklang erfreuten. Und wie das **o** der Männernamen ist auch das **a** am Ende der weiblichen zum matten **e** verkehrt und nur wenige, wie z. B. Eka und Theda, haben ihre wohlklingende Endung behalten.

Eigentliche Familiennamen waren bei den Friesen selbst noch bis in's 18. Jahrhundert selten. Der Sohn erhielt zu dem Vornamen seines Vaters nur noch einen eigenen Taufnamen, wie es noch jetzt auf vielen friesischen Inseln Gebrauch ist. Hieß z. B. der Vater Eke Lübbs und man taufte seinen Sohn Siade, so hieß dieser Siade Eks, und der Enkel, wenn er nach dem Großvater genannt wurde, Lübbe Siads oder Eke Lübbe Siads. Das angehängte **s** ist nichts weiter als die Bezeichnung des Genitivs, wie an andere Namen, z. B. an die Namen Haje, Hedde, Tanto im Genetiv ein **n** kam, so daß z. B. der Sohn von Tanto Siebs vielleicht Ricklef Tanten hieß (so viel als der Ricklef des Tanto).*)

Man kann leicht ermessen, welche bunte Verwirrung solche Sitte zur Folge haben mußte und wie ganz besonders, wo es wichtige Erbschaftsangelegenheiten betraf, bei denen oft weitläufige Stammregister in Betracht gezogen werden mußten, die unlösbarsten Verwickelungen oft endlose Processe herbeiführten. Früher oder später machte daher in den verschiedenen Marschen ein Gesetz, wonach jede Familie einen festen Namen annehmen mußte, diesem Unwesen ein Ende, welches in manchen Gegenden bis in's vorige Jahrhundert fortdauerte und auf den Inseln so-

---

Anmerk. Weiteres über diesen Gegenstand enthalten die Abhandlungen von Aug. Lübben, Einiges über friesische Namen in Haupt's Zeitschrift für deutsches Alterthum. 1856 Band X, pag. 293 u. s. w., sowie „Die jeverländischen Personennamen, von Karl Strackerjan.“ (Jever, Verlag von C. L. Mettcker & Söhne, 1864.)

gar heute noch angetroffen wird. Aus den vielen Vornamen wurden nun mit wenigen Anhängseln oder Abänderungen Familiennamen, und so entstanden denn die Lübben, Hodderßen, Peksen, Adikes, Siads u. s. w. der Marschgegenden.

Noch darf hiebei bemerkt werden, daß in der Endungsbildung der Patronymicalformen verschiedene Marschen, obwohl mit gleich friesischer Bevölkerung, doch in eigenthümlicher Weise von einander abweichen. So wandelt z. B. das Stadland und Butjadingen gleich der nordfriesischen Marsch die Vornamen Lübbe, Siade, Ummo, Edo, Peko u. s. w. zu Familiennamen in Lübben, Siassen, Umssen, Eden, Peksen um, während im Lande Wursten dieselben mit einem **s**, als „Lübs, Ums, Eds (Eids), Peks“ erscheinen.

Einige Geschlechter aber finden wir unter den Friesen, die schon früh, vielleicht als irgend eine Auszeichnung, ihre festen Namen behaupten. Zu diesen gehören unter andern die wohlklingenden Geschlechtsnamen mit der Endung **a**, wie z. B. Papinga, Thedinga, Wiarda, Heyenga, Bojunga, Rykena, Brinkama, wie sie uns am häufigsten in Ostfriesland entgegentreten. Auch diese sind indeß fast immer von Vornamen abgeleitet und zwar in einer derartig erweiterten Ausbildung, daß die zweite Silbe die einfache, die dritte aber, das angehängte **a**, als erweiterte Ausbildung erscheint. Demnach wurde einst zuerst nach dem „Papo, Bojo, Hajo, Thedo“ die Söhne Paping, Bojung, Hajeng, Theding genannt, und aus diesen wieder gingen die späteren Nachkommen, als die Papinga, Bojunga, Hajenga und Thedinga hervor.

Charakeristisch sind die Ortsnamen auf **um**, z. B. Dorum, Imsum, Alsum, Mulsum, Midlum im Lande Wursten; Jemgum, Oldersum, Berum, Dornum u. s. w. in Ostfriesland. Deren giebt es eine sehr große Anzahl, und selbst manche, die heutzutage andere Endungen tragen, wie Wremen, Dingen, Norden, hießen in alter Friesenzeit Wremum, Dingum, Nordum. Diese Endung **um** ist bekanntlich die alte Form des Dativ Pluralis, die in noch älterer Zeit **un** war, aber nur bei der Frage **wo** angewandt wurde, wie bei einigen Ortsnamen noch deutlich nachzuweisen ist, z. B. bei **Husum** d. h. zu den Häusern, **Dornum** d. i. zum Dorne und **Sannum** s. v. a. dem Sande.

Als Probe eines gegenwärtigen friesischen Dialects, und zwar der Mundart Nordfrieslands, gebe ich hier eine rührende Dichtung, die uns Hansen in seinem Buche „Das Schleswigsche Wattenmeer" (Carl Flemming. Glogau, 1865) mittheilt: „Das Lied von der treuen Schwester", welches freilich nicht ganz rein von Einwirkungen der benachbarten dänischen Sprache geblieben ist.

Hjö tru Söster hern Song.

Fergeth me ei, min Hertens liwe Bruther.
Wenn Dö der sillest am de Wral.
Wenn Dö der stoust an sjöngess bei din Ruther,
Fergeth me ei!

Fergeth me ei! Dö wist ik ben alline,
Ues Alerne sen bithe düd,
Hal wall ik de as Söster innne tine,
Fergeth me ei!

Fergeth me ei. Dat well ik De nog lowe:
Min Liacht hat barnt tio hiele Nacht.
Mei ik din Witherkämen balde howe?
Fergeth me ei!

Fergeth me ei. Min Liacht dat mei De sede:
Din Söster Elke lawet nog:
Hiö lait an drimd von De der aw de Bede,
Fergeth me ei!

Fergeth mei. Wenn sirme Flage tie,
An spoitet Skömm avert Skap,
Sö wall ek hal for De min Kneble bie,
Fergeth me ei!

Fergeth me ei! O kamm am Godens Walle,
O kamm dog wither ewer Hüs!
Derefter möist din Ruther alltid stalle,
Fergeth me ei!

Wörtliche Uebersetzung.

Der treuen Schwester ihr Gesang.

Vergiß mich nicht, mein Herzens lieber Bruder,
Wenn Du da segelst um die Welt,
Wenn Du da stehst und singst bei Deinem Ruder,
Vergiß mich nicht!

Vergiß mich nicht, Du weißt, ich bin alleine,
Unsre Eltern sind beide todt,
Gern will ich Dir als Schwester dienen,
Vergiß mich nicht!

Vergiß mich nicht. Das will ich Dir noch geloben:
Mein Licht hat gebrannt die ganze Nacht,
Mag ich Dein Wiederkommen hoffen?
Vergiß mich nicht!

Vergiß mich nicht. Mein Licht das mag Dir sagen,
Deine Schwester Elka lebet noch;
Sie liegt und träumt von Dir dort auf dem Bette,
Vergiß mich nicht!

Vergiß mich nicht. Wenn schwere Wetter ziehen
Und sprützen Schaum über's Schiff,
So will ich gern für Dich mein Knie beugen (d. h. beten),
Vergiß mich nicht!

Vergiß mich nicht. O komm um Gottes Willen,
O komm doch wieder her nach Haus,
Darnach (dahin) mußt Du Dein (Steuer) Ruder allzeit stellen,
Vergiß mich nicht!

Das Plattdeutsche hat demnach das Friesische vollständig besiegt oder bis auf einsame Inseln zurückgedrängt und herrscht heute in den Marschen sowohl im reichen Bauernhause, wie in der ärmsten Hütte. Dasselbe spaltet sich, so weit es die in diesem Buche beschriebenen Marschen beherrscht, in zwei Mundarten, wir können sie „Weser- und Elbmundart“ nennen, deren Verschiedenheit vorzüglich auf „Betonung und Aussprache der Vokale“ beruht. Es würde zu weit führen, dies hier ausführlich zu behandeln, weshalb nur Folgendes als Dialektunterschiede. Der Vokal **a** wird in den Wesergegenden sehr dumpf, tief, fast wie **o** oder wenigstens wie ein zusammengezogenes **oa** ausgesprochen (z. B. Woater, Boar, Moand), in den Elbgegenden aber durchaus wie im Hochdeutschen, nur noch gedehnter, ungefähr wie aa; z. B. Waater, Baar, Maand. Das **e** hingegen klingt an der Weser meistens wie **ä**, z. B. Bremen, Regen, stehlen, Weer (Wetter); an der Elbe aber beinahe wie **ei** oder doch zwischen **e** und ei. Der Vokal **i** lautet in beiden Marschen gleich, aber das **o** in der Elbgegend fast wie **au**.

Noch sind diese beiden Dialekte vielfach anderweit verschieden, was dem aufmerksamen Beobachter leicht wahrnehmbar wird, allein Seiten füllen würde, wollte ich darauf näher eingehen.

Treffliche Beobachtungen über die Sprache dieser Gegend finden sich in der kleinen gediegenen Schrift von „Dr. Lübben“*) und in Goldschmidt's**) interessantem Buche voll launiger Bemerkungen und charakteristischer Vergleiche, welche beide in Oldenburg erschienen sind.

---

*) A. Lübben, das Plattdeutsche in seiner jetzigen Stellung zum Hochdeutschen. Oldenburg. Schulzesche Hof-Buchhandlung.

**) Goldschmidt, Lebensbilder aus der Mappe eines deutschen Arztes. Oldenburg. Schulzesche Hof-Buchhandlung.

Das Volkslied und Volkshumor in den Marschen.

Das alte lateinische Sprichwort „Frisia non cantat“ ist bis auf den heutigen Tag wahr geblieben, wie nur irgend eines. Eigentlichen heimischen Gesang, wodurch es Freude und Schmerz kund giebt und wie wir ihn so tief im Süddeutschen, vor Allem im Schwaben und Tyroler eingewurzelt finden, hat und kennt das Friesenvolk nicht. Es fühlt auch nur in seltenen Fällen einen wirklichen Drang zum Singen, das leidet einmal sein unerschütterliches Phlegma nicht. Der Friese ist einmal vor Allem Verstandesmensch, der Verstand aber hat keine Lieder und dichtet keine. Es ist als ob der Friese das Singen wirklich als eine Anstrengung, als ein Geschäft betrachtet. Man hört ihn daher niemals bei der Arbeit ein Lied anstimmen, und wenn einer dabei singt, so kann man fast sicher darauf rechnen, daß der Sänger nicht aus den Marschen stammt. Schweigend sieht man Abends die Arbeiter vom Felde kommen, und mögen ihrer noch so viele sein, stumm und langsam erblickt man sie meistens in einer Reihe hintereinander herschlendern, als gingen sie in einem Leichenzuge. Selbst auf Jahrmärkten und Hochzeiten erklingt nur äußerst selten ein recht fröhlicher Gesang. Die echte Lustigkeit des Marschbewohners spricht sich dagegen bei festlichen, frohen Gelegenheiten, wenn er ein Glas über'n Durst getrunken hat, im lauten Jauchzen (Juchen) aus. Männer und Weiber erheben nämlich mit aller Macht des Leibes und in den allerhöchsten Falsetttönen ein wildes, gellendes, lang anhaltendes Geheul oder Gekreisch, welches namentlich, wenn recht Viele beisammen sind, wahrhaft herz- und ohrenzerreißend klingt und fast etwas Dämonisches an sich hat. Dieses Juchen geschieht auf allen Hochzeiten, wenn das Brautzeug eintrifft oder das Brautpaar zur Kirche begleitet wird, und ist die einzige, echte Lustäußerung des Friesen.

Nur die jüngeren Burschen und Mädchen singen zuweilen

im Winter beim Spinnen oder an schönen Sommerabenden auf den Straßen. Aber schon im ersten Augenblicke hört man es ihnen an, wie wenig echte Liederlust und Liedesleben in ihnen wohnt. Die Mädchen kreischen und arbeiten immer in den höchsten Fisteltönen umher, meistens durch die Zähne singend, während die Männer dieselben mit rauhem Grölen und dumpfem Brummen zu begleiten suchen. An wohlklingenden, ausdrucksvollen Gesang ist nicht zu denken, noch viel weniger fällt es Einem ein, die zweite Stimme anzuschlagen, was gänzlich unbekannt ist. Auch in den meisten Kirchen wird mehr geschrien und gegrölt als gesungen; nur in den oldenburgischen Marschen, wo man sich in den Schulen des Gesanges ziemlich annimmt, ist der Kirchengesang etwas besser.

Die Lieder, die man singt, sind alle hochdeutsche. Orgeldreher hatten bisher den größten Einfluß und bringen jährlich eine Menge „schöne, neue Lieder" auf Jahrmärkten unter das Volk, das dieselben, mögen sie gut oder schlecht, mögen sie noch so fade, unsittlich, ja ganz unverständlich sein, willkommen aufnimmt. Bei dieser Gelegenheit sieht man, daß doch keineswegs bei dem Volke der Sinn für Gesang gänzlich fehlt, wie unvollkommen der Gesang selbst auch bei ihm ausgebildet ist.

So wie nur auf Jahrmärkten ein Leierkasten seine Töne erschallen läßt, steht man sogleich herum, kauft die Lieder, horcht mit großer Aufmerksamkeit auf und quält sich, die neue Melodie nachzusingen. Sehr selten aber halten sich solche Drehorgellieder länger, als bis zum nächsten Jahre, wo andere sie verdrängen. Die Orgeldreher sind die alleinigen Träger des Volks-Gesangs. — Welch' herrliches Mittel nun böten gerade sie, um auf die leichteste Art gute, anregende, sittliche und echt deutsche Lieder, namentlich jene tief gemüthvollen süddeutschen Volkslieder in's Volk zu bringen, dem sie eine willkommene Gabe wären.

Hat doch schon manches wahre Volkslied aus dem Oberlande seinen Weg in die Marschen gefunden und ist hier geblieben. Die verwandten Gemüther verstanden es, fühlten es nach. Ich selbst habe bemerkt, daß schöne Volkslieder, die ich meine Knechte und Mägde lehrte, z. B. „Steh' ich in finst'rer Mitternacht", „Morgenroth", „War einst ein jung jung Zimmergesell", und selbst Lieder in schwäbischer Mundart, wie z. B.: „Jetzt gang i an's Brünele", oder: „Muß i denn zum Städtle 'naus" und andere, sogleich bedeutend mehr Eindruck machten und viel schneller aufgefaßt wurden als die gewöhnlichen, hochdeutschen Orgellieder. Das deutsche Herz ist und bleibt doch immer dasselbe, es verläugnet sich nicht, so weit die deutsche Zunge klingt. Mag es im nebelreichen, wogenumbrandeten Friesenlande schlagen oder auf einsamer, hoher Alm, wo der Giesbach rauscht und der Gletscher blinkt, es bleibt doch immer das deutsche Herz. —

Erst in allerletzter Zeit merkt man eine entschiedene Wendung zum Besseren auch auf diesem Gebiete, theils durch die Pflege des Gesanges in den Volksschulen, theils durch die Anregung, welche der junge Marschbewohner während seiner Militärdienstzeit in der Garnisonstadt erhält, während die schlechten Einflüsse der Orgeldreher sichtlich im Abnehmen sind.

Rein plattdeutsche Volkslieder giebt es hier fast gar nicht, außer einigen sehr kurzen, unbedeutenden Wiegen- und Kinderliedern, die Goldschmidt und Strackerjan*) alle getreulich in ihren Sammlungen aufgezeichnet haben; aber auch diese sind weit mehr auf der Geest heimisch als in den Marschen. Nur ein eigenthümlicher Gesang wäre noch hier anzuführen, der zum „Rammen", beim Wasserbau, von den Arbeitern gesungen wird. Oft sind 20 Mann und darüber bei den Wasserbauten an der schweren Ramme beschäftigt, welche die Balken in den Grund drängt. Hierbei bedient man sich, des gleichmäßigeu Taktes

---

*) Aus dem Kinderleben. Spiele, Reime, Räthsel, gesammelt von L. Strackerjan. Oldenburg. Schulze'sche Hof-Buchhandlung.

wegen, eines plattdeutschen Gesanges. Die Worte sind freilich sehr unbedeutend, enthalten nichts als Aufmunterungen, tüchtig zu rammen, aber die Melodie hat etwas eigenthümlich Ernstes, Weiches und fast Schwermüthiges. So hat auch der Gesang der Matrosen, wenn sie die Winde drehen, eher einen traurigen und melancholischen als heitern Ausdruck.

Die allgemeine Unlust des Friesen am Gesang herrscht durchaus nicht allein beim niederen Volke, sie dringt durch alle Schichten. Ein Beweis dafür sind die Gesangvereine, welche zwar hier und dort existirten, aber nirgends lauer betrieben wurden und nirgends kürzere Zeit bestanden, als gerade in den friesischen Marschen.

Ich habe schon erwähnt, daß der Hauptgrund dieses gänzlichen Mangels an echter Liedeslust vorzüglich darin liege, daß der Friese oder überhaupt der Bewohner unserer Nordküsten kein Gefühls-, sondern ein reiner Verstandesmensch ist. Darum ist kein heimisches Volkslied aus seiner Brust hervorgeblüht*). Aus seinem Kopfe aber kam statt dessen etwas Anderes — die Sprichwörter und die kräftigen, kurzen Schlagwitze, welche fast ausschließlich nur diesen Gegenden angehören. Die meisten derselben sind eine Art ganz kurzer, witziger Anekdoten; aber sie verdienen ihrer oft unübertrefflichen Naivetät, ihrer Eigenthümlichkeit und ihres schlagenden Witzes halber einen nicht unbedeutenden Rang in der deutschen Volksliteratur einzunehmen, wenn auch einige darunter ein bischen derb und verfeinerten Ohren etwas anstößig sein mögen.

Zuerst G o l d s c h m i d t in seinem trefflichen Buche: „Der Oldenburger in Sprache und Sprichwort" (Oldenb. Schulze'sche

---

*) A n m e r k. Daß im Laufe der letzten Zeit nicht auch einige junge Lehrer und andere Gebildete friesischer Abstammung Gedichte verfaßt haben, oder daß hie und da in Städten und Dörfern friesischer Gegenden nicht Gesangvereine bestehen, mag als Ausnahme immerhin zugegeben werden.

Hof=Buchh.), dann Edmund Höfer und Andere haben eine Menge derselben gesammelt, und auch ich kann es nicht unterlassen, mein Büchlein mit einer kleinen Auswahl der kernigsten und witzigsten zu schmücken. — Möge aber der Leser an ihrer allzugroßen Derbheit keinen Anstoß nehmen, sondern bedenken, daß eine solche weit sittlicher ist, als eine versteckte Unanständigkeit oder Zweideutigkeit.

„Is man en Aewergang, sä de Foß, do togen se ehm dat Fell äver de Ohren.“ —

„Alle Bade helpt, sä de Mugg', do pißt se in den Rhin.“ —

„Veele Kopp', veele Sinn', harr de Jung segt, as he'n Wagen mit Buskohl umsmeet.“ —

„Wat olt is dat ritt, harr de Düwel ok segt, as he sin Grotmoder dat Ohr afreet.“ —

„Wat nich all for Geld makt ward, sä de Buur, as he en Apen to sehn kreg.“ —

„Kummt all Dag wat Nees op, harr de Jung segt, do schull he beden.“ —

„Renlichkeit is de Hauptsak, sä dat ole Wiw, do tog se alle Wihnachen Abend ehr Hemd um.“ —

„Dat hadde ik mal dohn schullt, sä de Jung, as de Schwalk in de Sopp sch . . . .“ —

„He is so ehrlik as Jan Fink, de let Niks liggen als Möhlsteen' und gleunig Isen.“ —

„He is so egensinnig als Jan Fink, de schull an'n Galgen un wull nich.“ —

„Elk Ding hett sin Wetenschop, sä't ol Wiw, do pust se dat Lucht mit'n . . . . ut.“

„Ei is'n Ei, sä de Pap, do grep he aber doch na't Goseei.“ —

„Wer kann gegen de Obrigkeit, sä de Deern, as se van'n Nachtwächter in'n Weken schull. —

Tief eingewurzelt und verwachsen sind diese eigenthümlichen Sprichwörter im Volke und werden bei jeder Gelegenheit angebracht. Aehnlicher Art sind gewisse feststehende Vergleichungen, deren man sich bedient, um irgend etwas treffend zu bezeichnen. Ich will hier nur einige davon anführen. Z. B.: He schreet als'n Elk (Iltis); he schweet as'n Bull; he blott als'n Swin; he loppt als'n Tüt (Regenpfeifer); he sutt ut als'n Swinegel; he steit to als'n Haaruhl; he freet als'n Smitt oder als'n Ketelflicker; he wer so natt als'n Katt; he awanseert als'n Lus opp'n Tärquäst; he waßt na'r Grund als'n Kohsteert; he hett't in'n Munn als't Kattekerken (d. h. Eichhörnchen) in'n Steert.

Ueberhaupt bewegt sich das hiesige Volk gern in stehenden Redensarten.

Die Sprachverhältnisse unserer Gegenden sind in letzteren Jahren vielfach der Gegenstand reger Aufmerksamkeit gewesen. Namentlich ist lang und breit über die Frage geredet und geschrieben worden, ob sich das Plattdeutsche behaupten könne und müsse, oder nicht. Eine Menge Angriffe hat die plattdeutsche Sprache in letzter Zeit aushalten müssen, aber auch manchen warmen Vertheidiger hat sie gefunden.

Goldschmidt in Oldenburg, dieser gründliche Kenner derselben, hat sie sogar am heftigsten bekämpft, rief aber einen wahren Sturm des Unwillens hervor.

Mag man nun sagen, was man will, mag man das Traute, das Treuherzige, das Anheimelnde oder das Kernige des Plattdeutschen hervorheben, oder mag man warnend ausrufen: „Nehmet ihr dem Volke die Sprache, so nehmt ihr ihm die Seele!" — man wird dennoch bei reiferem Nachdenken immer darauf zurückkommen, daß der Sieg des Hochdeutschen nur zum wahren Heile des Volkes gereichen kann.

Ein ganz anderer Fall würde vorliegen, wenn die plattdeutsche Sprache wirklich die allgemein herrschende, d. h. auch die Sprache der Schrift, der Schulen, Kirchen und Gerichte wäre. So lange aber das Volk in seiner Herzenssprache, worin es denkt und lebt, nicht auch seine Predigten empfängt, seine Kirchenlieder singt, seine Bücher und Zeitungen liest, seine Briefe schreibt, seine Gesetze und Verordnungen erhält und seine Richter sprechen hört, so lange wird sich immer das schroffste Mißverhältniß herausstellen und damit ein wahrer Hemmschuh geistiger und politischer Bildung gegeben sein.

Uebrigens kommt auch das Volk selbst immer mehr zur Einsicht, wie mißlich es ist, daß in dieser Sprache geredet, in jener geschrieben wird, und mancher Bauer fängt bereits an, wenigstens mit seinen Kindern, hochdeutsch zu sprechen. In vielen Häusern ist dies schon seit Jahren Sitte, und man spricht plattdeutsch entweder nur mit den Dienstboten, oder wenn man einmal einen behaglichen zutraulichen Ton anschlagen will. Denn der Bauer fühlt die Ueberlegenheit des sich in der hochdeutschen Mundart Bewegenden nur zu sehr, zumal wenn er vor dem Herrn Amtmann steht und so gerne reden möchte, wie's ihm um's Herz ist. Ist es da nicht natürlich, daß es sein dringendster Wunsch wird, seine Kinder sprachlich gewandter zu wissen? — In größeren Orten und namentlich in den Städten hat die plattdeutsche Sprache seit den letzten Jahrzehnten in auffallender Weise abgenommen. Noch gegen das Ende des 18. Jahrhunderts ward z. B. in Bremen und Oldenburg, selbst in den angesehensten Familien, durchweg nur plattdeutsch gesprochen. Heutzutage ist es nicht nur in jenen Kreisen gänzlich, sondern sogar auch bei vielen Handwerkern bereits abgekommen. Und es muß untergehen und wird untergehen, sei es über kurz oder lang. Es fehlt einmal der einzige Haltpunkt, die Schrift. Mit der wachsenden Kultur und Bildung dringt das Hochdeutsche siegend und unwiderstehlich vorwärts. Recht gut kann noch ein Jahrhundert und vielleicht noch mehr Zeit bis dahin verfließen, eines Tages aber wird das

Plattdeutsche — wie sein Vorgänger, das Friesische — unrettbar verschollen sein, trotz Klaus Groth und Fritz Reuter.

Politische Zustände.

Ein paar Worte über die politischen Zustände der Marschen mögen hier ihren Platz finden.

Bekannt ist, daß in alten Zeiten die unumschränkteste Freiheit blühte. Die Verfassung war allenthalben echt demokratisch und hat sich in manchen Marschen trotz mehrmals wechselnder fremder Herrschaft so zu erhalten gewußt. In den meisten Friesenländern hat sich niemals ein mächtiger Adel aufthun können. Im Jeverlande, im Butjadingerlande, im Lande Wursten und Vielande, ferner im Lande Wührden finden wir vom alten, heimischen Adel kaum die kleinste Spur. Eine Menge ältester Gesetze und „Willkören" gehen darauf hin, diese Freiheit zu erhalten und für jegliche Gefahr zu sichern. So durfte in alten Zeiten kein Friese sich ein Haus von Steinen bauen oder Mauern anlegen; nur die Kirchen, diese Burgen des Landes, waren starke Steinbauten. Häuptlinge (Hövetlinge) gab es allerdings, anfangs nur auf zeitlebens gewählte, später auch mit erblicher Würde bekleidete; aber ohne den Willen des Volkes konnten sie weder Krieg anfangen noch Bündnisse schließen und jeder Beschluß (Pact) wurde im Namen des Führers und der Gemeinde (Mene oder Mennte) ausgefertigt. Im Kehdingischen, wie in Osterstade treffen wir zwar Adel, dieser aber ist nicht aus dem Volke hervorgegangen, sondern theils später eingewandert, theils stammt er von Rittern, denen die siegreichen Erzbischöfe von Bremen die Höfe besiegter und erschlagener Bauern schenkten, um sie für geleistete Dienste zu belohnen.

Ein echtes Feudalwesen mit seinen Hörigen, Hintersassen, Frohnarbeitern, jagd- und gutspflichtigen Meiern, wie wir es im deutschen Oberlande oder in Mecklenbnrg, Pommern u. s. w. finden, hat sich darum selbst in diesen Marschen nie recht ausbilden können. Vollends in den friesischen Strichen weht einmal eine Luft, die dem aristokratischen Elemente nicht behagt. Es kann deshalb nirgends ordentlich auftauchen und ist, wenn auch nicht gerade überall erloschen, so doch zumeist im Stadium des Untergangs.

Der ärmste Taglöhner wie der reichste Bauer ist hier gleich frei und unabhängig und braucht sich, wenn er nur dem Staat seine Steuern entrichtet hat, weiter um keinen andern Menschen zu kümmern. So etwas konnte denn wohl einen gewissen Stolz und ein Selbstgefühl hervorrufen. Wie hoch man einst die Freiheit schätzte, bezeugt sowohl der alte berühmte Wahlspruch der Friesen: „Lieber todt als Sklav“, als auch die Sitte des Grußes: „Heil freier Friese!“ (Eala frya Fresena!)

Auf großen Volksversammlungen berieth man sich über allgemeine Angelegenheiten. Meistens fanden diese bei den Kirchen oder an gewissen Plätzen, häufig unter bestimmten alten Bäumen statt. Schon besprochen ist der berühmte Upstalsboom der Ostfriesen bei Aurich; sodann die Staleke der Osterstader, die im Bremischen Dorfe Hagen stand; im Lande Hadeln versammelte man sich am „Warnings“, im Lande Kehdingen auf einem Platz, der „Schinkel“ genannt wurde; im Lande Wührden und Stedingen hielt man die Volksversammlungen in der Kirche ab.

An solchen Orten wurde auch Gericht gehalten. Vom gesammten Volke gewählte Schultheißen, Schöffen, Gräfen, Voigte, Findungsmänner, Belehnte oder wie sie in den verschiedenen Strichen hießen, waren die Richter, die Geschworenen und Vorsitzenden.

Fast überall galt das altfriesische, im Rustringer Asegabuch enthaltene Landrecht, doch gab es mitunter auch ganz verschiedene Einrichtungen, eigene Rechte und Ordnungen in den einzelnen Marschen. Ja selbst einzelne Ortschaften waren darin verschieden, namentlich in späterer Zeit, wo immer durch neue Willkören das alte einfache Asegabuch verändert wurde. Vieles davon ist im Laufe der Zeit und im Wechsel der Oberherrschaft theils bedeutend umgestaltet worden, theils untergegangen; manches aber blieb trotz aller Stürme und Veränderungen viele Jahrhunderte lang unerschüttert, und manche bewährte Einrichtungen sehen wir noch bis auf die jüngste Zeit in der ungetrübten Reinheit ihrer echt demokratischen Anlage und Freiheit fortbestehen.

Auswanderung.

Obgleich zwei bedeutende Ausgangspunkte deutscher Auswanderung, Bremen und Hamburg, so nahe liegen, hat sie doch in den Marschen verhältnißmäßig geringe Bedeutung erlangt. Auswanderung in Masse, wie sie im mittleren und südwestlichen Deutschland zu finden ist, kommt gar nicht vor. Es zieht wohl hier und dort eine Familie nach Amerika, doch ist und bleibt das immer ein seltener Fall. Dagegen gehen sehr viele junge Leute, oft nur eben der Schule entwachsen, hinüber, meistens nach New-York, vor dem amerikanischen Bürgerkriege auch nach Charleston, treten hier als Ladendiener in ein Store, gründen bald selbst ein neues oder kaufen ein solches und sind fast immer in kurzer Zeit gemachte Leute, und Einer zieht und lockt den Andern nach; der Eine läßt auf seine Kosten seine daheimgebliebenen Brüder, der Andere seine Vettern und Freunde nachkommen, und so dehnt sich dieses Fortziehen immer weiter aus. Am häufigsten ist Solches wohl in den Marschen des rechten Weserufers der Fall.

Bei Manchen jedoch regt sich später, wenn sie wohlhabend geworden, die Sehnsucht nach der alten lieben Heimath; sie kehren in ihr Marschdorf zurück, kaufen Land und werden Bauern, oder fangen irgend ein anderes Geschäft an. — Einst ging aus den Marschen des rechten Weserufers ein anderer Zug junger Leute nach London, um sich Geld in den dortigen Zuckerraffinerien zu verdienen, die fast nur von deutschen Arbeitern betrieben wurden. Es wanderten später aber nur noch solche hin, die nicht das Geld zur Reise nach Amerika besaßen, meistens junge Knechte, und selbst dieses hat jetzt aufgehört. Ohne Frage wird die heimische Arbeitskraft in diesen Marschstrichen leider von Jahr zu Jahr geringer, so daß jetzt schon die große Mehrzahl der Knechte aus der Wesergegend oberhalb Bremen und weiter ersetzt werden mußte. Viele von diesen blieben hier und gründeten eine Familie. So kam und kommt noch heute immer mehr sächsisch Blut in die einst so rein friesischen Marschen.

Zur besonderen Charakteristik des Marschlebens. — Das Bild eines echten Marschhofs.

Jene geringschätzende Vorstellung, die leider im größten Theile Deutschlands mit dem Worte „Bauer“ verbunden ist, kennt man in den Marschen nicht; denn hier ist Gottlob der Bauer nicht herabgesunken, weder in schmachvoller Knechtschaft einzeln bevorzugter Geschlechter, noch in Schmutz, Elend und Kleinwirthschaft.

Daher hat er auch nichts von dem ehrerbietigen, demüthigen und geschmeidigen Wesen seiner Brüder in Mitteldeutschland, und während man anderwärts sich des Namens Bauer schämt und tausendmal lieber Landmann, Landwirth oder gar Oekonom heißen will, hört man den reichsten Hofbesitzer der Marsch noch immer, ja heut zu Tage mehr als je, mit Stolz und Selbstgefühl sein „Ick bin Bur!“ ausrufen. —

In Osterstade heißen diese freien Marschbauern, die seit uralter Zeit ihre Höfe zu vollem Eigenthum haben, so daß sie nur der Landesregierung untergeben und steuerpflichtig sind: „Erbegsen oder Erbexen.*) Für gewöhnlich theilt man die Marschbewohner jetzt in Hausleute und Köthner. Um Hausmann zu sein, bedarf es eines gewissen Grundbesitzes, dessen Größe in jeder Marsch verschieden ist.

In den friesischen Marschen herrscht das reine Blut fast nur bei diesen Hausleuten, und allein unter diesen haben sich alte Namen und Geschlechter des Landes erhalten, während von den übrigen minder Vermögenden der größte Theil aus Fremden besteht, die einmal als Knechte oder Handwerker eingewandert sind und sich niedergelassen haben. Manche derselben oder deren Nachkommen, haben sich aber auch zu wirklichen Hausleuten emporgearbeitet, so daß ganz reinen Stammes eigentlich nicht eine Marsch mehr ist. Eine solche allmählige Einwanderung fremder Elemente findet fort und fort statt.

Käthner, Köthner, plattdeutsch Köther, werden Diejenigen genannt, die nur weniges Land frei eigen besitzen. Alle Uebrigen aber, die nicht einmal ein eigenes Haus haben, heißen „Häuslinge“. Diese nehmen fast nirgends Theil an den Wahlen und Verhandlungen, sie bezahlen hie und da ein Schutzgeld, haben am Gemeindevermögen keine weiteren Rechte, aber auch meistens keine Gemeindepflichten und sind also auf ihre Weise wiederum Freie zu nennen.

---

*) Dieses Wort scheint vom altfriesischen „Asega“ (Richter) abzustammen, denn das Asegabuch (Richtbuch) wurde in der Volkssprache auch wohl Agsbuch genannt und jeder freie Bauer konnte zum Asega gewählt werden. Eine Verwandlung des Lautes a in e, also ags in egs, war leicht möglich. —

Die Hausleute bilden den ersten Stand, die Aristokratie des Landes. Nur sie werden in der Regel zu Deichgräfen, Vögten und Belehnten, Kirchen- und Landesvorstehern, Deputirten, Juraten und andern Würden erwählt, und manche solcher Aemter haben sich von Generation auf Generation in gewissen Geschlechtern lange Jahre hindurch erhalten, ohne doch erheblich zu sein, indem der Sohn nur deshalb zur Nachfolge gewählt wurde, weil der Vater sein Amt so gut und brav verwaltet hatte.

Endlich, um solch echt adligem Wesen vollends das Gepräge zu verleihen, führen viele alte Bauerngeschlechter seit Jahrhunderten ihr nach allen Regeln der Heraldik ausgebildetes Wappen, davon überall Kirchstühle und Grabsteine in die Augen fallende Beweise bieten, und selbst Wappensagen haben sich gebildet, von denen freilich manche wieder so gut wie verklungen sind. Eine der schönsten und bedeutsamsten aber ist uns zum Glück durch den alten, weit und breit im Hannoverschen bekannten Hauptmann Böse zu Bederkesa*), der sie von alten Bauern im Lande Wursten hörte, aufbewahrt, und dem ich sie mit seinen eigenen Worten nacherzähle.

---

*) Anmerk. Der „alte Böse", wie man ihn gewöhnlich nannte, war wohlhabender Kaufmann in Bremen, bildete und rüstete um 1813 auf eigene Kosten ein Jägercorps aus, wirkte später auf seiner schönen Besitzung zu Bederkesa als intelligenter Landwirth und eifriger politischer Agitator, sowie als Ständemitglied im hannoverschen Verfassungskampfe gegen das unrechtmäßige Gewaltverfahren des Königs Ernst August 1837 und die folgenden Jahre, darauf mit gleich jugendlichem Eifer für die Sache der Freiheit und des Vaterlandes im Jahre 1848 und blieb auch später noch, da er sich längst vom öffentlichen Leben zurückgezogen hatte, der warme und wahrheitsliebende Freund und Rather des Landvolks. Er war ein Idealist reinster Art, voll seltsamer Eigenthümlichkeiten, aber jeder Zoll ein Ehrenmann. — Siehe meine Schrift: Hauptmann Böse. Ein deutsches Zeit- und Menschenbild. (Bremen. Schünemann. 1884.)

Bei mehreren dieser alten Bauernwappen nämlich ist der Schild senkrecht in zwei Hälften getheilt, von denen die eine in goldenem Felde einen halben Adler führt. Auch das alte Wappen meines Geschlechts ist von dieser Art, und der Adler ist nichts anderes, als das Zeichen des alten deutschen Reichs, und zwar in folgender Veranlassung:

„Als Kaiser Friedrich der Rothbart seinen ruhmvollen Zug nach Rom unternahm, gesellte sich eine Anzahl junger Friesen aus den Marschen zu seinem Heere, die baten, daß er ihnen gestatten möge, mitzuziehen und mitzukämpfen unter seinen Bannern, und er gewährte es gern.

Und Alle thaten sich hervor, daß Keiner im ganzen Heere tapfrer war als sie. Darum reihete er sie ein in seine Leibwache. Und in Rom brach eine Verschwörung gegen sein Leben aus, den treuen Friesen aber verdankte er allein seine Rettung. Da wollte er sie Alle zu Rittern schlagen. Stolz jedoch lehnten sie ab und sprachen: „Lasse das, Du ehrst uns nimmer damit. Halten wir uns doch schon höher an Rang und Ruhm als Deine Ritter, sintemal wir unser Land schon dem Meere abgerungen und in Besitz hatten, ehe Einem von Jenen Eins zum Lehen gegeben war.“ Da freuete sich der Kaiser ihres Stolzes und sprach zu ihnen: „So ich Euch denn anders nicht ehren kann, möget Ihr fortan des Reiches Adler in Eurem Schilde führen zum Gedächtniß, daß Ihr so wacker mitgekämpfet zu des Reiches Ehre.“

Das ist die Sage vom Adler der Bauernwappen. Wie viel von ihrem Inhalt vor dem Historiker bestehen kann und ob überhaupt die Sage selbst sehr alt ist, mag dahin gestellt bleiben. Weit eher ist anzunehmen, daß jene Bauerngeschlechter den Adler selbst für ihr Wappen wählten, um dadurch aller Welt, namentlich aber dem Erzbischof von Bremen trotzend, zu zeigen, daß sie vor Allem zu Keiser und Reich hielten. —

Am meisten treffen wir solche adlerführende Wappen im

Lande Wursten an, doch findet es sich auch bei einer hadler Familie, und in Osterstade endlich führt den Reichsadler mein eigenes Geschlecht.

Zuweilen sind diese Bauernwappen auch sog. redende, d. h. den Namen bildlich darstellende, wie z. B. das Wappen der alten Osterstader Familie Beckhusen, welches einen Bach (plattdeutsch Bek) und ein Haus enthält. In andern findet sich die französische Lilie, ganz gebildet wie bei den Bourbons, und sehr häufig sind Haus- und Hofmarken in diese Wappen aufgenommen. — Vieler dieser alten wappenführenden Geschlechter sind bereits längst erloschen und nur die moosigen Grabsteine erzählen von ihnen, andere haben es lange vergessen, daß ihre Vorfahren es darin den Edelingen gleich thaten, und nur wenige halten ihre alten Familienzeichen noch hoch in Ehren und führen sie im Ring und Siegel.

In den Zeiten, da es bei den Friesen noch keine festen Familiennamen gab, sondern die Söhne als Zuname den Genitiv vom Vornamen der Väter führten, mußten daher jene feststehenden Wappen von der größten praktischen Bedeutung sein, denn in der Namensverwirrung bei ausgebreiteten Geschlechtern boten oft nur sie, z. B. in Erbschaftssachen, den einzigen Anhalt. Als aber im siebenzehnten Jahrhundert diesem Wirrwarr durch Einführung fester Familiennamen ein Ende gemacht wurde, verloren die Wappen mit ihrer Bedeutung auch bald sich selber. —

Ein Gleiches geschah im vorigen Jahrhundert mit den zum Theil wohl noch mit der altgermanischen Runenschrift zusammenhängenden Haus- oder Hofmarken, welche bis dahin in den Marschen, friesischen wie niedersächsischen, sehr üblich waren. Sie bestanden, wie bekannt, meistens aus Zeichen und Figuren, die leicht in Holz zu schneiden, durch ein paar gerade oder sich durchschneidende Striche gebildet waren. Während nun das Wappen dem ganzen Geschlechte eigen war, hafteten diese Marken dagegen, wie schon ihr Name andeutet, nur dem Hause oder dem Hofe an, d. h. wenn sie nicht ein Theil des Wappens waren. Mit ihnen wurden alle größeren Haus- und Ackergeräthe gemerkt, sodann der zum Hofe gehörende Kirchenstuhl, und denen, die des Schreibens unkundig waren, dienten sie sogar hie und da als Namensunterschrift. In einigen Gegenden

Bauernwappen und Hausmarken in den friesischen Marschen.

Deutschlands, z. B. auf Rügen, sollen sie noch heute bei den Bauern zur Bezeichnung ihres Eigenthums in Gebrauch sein, gleichwie auch ja noch in der Handelswelt alte Häuser ihre zu versendenden Kisten und Ballen mit ähnlichen Marken versehen, und nicht minder nahe verwandt sind ihnen die Steinmetzzeichen an den Domen des Mittelalters.

Jetzt sind, wie gesagt, jene Hofmarken in den Marschen völlig abgekommen und nur an den alten Kirchenstühlen stehen sie noch, indeß ohne alle Bedeutung für die Gegenwart.

Nebenstehende Abbildung stellt sechs dieser alten Bauernwappen dar und zwar oben von der Linken beginnend zuerst das des osterstadischen Geschlechts Illies (Hausmarke von drei Kleeblättern umgeben), sodann das der Allmers (Adler und weiße Rose in Roth), darauf das Geschlecht der Morisse (osterstadische Hausmarke); in der unteren Reihe hierauf zur Linken das der wurstfriesischen Familie Siads? (Adler mit drei rothen Rosen im weißen Felde), in der Mitte das Wappen der Sebben (Lilie, drei Sterne und Tannenbaum, Osterstade), endlich unten zur Rechten das der wurster Familie Adikes (Reichsadler und Pfeilspitze). Warum einige dieser Bauernwappen mit der fünfzackigen Krone geschmückt waren, ist noch zu ergründen.

Zuletzt führt der Holzschnitt einige in den Marschen üblich gewesene Formen von Hausmarken vor.

In den Marschen des rechten Weserufers, ebenso in den meisten Elbmarschen wird der Hausmann von seinen Leuten einfach mit „Herr“ angeredet. „Herr watt schall ik dhon“, fragt also der Großknecht den Brotherrn, dessen Gattin sich „Fro“ und in selteneren Fällen auch wohl „Madam“ nennen läßt. Zu kleinen Bauern sagen die Dienstboten „Werth“ (Wirth) oder nennen sie schlechtweg bei ihrem Namen. — In den oldenburgischen Marschen dagegen wird jeder, auch der reichste und angesehenste Hofbesitzer, von seinen Knechten und Mägden nur bei seinem Zunamen gerufen, fast immer ohne das Wort Herr oder irgend sonst einen Titel. —

Wohl nur die Bevölkerung Nordfrieslands und der abgelegenen Inseln und Halligen wohnt in Häusern, deren Bauart, dargestellt durch nachstehende Zeichnung, wir als wirklich uralt friesisch ansehen dürfen. In den ältesten Zeiten herrschte wahrscheinlich diese Bauweise auch in unseren Marschen, welche indeß mehr für Fischer und Schiffer geeignet, für Viehzucht und Ackerbau jedoch ungleich weniger praktisch war.

Als aber die Marschbewohner die ersten Perioden ihres Fischer-, Schiffer- oder Piratenlebens überwunden hatten, als jenes abgesonderte Insel- und Halligdasein aufhörte, als schon gemeinsam angelegte Deiche das Land schützend umgaben und

Nordfriesisches Haus mit Scheune.

die Bewohner des nun gesicherten fruchtbaren Landes anfingen, erst Viehzucht und dann Ackerbau zu treiben, konnten die kleinen altfriesischen Häuschen nicht mehr genügen, und es war nichts natürlicher, als daß man nun die Häuser des Nachbarvolkes, die schon für Ackerbau und Viehzucht eingerichtet waren, zum Muster nahm und hie und dort, vielleicht mit wenigen Abweichungen, eben solche erbaute. Unsere Nachbaren aber waren die Niedersachsen, und so ist denn die ganze Bauart in den Weser- wie Elbmarschen, mit Ausnahme des auch sonst so merkwürdig abweichenden Altenlandes, als eine niedersächsische zu betrachten. In einigen jetzt friesischen Marschen konnte es aber auch so gewesen sein, daß die Friesen bei ihrer Einwanderung hier schon niedersächsische Bauart vorfanden und solche nachahmten, wenn nämlich, wie von Halem in seiner Geschichte Oldenburgs meint, einst zu den Zeiten Hengist's und Horsa's die niedersächsische Bevölkerung dieser Gegend durch Auswanderung nach England den von Westen vordringenden Friesen Platz machte.

Bis auf den heutigen Tag wohnt daher der Marschbauer, nach uralt traulicher Sitte, mit seinem gesammten Vieh unter einem Dache, und auch noch eine tüchtige Masse Getreide bergen die Wände des Hauses. — Alle ältesten Gebäude bestehen aus Fachwerk; in den Bauernhäusern der Elbmarschen ist dasselbe noch jetzt in Anwendung, in den Wesermarschen dagegen längst durch massives Backstein-Mauerwerk verdrängt worden. — Das hohe mächtige Dach besteht immer aus Rohr oder Stroh und bedeckt in den Wesermarschen (mit Ausnahme des Landes Wursten) als ein kleiner Walm auch den oberen Theil der beiden Giebel. — Zwei Drittel des Hauses sind der Wirthschaft, das hintere Drittel den Wohnräumen gewidmet. Durch eine große Doppelthür in der Fronte, über der ein alter frommer und kerniger Spruch zu lesen ist, tritt man auf die große Tenne (Dreschdiele) von gestampftem Thon; rechts und links blicken in langer Reihe die Köpfe der Rinder, Kühe und Pferde aus ihren Ställen; oben sind die Balken hoch mit Getreide belastet, denn es liegt hier trocken und wärmt das Haus. In den alten Häusern auf der Geest finden wir die schöne, malerische und patriarchalische Sitte des offenen Heerdfeuers, der wie ein Altar des Hauses sich in der Mitte des Hintergebäudes zeigt, wo die Viehställe aufhören und der Raum zu beiden Seiten weiter wird. Rechts und links ist die „Howand“, vielleicht gleichbedeutend mit „Hochwand“, jener helle Raum, wo die Kojen des Gesindes angelegt sind, vor welchen nach alter Weise das Mittagsmahl eingenommen wird. —

Ueber dem Heerdfeuer und etwas seitwärts befindet sich der „Speckwiem“, behängt mit mächtigen Schinken, Speckseiten, Rauchfleischstücken und Würsten, stets umwallt von Rauchwolken; haben diese erst hier ihre Dienste gethan, dann müssen sie über

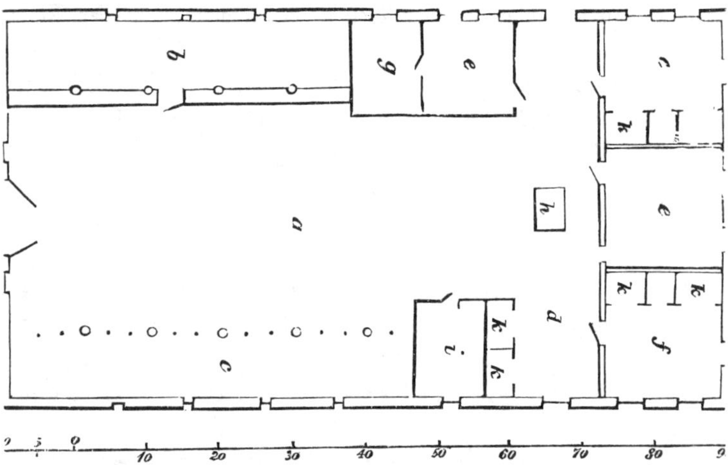

Grundriß eines niedersächsischen Hauses.

a. Die große Diele (Viehdiele, plattd. de Dele).
b. Der Pferdestall.
c. Der Kuhstall.
d. Die Howand.
e. Stuben.
f. Die Kellerstube.
g. Die Schlafkammer der Hausleute, an die Wohnstube stoßend.
h. Der offene Heerd.
i. Die Knechtskammer.
k. Schlafkojen.

die Diele und durch's Korn ziehen, um es recht trocken und haltbar zu machen; denn man hütet sich wohl, Schornsteine anzulegen. An den Wänden, zur Seite und hinter dem Heerde stehen die großen Truhen und Schränke, glänzen in langen Reihen mächtige blanke Zinnschüsseln, Krüge, Teller und anderes Geräth, und erst hinter dieser Wand sind die Zimmer, die aber nur bei feierlichen Gelegenheiten, bei Hochzeiten und Kindtaufen gebraucht werden; denn für gewöhnlich sitzt Alt und Jung traulich um die lodernden Feuerflammen. Das ist das uralte niedersächsische Bauernhaus. Wer aber noch mehr davon wissen möchte, der lese ja des alten Möser's unvergleichlich schöne und wahre Schilderung desselben. —

Aber fast nur auf der hohen Geest finden wir noch diese mit den alten, einfachen, patriarchalischen Sitten des Volkes so innig zusammenhängende Einrichtung. In den Marschen ist sie bei größeren Bauernhäusern so gut wie verschwunden, höchstens im südlichen Osterstade und sodann im Stedingerlande können wir sie noch einzeln antreffen.

Sonst ist überall der offene Heerd in eine Küche zurückgetreten, der Rauch zieht durch einen Schornstein, die alte Howand ist verschwunden und die Thüren der Wohnräume gehen bei den größeren Hausleuten nie mehr unmittelbar auf die Diele, sondern des Zuges wegen auf einen Vorplatz (Windfang), der von ersterer durch eine Wand mit Flügelthüren geschieden ist, und jede Marsch hat hierin wieder ihre eigenen Abweichungen.

Ein großer Theil der Kultur in den Wesermarschen, namentlich in denen des linken Ufers, ist, wie man bald sieht, von Westen her eingedrungen und theilweise noch von Westen nach Osten fortschreitend. In Holland steht die Marschkultur am höchsten. Von diesem lernte Ostfriesland das Meiste, von Ostfriesland ging Vieles nach Jeverland, dann nach Butjadingen und dem Stadlande und wieder von genannten Marschen nimmt jetzt das Land Wührden und Osterstade schon manche Verbesserung seiner Landwirthschaft und Viehzucht an. Auch auf manche Sitte und Gewohnheit ist holländische Einwirkung bemerkbar.

In die Marschen des linken Elbufers, also im Lande Hadeln und Kehdingen, ist dagegen solcher fremder Einfluß eher von Osten hergekommen und diese dürfen somit in mancher Beziehung die stammverwandten transalbingischen Striche in Dithmarschen, die Wilster und Kremper Marsch als ihre ehemaligen Vorbilder ansehen.

Ein Tag auf dem Marschhof.

Möge mich der geneigte Leser nunmehr auf einen großen Marschhof echter Art, wie er mir im Geiste vorschwebt, begleiten, um ein anschauliches Bild vom Leben und Treiben desselben zu erhalten. Wählen wir zu unserem Besuche die Zeit gegen Ostern, wo noch Winter- und Frühlingsarbeit zusammenfallen. — Es ist früh Morgens. Die alte Hausuhr im Vorplatz, deren hohes, schnörkelreiches Holzgehäuse im Laufe der Jahre fast ganz schwarzbraun geworden ist, und die dem Hause schon manche frohe und traurige Stunde gemeldet hat, schlägt eben fünf, aber seit länger als einer Stunde herrscht schon überall das rührigste Treiben. Auf der Diele dreschen eben vier Tagelöhner das letzte Korn, eine Magd schlägt die Garben um und schwingt dann und wann auch wohl selbst rüstig den Flegel. Die andere Magd hat eben gemolken und trägt die Milch in die Küche, wo die zwanzigjährige älteste Tochter des Hauses, ein umsichtiges und still emsiges Mädchen, sie in Empfang nimmt und durch ein blankes Messingsieb mit eingelegtem Tuche in flache Baljen (hölzerne Bütten) seihet. Auf dem Heerde aber flammt schon unter dem Kessel mit der Morgensuppe ein lustiges Feuer. Im Oldenburgischen ist meistens Buttermilchsuppe, in Osterstade aber Grütze oder heiße süße Milch, in welche Schwarzbrod gebrockt wird, die gewöhnliche Morgenkost. Diese älteste Tochter ist allein zu Hause und führt den ganzen Haushalt, denn die jüngere ist noch in Oldenburg bei einer alten Dame in Pension.

Aus dem Pferdestalle dringt Lärm, Wiehern und Schlagen der Ackerpferde, dann lautes Schelten des Großknechts mit dem vierzehnjährigen Schwöpenjungen (wörtlich Peitschenjungen, — wie die Buben, welche man auf den Marschhöfen nur zum

Fahren miethet, genannt werden), denn schon seit zehn Minuten hat die alte Lotte kein Futter mehr in ihrer Krippe.

Auch der Sohn des Hausherrn, der unter dessen aufgestanden, tritt in den Stall, sieht Alles nach und nimmt redlich am Schelten mit Theil.

Aber plötzlich ertönt ein Zauberwort, das allem Leben und Treiben eine andere Gestalt giebt. Aus der halb geöffneten Vorplatzthür steckt nämlich die eine Magd ihren Kopf und ruft laut mit heller Stimme die Diele hinab: „Rinkamen! — Wat eten!“ Noch ein paar Schläge — und das Geklapper der Drescher verstummt; schnell wird noch einigen Pferden neues wohlgenäßtes Häcksel eingeschüttet und in wenigen Minuten sitzt Alles um die große dampfende Zinnschüssel mit süßer aufgekochter Milch und wartet, bis der präsidirende Großknecht, der eben mit gewaltiger Arbeit vom mächtigen Schwarzbrod daumdicke Schnitte „knigt“, mit seinem Werke fertig ist. Schnell ist die Schüssel voll gebrockt und nun Alles in vollem Essen, kaum ein Wort wird gewechselt; noch eine halbe Stunde — und man ist satt. Was noch in der Schüssel blieb, bekommt der mächtige Hofhund, der Liebling des Großknechts. Die hölzernen und zinnernen Löffel werden jetzt am Tischtuche abgewischt und mit Gepolter bricht man auf.*)

Der Sohn des Hauses hat indeß seine Morgenkost allein verzehrt, denn nur im Felde ißt er mit den Leuten. Und wieder geht's zum Stall. — Die Krippen sind alle leer gefressen. Jetzt die Pferde heraus und angeschirrt! Zwei werden vor den Wagen gespannt, auf den man eben ein paar Eggen und

---

*) Anmerk. Vierundvierzig Jahre sind vergangen, seitdem diese Schilderung für die erste Auflage des Buches niedergeschrieben wurde, und wie Verschiedenes darin bereits der Vergangenheit angehört, hat sich auch in einigen Marschen (z. B. Osterstade und Land Wührden) die kräftige morgendliche Milchkost in den leidig dünnen Cichorienkaffee verwandelt, der freilich wohlfeiler, aber auch um so nahrungsärmer ist.

Säcke mit Saatgerste gelegt hat; der Sohn fährt, der Großknecht und zwei Jungen reiten hinterdrein und so trabt die Calvacade dem unfernen Ackerfelde zu, wo gepflügt und gesäet werden soll.

Der Sohn hält den einen, der Knecht den andern Pflug, jeder mit vier Pferden bespannt, die ein Junge treibt. Zu Hause haben auch die Drescher wieder begonnen und ein Knecht mistet das Vieh. Eine Magd arbeitet am Butterfasse und eine andere kleinere wäscht erst die Baljen (flache, hölzerne Milchbütten) und geht dann in der Küche der Tochter zur Hand. Diese bereitet den Kaffee, denn auch die Alten haben sich jetzt erhoben und machen beide ihren morgendlichen Inspectionsgang; er im Flausrock, in gewirkter Schlafmütze und Pantoffeln durch Diele, Stall und Scheunen; die gute Mutter aber, angethan mit sauberem dunkelfarbigem Morgenrock von Kattun, durch Küche und Keller, Milch- und Speisekammer, bis der duftende Kaffee, in blanker Messingkanne auf dem Sophatische stehend, Eltern und Tochter auf ein halbes behagliches Stündchen in der saubern und sehr einfachen Wohnstube wieder vereinigt. Schließlich langt der Alte nach seiner langen Morgenpfeife, die letzten Zeitungen und Anzeigeblätter hervorsuchend, die Mutter aber berathet mit ihrer Tochter den Mittagstisch.

Wieder eine Weile später — und die gute Mutter hat sich an's Spinnrad gesetzt und spinnt weiche Wolle, zu warmen Socken für den lieben Sohn bestimmt; die Tochter ist in der Küche, und den Vater sehen wir mit langem „Klubenstocke" auf der Schulter das Haus verlassen. —

Eine stattliche achtunggebietende Erscheinung ist der Alte. Ein echtes, selbstbewußtes Patriciertthum prägt sich auf seinem Gesichte aus; Milde, herzgewinnende Treuherzigkeit schauen ihm aus den Augen, aber doch gepaart mit dem würdigsten Ernst. — In seiner Jugend, ja bis an sein vierzigstes Jahr, war er der tüchtigste Arbeiter; oft und gern redet er davon, wie er habe schaffen müssen; wie strenge er von seinem seligen Vater in Zucht gehalten worden; wie kein Anderer im Dorfe so accurat habe pflügen können. — Aber nun hat er seit langen Jahren keinerlei Arbeit mehr angerührt. Er ist jetzt ein Sechsziger, seine Gestalt ist sehr in's Korpulente gegangen, die Farbe seines Gesichtes weiß und zart, die Haut seiner Hände äußerst dünn und weich geworden; aber den echten Hausmann sieht man ihm doch auf den ersten Blick an, denn nur ein freier reicher Bauernstand vermag solche imponirende Gestalten zu erzeugen und auszuprägen. Folgen wir jetzt seinen Schritten.

Er springt mit seinem Klubenstock zwar behutsam, indeß trotz seiner sechszig Jahre noch immer recht behende über ein paar Gräben und wendet sich zuerst nach seinen Weiden.

Allerlei Jungvieh ist bereits draußen; aber seine dreijährigen Ochsen, die nächsten Herbst, so Gott will, ihm in England gute Guineen lösen sollen, und die Milchkühe und jungen Kälber sind noch im Stalle. Aber prächtiges Gras schon und ein herrliches Wetter — wenn das noch etwas anhält, denkt er, will er vor Maitag Alles „hinausjagen". —

Er springt wieder über einige Gräben und kommt zu seinem Acker, wo sein Sohn säet und der Knecht gerade beim letzten Stück zu pflügen ist. —

„Na, wo geit't jo dermit?" fragt er.

„Got, Herr, dat Land ward fein," antwortet freundlich und kurz der blonde kräftige Knecht ohne aufzuhalten, „vor Middag krieg ickt rum." —

„Paßt man got op." — „Ja Herr!"

Jetzt redet er mit seinem Sohne, der eben das Stück voll gesäet hat und sich nun kräftig und gewandt auf eins der Pferde schwingt, die vor die Egge gespannt sind. Fort geht's wieder und der Junge mit der zweiten Egge hinterdrein.

Lange schaut der Alte dem Sohne zu. Er mag sich wohl still in der Seele freuen, zu sehen, wie der schlanke und kraft=

volle Junge so nobel und stattlich zu Pferde sitzt; wie frisch und arbeitsfreudig er von früh bis spät drauf und dran ist und wie er gepflügt und die Furchen gelegt hat, eine um nichts breiter als die andere und alle so schnurgerade, daß man in Haarbreite eine Büchsenkugel an jeder hinschießen könnte; vor Allem aber, wie brav und wacker er ist, welch ein Herz in ihm steckt. — Ja, das weiß er sicher, der wird dem uralten unbefleckten Namen seiner Familie keine Schande machen. —

„Na ade Kinners, seht to, dat jy't got kriegt," ruft er zum Abschiede.

„Ade Herr," ruft der Großknecht zurück.

So verläßt er seinen Acker, sich wieder dem Dorfe zuwendend.

Aber nach Hause geht's noch nicht gleich. Zuvor wird noch ein Stündchen im Wirthshause verplaudert und ein „Schiedammer" oder ein Magenbitterer zur Erhöhung des Appetits genossen. Da kommt denn gleich die Rede auf Wettermuthmaßungen, auf den Stand des Winterkorns, auf die schöne Saatzeit, auf Land-, Vieh- und Kornpreise, auf die letzten Verordnungen des Amts oder der Wasserbaubehörde u. s. w. Oft werden auch Handel abgeschlossen, so daß man diese Morgenzusammenkünfte recht wohl die Börsenstunde der Hausleute nennen könnte. Dagegen wird von Politik im weiteren Sinne nur selten gekannegießert; sie interessirt die meisten Hausleute doch nur dann, sobald irgend eine ihrer Phasen das Fallen oder Steigen der Preise beeinflußt.

Mit der heranrückenden Mittagsstunde geht die Versammlung regelmäßig auseinander, denn zwölf Uhr ist in jedem Hause stehende Essenszeit.

Seit einer halben Stunde sind auch die Pflüger heimgekehrt und eifrig wühlen die Pferde in den vollen Krippen. Von den Lippen einer Magd ertönt abermals hell der herzerfreuende Ruf: „Rinkamen! Wat eten!" — Alles eilt an den „Soot“ (Brunnen), Hände und Gesicht zu waschen, dann in die Gesindestube, wo auf blanker mächtiger Zinnschüssel ein wahrer Berg von „Klütjen“ (Klößen), Kartoffeln und Wurzeln und dabei auf einer anderen Schüssel ein paar dicke leckere Speckstreifen dampfen. Der Großknecht führt wie immer den Vorsitz, schneidet Brod und theilt den Speck; ihm zunächst sitzt der zweite Knecht, dann die Jungen, dann die Tagelöhner und an der andern Seite die Mägde nach der Anciennetät ihrer Dienstzeit im Hause.

In der Wohnstube ißt die Familie des Hauses ebenfalls sehr einfache derbe Kost, oft dasselbe, was die Leute bekommen, wohl etwas feiner zubereitet.

Bis zwei Uhr ist Rastzeit, denn die Pferde müssen doch mit Ruhe fressen. Die Mägde waschen die Schüsseln, die andern Leute ruhen oder schlendern umher; Vater und Mutter schlafen ein Stündchen und der Sohn nimmt vielleicht ein Buch zur Hand.

Bald ist Alles von Neuem in Thätigkeit. Die Diele dröhnt wieder vom Takt der Drescher, später vom rollenden Getöse der Staubmühle, denn noch heute soll das letzte reine Korn auf den Boden.

Vater und Mutter sind auch wieder da; gegen drei Uhr bringt die Tochter den Kaffee, und nimmt eine weibliche Handarbeit vor. Neben ihr sitzt die wieder emsig spinnende Hausfrau; der Alte schlürft behaglich zur langen Pfeife den Inhalt seiner großen Geburtstagstasse, schlendert hierhin und dorthin und steht wohl später mit Kreide und Streichholz in der Hand auf der Diele, das Getreide „aufmessend“. —

So wird’s Abend; das Pferdegetrappel meldet die heimkehrenden Ackerer und bald sitzen die Leute wieder um ihre Schüssel mit der Abendmilchspeise. In Osterstade besteht diese Mahlzeit fast täglich aus Gerstengraupen, in Buttermilch dick gekocht und mit süßer Milch übergossen, aus der sogenannten

„Schälgerste“. Wie schon vom Mittagsmahl regelmäßig ein paar arme Kinder des Dorfes ihr Theil erhielten, so sehen wir auch jetzt wieder einige derselben in der Küche oder auf dem Vorplatze ihre Teller leeren. Auch ein Töpfchen voll süßer Milch bekommen sie mit nach Hause für ihre Eltern, denn jeder ordentliche Bauernhof hat immer einige bestimmte Arme, die sich auf ihn stützen und tausend Wohlthaten von ihm genießen. —

Der kleine Rest des Abends wird auf verschiedene Weise hingebracht. Die Tagelöhner verlassen den Hof; in behaglich warmer Gesindestube sitzen die Mägde beim schnurrenden Spinnrade; der Junge schält für Morgen Kartoffeln oder schneidet Futterrüben; der Großknecht, nachdem er draußen sein Quantum Häcksel geschnitten, nimmt vielleicht noch eine Drehspindel zur Hand und dreht mit Hülfe des andern Jungen Stricke von „Hede“ (Werg) zum häuslichen Gebrauch, oder er sitzt mit ein paar besuchenden Bekannten beim Kartenspiel, vielleicht auch mit der dampfenden Pfeife bei einem Buche voll schöner Geschichten. —

Ich selbst hatte einen so lieben wackern Knecht, welcher an solchen Abenden meistens den Andern vorlas, mit ihnen auch wohl ein Lied sang, und meine lampenhelle warme Gesindestube bot oft das erquicklichste Bild eines friedlichen, man könnte fast sagen familienhaften Zusammenlebens, so daß ich oft und gern darin geweilt habe.

Auch in der Wohnstube drüben sitzt man traulich um die Lampe des Tisches, auch dort tönt die Stimme eines Vorlesers, denn man ist für den Winter bei einer Leihbibliothek in Oldenburg oder Bremen abonnirt. Aber so klein das Lesepublikum des Hauses ist, geht es doch mit seinen Neigungen auseinander. Mutter und Tochter wollen immer Romane, Vater und Sohn dagegen nichts als Reisebeschreibungen, zumal recht abenteuerliche. Doch der Alte ist nicht immer zugegen, denn gar zu gerne macht er im Wirthshause seine Partie Whist oder Lhombre und hat auch oft genug Gemeinde-Versammlung, in welcher das Wohl und Weh des Dorfes berathen wird; vielleicht ist er im Ausschuß oder im Vorstand, wenn nicht gar in eigener Person Vogt (Gemeindevorsteher) des Orts.

Zum Abendessen ist er wieder daheim; mit dem Schlage zehn begiebt sich Alles zur Ruhe und tiefe Stille herrscht alsdann im ganzen weiten, sonst so rührigen Hause. Nur die gute sorgsame Mutter macht noch einen späten Rundgang durch die Räume, überall nach Feuer und Licht schauend. — Ein Mutterauge ist scharf und wacht gern am längsten. —

Das ist ein Tag auf dem Marschhofe — ein Stück norddeutschen Bauernlebens. —

Schilderung der einzelnen Marschstriche.

I. Osterstade.

Schon einmal in diesem Buche ist kurz bemerkt worden, daß die Weser, indem sie einst ihre Fluthen durch mehrere Arme in die Nordsee sandte, echte Deltabildungen darbot, wie uns sowohl ältere, wie neuere (historische) Karten zur Genüge vor Augen führen, als auch Untersuchungen der Bodenverhältnisse dieser Gegend auf's deutlichste bewiesen haben.

Eine alte Zinnplatte, im Archiv zu Jever aufbewahrt, mag die erste jener Karten sein. Auch das Buch „Die Niederweser und Osterstade" von Visbeck (erschienen 1798 in Hannover und längst vergriffen), bietet solche, eine andere lieferte Lasius in Oldenburg und auch die höchst interessante historische Karte des ganzen Großherzogthums Oldenburg, gezeichnet und selbst gestochen vom Oberst Niebour (jetzt in Bremen lebend), führt uns die alten Land- und Flußbildungen auf anschauliche Weise vor Augen.

Diese einzelnen Arme, deren drei ihren Lauf westlich nahmen und sich in die Jade ergossen, waren natürlich viel kleiner und unbedeutender als der jetzige Strom. Die vornehmsten hießen: die Heete, die Liene, das Lockfleth und die Ahne. — Das Butjadingerland erscheint somit als völlige Deltabildung. Der Jade-Meerbusen aber existirt kaum, überall ist festes, fruchtbares Land und wo in der Gegenwart nur

Wogen brausen und weites ödes Watt liegt, sehen wir eine Menge Kirchdörfer mit altfriesischen, längst vergessenen Namen verzeichnet. Kleine, einsame Inseln, die sogenannten Oberahnischen Felder, sind die letzten heutigen Ueberbleibsel dieser einst so gesegneten Gegend, denn von sämmtlichen Dörfern, welche diese Karten aufweisen — Heggens, Bordum, Dovens, Bant, Seediek, Klostermonniken u. s. w. — ist zur Zeit keine Spur mehr übrig. Die furchtbaren Sturmfluthen des dreizehnten und vierzehnten Jahrhunderts haben sie alle hinweggespült.

Nach und nach beschränkte sich der launenhafte Strom immer mehr auf sein heutiges Bett, die Nebenarme wurden immer kleiner und seichter, bis man sie endlich unter der Marschherrschaft der Butjadinger und Stadländer, namentlich aber unter den Grafen von Oldenburg, vollends abdämmte. Im fünfzehnten Jahrhundert waren sie bereits gänzlich von der Weser abgeschnitten, deren Wassermenge sich seitdem in ihr gegenwärtiges Bett zusammendrängen und dasselbe auf Kosten des rechten Ufers, von dem ein beträchtliches Stück fortgeführt wurde, bedeutend erweitern und vertiefen mußte.

Eine alte Tradition berichtet, die jetzige Weser sei einmal so schmal gewesen, daß man ein „Gasselbrett" (ein Brett zum Einschieben des Brodes in den Backofen) als Steg habe hinüber legen können. Dieser Sage mangelt indeß aller Grund und nachweislich ist die jetzige Weser von jeher der bedeutendste Arm und der Hauptausfluß gewesen und war daher schwerlich zu irgend welcher Zeit so auffallend schmal, mag auch ihr Bette längst nicht die jetzige Breite halten.

Das rechte Weserufer büßte auf diese Weise Tausende von Morgen des besten Landes ein. Sehr bald nämlich waren die Fluthen am Fuße des Deiches; man mußte ihn, da mit dem Außendeiche alles Material für seinen Schutz verloren war, aufgeben und tiefer im Lande einen neuen anlegen. Fünf

Dörfer, welche nahe an jenem Deiche lagen, wurden daher von ihren Bewohnern verlassen und den Wogen preisgegeben. Diese Vorgänge fallen in gewisse Zeiträume des vierzehnten bis sechszehnten Jahrhunderts. Seitdem ist das Land keinen erwähnenswerthen Veränderungen und Umgestaltungen unterworfen gewesen. Nur der Strom selbst verändert jährlich sein Bett, indem er Sandhügel und Platen bildet oder fortreißt, bald das eine Ufer abnagt, bald das andere anwachsen läßt; hauptsächlich aber ist es der Mensch, der, viel vermögend, den Fluß enger und enger zusammenzudrängen sucht.

Hinter dem Osterstader Dorfe Rechtenfleth sieht man noch heute, wenn starke Ebbe einen guten Theil des Flußbettes trocken legt, eine lange Reihe alter mächtiger Baumstümpfe aus dem harten Thonboden ragen. Sie haben noch ihre volle Gestalt und Struktur, aber das Holz ist im Laufe der Jahrhunderte schwarz und weich wie ein Schwamm geworden. Wo jetzt bei Hochwasser Schiffe segeln und Delphine spielen, beschatteten einst ausgebreitete Laubkronen ein grünes fruchtbares Weideland mit grasendem Vieh und singenden Vöglein, — vielleicht auch die moosigen Dächer eines längst verschwundenen alten Dorfes, und ein freundliches, glückliches Menschendasein. — Auch die Marsch hat ihre Romantik!

Das rechte Weserufer hat noch immer am meisten zu leiden und muß daher viel sorgfältiger geschützt werden als das linke; denn die West- und Nordweststürme peitschen alle Wogen der Hochfluth, deren Ursache sie sind, mit verderblicher Macht gegen diese Küste, während die Ostwinde, welche gegen das linke Ufer wirken, nur ein sehr unbedeutendes Aufgebot von Fluthen beherrschen. Im Stad- und Butjadingerlande sehen wir daher auch nicht allein die breitesten Außendeiche, sondern überhaupt die größten, fast unabsehbaren Marschflächen, währen am rechten Ufer die fluthbedrohten Marschen von Osterstade, von Land

Wührden und Land Wursten nur an wenigen Stellen die Breite einer Stunde überschreiten. —

Was wir mit dem Namen Osterstade bezeichnen, beginnt im Süden, bei dem noch zum Amte Blumenthal gehörigen Dorfe Rade, und zieht sich dann als schmaler, fünf Stunden langer Marschstrich zwischen Weser und Geest bis zum Lande Wührden hin. Letzteres bildet die Nordgrenze und beginnt eine halbe Stunde nördlich von dem kleinen Binnenfluß Drepte. Osterstade gehört zum hannoverschen Amte Hagen und zerfällt in zwei Districte, nämlich in Nord- und Südosterstade; ersterer besitzt vier, letzterer sieben Dörfer, von denen aber zwei — Uthlede und Hinnebek — auf der Geest liegen.

Einige wollen den Namen Osterstade von Gestade, Ostgestade der Weser ableiten, was sich indeß sehr bald, so natürlich es anfangs scheint, als zu weit hergeholt erweist. Wir haben genügende Beweise, daß Osterstade nichts anders heißt, als das östliche Stedingerland, und daß die Namen „Osterstader" und „Osterstädinger" ganz dieselben Leute bezeichnen. Obendrein wird diese Gegend in alten Schriften ausdrücklich mit „Stedingia orientalis" bezeichnet, wozu noch kommt, daß Gestade durchaus kein friesisches, nicht einmal ein niedersächsisches, sondern ein rein oberdeutsches Wort ist. Die ganze Geschichte, die Sage, die Sitten und die Charaktereigenthümlichkeiten der Marschbewohner liefern nach unserer Ansicht den Beweis, daß sie wirklich zu dem Friesenstamm der Stedinger gehörten, wenn auch gegenwärtig das sächsische Element im Volke weit vorherrscht.

Zu welcher Zeit diese Marsch zuerst mit einem Deich umzogen wurde, weiß man nicht; sie muß auch sehr weit zurück liegen. Wurthen sieht man hier äußerst wenige; entweder sind sie, im Laufe vieler Jahrhunderte, allmälig gänzlich geebnet worden, oder es lagen die meisten — und dies ist das

Glaublichste — auf den von den Fluthen verschlungenen Landstrichen.

Die Bevölkerung muß schon früh ziemlich stark gewesen sein; denn bereits im elften Jahrhundert wurde ein Bethaus (Oratorium) zu Sandstedt erbaut. Noch früher ging man zur Kirche nach Bramstedt (auf der Geest, östlich von Hagen), das unstreitig das erste kirchliche Gebäude der ganzen Gegend hatte.

Wie zuerst fast alle Marschen, stand wohl auch Osterstade einmal mit seinen wenigen Bewohnern vollkommen frei und unabhängig da und wohl so lange, bis der mächtige Kulturbringer Karl der Große es mit seinem Heere berührte und seinem neu gestifteten Bisthum Bremen zuwies. Drei Jahre hinter einander, nämlich 795, 796 und 797 erschien Karl der Große an der Spitze eines Heeres im Gebiete des Bisthums Bremen und überschritt, von Westen kommend, auf dem letzten dieser Züge die Weser bei Alisni, in welchem von Hodenberg (Die Diöcese Bremen) das jetzige kleine Dorf Alse im oldenburgischen Kirchspiel Rodenkirchen, nachgewiesen hat.

Demnach betrat er Osterstade bei Rechtenfleth, meinem lieben Heimathsdorfe, welches Alse gegenüber liegt und sicher schon damals vorhanden war, wenn es auch erst im Jahre 860 (in Vita Sancti Wilhadi bei Pertz 2. 389) als Rechtersfled erwähnt wird. Von hier wandte er sich nordöstlich nach der Gegend von Stotel, wo man beim Dorfe Loxstedt noch im 18. Jahrhundert einen Karlsweg kannte, dann nach Bederkesa, in dessen nahem Moore wir in der merkwürdigen 1855 entdeckten langen Holzbrücke, vier Fuß hoch von Torf überwachsen, sicherlich ein höchst interessantes Denkmal dieses Heereszuges erblicken.

Sein Ziel aber war die Bezwingung des Landes Hadeln mit seinen sächsischen Bewohnern, welches ihm, freilich nicht ohne hartnäckigen Widerstand, auch gelang.

Jene Bischöfe hatten in Hagen später ein festes Schloß, das bestimmt war, die Gegend im Zaume zu halten. Es steht noch heute und bildet zur Zeit die Wohnung des Justizbeamten. Trotzdem hatten die Osterstader immer bedeutende Rechte und Freiheiten; sie hatten freie Jagd, Fischerei und eigene Gerichtsbarkeit. Wahrscheinlich begnügten sich die Bischöfe lange Zeit mit einem geringen Tribut, der in Lieferung von Landesproducten (Zehnten) bestehen mochte. Andere Naturallieferungen, z. B. der sog. Grafenhafer, erhielt später der Graf von Stotel als Schirmherr.

In Hagen stand eine hohe Eiche, die Staleke, eine Art „Upstalsboom", worunter die Osterstader unter dem Vorsitz der Grafen von Stotel ihre Gerichte hielten. Die dazu vom Volke erwählten Geschworenen hießen Findungsmänner. Jeder volljährige Mann des Landes mußte, bei Vermeidung schwerer Strafe den Sitzungen beiwohnen, welche durch Gesang und Gebet eingeleitet und in feierlich-würdiger Weise abgehalten wurden. Diese großartigen Volksgerichte erhielten sich bis zu Anfang des 18. Jahrhunderts. Das Siegel des Amtes Hagen zeigte noch bis zur Annectirung durch Preußen eine Eiche, umgeben von einem Zaune (Hagen).

Aber die Erzbischöfe, übermüthig und herrschsüchtig, fingen bald an, das Land zu unterdrücken und höhern Tribut zu fordern. Die Osterstader empörten sich, zogen 1214*) nach Hagen und belagerten, jedoch wie es scheint ohne entscheidenden Erfolg, die erzbischöfliche Burg. Erst viel später führte die auf's Höchste gestiegene Erbitterung über den maßlosen geistlichen Hochmuth, und die Anregung, welche von dem unruhigen und kriegerischen Geiste der westlichen Stedinger ausging, eine allgemeinere, auf die gänzliche Abschüttelung des verhaßten Joches gerichtete Empörung herbei. Die weitere Folge der-

---

*) Anmerkung. Nach Einigen 1212.

selben war der Kreuzzug gegen die Stedinger. Davon an späterer Stelle.

Der kriegslustige Erzbischof Gerhard II. benutzte nämlich die erwünschte Gelegenheit, um das freiheitsliebende Volk völlig zu bändigen. Er schilderte die Stedinger dem Papst Gregor IX. als Abtrünnige, Ketzer, Ruchlose u. s. w., kurz in einer so belastenden Weise und mit so schwarzen Farben, daß dieser bewogen wurde, sie sammt und sonders in den Bann zu thun und das Kreuz gegen sie predigen zu lassen (1233). Noch in demselben Jahre fand sich denn auch in Bremen ein ansehnliches streit- und beutelustiges Heer zusammen, dem sich viele edle Ritter angeschlossen hatten, u. A. ein Graf Burchhard von Oldenburg. Da man indeß einsah, daß das Heer zum erfolgreichen Kampf mit den wohlbefestigten westlichen Stedingern noch nicht stark genug sei, so beschloß man, vorläufig Osterstade zu züchtigen. Zu Schiff und zu Land fiel das Kreuzheer am Tage vor Johanni und Pauli der Märtyrer, sengend und brennend, mordend und plündernd in das wehrlose Osterstade ein. Vierhundert Mann, Weiber und Kinder ungerechnet, kamen durch's Schwert um; alle lebenden Gefangenen aber wurden zur Ehre Gottes auf einem Scheiterhaufen verbrannt. Von den Kreuzfahrern blieben zweihundert auf dem Platze, unter ihnen auch der Graf Burchhard.

Eine so furchtbare Niederlage mußte denn wohl die vollkommene Unterwerfung der Osterstader unter dem erzbischöflichen Krummstab unausbleiblich nach sich ziehen. Um ihr zu entgehen, wanderten sie in Masse aus und siedelten sich in den Marschen des Landes Wührden, im Stadlande und auf der nahe liegenden Geest an. Mit den Höfen der reichsten Bauern, von denen viele gefallen waren, beschenkte der Erzbischof die tapfersten Kreuzritter, und im nächstfolgenden Jahre setzte das Kreuzheer dem Werk der Unterjochung und Verwüstung des ganzen westlichen Stedingerlandes die Krone auf.

In Folge dieser Ereignisse siedelte sich fremder Adel in Osterstade an und friesisches Blut vermischte sich mit niedersächsischem. Namentlich in Südosterstade finden wir daher äußerst selten friesische Namen und friesischen Typus bei den Bewohnern. Die echte Freiheit war durchaus gebrochen, die Bischöfe herrschten übermüthiger als je, und die Osterstader mußten sogar ihre eigene Zwingburg in Hagen unterhalten helfen. Selbst das neunzehnte Jahrhundert schmeckt noch die Früchte dieser Niederlage, denn noch lange stand eine jährliche Abgabe für „Isen und Glisen", das heißt, ein Beitrag zur Reinigung des erzbischöflichen Schloßburggrabens von Eis und Schilf (Glis im Plattdeutschen genannt) in Kraft, obgleich vom Burggraben selbst kaum mehr eine Spur zu finden war.

Im Jahre 1350 erlosch das Haus der Grafen von Stotel, das Richteramt derselben kam in die Hände des Erzbischofs und die Befugnisse der Geschworenen bei den Gerichten wurden zuletzt fast ausschließlich vom Adel ausgeübt.

So verloren jene alten, großartigen Volksgerichte immer mehr von ihrer Eigenthümlichkeit, während der Landtag zu Basdahl, auf dem die gesammte bremische Ritterschaft und der gesammte Adel Osterstades vertreten war, an Bedeutung gewann.

Bis in's sechszehnte Jahrhundert nahm die Blüthe des Adels ungemein zu und viele jetzt verbreitete angesehene Geschlechter haben Osterstade zu ihrer Stammgegend; z. B. die von Mandelsloh, von Swanewede v. Wersabe, von Bardenfleth u. a. m. Sieben Junkerhöfe, fast alle in Südosterstade gelegen, waren bis in späte Zeit mit vollkommen adeligen Gerechtsamen versehen. Aber der osterstader Adel war niemals sehr aristokratisch, sondern äußerst liberal. Die Junker heiratheten derbe Bauerntöchter, die Hausmannssöhne adelige Fräulein, die Kinder schickte man nur in die gewöhnlichen Dorfschulen, und den Junkern gefiel es in der demokratischen Marsch so sehr, daß sie nie Lust bekamen Staats- und Militairdienste zu nehmen. Sie waren nun einmal mit Leib und Seele echte Bauern geworden, die in kurzen Jacken Mist luden, pflügten und säeten, und nicht allein ihren Kohl baueten, sondern denselben auch in Bremen persönlich feilboten.

Auch von einer Betheiligung am Landtage zogen sie sich schon im 18. Jahrhundert mehr und mehr zurück. Der Gegensatz, in dem ihre osterstader plattdeutsche Zunge und ihre ganze derbe Statur mit der geschniegelten Noblesse des halb französisch parlirenden bremischen Adels stand, von welchem sie, trotz ihrer uralten Herkunft, über die Schulter angesehen und „Bohnenjunker“ genannt wurden, mochte allerdings wenig geeignet sein, ein gesellschaftliches Behagen aufkommen zu lassen. Später sind fast sämmtliche osterstader Junkerfamilien ausgestorben und ihre Höfe gegenwärtig in bäuerlichen Händen.

In allen hannoverschen Wesermarschen sind die Höfe nicht geschlossen, sondern überall herrscht die freieste Theilbarkeit des Grundeigenthums, und schwerlich würde man sich dieses liebgewordene Recht ohne den größten Widerstand rauben lassen.

Die bitteren Klagen der Nationalökonomen und Socialpolitiker über das Verderbliche dieser Einrichtung mögen hinsichtlich anderer Gegenden immerhin begründet und gerechtfertigt sein, in Bezug auf unsere Marschen sind sie es nicht, denn es ist der Bevölkerung kaum Nachtheil daraus erwachsen; im Gegentheile haben sich die Verhältnisse in den hannoverschen Marschen mitunter ungleich günstiger gestaltet, als in anderen mit geschlossenen Höfen.

In schlechten Jahren, wie sie z. B. auf die französische Zeit folgten, kamen anderwärts viele wackere Bauern zu Fall, und die schönsten Höfe mußten zu einem wahren Spottpreise verschleudert werden, während sich in den hannoverschen Marschen verschuldete Bauern durch den Verkauf einzelner Hämme auf leichte Weise wieder emporhalfen und im Besitz ihres Hofes blieben. Ueberdies ist manch' tüchtiger Handwerker, der sich durch Verdienst seiner Hände ein Capital erworben, durch den nun möglichen Ankauf einzelner Grundstücke nach und nach zum wirklichen Bauer und Hausmann emporgestiegen, und sind deshalb die Landpreise hier niemals so niedrig gewesen, als da, wo dem Grundbesitzer die Hände gebunden waren. Vieles Land ist durch das freie Verkaufsrecht freilich in die Hände weit entfernt wohnender Eigenthümer gekommen; so sind z. B. zwei volle Drittel der Feldmark des Dorfes Neuenlande in Osterstade im Besitz Auswärtiger; ebenso eine Menge der schönsten Fettweiden der Feldmark Rechtenfleth; aber diese Strecken bringen den Dorfbewohnern dennoch vielen Verdienst, denn auch das kleinste Stück Land hat seine Deiche, seinen Theil der Gemeindewege, seine Wasserlösen, Flethe, Gräben u. s. w. zu unterhalten, und bedarf in mancher Hinsicht einer Vertretung des fernen Eigenthümers durch Angesessene des Orts. Eine solche Vertretung der Landespflege heißt eine „Bauerwahre“, und derjenige, der sie führt, ein „Bauerwahrsmann“, welcher auch die Grundsteuer auszulegen hat. Durch diese Bauerwahren nun, die sehr gut bezahlt werden, haben viele Dorfeinwohner ein sicheres Brod, und der Verdienst der Leute ist oft viel besser, als ihn eine Vereinigung jener Landstücke zu wenigen großen Höfen mit sich führen könnte. Daß aber ein Hof nicht absichtlich in hundert Theile zersplittert wird, dafür sorgt hinreichend der gesunde Sinn des Marschbauers, der seine alte angestammte Besitzung überaus liebt und in Ehren hält. Aber er ist auch menschlich und gerecht, und übt nicht jene von manchen Nationalökonomen so gepriesene Härte, die dem einen Sohne Alles, dem anderen Nichts hinterläßt, wie sie uns Auerbach in seinem Lehnhold so lebenswahr und erschütternd dargestellt hat. — In Osterstade, wie in den meisten andern Marschen, auch den oldenburgischen, herrscht das Minoratsrecht und der jüngste Sohn erbt das elterliche Gut. Diese Sitte ist ohne Zweifel der Natur der Dinge am gemäßesten.

Für die erstgeborenen Söhne kann noch bei Lebzeiten der Alten durch passende Heirathen gesorgt werden, — während das jüngste Kind bei des Vaters Tod häufig noch der Hülfe bedürftig ist.

Sehr merkwürdig ist das Osterstader Erbrecht. Es verbietet nämlich über jeden ererbten Grundbesitz testamentarisch zu verfügen und gestattet nur dem Besitzer, es bei Lebzeiten zu verkaufen, vertauschen oder verschenken. Will derselbe es nun einem Bestimmten zuwenden, umgeht er das Gesetz meistens dadurch, daß er es diesem in aller Form verkäuft, die Kaufsumme darauf zinslich stehen läßt und ihm diese dann durch sein Testament zuwendet. Gleichen Zweck sucht man ebenfalls auch durch Tausch zu erreichen. —

Auf den ersten Blick unterscheidet sich die Osterstader Marsch eigenthümlich von den meisten andern. Sie trägt den Charakter einer einzigen weiten, üppiggrünen, von zahllosen Wassergräben nach allen Richtungen durchschnittenen Ebene, die, als fast durchweg kräftiges Weideland, von tausend buntscheckigen Rindern belebt wird. Hier und dort, inmitten der weiten grünen Flächen, ein paar Kornfelder; alle halbe Stunde ein buschreiches Dorf, meistens in der Nähe des Deiches, und endlich die großen Bauernhöfe, nicht wie in andern Marschen einzeln umher gestreut, sondern fast alle im Weichbilde der Dörfer selbst liegend, die dadurch ein stattliches Ansehen erhalten. — Außer den Bäumen, welche die Häuser beschatten, und außer einer langen Reihe hoher Weiden der äußern Deichbärme trifft das Auge selten auf Baumwuchs, da die Wege hier nicht wie in andern Marschen mit solchen bepflanzt sind.

In den südlichen Kirchspielen ist der Boden sandig und leicht, in den nördlichen aber durchaus schwer und thonig. Daher herrscht auch in Südosterstade der Ackerbau vor. Es wird Weizen, Gerste, Hafer und vorzüglich Bohnen (die kleine Feldbohne (Vicia Faba) gebaut. Letztere sind die echten Landesfrüchte und bildeten vor Einführung der Kartoffeln das

Hauptnahrungsmittel der ärmeren Einwohnerklasse. Roggen geräth nicht immer, wird nur selten in der eigentlichen Marsch, mehr im nahen Moore gebaut.

Ueberhaupt ist in der Südmarsch der Gemüsebau sehr bedeutend. Nirgends sonst sieht man so mächtige Felder von Kopfkohl, Kartoffeln und Wurzeln als hier und schwere Ladungen dieser Produkte gehen im Herbst auf Kähnen nach Bremen, reichen Gewinn liefernd.

Den Wohlstand der Nordmarsch hingegen erhält und fördert die Rindviehzucht. Der zähe, bindige Boden Nordosterstades, welcher nur mühsam und schwer zu bearbeiten ist, dagegen den üppigsten und kräftigsten Graswuchs hervorbringt, weist seine Bewohner von selbst auf Viehzucht hin, die hier denn auch bei weitem über den Ackerbau vorherrscht und der ganzen Gegend ihren eigenthümlichen Charakter verleiht.

Die furchtbaren Viehseuchen der Jahre 1772—79 rotteten die alte heimische Race fast gänzlich aus; es wurde daher, wie schon erwähnt, Zuchtvieh aus Holland geholt, dessen Abkömmlinge den jetzigen Viehstand bilden. Er besteht aus schwarzen und bunten, seltener aus grauen und rothbraunen, durchweg aber aus starkknochigen Thieren. Das beste Vieh erreicht zumeist eine Höhe von 10 Quartier (5 Fuß) (von der Hinterklaue des Vorderfußes bis zur Schulterhöhe gemessen). Das Längenmaß, von den Hörnern bis zur Schwanzwurzel, beträgt mitunter circa 8 Fuß. Mancher fette dreijährige Ochse wiegt über 1000 Pfund. Das Gewicht von 800, 850 und 950 Pfund für dreijährige Ochsen ist ein ganz gewöhnliches; fünfjährige Ochsen haben es nicht selten auf das Doppelte dieses Gewichts gebracht. Doch werden bei weitem die meisten schon als dreijährige verkauft und geschlachtet, weil man ein längeres Risico nicht gerne trägt. Man muß aber nicht glauben, in allen osterstader Weiden solche Riesenthiere zu finden.

Viele Strecken oft des besten Landes sind leider, wie gesagt, in die Hände von Fremden gelangt, seien es nun Eigenthümer oder Pächter, die es oft mit kleinerem, leichterem Vieh betreiben. Hildesheim, Braunschweig, Hannover, Bremen und der nahe liegende Flecken Scharmbek waren lange für osterstader Vieh die Hauptmärkte und neuerdings ist die Dampfschiffverbindung mit England nicht ohne bedeutenden Einfluß auf den hiesigen Viehhandel gewesen, nicht minder der großartige Aufschwung Bremerhavens.

So reichliche und gute Milch die hiesigen Marschkühe auch liefern, wird die Milchwirthschaft doch nicht sehr lebhaft betrieben, die Käsebereitung gar nicht. Selten hält ein Hausmann über 12 Kühe, dagegen ist aber selbst der kleinste Hauseigenthümer selten ohne stattliche Milchkuh. Im Durchschnitt muß eine solche jährlich 100 Pfund Butter liefern, die fast alle zum Verkauf nach Bremen und Bremerhaven geht. Eine schwere Marschkuh wird aber auch häufig mit 20 und 30 Louisd'or bezahlt.

Mancher Osterstader, der entweder zu bequem oder auch zu ängstlich ist, sein Geld in den launenhaften Viehhandel zu stecken, zieht es vor und hält es sicherer, seine Ländereien alljährlich an Viehhändler zu verpachten.

Vom Ergebniß der Herbstmärkte hängen die Pachtpreise der Weiden ab. Man rechnete nach „Jücken" (Joch, jugum). Ein solches Jück ist $1^1/_2$ Calenberger Morgen groß. In guten Jahren wird solch' ein Jück mit 25—30 Thalern bezahlt, und viele Hausleute besitzen 100—200 Jück und darüber. Das Jück der besten Fettweiden ist durchgehends zu einem Werthe von 700 Thalern zu veranschlagen; natürlich sinkt und steigt der Preis mit den Zeiten.

Je älter (vom Datum des letzten Pflügens an gerechnet) eine solche Weide ist, desto kräftiger wird sie gehalten. So hat Osterstade viele Weiden, die schon über hundert Jahre still gelegen haben, und noch andere, welche vielleicht noch niemals vom Pfluge berührt wurden. Ein solcher Kamp wird dann naiver Weise ein „Jungfernhamm“ genannt. Hamm heißt hier und in den Nachbarmarschen überhaupt jedes mit einem Graben umgebene Acker- oder Weideland. Das Wort „Hamm“ ist wohl nichts weiter als das verwandelte Kamp (Campus), bei dem das C in H verwandelt worden, gleichwie Caput zu Haupt, Cannabis zu Hanf geworden ist. —

Ungern bricht der Osterstader so uraltes Land auf, sondern schont es, so viel er kann. Bei diesem zähen Marschboden müssen alle Ackergeräthe, Pflüge, Eggen u. s. w. auf's allerstärkste und schwerste sein, da sie sonst zerbrechen würden. Weniger als vier Pferde spannte man selten vor den Pflug, und bei besonders ungünstigen Umständen, z. B. in nassen Jahren, haben sechs ihre Last daran. Wenn der Boden auf's allersteifste und bindigste ist, bezeichnet der Osterstader ihn mit dem Worte „päksch“ (pechig) oder auch wohl mit „kropsch“.

Vor der großen Sturmfluth des Jahres 1717, nach der das Land lange Zeit überschwemmt und offen stand, konnte nie ohne sechs Pferde gepflügt werden. Wie aber endlich die Deiche wieder dicht und das Land trocken war, hatte, wie die Nachrichten sagen, das Seewasser den Boden so verbessert, daß er nun mit vier Pferden gut bearbeitet werden konnte. — Selten kann aber auch noch jetzt ein Pflug täglich mehr als ein Jück umbrechen.

So begnügt sich der Osterstader meistens damit, nur so viel Korn zu bauen, als er zu seinem eigenen Bedarf oder zur Streu und Fütterung seines Viehes nöthig hat, und nur äußerst schlechte Vieh- und Landpreise dürften ihn zwingen, sich ganz dem Ackerbau hinzugeben.

Obwohl eine recht gute, starke und schwere Pferderace existirt, eine Abart der friesischen, ist die Pferdezucht und der Pferdehandel doch sehr unbedeutend. Die meisten Pferde gehen als Füllen oder „Enter“ (einjährig) ab, entweder in's Oberland nach Thüringen oder auf benachbarte Märkte. Ebenfalls ohne Bedeutung sind Schaf-, Schweine- und Gänsezucht.

Fabriken giebt es in Osterstade nicht, außer daß hier und da eine einsam stehende Ziegelbrennerei ihre mächtigen Rauchwolken zum Himmel sendet. Der schwarze Marschthon eignet sich trefflich zur Ziegelfabrikation und liefert sehr harte und dauerhafte Mauersteine, mit denen der Handel sich in jüngster Zeit außerordentlich gehoben hat. Noch mehr aber als in Osterstade wird dieser Erwerbszweig im Lande Wührden und auf dem Marschlande des Binnenflusses Lune getrieben. Fast alle Arbeiter dieser Ziegeleien sind aus dem Lippischen und nur einzeln trifft man eine, die mit Einheimischen besetzt ist.

Endlich kommt noch ein ganz besonderer, für diese Marsch nicht unwichtiger und eigenthümlicher Erwerbszweig in Betracht: die Riedernte. Den Flußufern und den Platen entlang ziehen sich die dichten, mächtigen Rohrfelder mit ihren dunkelgrün belaubten, oft zehn Fuß hohen Halmen weit dahin, und bilden jene einsame, stille, menschenleere Wildniß, wo das schwarze, schüchterne Wasserhuhn nistet, die zierliche Rohrmeise klettert, und wo in lauer Sommernacht, ewig unsichtbar, der Wachtelkönig sein eigenthümliches Geschnarr ertönen läßt. Sonst ist alles grabesstill, nur die Fluthen murmeln und leise lispelt das Rohr.

Aber so wie nur im Winter der erste ernstliche Frost eintritt, der den weichen Sumpfboden härtet und säubert, wimmeln alle Ufer und Platen von Hunderten rühriger Arbeiter, und das rüstigste Leben und Treiben folgt nun auf die eben beschriebene Stille und Verlassenheit.

Das Rohr oder Ried (plattdeutsch Reid) läßt mit dem ersten Froste seine Blätter fallen und zeigt dann seine abgestorbenen, harten, blaßgelben Halme mit ihren braunen Federbüschen. Man schneidet es mit kurzklingiger Sense, bindet es zusammen und trägt oder fährt es nach Hause. Die eigentliche Ernte dauert meistens nur wenige Tage, hernach ist das weite Ufer wieder so öde und menschenleer wie vorher. Der Ertrag der Ernte wird daheim vom welken Laube, von zerbrochenen Halmen, Rohrkolben und Binsen gereinigt, in kleinere Bunde, Schöfe genannt, getheilt und bis zum Verkaufe in hohe runde Schober gelegt.

Zum Dachdecken liefert dieses Rohr ein viel dauerhafteres Material als das Stroh. In Osterstade, Wührden, im Stad- und Stedingerlande sind auch fast alle Häuser damit gedeckt, und eine Menge Rohr geht nach der nahen Geest und selbst nach der Umgegend von Bremen. Hundert (ein Fiemen) solcher Bunde, die eine Elle im Umfange haben müssen, kosten gewöhnlich anderthalb bis zwei Thaler. — Und so bildet denn dieses Schilf, das nur zu schneiden und zu reinigen ist, die müheloseste Ernte und eine nicht unbedeutende Erwerbsquelle für die Marschen.

Eins steht fest: in politischer Hinsicht ist der Osterstader von den Marschbewohnern wohl der allerzahmste, der allergleichgültigste, der allerloyalste. Sein ganz entschiedenes Vorurtheil gegen alles Neue und sein gänzlicher Mangel an stolzem Selbstgefühl, an Thatkraft, Gemeinsinn und Freiheitsdrang stellen ihn in dieser Beziehung unter allen Marschbewohnern auf die niedrigste Stufe. Es scheint förmlich, als ob seit jener furchtbaren Niederlage des dreizehnten Jahrhunderts den Osterstadern mit ihrer Freiheit auch all jenes innere Kraftgefühl, welches die Friesen einst so stark und selbstständig machte, gänzlich gebrochen und vernichtet sei.

Ein ungeheurer Respekt vor Beamtenuniformen erfüllt meistens die Brust des Osterstaders. Ein Beamter ist ihm ein verkörpertes Gesetz, dem er sich pünktlich und willig unterwirft. Dagegen bedarf es fast immer unsäglicher Mühe der Ueberredung, ehe er zu bewegen ist, auch nur einen einzigen Spatenstich aus freien Stücken für das allgemeine Beste zu thun, selbst dann, wenn er das Gute der Sache einsieht.

Dieses Mangels an Gemeinsinn und Energie sind sich die Osterstader selbst recht wohl bewußt und gestehen ihn offen ein. So hört man z. B. sehr häufig ein Gerede wie: „Ja es wäre gut und nützlich, wenn's nur das Amt befehlen wollte; denn sonst wird doch nichts daraus; das wissen wir wohl!" — Eifrig strebende Fortschrittsmänner giebt es hier natürlich auch, doch stehen diese sehr vereinzelt da.

Im Allgemeinen aber tritt die friesische Gleichgültigkeit und Langsamkeit gerade im Charakter des Osterstaders ganz besonders auffallend hervor, woraus natürlich jenes edle Streben entsteht, welches am klarsten mit dem bekannten Motto: „Ruhe ist die erste Bürgerpflicht!" bezeichnet wird. Ruhe um jeden Preis! Selbst hinein in den gewaltigen Rausch der Märztage von achtundvierzig scholl dieser nüchterne Ruf aus der Marsch von Osterstade und fast keine Spur der Erhebung war bei diesen Leuten zu finden —, während in andern Marschen urplötzlich das regste politische Leben erwacht war. Um etwas besser ist es freilich geworden.

Diesem geistigen Schlendrian entspricht ganz der physische. Einen raschen Gang, ein hastiges Rennen sieht man äußerst selten; ist einmal Jemand, der nicht wie die Anderen schlendert, da ruft gleich Alles verwundert: „Hä! wat hest du't hild? (eilig)". Als äußerst bezeichnend führe ich ferner ein stehendes Abschiedswort an, gebräuchlich, wenn Zwei, die draußen mit einander geredet haben, sich trennen: „Na gah sacht hen" (Geh langsam hin), sagt der Eine: „Ja wöllt sehn wat't deit" (Wollen sehen was es thut), erwidert dann gewöhnlich der Andere.

In Osterstade giebt es keine einsamen Gehöfte, die ihre zusammenhängenden Ländereien rund um sich her liegen haben, wie das in anderen Marschen oft der Fall ist. Der Osterstader zog vor, in Dörfern zu wohnen, welche höchstens eine halbe

Stunde auseinander liegen. Seine Aecker und Weiden aber sind in der ganzen Feldmark zerstreut.

Ein stattliches osterstader Hausmannsgehöft ist auf den ersten Blick zu erkennen. Betreten wir zuerst den gepflasterten ansehnlichen Hof vor dem Wohnhause, der von allerlei Federvieh wimmelt. Im Vordergrunde, mit Sorgfalt zusammengelegt, erhebt sich der viereckige, schräg aufsteigende, mächtige Düngerhaufen; rechts und links stehen die Scheunen, die Wagenremise und der Schweinstall (im Winter auch wohl hohe, runde Getreideschober davor); im Hintergrunde das ansehnliche Wohnhaus.

Das letztere selbst ist ohne Stockwerk und mit Rohr, selten mit Ziegeln gedeckt. Seine starken Mauern sind im gegenwärtigen Jahrhundert stets massiv von rothen Backsteinen aufgeführt, ohne Anwurf oder Tünche, dagegen aber die Fugen sauber eingestrichen. In früherer Zeit waren alle Häuser nach niedersächsischer Weise aus Fachwerk aufgeführt. Jetzt wird kein einziges mehr so gebaut. Die Fronte, deren oberstes Giebeldreieck ein kleiner Dachwalm deckt, hat drei Thüren, nämlich in der Mitte ein großes Doppelthor und zu beiden Seiten eine kleine, die zum Kuh- und Pferdestall führt.

Alle sind mit einem sehr gedrückten Rundbogen überwölbt. Derselbe zeigt in der mittleren großen Hausthür — charakteristisch genug — fünf eingefugte Sandsteine, welche, um gegen die rothe Mauer recht hervorzustechen, eine weiße Tünche erhalten. Ueber dem obern keilförmigen Schlußsteine ist noch ein viereckiger, größerer eingelassen, welcher die Namen des Erbauers und seiner Ehefrau, sowie einen Bibelvers oder einen andern frommen Wahlspruch, zuweilen auch bei alten Häusern einen lateinischen, z. B. Soli Deo gloria, führt. Oben zu beiden Seiten dieser Thür ist sodann noch ein Fenster angebracht, um Licht auf die innere Diele fallen zu lassen. — Nachstehende Abbildung wird das Aeußere einer solchen osterstader Hausmannswohnung genugsam versinnlichen.

Treten wir nun durch die große Hausthür in's Innere. Hier sind wir auf der großen, festgestampften Tenne (Diele), die den ganzen Winter vom lustigen Rhythmus der Dreschflegel widertönt. Da stehen an einer Seite in langer Reihe die stattlichen schweren Milchkühe und anderes Vieh, während sich auf der anderen die Raufen und Krippen des Pferdestalls zeigen. Der innere Dachraum bis zum Firste über dieser Diele heißt der Balken und dient zur Aufbewahrung des noch un-

Osterstader Bauernhaus.

gedroschenen Getreides. Auf der Hille, dem Raume über den Pferde- und Kuhställen, bewahrt man Brennholz, Torf und Stroh. In kleineren und älteren Häusern beschließt diese Diele meistens der Feuerheerd, welcher frei und offen, ohne Küche, nur von einem Rauchfange bedeckt, daliegt, wie es niedersächsische Weise ist. —

Die neueren Bauernhäuser aber haben sämmtlich noch einen Vorplatz (Windfang), der durch eine Flügelthür mit der Diele verbunden und sauber mit Steinen oder Fliesen ausgelegt ist. Hier nun stehen die mächtigen, glänzend gebohnten Kleiderschränke nebst den gefüllten Leinenkoffern mit blankem Messingbeschlag; ringsum sind Thüren zu den verschiedenen Zimmern, Kammern und zur Küche, und über diesem Vorplatze befindet sich endlich der eigentliche Kornboden für das gereinigte Getreide. Die Wohnzimmer sind durchgehends sehr einfach, oft wirklich kahl zu nennen und nur die Fremdenstube, meistens die größte im Hause, ist mit einigem Luxus ausgestattet. Die pomphafte Eleganz des üppigen Hadlers findet sich fast nirgends, doch ist man hier und da schon auf dem besten Wege dazu.

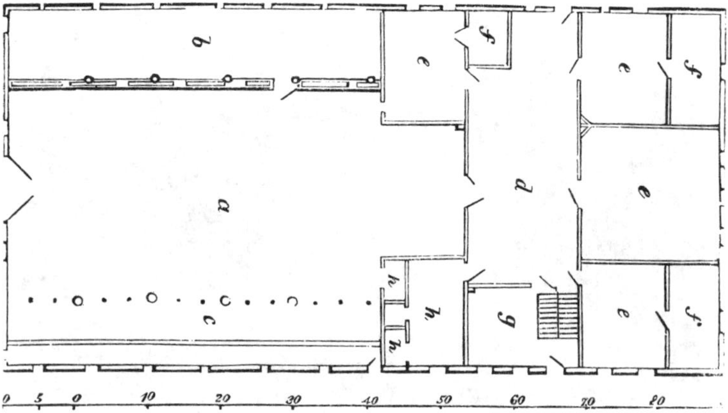

Osterstader Bauernhaus im Grundriß.

a. Die große Viehdiele.
b. Der Pferdestall.
c. Der Kuhstall.
d. Der Vorplatz (Hausflur, Windfang).
e. Stuben.
f. Kammern.
g. Die Küche.
h. Gesindestube mit Schlafkojen.

Auch der hinter dem Hause befindliche, mit einem breiten Graben (Graft genannt) umzogene Garten bekundet deutlich, daß beim Osterstader das ästhetische Princip eben nicht allzustark vorherrscht; denn auch hier ist fast Alles nur auf reellen Nutzen berechnet. Dicht hinter dem Hause steht nach echt holländischer Art noch oft eine Reihe flach geschorener Linden, oben mit kleinen kugelförmigen Büscheln geziert, als Schutz gegen Sonne,

Wind und Schlagregen. Ein einziger, schnurgerader Gang zwischen zwei schmalen, mit Buchsbaum eingefaßten Blumenbeeten durchschneidet den Garten seiner ganzen Länge nach. Höchstens kommt noch ein kürzerer ähnlicher Quergang hinzu. Alles Uebrige aber ist für Gemüse bestimmt, und selbst diese schmalen Beete, welche nur die allergewöhnlichsten Blumenarten zeigen, sind zum Theil auch noch mit Stachel-, Johannis- und Himbeeren und endlich gar mit einer Reihe Obstbäume besetzt. Die letzten Plätze nehmen die Bleiche und der eigentliche Obstgarten ein. Offenbar ist in diesen älteren Marschgärten altholländischer Einfluß zu bemerken, noch mehr in denen der oldenburgischen Marschen. Aeußerst selten finden sich so schöne Anlagen und Bosquets, wie wir sie bei den Hadlern in hoher Ausbildung antreffen. Dazu hat der materielle Osterstader kein Land übrig. Mit ein paar Ruthen Landes für etwas Rasen mit Blumenbeet und einigem Gebüsch vor den Fenstern der Wohnräume ist's meistens abgemacht.

Wie in allen unsern Marschen, das Alte Land ausgenommen, existirt auch in Osterstade keine eigentliche Volkstracht. Sie ist längst im Laufe der Zeiten untergegangen und vom mächtigen modernen Wesen verdrängt worden. Vor einigen Jahrzehnten sah man noch alte Frauen in einer eigenthümlichen, aber kleidsamen Tracht, die einst allgemein war, zur Kirche und zum Abendmahl gehen. Diese besteht dann aus einem kleinen, weißen, gefalteten Häubchen, dessen Boden mit Gold und Silber durchwirkt ist, aus einer Art langschößiger Kontusche mit vielen platt gelegten Falten, aus einem weiten, schwarzen, halbwollenen Rock mit grünen oder rothen Streifen und Flammen, und endlich aus einem weißen Abendmahlstuch. Außerdem trugen Frauen niedern Standes noch eine äußerst praktische Kopfbedeckung, die in diesem Jahrhundert stromaufwärts bis nach Bremen und weiter gedrungen ist. Sie ward Kragenkappe genannt und ist wohl altfriesischen Ursprungs. Beides zeigt hier die Abbildung — und damit die einzig hier übrig gebliebenen Reste alter Tracht.*)

Den männlichen Osterstader charakterisirt vornehmlich der unumgängliche Klubenstock. Er bedient sich desselben bei seinen Feldgängen, um damit über die Gräben, Flethe und Wasserzüge zu setzen, die überall die Feldmark durchschneiden. Dieser

Frauentrachten in Osterstade.

Stock besteht aus einer 10 Fuß und darüber langen Stange, meistens aus zähem Eschenholz, an deren einem Ende eine kurze, stumpfe, eiserne Gabel angebracht ist, um das Einsinken desselben zu verhüten, wenn man ihn zum Sprunge auf das weiche Ufer

*) Anmerkung. Vor vierundvierzig Jahren, in der ersten Auflage des Buches, konnte ich Vorstehendes noch schreiben. Gegenwärtig sind auch die allerletzten alten Bewahrer der Landestracht heimgegangen und mit ihnen die letzten Spuren derselben.

oder in den Graben selbst stellt. Durch die untenstehend beigefügte Zeichnung wird die Gestalt dieser Gabel noch deutlicher gemacht.

Ebenso unzertrennlich wie der Alpenbewohner mit seinem Almstock, hängt der Osterstader mit seinem Klubenstock zusammen, den er stets auf der Schulter trägt, wenn er in's Feld geht, um nach seinem Vieh zu sehen, was er nach dem „Tüge" sehen nennt. In anderen Marschen bedient man sich ähnlicher Sprungstöcke, meistens aber von etwas anderer Art und mit einem Holzklotze statt der Gabel versehen; jedoch ist diese Sitte dort lange nicht so allgemein wie in Osterstade, wo der Klubenstock, gerade wie in einigen Marschen Holsteins, seinen Trägern einen sogleich auffallenden Stempel von Eigenthümlichkeit verleiht.

Von öffentlicher Volkslust, von Volksfesten und Volkssitten — zumal eigenthümlichen — ist in Osterstade, wie auch in anderen Marschen, Wenig zu finden. Nur bei gewissen Feldarbeiten überläßt sich der Osterstader einer echten Lustigkeit, nämlich beim Roggenmähen, Bohnenbinden und Rappsaatdreschen. Letzteres geschieht ebenfalls im Freien und führt ein Hauptfest mit sich. Unter Trinken, Scherzen und „Juchen" wird gearbeitet und jedem fremden Zuschauer, aber auch dem Hausherrn und seiner Familie die Ehre des „Högens" erwiesen. Dieses Högen ist in manchen Marschen Sitte und besteht darin, daß man sich mit mehreren die Hände reicht, den zu Ehrenden nöthigt, sich daraufzusetzen und ihn unter lautem Juchen sieben bis acht Mal sanft in die Höhe hebt. Aeltere Leute und Damen högt man auch wohl auf einem Lehnstuhl und besonders behutsam und respectvoll. Mit jungen Leuten aber oder mit seines Gleichen macht man nicht viel Umstände; man packt sie, ehe sie sich dessen versehen, ohne Weiteres beim Kragen, wirft sie, wie man einen Fuchs prellt, mit gellendem ausgelassenem Juchen hoch in die Luft, fängt sie wieder und schleudert sie von Neuem in die Höhe, daß ihnen Hören und Sehen vergeht. Abends giebt's dann ein Festmahl mit Suppe, dickem Mehlpudding und einem tüchtigen Stücke Rauchfleisch. Ein Tanz, auf welchem zu Anfang des vorigen Jahrhunderts noch der alte landesübliche Siebensprung aufgeführt wurde, ein grotesker von zwei Männern dargestellter Schautanz, beschließt den Tag. — Das stete Abnehmen des Ackerbaues in dieser Marsch läßt auch natürlich die damit zusammenhängenden Feste und Bräuche mehr und mehr verschwinden. — Uebrigens ist noch an dieser Stelle zu bemerken, daß wir sicherlich in jenem „Högen" (Erhöhen) den Rest einer uralten germanischen Sitte zu erblicken haben. Erzählen doch schon römische Schriftsteller, daß die alten Deutschen, wenn sie ihre Fürsten und Häuptlinge erwählt hätten, dieselben stets auf einen Schild stellten und sie dann unter Beifallsgeschrei in die Höhe hoben. —

Aber selbst diese geringen Reste eigenthümlicher Volksbelustigungen scheinen von Jahr zu Jahr an Boden zu verlieren und werden sicherlich mit der nächsten Generation ganz verschwinden. Schon jetzt hört man überall Leute davon reden, daß es doch einst in Osterstade ganz anders gewesen und heutzutage gar keine echte Lebenslust mehr im Volke sei. Früher habe man's für keine ordentliche Osterstader Hausmannshochzeit gelten lassen, wenn nicht 4—500 Gäste geladen waren, wenn sie nicht drei volle Tage dauerte und wenn nicht zu jedem dieser Tage ein fetter Ochse geschlachtet und den Spielleuten für manchen Tanz ein preußischer Thaler auf den Teller geworfen wurde. In der Südmarsch durfte damals auch keine anständige Hochzeit ohne eine tüchtige Prügelei vorübergehen, auf die man sich schon lange vorher freute, vorbereitete, Partei anwarb und passende Knüppel aussuchte.

Zur Zeit ist man ruhiger, zahmer, sittsamer. Man hält zwar noch Hochzeiten mit 500 Gästen, aber nur eintägige;

dafür ist jedoch in den meisten Häusern der Comfort des täglichen Lebens gestiegen, — ein Umstand, der nur zu Gunsten der neuen Zeit im Gegensatz zur „guten alten“ sprechen kann.

Die großen Hochzeiten giebt der Osterstader nicht, um seine Wohlhabenheit zu zeigen, oder damit sich recht Viele des Tages freuen sollen, sondern er giebt sie, weil es einmal so Sitte ist und seinem Stande als Hausmann zukommt; denn von den kleinen sagt er verächtlich: „dat weer man'n Kötherhochtied“.

Ebenso müssen auch die Leichenbegängnisse möglichst großartig sein, sonst entsprechen sie der Hausmannswürde nicht. Kaum ist Jemand gestorben, so werden rings umher die Nachbarn und Bekannten zum „Kleiden“ geladen, zwar nur formell, denn dies Waschen und Kleiden selbst wird meistens von einigen alten Frauen besorgt, während die Andern mit Wein, Kaffee und Imbiß bewirthet werden. Einige Tage darnach wird abermals Gesellschaft geladen; es giebt wieder Kaffee, Wein und Kuchen, weil der Todte eingesargt, oder vielmehr, wie man hier sagt, „in's Holz gelegt wird“. Nach einigen Tagen geht man endlich zur Bestattung über. Der polirte, oft mit wahrem Luxus ausgestattete Sarg paradirt auf einem schwarz und weiß behangenen langen Tische im Vorplatze, umgeben von brennenden Lichtern, oft auf weiß drapirten Candelabern. Auf dem Sarge stehen Teller mit Citronen und glimmenden Rauchkerzen, deren Duft das ganze Haus erfüllt. Die beste Stube heißt die Trauerstube, in welche der Herr Pfarrer, der Küster, sowie vornehme oder verwandte Gäste genöthigt werden, und an deren Eingange die allernächsten Angehörigen des Todten, völlig in Schwarz gekleidet, sitzen. Jeder Geladene tritt zu ihnen und sagt, indem er die Hand reicht, zu Jedem die stehende Redensart: „Ähr Sorg deit mi leed.“ Die Träger kommen nach alter Sitte auf die Kellerstube. Um drei Uhr Nachmittags versammelt man sich. Ein Glas Rum, im Sommer wohl auch Limonade, macht vorab die Runde; hierauf werden Cigarren und

Pfeifen, Kaffee und Imbiß gereicht. Dazu geladene Nachbarn besorgen die Aufwartung. Sind nach einiger Zeit die mächtigen Kannen leer getrunken, folgt man einem stummen Wink hinaus auf den Vorplatz. Die Träger stellen sich zu beiden Seiten des Sarges auf, die nächsten Angehörigen setzen sich auf die Stühle hinter dem Sarge; der Prediger tritt vor denselben, wo ein Tisch mit zwei Lichtern steht, und die Leichenrede beginnt. Ist sie vorüber, wird jedem Träger ein Glas Wein und eine Citrone gereicht, dem Prediger aber zwei. Hierauf werden Lichter und Räucherkerzen entfernt, noch einmal still gebetet, — und dann erst wird der Sarg, dem alle Männer zur Bestattung folgen, aufgehoben und fortgetragen. —

Eine Grabrede auf dem Kirchhof ist nicht herkömmlich; man geht einmal in Procession um die Kirche, senkt den Sarg ein und verrichtet schließlich abermals ein stilles Gebet.

Das Amen dieses Gebetes aber ist das Signal zur eilenden Rückkehr in's Trauerhaus, wo schon auf allen Tischen Massen von Kuchen und lange Reihen von Weinflaschen, dazwischen Thonpfeifen, Teller mit Tabak, Fidibus und Cigarren, die Gäste erwarten, und wo nun der zweite Theil des Tages, der eigentliche Leichenschmaus, seinen Anfang nimmt. Herrschte vorher die größte Stille im Hause, wurde nur geflüstert und leise aufgetreten, so ist jetzt mit einem Male jeder Zwang entfernt. Alles athmet auf, man ißt und trinkt nach Herzenslust, man pafft dermaßen drauf los, daß man vor Tabaksdampf kaum drei Schritte weit sieht. Alle Zungen sind gelöst, man schwatzt und scherzt, lacht und trinkt durcheinander, klingt wohl gar mit den Gläsern an und die Gemüthlichkeit steigt mit jeder Stunde. „Und warum,“ sagte bei solchen Gelegenheiten stets ein alter osterstader Prediger, „sollten wir uns auch nicht freuen als gute Christen? Ist sicherlich unser verstorbener Mitbruder da oben mit den lieben Engelein noch viel fröhlicher jetzt.“

Das Unpassende solcher Leichenschmäuse, die ehemals noch

viel großartiger waren, fiel Wenigen ein. In den letzten Jahren haben auch diese großen Leichenbegängnisse so ziemlich aufgehört, namentlich durch die stets beliebter werdende und bessere Sitte, die Bestattung Morgens vorzunehmen, und wenn sie geschehen, nicht wieder zum Trauermahle in das Haus des Verstorbenen zurückzukehren.

Noch jetzt besteht ein merkbarer Unterschied im Wesen der Nord- und Südosterstader. — Ist die alte Rohheit und Rauflust der letzteren auch ziemlich verschwunden, sind sie doch noch immer regsamer, lebendiger, lärmender und fröhlicher als die ruhigen, schwerfälligen Nordosterstader. Bei Hochzeiten der Südmarsch herrschte auch noch lange die alte Sitte oder besser gesagt die Unsitte des „Stallburschenwesens". Gegen Abend nämlich fand sich eine Menge junger Leute zusammen, die sich grotesk und abenteuerlich vermummt hatten, um unter dieser Hülle zu tanzen, allerlei Neckerei auszuüben und namentlich, „wann's losgeht", tüchtig mitzuprügeln. Meistens waren es Knechte, oft aber auch junge Hausleute, die selbst, wenn sie geladen, doch lieber vorzogen, sich als Stallburschen zu amüsiren und statt in den obern Gastzimmern in den Ställen und unten auf der Diele Posto zu fassen.

Häufig wurden diese Burschen auf's Aufmerksamste bewirthet, und wollten sie tanzen, ward ihnen zuweilen sogar der Platz geräumt; denn man hütete sich wohl, es mit ihnen zu verderben. —

Jener Unterschied zwischen Nord- und Südmarsch hat sicherlich seinen Grund in der Stammverschiedenheit beider; denn während die Südosterstader reine Niedersachsen sind, bleibt im Norden das gemischt friesische Element gewiß nicht ohne Einwirkung auf das Wesen der Leute.

II. Das Land Würden.

Nördlich von Osterstade liegt ein kleines, von hannoverschem Gebiet eingeschlossenes oldenburgisches Amt, das Land Würden, die kleinste und wenigst eigenartige aller Marschen, denn sie hält nicht einmal eine Quadratmeile und trägt ganz den Charakter der Marsch von Osterstade.

Sie hat denselben schweren Boden, dieselbe Beschäftigungsweise, Art und Sitte der Bewohner, dieselbe Bauart der Häuser, und bietet ganz wie Osterstade den Anblick einer mächtigen grünen Weidenebene, die mit bunten Rinderschaaren besäet und dann und wann durch ein stattliches umbuschtes Dorf unterbrochen ist.

Fast Alles, was von Osterstade gesagt ist, gilt darum auch von dieser Marsch, nur daß hier das Friesische im Gesichtstypus, im Charakter und in den Namen der Bewohner schon ungleich mehr und merklicher hervortritt und den Würder schon bedeutend derber, selbstständiger und entschlossener auftreten läßt als seinen südlichen Nachbar.

Der alte lateinische Name des Landes, wie er in den Chroniken und alten Actenstücken vorkommt, ist Terra Wordensis, auch Wurdena oder Worda, was Alles ohne Zweifel mit dem Worte „Wurth“ zusammenhängt, wovon ja auch der Name des Landes Wursten abstammt.

Wie lange Würden seine republikanische Freiheit behauptete, ist geschichtlich dunkel, auch weiß man nichts von Kämpfen mit den bremischen Bischöfen. Im zwölften Jahrhundert soll es gleich Osterstade zur Grafschaft Stotel gehörig und im Jahre 1218 durch die Heirath einer Gräfin Kunigunde von Stotel mit dem Grafen Burghart von Oldenburg als Morgengabe an den letzteren gekommen sein, eine Annahme, die sich vor Allem auf Remmers Chronik gründet, durch neuere Historiker, wie Schumacher, v. Bippen und Sello, jedoch als durchaus unhaltbar dargestellt wurde, da sie jeder urkundlichen Bestätigung entbehrt. Ueber dem Wann und Wie der Thatsache wird der dunkle Schleier wohl ruhen bleiben. Halten wir uns denn vorläufig am Chronisten, bis wir es besser wissen.

Man liest ferner, daß die alten Würder verwegene Piraten gewesen und den Bremern manchen Schabernack angethan hätten, wofür sie denn auch mitunter streng gezüchtigt worden seien. Zweimal wurde das Land an Bremen versetzt. Zuerst versetzte Graf Johann XI., der durch seine Pferde- und Hundeliebhaberei heruntergekommen war, das ganze Land um einen Preis, für den man jetzt ungefähr drei Morgen losschlägt, nämlich für 1800 Gulden. — Kaum wieder eingelöst, ward es im Jahre 1408 durch einen Grafen Diedrich von Oldenburg, dessen Bruder in bremische Gefangenschaft gerathen war, zum Unterpfande eines Lösegeldes von 2000 Bremer Mark abermals versetzt. Erst im Jahre 1511 erfolgte die Wiedereinsetzung.

So lange Würden mit Osterstade zur Grafschaft Stotel gehörte, besaß es noch manche Rechte seiner alten friesischen Verfassung, die aber unter oldenburgischer Herrschaft nach und nach verschwanden; nur seine alten Volksgerichte dauerten — freilich unter dem Vorsitze des von Oldenburg angestellten Vogtes — bis in's fünfzehnte Jahrhundert, wenn nicht noch länger.

Außer den Gerechtsamen, die der Bremer Rath in der Verpfändungszeit meistens bestätigte, bestanden noch viele alte Gewohnheitsrechte, die letzterer nicht immer respektirte. So erließ er z. B. allerlei Polizeiverordnungen, die den Würdern durchaus nicht behagten. Unter andern im Jahre 1438 eine solche wider alle Ueppigkeit und Verschwendung bei Hochzeiten, Kindtaufen, Beerdigungen und Deichbeschauungen, mit der stricten Weisung, daß die Hochzeiten nur zwei Tage dauern und auf Kindtaufen nicht mehr als vier Tonnen Bier gegeben werden dürfen. „Wanne de ute sin,“ heißt es darin, „so schall he de leddigen Tunnen up de Dele bringen un Kinnelbeers wegen kenerley Kost mehr gewen.“

Das Land Würden wurde 1814 dem Kreisgericht Ovelgönne zugetheilt, bildete aber ein eigenes verwaltendes Amt mit dem Sitze desselben in Dedesdorf, dessen Name aus der frühmittelalterlichen Benennung Thiedolfestorp entstand. Es ist ein reich umbuschtes freundliches Dorf, in welchem des Ländchens einzige Kirche mit dem heiligen Laurentius als Schutzpatron steht. Schon in's 12. Jahrhundert fällt deren Erbauung, aber sie ist leider durch wiederholte Um- und Anbauten bis auf einen kleineren Theil gänzlich neu geworden.

Belagerungen hat diese Kirche nie erlitten, aber schon oft haben die Wogen ihre Gemäuer gepeitscht. Jammerschade, daß sie längst den altfriesischen Charakter verloren; nur der Thurm schaute noch bis zum Jahre 1870 in alter trotziger Ruhe, breitspurig und gestemmt dastehend, über den Deich, als ob seine mächtige Steinbrust es mit einem ganzen Meere aufnehmen wollte. Dann aber mußte auch dies ehrwürdige und so charaktervolle Denkmal alter Friesenzeit, das man so leicht hätte erhalten können, fallen, um einem Neubau Platz zu machen, bei welcher Gelegenheit man tief unter den Grundmauern des alten Thurmes eine Menge uralter menschlicher Skelette, zum Theil in ausgehöhlten Baumstämmen liegend, fand, deren Schädelform noch möglicherweise höchst interessante Aufschlüsse über die frühere Bevölkerung dieser Gegend geben dürfte.

In dieser Kirche hielten einst die Würder — gerade wie ihre osterstader Nachbarn in Hagen unter der Staleke — zweimal im Jahre ihre Landesversammlungen und Volksgerichte ab, bei denen wie dort der Graf von Stotel den Vorsitz hatte. —

Aus einem „alten Saalbuch“ (Erd- oder Landbuch) vom Jahre 1428, welches noch existirt, ersehen wir, daß die Landesbewohner an solchen Versammlungstagen den Richtern sämmtliche Speisebedürfnisse zu beschaffen hatten, mit Ausnahme des Biers, Brodes und Salzes, wofür sie seltsamer Weise selbst sorgen mußten.

„Item so mogen de Herrn twi im Jahre richte holde in dem Lande, dat ene by grase, dat andre by stro*) und dar solt se mit sick bringen beer unde brod unde solt. Was en ander behof is to spise, dat moten em besorgen de belenden**) lüde und dat land. Unde wan de herren, of ere amtlüde dar richte holden, so solen se em rumen de kerken“ u. s. w. —

Der alte Grafensitz Stotel, ein ansehnliches Dorf, liegt anderthalb Stunden in's Land hinein auf dem Rande der Geest, die hier ohne den kleinsten Moorstrich schroff und unmittelbar in die schwerste Marsch abfällt. Im Jahre 1350 erlosch das Grafengeschlecht, seine Herrschaft ging in die Hände des Erzbischofs von Bremen über, seine Burg ward abgebrochen und nur der unebene, mit einem fast trockenen Graben umzogene und mit einigen alten Bäumen und Gebüsch besetzte Grasanger deutet an, wo sie einst gestanden.

Stotel war eine der drei von Karl dem Großen zum Schutz seiner nordwestlichen Reichsgrenze gestifteten Grafschaften und mochte namentlich zum Hüter gegen die Einfälle der Normannen ersehen sein, denn sie umfaßte Osterstade, Würden, das an's Land Wursten stoßende Vieland und grenzte östlich mit der Grafschaft Stade zusammen. Außerdem errichtete Karl der Große die Grafschaft Lesmona, das jetzige Lesum; ferner, zum Schutz gegen die Ostfriesen, Ambrien, das zwischen der Stadt Oldenburg und Ostriesland liegende Ammerland. Die Markgrafschaft Stade dagegen schuf erst Kaiser Heinrich der Vogler.

*) by grase, d. h. im Sommer; by stro, im Winter.

**) belenden lüde, die mit dem Geschworenenamte belehnt waren. Belehnter heißt noch jetzt der eine Ortsvorsteher in den Dörfern in Nordosterstade, während der andere Vogt genannt wird.

III. Das Vieland.

1. Das Land im Allgemeinen.

Gleich nördlich vom Lande Würden verliert der Marschensaum des Landes außerordentlich an Breite und zieht sich bis zum Geestefluß, zwischen der Weser und dem Sandlande, als ein schmales grünes Band dahin, welches vier sehr wohlhabende Dörfer umgrenzt, die alle auf der Geest liegen.

Dieser Bezirk heißt das Vieland. Seine Dörfer, namentlich die drei vorderen: Wulsdorf, Schiffdorf und Neu-Geestemünde, haben eine fast rein friesische Bevölkerung, und tragen, trotzdem sie, wie gesagt, auf der Geest liegen, den vollen Marschtypus. Nur das Dorf Bramеln macht hiervon eine Ausnahme, d. h. es ist geestmäßig und hat überdies das Unglück, für die ganze nördliche Wesergegend mit Abdera, Schöppenstedt, Schilda und Beckum gleiches Geschick zu theilen.

Das altfriesische Wort „Vie" bedeutet einen Sumpf und kommt noch einigemale am rechten Weserufer vor. Sümpfe und Moräste hatte diese Gegend denn auch manche, namentlich in den Niederungen am Geestefluß und am Röhrbache; desgleichen nicht unbedeutende Moore.

Niemals hat das Vieland eine historische oder sonst irgend welche Bedeutung gehabt. Man weiß nur, daß schon unter Erzbischof Adalbert von Bremen die Marsch desselben mit Deichen umzogen wurde; daß später die Vieländer sich einmal empörten und von den Bischöfen Nicolaus und Balduin wieder unterjocht wurden.

Alle Kirchen des Landes sind mittelalterlich, von dickem Backsteingemäuer, das hie und da von cyklopischen Granitblöcken unterstützt wird, und weisen fast sämmtlich wenigstens bis in's vierzehnte Jahrhundert zurück.

Vor der alten Kirche zu Wulsdorf liegt ein mäßiger, künstlich aufgeworfener Hügel, der „Jedutenberg" genannt.

Hier haben wir möglicherweise eine der wenigen Spuren friesischer Heidenzeit. Nach einigen Geschichtsschreibern war hier nämlich der Sitz eines Jedutencultus, von dessen Gottheit wir indessen nicht viel mehr als den Namen wissen. Dieser aber hat sich seltsamerweise bis in's 18. Jahrhundert auf's Lebendigste im Munde der Leute erhalten. Noch zu Anfang des 19. Jahrhunderts hörte man von alten Vieländern, als Ausdruck der Verwunderung und des plötzlichen Erstaunens: O de Jedute! oder auch kurzweg: O Jedut! rufen, gleichwie unser christliches Herrje! und Mein Gott! Ein anderer Ausruf lautete: O de Wed und de Wod! — vielleicht zusammengesetzt aus den Namen der friesischen Gottheiten Weda und Woda, von denen der Chronist Heimreich redet. Außer den obengenannten giebt es auch noch bei Lehe und dem nahen Dorfe Langen ähnliche „Jedutenhügel", — und endlich weiß man, daß der Ruf Jedut oder Jodut ein altes Feldgeschrei der Bremer und Friesen war. Jedenfalls ist die Sache noch sehr dunkel und alle bisherige Deutung des seltsamen Namens willkürlich und haltlos.

Später diente der zu Wulsdorf liegende Hügel, da man von ihm einen weiten Blick nach der Wesermündung hat, als Piratenwarte, und dies gab dann zu der häufig herrschenden, durchaus irrthümlichen und unsinnigen Meinung Anlaß, es hätten sich die Seeräuber den Namen „Jeduten" gegeben. Jetzt krönt ihn das Denkmal zur Erinnerung an den letzten großen Kampf von 1870 und 71.

Das Vieland ist die Uebergangsregion von der Fluß- zur Meerstrandsflora. Während im Süden, auf dem Wulsdorfer Außendeiche, alljährlich noch Tausende Fiemen (100 Bund) sehr feines Ried geerntet werden, ist es auf den Geestendorfer Groden im raschen Abnehmen. Auf letzteren treten aber schon Cochlearia officinalis, das echte Löffelkraut, Glaux und Plantago maritima in großer Menge auf, und nur die gelbe

Caltha reicht noch eine Strecke aus jener in diese Flora hinüber, bis auch sie bald verschwindet und nur echt maritime Pflanzen vorkommen.

Das Vieland hat in landwirthschaftlicher Hinsicht die trefflichste Lage, die es geben kann. Die Niederungen an der Weser und am Geestefluß liefern die besten Heuwiesen und Viehweiden und der Sandboden ist zum Roggenbau sehr geeignet, welchen die Vieländer durch ihren Düngerreichthum denn auch zu einer seltenen Vollkommenheit gebracht haben.

Gute Kunststraßen bieten nebst der Weser die trefflichsten Verkehrswege und die unmittelbare Nähe von Geestemünde, Bremerhaven und Lehe liefert nicht nur einen Markt, wo alle Produkte des Landes vom einzelnen Hühnerei an bis zum tausendpfündigen Ochsen stets auf's theuerste gegen klingende Münze abgesetzt werden können, — sondern auch einen immerwährenden Arbeitsplatz für die ärmere Klasse. Daß daher im Vielande von Jahr zu Jahr die Wohlhabenheit wächst, ist kein Wunder.

2. Bremerhaven und Geestemünde.

Wenn man Wulsdorf mit seinem Eichengrün, seiner alten Kirche und dem Jedutenhügel davor verläßt und nun nach Norden sich wendend die Höhe der Chaussee erreicht, hat man urplötzlich das anziehendste, lebendigste Bild vor Augen.

Rechts erblickt man freilich nur das weitgedehnte Feld, zur Linken aber lebt und leuchtet Alles vom Gewimmel hellrother Ziegeldächer. Der junge hannoversche Ort Geestemünde und eine der jüngsten Städte Deutschlands, Bremerhaven, mit seinem langgestreckten Mastenwalde liegt vor uns ausgebreitet; darüber ragt das verlassene Fort Wilhelm*) nebst dem Leuchtthurm und im Hintergrunde erscheint die reich be-

*) 1866 von den Preußen ohne Schwertstreich genommen und bald darauf geschleift.

lebte Rhede des Stromes, dessen Mündung hier eigentlich beginnt. Denn mit dem gegenüberliegenden Dorfe Blexen, dessen schlank geformter Thurm ein weit sichtbares Wahrzeichen der Gegend ist, hört das linke Weserufer auf, mit dem rechten parallel zu laufen. Es wendet sich hier auf einmal in nordwestlicher Richtung abwärts und der Strom fluthet in einer wahrhaft imposanten Breite zum Meer. Eine große Strecke desselben ist schon reiner Meereshorizont, und auch die Küste des Butjadingerlandes erscheint nur als ein kleiner bläulicher Streifen.*)

Hier landeten die Normänner, zu deren Abwehr Karl der Große im Binnenlande feste Wälle aufwerfen ließ; Hansaflotten liefen von hier aus; hier lagen die Schweden, die auf der Stelle des jetzigen Bremerhaven eine Feste gründeten, die alte Karlsburg, deren Platz und Name in Bremerhaven erhalten ist, und die brandenburgischen Schiffe des großen Kurfürsten bedrängten hier die Schwedenburgen. — Und auch in neuester Zeit, welche Reihe wechselvoller geschichtlicher Bilder! 1848 die deutsche Flotte, deren Reste in Bremerhaven unter den Hammer kamen, traurigen Andenkens; — 1864 die österreichischen Schiffe nach dem Seegefechte bei Helgoland, vor allen der arg zerschossene Schwarzenberg und sein Kommandant, der Seeheld Tegethoff; — und dann 1866 die preußische Flottille, die die Küstenbefestigungen, namentlich das alte Steinfort Wilhelm besetzte, und die dann wiederholt in Geestemünde einlief, bis Wilhelmshaven ihr ein besseres Asyl bot.

---

*) Anmerk. Wolle man nicht übel deuten, wenn ich bei dieser Schilderung im Interesse des Lesers anstatt einer Umarbeitung der in der ersten Auflage enthaltenen zu bieten, vorzugsweise einen trefflichen, aus competentester Feder geflossenen Artikel zu Grunde lege, welchen die Weser-Zeitung am 21. Mai 1873 bei Gelegenheit der Festfahrt des deutschen Bundesraths und Reichstags nach Bremen, Bremerhaven und Wilhelmshaven erscheinen ließ.

Stromabwärts zu beiden Seiten fällt der Blick auf die neuesten Strombefestigungen: die Forts Langlütjensand und Fedderwarden an der linken Uferseite, die Forts Brinkamahof und Weddewarden am rechten Ufer.

Das Kreuzfeuer dieser erst nach Beendigung des französischen Krieges vollendeten Forts beherrscht das enge Fahrwasser, das noch 1870 gegenüber der vor der Wesermündung kreuzenden französischen Flotte einige bange Tage lang durch Nichts, als nur durch eine Reihe versenkter Schiffe und Torpedos geschützt war.

In die Weser ergießt sich die Geeste, der alte Naturhafen der Unterwesergegend, in dem die Fischerböte der Strandorte und ab und an zur Winterszeit größere Seeschiffe Unterkommen suchten und fanden. Zu beiden Seiten der Geestemündung dehnte sich bis 1827 weithin grünes Deichland. Zurück im Binnenlande liegen, durch Deiche geschützt, die alten Flecken Lehe und Geestendorf, ackerbautreibende Ortschaften, jetzt durch die dazwischen gebauten Hafenstädte Geestemünde und Bremerhaven untereinander verbunden und mit diesen Hafenstädten zusammen einen in raschem Wachsthum begriffenen Städtecomplex von mehr als 30 000 *) Einwohnern bildend: Eine Weltstadt der Zukunft.

Im Jahre 1827 kaufte Bremen von der damaligen Krone Hannover das durch spätere Staatsverträge, zuletzt 1869, mehrfach vergrößerte, am rechten Geesteufer belegene Areal Bremerhavens und begann sofort den Bau des im Jahre 1829 vollendeten alten oder ersten Bremerhavener Hafens.

Dieser Hafen, damals für die größten nach der Weser fahrenden Seeschiffe genügend, enthält bei einer Länge von 720 Meter und einer größten Breite von 115 Meter eine nutzbare Wasserfläche von 72 400 Q.-Meter. Die Verbindung

*) 1900 zählte man über 64 000 Einwohner.

zwischen Hafen und Weser wird durch den Vorhafen und eine technisch interessante vierthorige Kammer- und Spülschleuse vermittelt. Längs der die Seiten des Beckens bildenden massiven Ufermauern befinden sich Hebevorrichtungen, Niederlagegebäude und Eisenbahngeleise, die den direkten Verkehr zwischen Eisenbahn und Schiff gestatten.

Als zu Ende der vierziger Jahre eine regelmäßige transatlantische Dampfschifffahrtsverbindung nach Newyork durch die Räderdampfer „Hermann" und „Washington" eröffnet wurde, konnte der für breite tiefgehende Dampfer nicht eingerichtete alte Hafen dem Weserverkehre nicht mehr genügen. Es wurde deshalb zum Bau des im Jahre 1851 vollendeten zweiten Bremerhavener Hafens geschritten. Dies neuere Hafenbassin, nordwärts vom ersten Hafen belegen, hat jetzt nach vielfachen im Laufe der Jahre vorgenommenen Vergrößerungen bei einer nutzbaren Wasserfläche von 82 700 Q.-Meter eine Länge von 800 Meter, eine Breite von 115 Meter, eine Tiefe von 7,3 Meter. Zum Becken führt der 146 Meter breite Vorhafen und eine zweithorige 21 Meter breite Fluthschleuse, die als erste ihrer Art von Eisenblech construirt ist. Vor ca. zwanzig Jahren wurde der Kaiserhafen angelegt und 11 bis 12 Jahre später die Erweiterung desselben ausgeführt.

Unter den die Kaimauer umgebenden Verkehrsanstalten ist besonders ein an der Westseite belegener Mastenkrahn zu beachten, der Lasten von 1000 Centnern bequem hebt und bewegt.

In den Jahren 1857 bis 1862 gründete inzwischen Hannover am linken Geesteufer den Seehafen Geestemünde, der aus einem Hafenbecken von 506 Meter Länge und 117 Meter Breite und einem 43,6 Meter breiten gegrabenen Canale besteht, welchen letzteren der Reisende, vom Bahnhof ab in Geestemünde eintretend, auf einer eisernen Drehbrücke passirt. Der Hafen, tiefer als die beiden Bremerhavener Becken und von vorzüglichen Lager- und Hebevorrichtungen — namentlich einer Anzahl hydraulischer Krähne — umgeben, ist mit der Weser durch einen Vorhafen und eine massive Kammerschleuse mit Fluth- und Ebbethoren verbunden. Die Schleuse hat eine freie Weite von 23,4 Meter und ist so lang, daß sie innerhalb der geschlossenen Thore, Schiffe von 67 Meter Länge aufnehmen kann.

Im raschen Aufschwunge hat der Geestemünder Hafen, der jetzt durch Anlage eines Petroleumshafens vergrößert*) ist, den wachsenden Verkehr der Weserschifffahrt gemeinsam mit den Bremerhavener Becken zu bewältigen gehabt. Im Jahre 1872 liefen in denselben 704 Schiffe mit 112 500 Lasten (à 4000 Pfd.) ein,**) während 702 Schiffe mit 112 246 Lasten den Hafen verließen. Die Hafengeldeinnahme hier, die in Bremerhaven etwa ein Drittel der ohne die Zinsen des Anlagecapitals für die Häfen erforderlichen Aufwendungen decken, belief sich 1872 auf ca. 38 000 Reichsmark.

Den Hauptzufuhrartikel bildet Petroleum, das an den beiden Enden des Hafencomplexes in weithin schimmernden weißen Lagerschuppen untergebracht ist.

Die beiden Bremerhavener Häfen, im Jahre 1872 von etwa 1550 Seeschiffen (ca. 480 000 Lasten) besucht, genügen schon jetzt dem Verkehre nicht mehr, der seit der Entwicklung des Norddeutschen Lloyd, dieser mächtigen Verkörperung der neueren Bremischen Seeschifffahrt, progressiv wachsende Dimensionen annimmt. Der Lloyd, dessen Schiffe den zweiten Hafen fast beständig füllen, — vor Allem die Schöpfung des genialen Bremer Handelsherrn H. H. Meier, — begann seine überseeischen Fahrten im Jahre 1858 mit 4 Schiffen.

Das junge Unternehmen litt unter der erdrückenden Con-

---

*) Hinzu kam 1896 der Fischereihafen, mit einem Kostenaufwande von $7\frac{1}{2}$ Millionen Mark hergestellt.

**) Im Jahre 1900 liefen in Geestemünde ein 716 Schiffe mit 287 441 R.-T., in Bremerhaven 2223 Schiffe mit 1 457 397 R.-T.

currenz mächtiger, namentlich englischer Dampferlinien, und daneben unter schweren Unglücksschlägen. Das eine der vier ersten Schiffe, der Hudson, verbrannte im Hafen, ein zweites Schiff, die Weser, mußte verkauft werden. Es blieben nur zwei Schiffe, — mit ihnen aber die zähe Energie und der großartige Unternehmungsgeist des H. H. Meier, der sein Werk, den Lloyd, als Vorsitzender des Verwaltungsraths leitete. — Von Jahr zu Jahr hob sich die Bedeutung des neuen Unternehmens, und während die bremischen Segelschiffe vielfach andere weitere Ziele ihrer Thätigkeit aufzusuchen gezwungen waren, zählt jetzt*) die Flotte des Lloyd über 30 fertige oder im Bau begriffene Ocean-Dampfer, deren letztbeendeter, der Feldmarschall Moltke, vor kurzer Zeit erst vom Stapel gelaufen, daneben 10 Dampfer für die englische Fahrt**) und 14 Dampfer für den Fluß- und Schleppdienst. Wöchentlich einmal, im Sommer häufig zweimal, kommt und geht ein Postdampfer von und nach Newyork. An den Linien nach Baltimore und Neworleans werden in jedem Monate zwei Dampfer, auf der vierten (Westindischen) Linie allmonatlich ein Dampfer expedirt. Der Auswandererverkehr Deutschlands hat sich so gut wie ganz den Lloyd-Dampfern zugewandt, die in regelmäßig glücklicher kaum 13tägiger Fahrt***) das Weltmeer durchkreuzen. Heimwärts bringen die Dampfer, namentlich von New-

---

*) Ende 1900 betrug die Zahl der Oceandampfer 105 mit 470 200 Brutto-Tons und einem Buchwerthe von über 113 Millionen Mark. Hierzu kommen noch 24 Flußdampfer und 114 Leichterfahrzeuge.

**) Die Dampfer für diese Fahrten sind 1896 an eine andere bremische Gesellschaft „Argo" verkauft, die allein die Verbindung mit England unterhält, während der Lloyd neue Linien nach Ostasien, Australien und Mittelamerika eingerichtet hat.

***) Die neuesten Schnelldampfer „Kaiser Wilhelm der Große" und „Kronprinz Friedrich Wilhelm" legen die Strecke in 5 Tagen 10 Stunden zurück.

york, volle Ladung und die sich ständig mehrende Zahl*) der Europa besuchenden Amerikanischen Reisenden.

Nordwärts von den Besitzungen des Lloyd und dem zweiten Hafen fallen die Bauten für einen dritten Bremerhavener Hafen in's Auge, der zu 10 Millionen Reichsmark veranschlagt, erst im Laufe der beiden nächsten Jahre vollendet sein wird und mit dem zusammen Bremen demnächst über eine Hafen-Wasserfläche von 220,400 Q.-Meter zu verfügen hat, der neue Hafen wird 7,8 Meter tief projectirt. Schon jetzt sieht man, auf dem neuen sich in die Weser hinein drängenden Deiche stehend, den Grundriß des Hafens, an dessen Aushebung nahezu 1000 Arbeiter thätig sind**).

Die Hafenstädte Bremerhaven-Geestemünde ziehen sich in langer Linie an der Ostseite der Häfen her. Den Mittelpunkt bildet Bremerhaven mit der schlanken Sandsteinspitze seines Haupt-Kirchthurms, die, erst 1871 dem früher vollendeten Backsteinbau aufgesetzt, weithin auf der Weser dem Schiffer als Landzeichen dient.

Die Hafenstädte, namentlich Bremerhaven, dessen Einwohnerzahl sich in den letzten 6 Jahren verdoppelte, wachsen kräftig heran***). Noch leben viele ihrer ersten Einwohner und unter ihnen als bedeutende Rheder Männer, die in den An-

---

*) Bis Ende 1899 wurden auf den transoceanischen Dampfern des Lloyd 3 907 206 Passagiere befördert.

**) Dieser dritte 1884 vollendete „Kaiserhafen" hat bereits eine „Hafen-Erweiterung" erfahren, die, im Herbst 1897 dem Verkehr übergeben, für Schiffe bis 9,5 m zugänglich ist. Während an ihrem Eingange sich die größte Kammerschleuse der Welt befindet, reckt sich bei dem großen — 220 m langen — Trockendock ein Riesenkrahn empor, fähig 150 000 kg zu heben.

***) Bremerhaven zählte 1867 noch 8 572 Einwohner, 1900 schon 20 329 Einwohner

fangsjahren Bremerhavens mit Nichts, als Fleiß und Unternehmungsgeist hier einzogen; — um sie schaart sich immer neuer Zuzug von Einwanderern, die namentlich auch durch die Einrichtungen des Lloyd hervorgerufen werden. — An beiden Ufern der Geeste ziehen sich bedeutende Schiffswerfte und große Trockendocks hin (z. B. Tecklenborg*), Seebeck, Rickmers), besetzt mit Schiffen, die namentlich von der Geestemünde und Bremerhaven verbindenden großen Drehbrücke einen malerischen Anblick gewähren. In den Straßen werden die alten Häuser der ersten Einwohner nach und nach von großen (sämmtlich auf Pfahlrosten errichteten) Bauten verdrängt. In Bremerhaven fallen die nach dem Bilde der Münchener Aukirche gebaute Hauptkirche, das mächtige Auswandererhaus, neue Schulen, reiche Kaufläden selbst bei eiligem Durchwandern in's Auge. Die große Hauptstraße des Orts, nach dem Gründer des Hafens, dem Bremer Bürgermeister Smidt benannt, zeigt am Nordende gefällige neue Häuser. Unter der sie durchwogenden Menschenmenge zeigen sich die kräftigen Gestalten der einheimischen Seeschiffer, Schiffszimmerleute und Eisenarbeiter und dazwischen fremdländische Seefahrer, wie sie von allen Nationen und Welttheilen in Bremerhaven landen und theilweise im Schutze des Deutschen Reiches sich niederlassen. Am Ende jeder Querstraße wird das buntbelebte Bild von den Masten der Schiffe abgeschlossen, die theils in den Häfen, theils in der Geeste und den Trockendocks liegen. Hoch aber in der Luft, von den Masten und dem Leuchtthurme flattert die deutsche Flagge, ein Gruß für die Kommenden und den Scheidenden, noch in weiter Ferne ein Zeichen, daß am Nordstrande der Weser deutscher Sinn und Geist herrschen, — bereit zum Reiche zu stehen in guten wie in bösen Tagen, wie sie den Hafenstädten zu Zeiten der

*) Hier wurde der Fünfmaster „Potosi", das größte Segelschiff der Welt, gebaut.

Kriegsblockaden nicht erspart sind, und welche Gott von ihnen und Alldeutschland noch lange fern halten möge. —

Der Contrast des ungleich stilleren Geestemünde mit dem rührigen lebhaften Bremerhaven ist um so größer und auffallender, als beide Orte — nur durch den kleinen Geestefluß getrennt — einander so nahe liegen. Kaum hat uns das Fährboot an's andere Ufer gebracht, als uns auch schon das ganze rege und laute Treiben und Lärmen einer echten Seestadt entgegenschallt. Alles rund um uns her arbeitet, schleppt und rennt in geschäftigster Eile durcheinander; die nahen Schiffswerften und Drydocks hallen und dröhnen früh bis spät von fortwährendem Sägen, Rumoren und hundertfachem Gepoch, während uns aus dem Dickicht der Masten und Taue des Hafens ein buntes Flaggenspiel entgegenwinkt und das „Ho i ho" und der eigenthümlich melancholisch klingende Gesang arbeitender Matrosen zu uns herüberschallt. —

Schon unter schwedischer Herrschaft erregte dieser für Handel und Schifffahrt so günstige Platz die Aufmerksamkeit der damaligen Regierung, und ziemlich auf demselben Fleck, wo später das kleine hannoversche Fort Wilhelm über den Strom schaute, ließ Karl XII. 1673 durch seinen Artillerieobersten Melle eine aus Erdwällen bestehende Feste anlegen, die „Karlsburg" genannt, deren 80 Kanonen bis zum jenseitigen Weserufer nach Blexen reichten. Gleich hinter dieser Schutzwehr sollte sich eine Handelsstadt erheben, für die der Name „Karlsstadt" bestimmt war. Schon standen einige Häuser derselben, schon waren allerlei Freiheiten, Rechte und Privilegien für die neuen Anbauer festgestellt, — da erlitt im Jahre 1675 Burg und Stadt durch ein vereinigtes Corps dänischer, bischöflich münsterscher, herzoglich cellescher und wolfenbüttelscher Truppen eine Belagerung und Blockade. Mit größter Tapferkeit hielt sich Oberst Melle in der noch nicht einmal ganz fertigen Feste, bis ihn der Mangel an Lebensmitteln und Munition zu einer Capitulation nöthigte, deren Folge die theilweise Zerstörung des Planes war. Das Jahr 1698 sah zwar einen Versuch der Wiederherstellung, der jedoch ein so durchaus halber blieb, daß der furchtbaren Weihnachtsfluth von 1717 die totale Demolirung der Wälle nur geringe Mühe kostete. Auch die Häuser waren theils fortgespült, theils abgebrochen worden. Alles gerieth halb in Vergessenheit. — „Das ist," sagt der alte Visbeck in seinem Buche, „das ist das traurige Schicksal eines Platzes, der zu großen Dingen bestimmt war." Dann schließt er seinen Bericht von der Zerstörung dieser paar Erdwälle mit einem pathetischen „Sic transit gloria mundi".

Jeder Fremde, namentlich der Binnenländer, wird den Hafenanlagen seine besondere Aufmerksamkeit widmen, und so wollen denn auch wir nicht achtlos vorübergehen.

Vor uns liegen zwei sichere treffliche Docks oder Bassins, zur Aufnahme der Schiffe bestimmt. Das ältere, südliche, ist das längste; ungleich mächtiger und breiter ist aber der neue, nördlich gelegene Hafen. Feste Molos mit weit leuchtenden Laternen auf ihrer Spitze sichern das Einlaufen der Schiffe bei Sturm- und Wogendrang. Das alte Bassin mündet südlich vom ehemaligen Fort Wilhelm und bildet daselbst einen Winkel. Es hat vier mächtige aus Bohlen und Balken zusammengesetzte Thüren und seine Wände waren zuerst mit Faschinen aufgesetzt. Da dieselben aber bald die unerreichbare Behausung zahlreicher Rattenschaaren wurden, sah man sich genöthigt, sie durch massives Mauerwerk zu ersetzen. —

Während im alten Hafen die meisten Bremer Seeschiffe, sowie überhaupt die kleineren Fahrzeuge vor Anker liegen, füllen den neuen dagegen die mächtigen transatlantischen Dampfer, die amerikanischen Klipper, die Südsee- und Ostindienfahrer.

Täglich sieht man zur Reinigung des Bassins, sowie ihrer

Vorhäfen Baggerschiffe in Thätigkeit; außerdem aber wird von Zeit zu Zeit eine große Spülung derselben vorgenommen, was immer ein höchst interessantes Schauspiel gewährt. — Soll gespült werden, so erhalten alle Capitaine der im Hafen liegenden Schiffe strenge Weisung, die letzteren auf's Sorgfältigste fest zu legen.

Kommt nun die Fluth, so werden die Thüren bis zum höchsten Wasserstande innerhalb des Bassins offen gehalten und sodann dicht geschlossen. Erst wenn draußen vollständige Ebbe eingetreten, werden die Thüren auf ein Glockensignal wieder auseinander gewunden — und nun schießt durch die wachsende Oeffnung ein immer breiter und wilder werdender brausender Schaumstrahl; es entsteht ein seltsames Wogen und Wallen im Bassin, die Schiffe beginnen hin und her zu schwanken, sich zu senken und wieder zu heben; hier und dort stoßen vielleicht zwei mit dumpfem Krachen aneinander; — endlich sind beide Thorflügel gänzlich aufgesperrt und die hoch aufgestaute Wassermenge, die bisher mit ungeheurem Drucke davor lag, schießt nun entfesselt in rasender Schnelligkeit donnernd in's Freie, mit ihren schneeweißen Schaummassen den ganzen Vorhafen füllend, ja dieselben noch weit in den Fluß hinabjagend, während es drinnen heftiger und heftiger strömt und alle Schiffe immer stärker, immer gewaltiger an ihren Tauen und Ankerketten zerren und reißen.

So geht es wohl eine Viertelstunde. — Alsdann nähert sich das Binnenwasser immer mehr dem Flußniveau; schwächer und schwächer wird die Strömung und das Schwanken der Schiffe hört allmählich auf; ehe noch alles Wasser verlaufen, schließen sich rasch die Thüren — und die vorige Ruhe ist wiedergekehrt.

Auf solche Weise werden bedeutende Massen vorher losgerührten Schlammes mit leichter Mühe hinausgespült. Das Ganze gewährt Fremden ein ebenso neues als großartiges, ja überwältigendes Schauspiel; namentlich macht jenes furchtbare Schwanken der Schiffe und das gewaltige Reißen an ihren Ketten einen beängstigenden, oft peinlichen Eindruck auf den Zuschauer.

Ein solches Schauspiel gab man 1844 den in Bremen versammelten deutschen Aerzten und Naturforschern bei der ihnen veranstalteten Festfahrt nach Bremerhaven zum Besten, dessen Bild vielleicht noch Manchem vor der Seele stehen mag. Seit längerer Zeit sind diese Spülungen indeß wohl der häufigen Unfälle wegen außer Gebrauch gekommen, da die Dampfbagger jedenfalls die Reinigungsarbeiten ungleich gründlicher verrichten.

Bremerhaven ist sehr regelmäßig angelegt, besitzt breite, reinliche Straßen und einen geräumigen Marktplatz, dessen Mitte jetzt ein prächtiges Denkmal des Bürgermeisters Smidt einnimmt. Zwar herrschen noch in den Nebenstraßen die kleinen, flüchtig gebauten und mit ihrem Giebel der Straße zugewandten Krämerhäuser vor, doch sieht man auch schon eine Menge großer, umfangreicher Gebäude. Leider sind nur sehr wenige dieser letzteren von architektonischem Werth; die meisten tragen entweder einen völlig nüchternen und durchaus kunstlosen Charakter, oder sie bezeugen oft als geschmacklose, beinahe wahnwitzige Ausgeburten, einen gänzlichen Mangel alles Formgefühls, ein vollkommenes Mißverständniß der Verhältnisse und eine Manie unsinnigster Zusammenstoppelung aller möglichen Elemente. Selbst die neue gothische Kirche, ein reicher Backsteinbau mit hohem Thurm, läßt in Anbetracht wahren Kunstwerthes Einiges zu wünschen übrig, obwohl auf's Wärmste anzuerkennen ist, mit welcher überraschenden Meisterschaft der Architekt — von dessen tüchtigem Streben auch noch einige andere Bauwerke Kunde geben — den bisher so sehr vernachlässigten Backsteinbau zur reichsten Ornamentik entfaltet hat. Es wird freilich unter ähnlichen

Verhältnissen überall so sein. Die Kunst ist eine Blume, die ebenso wenig im Kohlenrauche eines Fabrikortes als im Theergeruch einer Hafenstadt zu gedeihen scheint.

Besser als die steinernen Bauwerke gelingen hier die Arbeiten in Holz, und die Schiffswerften, die sich alle am Geesteſluß befinden, sind daher wahrhaft bedeutend und sehenswerth. Der Bau eiserner Schiffe hat jedoch in den letzten 12 Jahren den der hölzernen ganz verdrängt. Ueberhaupt stehen in der Kunst des Schiffsbaues von allen deutschen Küstenstrichen die Ufer der Weser in erster Reihe und obenan. In keinen deutschen Fluß senken sich die Gleise so vieler Werfte, als in die Weser. Von St. Magnus am Lesumflusse und von Vegesack bis hinab nach Brake ziehen sich, immer belebt, kleinere oder größere an den Ufern hin. In Bremerhaven und Geestemünde entfalten sich diese Anlagen zu einer wahren Großartigkeit, und die dortigen umfangreichen Baustätten möge ja kein Fremder unbesucht lassen; vor Allem nicht die mächtigen Drydocks, die vorzugsweise zum Ausbessern der Schiffe eingerichtet sind. Es sind nämlich große mit Thüren versehene Bassins, in welche das Schiff, dessen Rumpf ausgebessert oder mit Kupfer beschlagen werden soll, bei Fluth frei hineinsegelt. — Ist das Wasser möglichst weggeebt, werden die Thüren fest verschlossen, das noch zurückgebliebene Wasser vollends durch Pumpen entfernt und das Schiff liegt nun so trocken da, daß man mit der größten Bequemlichkeit auf dem bohlenbeschlagenen Boden um den ganzen Schiffscoloß herumgehen kann.

Nirgend, mit alleiniger Ausnahme von Nordamerika, hat die Schiffsbaukunst einen so hohen Grad der Vollkommenheit erreicht, als auf den Bremischen Werften, namentlich was Schönheit der Form und schnelle Segelung betrifft, und nicht nur die deutschen Lande, sondern auch fremde Nationen zollen dem ihre Anerkennung. Französische, spanische und portugiesische Flaggen wehen jetzt von Masten, die in deutschen Wäldern gegrünt und geprangt haben, und flattern über Planken, die auf Bremischen Werften zusammengefügt sind.

Wenn man mit Recht behaupten darf, daß man von den Schaufenstern der Verkaufsläden sicher auf den Charakter, Bildungsgrad und Reichthum der Stadt schließen kann, so gilt dies wohl nirgends mehr als an solch einem Platze wie Bremerhaven. Laden reiht sich hier an Laden und jeder weist mehr oder weniger auf Schifffahrt und Auswanderung hin. Reich ausgestattet und elegant sind diese Läden selten, aber vollgepfropft mit allen möglichen Bedürfnissen besagter Art. Hier z. B. hängen Massen von rothen und blauen Wollhemden und Leinenhosen für die Matrosen, derbe Südwesterhüte mit Nackenschirm und ölgetränkte Ueberzieher gegen Regenschauer und Wogengespritz, und daneben wieder Baumwollzeuge, breitkrämpige Panama- und Strohhüte gegen den Gluthenbrand der Tropensonne; dort erblickt man in langen Reihen die verschiedensten Sorten von Liqueuren, Magentropfen und Essenzen für die Seereise; Büchsen mit Conserven aller Art; Fleisch, Gemüse, selbst Milch in trockenem Zustande und Gläser mit Eingemachtem; daneben verlocken uns tropische Früchte und Confitüren, braune Kokos- und Paranüsse, Orangen und Citronen, goldfarbige und köstlich duftende Ananas, feuriger Ingber in Zucker und eingekochter Guajavasaft; weiterhin ist Alles zu haben, was Auswanderer gebrauchen, z. B. Matratzen, wollene Decken und allerlei Blechgeschirr; dort wieder stehen Muscheln, Corallen, chinesische und indische Raritäten zur Schau; hinter einem anderen Fenster funkeln und blitzen nautische Instrumente, Boussolen und Chronometer, Octanten und Fernröhre, dabei Logbücher, Logarithmentafeln und Seekarten, und viele Läden endlich führen ganz wie ein echt amerikanisches Store Alles und Jedes, was nur gefordert wird: Speise und Trank, Kleider und Schuh, Eisenwaaren und Gewürz, und ihre Schilder tragen neben der deutschen meistens noch eine englische, mitunter sogar eine spanische und italienische Inschrift. —

Wollen wir übrigens das echte Seemanns- und Handelsgetreibe studiren, so müssen wir eine Stunde am Quai des Hafens auf und ab schlendern oder auf dem Trottoir der breiten Straße, die mit dem alten Hafen parallel läuft und ihn von der Stadt scheidet. Hier erheben sich einige der ansehnlichsten älteren Gebäude: die Post und das Amthaus, in dem auch der Hafenmeister wohnt, ferner hohe Packhäuser, Läden- und Magazine aller Arten. Eine Reihe von Linden- und Kastanienbäumen schmückt diesen Stadttheil, aber die Bäume kränkeln und verkrüppeln vom rauhen Seewinde, dem sie ausgesetzt sind.

Gegenüber erblicken wir das Bassin mit seinem tausendfach sich durchkreuzenden Liniengewirr aller Masten. Raen, Wanten und Taue, welches, von einem Endpunkt des Hafens aus betrachtet, zu einem wahren Dickicht, einem echten Mastenwald wird. Dicht an seinem Rande bleibend, winden wir uns zwischen hochgestapelten Ballen, Kisten und Tonnen hindurch, zwischen Haufen von rothen und gelben Blöcken exotischen Färbeholzes, schreiten an ungeheuren Ankern und Bojen vorbei, an denen noch Seetang, Muscheln und Zoophyten haften; suchen uns einen Weg über dicke, rostige Ketten und Ankertaue, die oft zusammengerollt wie Riesenschlangen am Boden liegen, und haben oft wahre Berge von Baumwolle und Tabaksmassen zu umschreiten, während um uns, über und unter uns das bunteste und geschäftigste Leben lärmt und wimmelt, aus dem die Laute der verschiedensten Sprachen und Mundarten in unser Ohr dringen.

Dort wandeln im ruhigen Gespräch zwei alte Capitaine. Aus ihrem ganzen Wesen spricht Kraft und Energie und seltsam contrastirt die schneeweiße Wäsche ihres momentanen „Landrattenlebens“ mit ihren wetterbraunen, markirten Gesichtern, denen eine Lebensgeschichte voll Sturm, Ungemach und Gefahr mit tiefen Zügen eingegraben ist. Treten wir einmal lauschend hinter sie. Ob sie wohl von fernen Zonen reden, von Tropengluth und Meergebraus, von grausigem Schiffbruch und peinvoller Windstille, von Palmen und Bananengrün, von kokosumgrünten Coralleninseln der Südsee, von fernen fremden Menschen, vom gelben zopfigen Chinesen, vom schönen stillen Hindu oder vom schlauen, großäugigen Malayen?

Lauschen und lauschen wir, so lange es uns behagt — wir dürfen sicher sein, sie eher von allem möglichen Andern als von solchen Dingen reden zu hören. — Aber weiter. Dort sieht man geschäftige Spediteure und Commis, Notizbücher in der Hand, am Krahne stehen und allerlei Waaren empfangen; an eine Tabakstonne gelehnt, räkelt sich ein wollköpfiger Neger wie das lebendig gewordene Schild eines Tabakladens; dort erblicken wir ehrliche, blauäugige Schwedengesichter und wenige Schritte weiter, im völligen Gegensatz zu letzteren, einige Söhne Andalusiens, dunkelfarbig wie Erz, mit scharfgeschnittenen, trotzigen, fast wilden Zügen und schwarzem Krausbarte. Das sind sie, deren Väter einst jubelnd Guanahanis' Küste begrüßten, uns erschließend eine neue Welt, die unter Kortez' Fahnen in Mexiko einzogen, und als des rohen Pizarro wilde Schaaren dem alten Inkareiche Peru ein Ende machten. Es ist nicht gut mit ihnen anzubinden; sie tragen lange, scharfe Messer im Aermel und wissen sie zu werfen. — Weiter denn. Aber da kommen englische Theerjacken, echte Seemannsgestalten, die ordentlich ihre Ehre darin suchen, recht schwarz und schmierig, angeraucht und ölgetränkt zu erscheinen; in Gang und Mienen sind sie verwegen und wegwerfend; man ahnt es gleich, das sind Söhne eines stolzen meerbeherrschenden Volkes. In einigen Stücken ihnen ähnlich und doch wieder im Ganzen durchaus anders sind die schlanken Yankees, die dort vorbeigehen. Ein geübter Blick erkennt sie als solche auf der Stelle; aber was sie so eigenthümlich macht, ist durchaus nicht mit Worten wiederzugeben. Sie haben etwas Komisches und doch wieder Imponirendes, etwas Renommistisches und doch wieder Tüchtiges an sich, sie sind mit einem Worte yankeehaft und damit ist Alles bezeichnet. — Vergessen wir endlich über die fremden nicht unsere einheimischen Seeleute, die wir zahlreich um uns und über uns auf den Raen und in den Tauen oder unter uns tief im Hafen so rührig und geschäftig sehen. Unendlich gutmüthig, harmlos und bescheiden ist der Wesermatrose, stets heiter, stets folgsam und unverdrossen bei Tag und Nacht; von Auflehnung gegen den Capitain oder gar von eigentlicher Meuterei hat die ganze Geschichte deutscher Seefahrt kein einziges Beispiel aufzuweisen, und jeder Capitain mag sich glückwünschen, eine Mannschaft von Stedingern, — denn diese bilden die Mehrzahl der Wesermatrosen — überhaupt Wesermatrosen, an Bord zu haben. Kühner und verwegener sind vielleicht die preußischen Ostseematrosen, aber auch ungleich roher, während die Norweger und Schweden wohl den Stedingern an Liebenswürdigkeit am nächsten kommen.

Jede gemeinsame Arbeit, namentlich das Aufwinden, wird bekanntlich von den Matrosen mit Gesang im Taktschlag begleitet; nicht eine Nation macht davon eine Ausnahme, und fast alle, selbst die nüchternen Yankees, haben eine Menge der herrlichsten und frischesten Matrosenlieder, nur — sollte man's glauben? — wir Deutsche sind unsäglich arm daran.

Unsere Matrosen singen das elendeste Zeug: Leierkastenlieder, Opernsachen, zotige, fade und sentimentale Liebeslieder u. s. w. Von Seemanns „Lust und Leid“ hört man selten oder nie. Es giebt zwar einige Matrosengesänge, aber sie tragen nicht das echte seemännische Naturgepräge; sie sind gemacht — und eben darum zünden sie nicht. Das ist sehr zu beklagen und die Frage nach der Ursache dieser betrübenden Erscheinung liegt nahe. Sie liegt ohne Zweifel nur in unsern Sprachverhältnissen, ich meine in dem unglückseligen Dualismus derselben.

Der Jugendunterricht des Wesermatrosen war ein hochdeutscher, — die Sprache seines täglichen Lebens blieb die plattdeutsche. Somit liest, schreibt und singt er hochdeutsch, denkt aber — plattdeutsch.

Ein solcher Zwiespalt hindert auf's Entschiedenste die Gestaltung des Gefühls zum Liede. So weit die plattdeutsche Mundart herrscht, lebt kaum ein einziges plattdeutsches Lied im Munde des Volkes. Dazu kommt die Eigenthümlichkeit des Stammes, von dem es mit Recht heißt: „Frisia non cantat", das bedeutet: der Friese singt wohl mit dem Munde, aber nicht aus und mit dem Herzen. — So haben wir denn die prächtigsten und lustigsten deutschen Handwerksburschen- und Studentenlieder, die frischesten Soldatenlieder, die fröhlichsten Jagdklänge voll echter deutscher Waldlust, Volksweisen aus der Bauernhütte, die einfach, tief, innig und unvermittelt dem frischen Borne des Volksherzens entquollen sind — und nur allein der deutsche Seemann hat äußerst wenige, die im Naturlaut der Empfindung die Sprache seines Herzens reden, denselben Ton anschlagend, der ihm im Gemüthe klingt.

Indeß unserm deutschen Seeleben steht sicherlich in kurzer Zeit eine bedeutsame Entwickelung bevor; neue Elemente, neue Ideen, neue Erscheinungen treten auf, und wenn nicht alle Zeichen trügen, werden wir einen durchaus neuen und herrlichen Aufschwung desselben begrüßen können.

Wenn nämlich bis zur Mitte des vorigen Jahrhunderts fast ausschließlich nur Norddeutsche, insbesondere nur die Nachbarn der Küsten auf unserer Handelsflotte Dienst nahmen und unter diesen wiederum fast nur Söhne und Verwandte älterer Seeleute, wenn die Meisten ohne höhere Schulbildung, nur mit den gewöhnlichen Realkenntnissen ausgestattet waren, schien es in den letzten Jahrzehnten, hauptsächlich nach 1848, als ob eine völlig andere Generation aufgekommen wäre. Junge Pfälzer, Schwaben und Rheinländer, Sachsen und Preußen, echte Landratten, die kaum vom Meere einen Begriff hatten, sehen wir zahlreich zur See eilen; Jünglinge mit den gediegensten Kenntnissen, ihren Horaz und Homer im Koffer, klettern jetzt im Tauwerk umher; Söhne der angesehensten Familien, selbst Sprößlinge adelsstolzer Geschlechter, ziehen mit Lust die Matrosenjacke an und sind Seeleute geworden mit Leib und Seele. Auch die Anforderungen beim Steuermannsexamen werden nach und nach bedeutender, und während jene Zeit, wo die meisten unserer Capitaine ihre liebe Noth hatten, wenn sie ihrem Rheder einen umständlichen Seebericht abstatten mußten, noch gar so fern nicht liegt, dürfen wir nun hoffen, bald ein Geschlecht von Männern das Meer durchpflügen zu sehen, das befähigt ist, unter allen Breiten der Erde deutschem Namen, deutscher Bildung und deutschem Gemüth Ehre und Anerkennung zu verschaffen, und endlich nebenbei auch der Wissenschaft die schönsten Früchte zeitigen zu helfen.

Es kann nicht fehlen, daß diese Wendung zum Besseren allmählich auch auf den Gesang Einfluß haben wird. So wie wir zur Zeit auch nicht ein einziges Lied besitzen, dessen Dichter ein Matrose, so haben wir auch in der ganzen Literatur fast kein größeres nautisches Werk, dessen Verfasser ein deutscher Seemann ist. Fast unsere ganze Schiffsterminologie ist ausländisch, meistens aus dem Englischen und Holländischen genommen. Die Ursache liegt unstreitig in dem Mangel wissenschaftlicher Bildung, welcher den deutschen Seemann früher betrübend kennzeichnete. Nun aber dürfen wir in nicht gar zu ferner Zeit eine völlige Beseitigung dieses Uebelstandes erwarten und dürfen hoffen, daß aus den vielen neuen Elementen nach und nach auch ein eigenthümliches Liederleben erblühen wird, das, kräftig und gesund, frisch und herrlich, dem Seemannsstande und dem deutschen Herzen gleicherweise zur Ehre und Freude gereicht.

Doch es wird Zeit sein, unsere Betrachtung abzubrechen

und den Spaziergang fortzusetzen. Es ist hier auch kein passender Ort zu Träumereien, denn uns umgiebt das frischeste, rührigste und lauteste Treiben. — Ein ganz anderes, aber nicht minder interessantes Bild gewährt der Hafen Sonntags in seinem Festkleide. — Es ist dann ringsum still und feierlich und nur der Glockenklang vermischt sich mit dem leisen eigenthümlichen Windgesäusel im Tauwerk. Die Matrosen erscheinen in feiner, blauer Tuchjacke, jedes Schiffsdeck ist sauber gewaschen und gespült, aber kaum eines so rein und freundlich als das der Bremer Schiffe; selten auch eines so in Farbe gehalten und von so freundlichem Aeußern. Die englischen Schiffe dagegen haben meist ein schwarzes, wahrhaft unheimliches Aussehen. — Ueberall aber belebt ein bunter wallender Flaggenschmuck das Tauwerk.

Deutschlands glorreich errungene Einheit hat dem Farbenreichthum dieses Flaggengeflatters allerdings geschadet. Wer aber möchte sich darüber nicht freuen, daß jetzt die schönen drei Vaterlandsfarben Alles hier beherrschen. Nach diesen ist wohl das Sternenbanner der Vereinigten Staaten von Nordamerika am häufigsten und darnach kommen Englands, Hollands, Skandinaviens, Spaniens, Frankreichs und Italiens Flaggen. —

Zwischen dem Matrosengewimmel waren es lange Zeit vornehmlich die deutschen Auswanderer, welche unsere Blicke fesselten. Zu allen Stunden des Tages sah man sie mit Weibern und Kindern in zahlreichen Gruppen am Hafen, meistens müssig schlendernd uud gaffend, oder auf Kisten und Ballen gelagert und dem ganzen Hafengetriebe einen eigenen Charakter verleihend.

Niedersachsen, Hessen und Franken bildeten die größere Menge derselben; mitunter erschienen auch Böhmen, Mähren, Pfälzer und Schwaben, so daß man doch manche interessante Volkstracht erblickte, namentlich bei den Frauen, unter denen die kleinen, spitzen und hinten mit schwarzen Flatterbändern behängten hessischen Mützen, die rothen Kopftücher, die weißen

Hemdärmel und hellgrünen Röcke der fränkischen Frauen am meisten hervorstachen. — Die Männer, namentlich die jüngeren, sind oft abenteuerlich und phantastisch gekleidet. Sie wollen, wie es scheint, ein gewisses Bewußtsein der Unabhängigkeit, der Losgebundenheit von Zucht und Sitte zur Schau tragen und sich im rücksichtslosen Behagen ihrer Individualität spiegeln. Sie wissen, hier kennt sie Keiner; Keiner kümmert sich um sie; Keiner weiß von ihrer Geschichte; sie haben sich losgerissen von Allem, was ihnen in der Heimath nahe stand. Das Scheideweh ist längst überwunden, es sind Wochen vergangen, seit sie ihre Heimathberge zum letztenmale schauten, und nur mit einem Fuße noch stehen sie im Vaterlande. Dieses Gefühl macht die meisten völlig gleichgültig, ja selbst fröhlich und guter Dinge. Doch zuweilen sieht man, wenn man die Schaar durchwandelt, auch einen thränenschweren Blick und ein Antlitz, in dessen gramvollen Zügen die Geschichte einer trüben Vergangenheit, ein Stück aus der Leidensgeschichte des deutschen Volkes geschrieben steht.

Alles Leben und Treiben der Auswanderer concentrirte lange Zeit sich in dem mächtigen, im Jahre 1849 vom bremischen Architekten Müller erbauten Auswanderungshause, und es war hochinteressant, diesem interessanten und großartigen Gebäude eine Stunde zu widmen. Eine Menge Uebelstände und Mißverhältnisse war die dringende Veranlassung zu seiner Errichtung. Mit der in den letzten Jahrzehnten sich beispiellos mehrenden Auswanderermenge, die in Bremerhaven sich einschiffte, wuchsen auch die Klagen derselben über alle möglichen Prellereien und Betrügereien, denen sie während ihres Aufenthaltes daselbst, der sich oft durch allerlei Umstände auf Wochen und Monaten hinausdehnte, preisgegeben waren. Viele Einwohner, Krämer und Wirthe waren ja mit ihrem ganzen Verdienste einzig und allein auf die Auswanderer angewiesen und gingen daher mit einer nicht geringen Habgier hartherzig und raffinirt darauf los, auch den letzten noch geretteten Pfennig den armen, unbekannten Heimathlosen abzuzwacken, daß wohl manche ihr Vaterland mit tiefstem Herzensfluch verlassen haben mögen. —

Da faßte denn endlich ein hier wohnender Schiffsspediteur — Georg Claußen war der Name des wackern Mannes — den Plan, durch ein großes Etablissement allen Klagen und aller Unbill kurzweg ein Ende zu machen und den Scheidenden die letzten Tage im Vaterlande durch das wohlthuende Gefühl der humansten Aufnahme und der redlichsten Behandlung zu versüßen. Einem so edeln und zugleich praktischen Unternehmen konnten die nöthigen Geldunterstützungen der bremischen Kaufleute und Rheder nicht fehlen. Im Umsehen waren die Actien vergriffen; der Bremer Architekt Heinrich Müller erhielt den Bau und schuf in fabelhaft kurzer Frist ein Werk, das eben so sehr durch seine Größe und die Schönheit seiner architektonischen Verhältnisse das Auge des Beschauers fesselt, wie es durch seine treffliche Construction und seine praktische Einrichtung den Sachverständigen zur Bewunderung hinreißt. —

Das Gebäude, nicht am Hafen, sondern etwas zurückliegend, umgiebt von drei Seiten einen inneren Hof, vor welchem sich nach der Straße zu eine innen offene Pfeilerhalle mit gewölbtem Thorweg herzieht. Es ist in einem dem Florentiner ähnelnden Style gehalten, einfach und imposant. Das Material ist rother Backstein, wie die Gegend ihn liefert; seine tiefe, gesättigte Farbe macht mit dem Gelb der Friese, der Gesimse und Schutzbögen der Fenster, welche alle aus den eigenthümlichen Flensburger Steinen bestehen, und gehoben durch das Dunkel des grauen Daches aus Schmorziegeln, eine vortreffliche Wirkung. Die der Straße zugewendeten Endgiebel der beiden Flügel haben vier gekuppelte große Fenster und schließen oben nach mittelalterlicher Weise in drei etwas gedrückt erscheinenden Absätzen. Um so schlanker erhebt sich dagegen auf dem Hauptgebäude der zinnengekrönte Glockenthurm, von dem an Festtagen eine mächtige deutsche Fahne weht, die kaum eine bedeutsamere Stelle finden konnte als auf dieser Vereinigungshalle aller deutschen Stämme. Auch die Vorhalle ist von schönen Verhältnissen und das ganze Bauwerk hat bei der größten Einfachheit und jedem Mangel an Ornament doch einen merkwürdig großartigen, ich möchte fast sagen pallastartigen Charakter, so daß es auch jeder anderen Stadt zur Zierde gereichen würde, hier aber mit seinem rothen Gemäuer so über die andern Häuser hervorragt, daß diese förmlich dagegen zusammenschrumpfen; ein deutsches Karawanserei.

Und nun die innere Einrichtung. — Gleich im Untergeschoß des linken Flügels eine Küche, in der ein Dampfapparat für 3500 Mann Essen zu liefern bestimmt und ein gar vortreffliches, so daß mancher arme Auswanderer wohl schwerlich je solch kräftige Suppe, so gut zubereitetes Gemüse, so fettes Fleisch und dicken Speck vom heimischen Heerde genossen haben mag. An gleicher Stelle des andern Flügels ist dann der Raum für das Gepäck der Auswanderer, unentgeltlich hierher gebracht, aufbewahrt und an Bord geschafft, ebenso hier Speiseräume für Matrosen und Hafenarbeiter.

Im Erdgeschoß dann rings um den innern Hof herum das Anmeldungscomptoir und die Geschäftszimmer, das Hospital, die Speiseräume, der Schenksaal, die Wohnung der Beamten und Aufseher, die Zimmer des Predigers und Arztes. In den beiden Stockwerken ferner die eigentlichen Logier-, Schlaf- und Waschräume durch neuere Einrichtungen zur Reinlichkeit und Bequemlichkeit der 2000 Auswanderer, die das Haus zugleich beherbergen kann.

Den Schluß des Ganzen, endlich gerade unter den Thüren des Haupt- und Hinterbaues, bildet die zum sonntäglichen Gottesdienste bestimmte Kapelle.

Indeß alle trefflichen Einrichtungen hier aufzuzählen liegt außer dem Bereiche dieses Buchs und ebenso die der Sicherheitsvorkehrungen gegen Feuersgefahr, der musterhaften Hausregeln und endlich der erstaunlich niedrigen Preise für alle und jede Bedürfnisse der Europamüden. In manchen Jahren verließen davon allein über Bremerhaven 60—80 000 ihr Vaterland und weitaus die größte Anzahl hat oftmals dieses Haus beherbergt, gespeist und getränkt, gehegt und gepflegt und ihnen wohl auch noch von heiliger Stätte manch herzstärkendes, seelenerquickendes Wort mitgegeben auf die öde Wasserwüste.

Kein anderer Auswandererort, sei's Hamburg, Antwerpen, Ostende oder Havre, konnte je sich eines gleichen oder auch nur entfernt ähnlichen segensreichen Instituts erfreuen. Ewigen Dank darum dem wackeren Manne, der solchen Plan faßte und ausführte zum Stolze Bremens, zum Heile Tausender und zum Aerger aller habgierigen Wirthe und Krämer.

Meine Besuche dieses Hauses gehören zu den interessantesten Erinnerungen meines Lebens und manche Stunde schon trieb ich mich umher unter dem bunten Gewimmel, das von unten bis oben seine Räume füllte, mischte mich unter die Gruppen der Männer und Frauen, frischen Burschen und rosigen Mädchen, redete freundlich mit ihnen und fragte sie wohl mit Freiligrath:

O sprecht, warum zogt ihr von dannen?
Das Vaterland hat Wein und Korn,
Der Schwarzwald steht voll schöner Tannen,
Im Spessart klingt das Hirtenhorn.

Da hab' ich denn manch tiefen Blick in's Menschenherz gethan, war's nun in ein hoffnungsfreudiges oder in ein armes, halb verzweifelndes, und oft Niegeahntes hab' ich vernommen.

Gern auch folgte ich ihnen zum Hafen und sah still ihrer Abfahrt zu. Wenn ein Schiff voll Auswanderer aus dem Hafen legt, lockt solch ein Schauspiel fast immer eine Menge Schauender herbei. Wohl mag einem wehmüthig um's Herz werden, wenn man ihnen zusieht, wie sie oft so unbegreiflich gleichgültig und stumpfsinnig der dunklen Zukunft entgegengehen, oder mit fröhlichem Leichtsinn die Winde eifrig drehen und das Schiff mit Stangen fortstoßen helfen vom deutschen Ufer, und gar ein grellendes „Juchhe nach Amerika!“ rufen, daß es einem durch die Seele schneidet. —

Und doch ist solches Gebahren eigentlich ein sehr begreifliches. Die schmerzliche Trennungsstunde, das Scheiden von der engeren Heimath ist ja vorbei und vielleicht vergessen. Ob sie nun auch noch diesen Ort verlassen müssen, kann ihnen gleichgültig sein, und der letzte schmerzvolle Augenblick ist ja noch nicht gekommen. Der erscheint erst, wenn Europa's Küste als schmaler, blauer Nebelstreif in's Meer sinkt und nichts als Luft und Wasser die Dahinziehenden umfängt. Die Schiffer erzählen, daß in diesem Augenblick selten ein Auge trocken bleibt, ja Manche in heftiges Weinen ausbrechen. —

Doch wir sind dem Lauf des Schiffes vorausgeeilt. Es hat eben die Schleuse passirt, deren Thüren sich geschlossen haben, und ist durch den Vorhafen gewunden worden. Die Taue der Winde werden nun abgenommen; das Schiff entfaltet seine Segel; es wendet sich; eine frische Brise schwellt das weiße Linnen und die belebte Rhede hinter sich lassend, schwimmt es in stolzer Majestät den Strom hinab, dem Meere zu. Eine kurze Stunde — und wir suchen es am Horizont vergebens; — der kleine Punkt ist verschwunden! — Fahrt wohl!

Und auch wir nehmen damit Abschied von Bremerhaven. Haben wir Alles gesehen und genossen: den Charakter der jungen Stadt, ihren Hafen, ihre Werfte, ihr Matrosenleben, haben wir endlich noch den armen Auswanderern zugeschaut, bis das Schiff im Nebel der Ferne verschwand — dann ist es Zeit den Ort zu verlassen, der uns nichts Anderes bieten kann.

Wie Vieles, wie Wichtiges, wie Fesselndes ist nach dem Erscheinen meines Buches in und um Bremerhaven und Geestemünde entstanden und hat den alten Anblick der Umgebung verändert, wie Manches wäre nachzutragen, wenn der Umfang dieser Blätter es gestattete, mehr als das Allerbedeutendste anzuführen. Vor Allem dehnt sich nach Norden hin diese Umgestaltung. Das ungeahnte Entfalten des Dampferverkehrs, die wachsende Größe der Einzelschiffe, zumal der gewaltige Aufschwung des Norddeutschen Lloyd, dieser großartigsten Dampfergesellschaft der Welt, deren mit jeglichem Comfort und Luxus und selbst zum Theil mit Werken bildender Kunst verschwenderisch ausgestattete Riesenschiffe, von hier aus west- und ostwärts des Oceans Fluth bis zu den fernsten Küsten und Inseln durcheilen, — das Alles zwang dazu, daß nach dem ersten, noch mit enger und seichter Einfahrt versehenen Hafenbecken bald ein zweites (1851) und nach diesem in noch größerer Einfahrtsweite und Tiefe ein drittes, genannt der „Kaiserhafen", zu Anfang der siebenziger Jahre gebaut wurde. Und bei diesem erhoben sich, von fern einer weithin leuchtenden Marmorstadt gleichend, die Reihen weißer Petroleumschuppen, bis in letzter Zeit dafür bei Geestemünde hart am Strande die gleichfalls weißen Riesencylinder, der sogenannten Tanks, die gefährliche plutonische Flüssigkeit aufnehmen. Eben an diesem Platze bildet neben der ostindischen Reiseinfuhr das Oel der Erde weitaus den wichtigsten Handelszweig. Doch schon ist gegenwärtig wieder ein neuer in ähnlichem Aufschwunge begriffen, daß auch er zu den kühnsten Hoffnungen berechtigt. Es ist die Hochseefischerei mit eigends dafür gebauten Dampfern und der sich daran knüpfende Fischhandel durch Transport in Eis, und über dreißig dieser Dampfer sind seit wenigen Jahren schon beschäftigt, des Meeres lebendige Schätze aus der Tiefe heraufzuholen. Auch ein eigener Fischerhafen dafür ist im Bau begriffen; denn daß in wenigen Jahren Geestemünde der bedeutendste Punkt deutschen Fischhandels nach dem Oberlande hin sein wird, leidet nicht den kleinsten Zweifel.

Bremerhavens alte Mutterstadt wird zwar erst in wenigen Jahren die Wesercorrection, das großartige und interessante Werk des ebenso genialen wie als Mensch liebenswürdigen Franzius, vollendet haben, jedoch die Tochterstadt links liegen lassend, zieht schon jetzt ein Seedampfer nach dem andern stromaufwärts dem gleichfalls von ihm erbauten herrlichen Freihafen zu, während am linken Weserufer Oldenburg Alles aufbietet, die Kolosse des Oceans durch Errichtung von Piers (in den Fluß ragende Bollwerke zum Anlegen) nach seiner Seite zu ziehen, was, wenn es dauernd gelänge, für Bremerhaven allerdings sehr empfindlich sein würde. Trotzdem aber hoffen wir getrost von der jugendfrischen Strebekraft der beiden Schwesterstädte im Weser- und Geestewinkel für deren glückliche Zukunft.

Die Zahl der Auswanderer hat sich zwar in den letzten Jahren fast zum Entsetzen vermehrt, das bunte malerische Treiben derselben aber so gut wie aufgehört. Kurz vor ihrer Abfahrt brausen sie jetzt im langen Bahnzuge heran; dicht am Stege, der auf den mächtigen Lloyddampfer führt, der sie aufnehmen soll, hält der Zug; kaum betreten sie noch den deutschen Boden, rasch ist auch das sämmtliche Gepäck hinübergeschafft und fort geht's in die wogende See. Wer kümmert sich viel darum? denn von keinem Auswanderer ist noch Etwas zu holen. — Natürlich kannte bei solchem Umschwung der Verhältnisse auch das Auswandererhaus nicht ferner seine Bestimmung erfüllen. Es verödete und verkam; bald als Warenlager benutzt, bald zur flüchtigen Unterbringung von Truppen und französischen Gefangenen, bald gänzlich leer dastehend, kam es wiederholt sogar zum Aufgebot und so verlor nach und nach dieses einst so anziehende Institut alles Interesse. Was noch daraus werden mag, weiß der Himmel. Gegenwärtig versucht man eine Bierbrauerei daraus zu machen. — Auch anderes Malerische hat die zunehmende Kultur vernichtet. So haben z. B. die interessanten Hafenspülungen aufgehört, denn ein paar Dampfbagger versehen die Reinigung besser und sicherer, als es jenes anziehende Schauspiel that.

Großartig in anderer Weise jedoch ist und bleibt das Bild des riesigen Aufschwungs Bremerhavens zu einer mächtigen Verkehrsmetropole, zu einer Welthandelsstadt, die sich anschickt, ihre Nachbarorte Geestemünde, Geestendorf und Lehe in sich aufzunehmen, die alte Mutterstadt Bremen aber zur Binnen- und Landstadt herabzudrücken droht, daß dieselbe zu den äußersten Anstrengungen sich genöthigt sieht, solcher nahen Gefahr auf's Schnellste vorzubeugen. Drohte diese nicht allzu ernstlich, so hätte unsere alte gute Weser die Correction sicher so bald noch nicht zu fürchten, sondern könnte noch wohl lange zwischen ihren Schlick- und Sandbänken, Platen und Rohrfeldern ungestört nach ihrem Gutdünken gemächlich und malerisch hin- und herfluthen. Aber das Unerquickliche aller Uebergangsstadien drängt sich einem auch hier in vollster Weise entgegen und das ganze Leben und Streben, welches hier herrscht, wird uns bei längerem Aufenthalte bald genug auf das Widerlichste berühren. Es ist ein ewiges ruheloses Jagen und Hetzen, Rennen und Schnappen nach Geld und wieder Geld: der krasseste Materialismus in Handel, Wandel und Genuß, ein in hohem Grade unerquickliches Treiben, ein gänzlicher Mangel an Sinn und Geschmack für Höheres und Schöneres — mit einem Wort: schon eine Vorstadt von Newyork!

So ist es aber nicht nur hier, so ist es an allen solchen Handels- und Hafenstädten jüngsten Datums, und es kann nicht anders sein, liegt es doch in der Natnr der Dinge begründet und darf uns daher nicht zu einseitigen Klagen verleiten. Der tiefer Schauende wird auch darin eine Menge bedeutsamer Keime finden können, aus denen noch einmal Großes und

Schönes hervorgehen kann. Erst ein durch und durch gefestetes heimathfreudiges Bürgerthum wird solche Hoffnungen erfüllen.

Und das ist gewiß, hätten Alle, die schon jetzt einem solchen angehören, vor Kurzem einen Mann an ihrer Spitze zu halten gewußt, so stände es sicher um diese Hoffnungen mit jedem Tage erfreulicher. Hatte Bremerhaven doch in seinem reichbegabten und wackeren Gebhard einen so hervorragenden Leiter seines Gemeinwesens, daß es stolz darauf sein durfte, denn ein Mann, der mit so klarem Blick, so unermüdlicher Arbeitskraft ein so bewundernswürdiges Schöpfertalent, eine so volle Hingabe, eine solche Liebenswürdigkeit des Gemüths und Reinheit der Gesinnung verband und der endlich, ganz abgesehen von seinem rastlosen Wirken auf dem praktischen Gebiete seines Amts, auch noch nebenher und in engeren Kreisen durch seine Anregung für Kunst, Wissenschaft und edle Geselligkeit von solcher Bedeutsamkeit war, wie Gebhard, mag selten gefunden werden, so daß sein Scheiden nur auf's Tiefste zu beklagen ist.

IV. Das Land Wursten.

Mit dem Lande Wursten betreten wir die nördlichste Marsch des rechten Weserufers und zugleich die erste, welche im Stande ist, in physischer, ethnographischer und historischer Hinsicht tieferes und allgemeineres Interesse zu erregen, wie sie denn auch, wenigstens dem Namen nach, von allen Marschen am weitesten bekannt sein dürfte.

Wursten ist so ziemlich völlige Seemarsch; die Ufer bedeckt eine echte Meerstrandsflora; belebt von stolzen Seeschiffen fluthet hier der Strom in einer Breite, die das jenseitige Ufer kaum mehr entdecken läßt; Delphine tummeln sich in den Wogen; Seehunde sonnen sich auf dem weiten Watt; zahllose Schaaren echter Seevögel bevölkern den Strand und die salzigen, schaumgekrönten Wogenberge rollen in wilder Majestät gegen den Deich, der hier in einer wahrhaft staunenswerthen Mächtigkeit als ein starker Schutz das fruchtbare Land umzieht.

Dieser Deich wurde in seiner jetzigen Stärke erst in den vierziger Jahren vollendet und nach uralter Weise durch einen großen Umzug sämmtlicher Wurster Bauern zu Pferd und Wagen, durch Gottesdienst in der Kirche zu Dorum und durch ein Festessen feierlichst eingeweiht. In seiner Grundfläche 160 Fuß breit und nahe an 30 Fuß in seiner Höhe haltend, steht der Wurster Deich wohl als der stärkste Seewall der Provinz Hannover da. An schönen Sommertagen auf ihm zu lustwandeln, ist einer der interessantesten Genüsse, gehoben durch die überraschenden Contraste des segeltragenden Flusses, des mövenumschwärmten Watt's und des fruchtbaren Landes mit seinen auffallend zahlreichen Kirchthürmen, Höfen und Dörfern im wogenden Saatenmeere. Der Boden ist viel heller und sandiger als in Osterstade und Würden; eignet sich daher ungleich mehr zum Ackerbau. Roggen, Weizen und Raps baut man ganz wie im Lande Hadeln, und zur Blüthezeit des letzteren war Wursten, vom Deiche aus im Sonnenglanze gesehen, lange eine wahre Goldflur zu nennen. Gegenwärtig ist der Anbau des letzteren freilich sehr selten geworden.

Zwischendurch liegen aber eine Menge einzelner Höfe und auf Wurten angelegte Dörfer umhergestreut, aus deren Mitte, auf eigner noch höherer Wurt gebaut, die uralte graue Granitkirche sich erhebt. An der nördlichsten Spitze des Landes, wo das Hamburger Amt Ritzebüttel beginnt, tritt die Geest dicht an den Fluß; ihre erratischen Steinblöcke verschwinden mit dem Heidekraut und sie geht in echte Dünenbildung über, deren gelbliche Sandhügel den Deich ersetzen, welcher hier aufhört, um erst ein paar Stunden weiter an der Elbe wieder zu beginnen.

Das Volk dieses Küstenstrichs hat eine Geschichte gehabt, wie kaum ein anderes der Marschen sich dessen rühmen kann und die ihm das tiefeigene Gepräge aufdrücken mußte, welches sein Wesen von jeher charakterisirt. Wie kein anderes weit und breit umher hat es gekämpft und gelitten für seine Unabhängigkeit voll Heldenmuth und Ausdauer; wie keines ringsumher so zähe den alten festen Friesensinn, die friesische Sprache und Sitte bewahrt, und wie kein anderes, höchstens die Hadler ausgenommen, so viele Rechte und Freiheiten behauptet durch alle wechselnden Zeiten.

Die ältesten, wenn auch sehr dunklen Nachrichten über das Land Wursten reichen bis in's sechste und siebente Jahrhundert, wo die Einwanderung der Friesen erfolgt sein dürfte. Es bevölkerte sich bald und zur Zeit Karls des Großen, dessen Heereszüge, obgleich ohne bedeutenden Erfolg, sicher auch diese Gegend berührte, führte er bereits seinen heutigen Namen.

Deiche gab es noch nicht, denn diese wurden erst im zehnten und elften Jahrhundert angelegt; doch erhoben sich bereits überall zahlreiche Wurten, nach denen die Bewohner Wurtsassen (von lat. Schriftstellern Worsati) genannt wurden, — woraus nach und nach Wursten entstand.

Urkunden und Verträge mit Bremen vom Jahre 1406 bezeugen die vollkommen republikanische Unabhängigkei des Landes, und die Bremischen Erzbischöfe konnten bis dahin keine weitere Macht erlangen, außer in kirchlichen Angelegenheiten. Die Wurster waren ein wildes Seeräubervolk, das kühn mit kleinen Schiffen die Nordsee durchstreifte, ihre Küsten besuchte und namentlich den Bremern manches Drangsal bereitete, —

während es unter sich einer vortrefflichen inneren Verfassung nachlebte und den übrigen Friesenstämmen im Kampfe gegen die herrschsüchtigen Erzbischöfe, wie z. B. 1234 den armen Stedingern, treulich beistand.

Mit der zweiten Hälfte des fünfzehnten Jahrhunderts begannen die Angriffe auf ihr eigenes Land. Der Herzog Johann aus dem Hause Askanien, welches im benachbarten Hadeln längst seine Herrschaft begründet hatte, griff im Jahre 1484 die Wurster von der Nordostseite an, fand aber unerwartet tapferen Widerstand und mußte sich nach verschiedenen vergeblichen Versuchen zurückziehen.

Im Jahre 1498 schlossen deshalb der erbitterte Johann und sein Bruder Herzog Magnus mit dem Herzog Heinrich von Braunschweig-Wolfenbüttel, genannt der Quade, ein ernstliches Bündniß gegen die Wurster. Auch mit dem damals weit und breit gefürchteten wilden Söldnerheer, der sogenannten schwarzen Garde, unter der Anführung des bekannten Junker Schlenz, verbanden sich die askanischen Fürsten und brachten so eine bedeutende Macht zu Stande, mit der sie 1500 in Wursten einfielen. Die Wurster hatten nicht den geringsten fremden Beistand, aber das ganze Land ergriff die Waffen; Knaben und Greise stellten sich in die Reihen, und schon im ersten Treffen auf der Wurster Grenze erfochten sie einen so entschiedenen Sieg, daß die Söldnerheere sich mit bedeutendem Verluste zurückziehen mußten. Herzog Johann wurde dadurch genöthigt, von der Unterjochung vorläufig abzustehen, zumal Herzog Heinrich von Braunschweig das Bündniß kündigte und die schwarze Garde vom König Johann und vom Herzog Friedrich von Holstein gegen die Dithmarschen in Sold genommen wurde, wo sie die bekannte große Niederlage erlitt.

Schon bei diesem mißglückten Versuche hatte der Erzbischof Christoph in Bremen durch Hülfstruppen mitgewirkt. Bald trat er entschiedener hervor, erklärte: der Kaiser habe ihm das

Land zum Lehen gegeben und forderte die Anerkennung seiner Oberherrschaft. Mit Hohn wiesen die Wurster ihn ab, und der Erzbischof rüstete ein bedeutendes Heer, mit dem er 1516 gegen sie zog. Wiederum standen alle Wurster wie Ein Mann unter den Waffen, sogar eine Menge Weiber mischte sich unter ihre begeisterten Schaaren. Am Tage St. Thomae fiel das Bremische Heer in's Land ein und sogleich rückten die Wurster ihm entgegen, unter Anführung einer hohen Jungfrau, die eine Fahne mit dem Bilde des Todes schwang. An der Grenze kam es zu einer blutigen und hartnäckigen Schlacht. Mit unsäglicher Erbitterung fochten die wackeren Wurster einen ganzen Tag hindurch; schon kam der Abend und die erzbischöflichen Reihen begannen zu weichen, — da plötzlich fiel die Bremische berittene Rückhut den vordringenden Wurstern wüthend in die Flanken, und nun war die Stunde der Bauern gekommen, denn auch das Bremische Fußvolk hatte sich wieder gesammelt und griff von Neuem an. Als die Nacht hereinbrach, lagen achthundert Männer und dreihundert Weiber todt auf dem Schlachtfelde, unter letzteren auch die kühne Jungfrau mit der Todesfahne. Weit und breit überzog man nun das Land mit Sengen und Brennen. Der siegreiche Erzbischof belegte das Volk mit ansehnlichem Tribut, wozu jeder Bauer nach seinem Vermögen beitragen mußte, und erbaute, um sich die Früchte des Sieges immer zu sichern, beim Dorfe Weddewarden eine Feste, der „Morgenstern“ genannt.

Aber nur ein kurzes Jahr duldeten die freiheitsliebenden Friesen das Joch. Sie erklärten rund heraus: der Erzbischof habe nur ihre Kirchen mit Pfaffen zu versorgen, weiter gehe er sie nichts an; denn sie seien freie Republikaner seit Anfang der Welt. Da schickte der Erzbischof seine beiden Gesandten, den Ritter von Malsburg und den Domdechant Ludolph von Klenken, um sie inständigst ermahnen zu lassen. Aber vergebens war all' ihr Mahnen und Drohen, und als endlich einer aus der Begleitung höhnische Reden gegen die Wurster ausstieß, entbrannte vollends ihr Zorn. Der Domherr, der Ritter Malsburg und das ganze Gefolge wurde von den wüthenden Bauern erschlagen; das Feld aber, wo solches geschah, heißt Klenkenham bis auf den heutigen Tag.

Der auf's Höchste erbitterte Erzbischof schwur blutige, furchtbare Rache für diesen Frevel und ließ ein bedeutendes Heer anwerben.

Inzwischen war Herzog Heinrich von Lauenburg gestorben und sein Bruder Magnus, ein ungleich milderer Herr, war ihm gefolgt. Auf diesen richteten die Wurster ihr Auge. Die benachbarten Hadler hatten es gut unter ihm, und die Wurster dachten: wenn doch einmal ihre Unabhängigkeit verloren gehen solle, so wohne sich's besser unter seinem milden Regimente als unter diesem Krummstabe. Und wohl hatten sie Ursache, die Rache des zornigen Kirchenfürsten zu fürchten. In der Kirche zu Dorum hielten sie erst großen Landesrath und schickten hierauf eine Gesandtschaft zum Herzog, daß er ihnen beistehen möge in ihrer Gefahr. Sie ließen ihm sagen: ihn würden sie als Oberherrn anerkennen, ihm auch Tribut zahlen und ihm treu und gehorsam sein, so lange er ihre innere Verfassung, ihre Freiheiten und Rechte nicht antaste.

Dem Herzog Magnus, welcher dem herrschsüchtigen Erzbischofe eben nicht zugethan war, kam dieser Antrag sehr erwünscht. Sofort rüstete er sich und kam im August mit einem ansehnlichen Heere und mit vier Schiffen voll Geschütz und Munition im Land Wursten an. Jubelnd empfing man ihn. Auf einer großen Landesversammlung schworen ihm alle Wurster den Eid der Treue und erstürmten kurz darauf unter seinen Fahnen die verhaßte Zwingburg bei Weddewarden, die sie dem Erdboden gleich machten (1518). Alsdann drangen sie in das Erzstift selbst und nahmen am Eigenthum des Erzbischofs Rache für vergangene Schmach. Leider konnte Herzog Magnus den

Wurstern keinen nachhaltigen Beistand leisten, da er durch die Eifersucht benachbarter Fürsten, die eine Erweiterung seiner Herrschaft nicht dulden wollten, daran verhindert wurde und seine Schaaren aus Wursten zurückziehen mußte.

Der Erzbischof hatte indessen 8000 Mann Fußvolk und 500 Reiter angeworben und diese fielen im Jahre 1526 unter Anführung des Obersten Häuslein von Halberstadt, wieder plötzlich in's Land ein. Wiederum wehrten sich die Bauern verzweiflungsvoll, erlagen aber bald dieser bewaffneten Uebermacht. Ueber 1000 von ihnen wurden erschlagen, die anderen flohen in's Land Hadeln und das erzbischöfliche Heer begann ungehindert die entsetzlichste Verwüstng des eroberten Gebietes. Die Tradition berichtet, daß im ganzen Lande nicht mehr als sieben Häuser stehen geblieben und nur die Kirchen verschont worden seien.

Das war eine grausige Niederlage, die jedes Volk auf immer gebeugt hätte, — nur keine Friesen!

Vier Jahre später waren die Wurster schon wieder in vollem Aufstande und bereit, das geistliche Joch abzuwerfen.

Das frische Wehen der Reformation war auch bis in die Marschen gedrungen und mußte wohl bei dem freiheitsglühenden, pfaffenfeindlichen Volke derselben die empfänglichsten Herzen finden. Man machte äußerst kurzen Proceß, man sagte einfach zu den Geistlichen: Wollt ihr das lateinische Meßwerk ruhen lassen und deutsch das Wort Gottes predigen, oder lieber fortgejagt werden? — und alsbald war das ganze Land protestantisch. Der Erzbischof hatte ihnen eine Steuer auferlegt, nach der sie den sechszehnten Pfennig zahlen sollten. Aber die Wurster kehrten sich nicht daran. Sie hatten sich nämlich um Beistand an den protestantischen Herzog Erich von Braunschweig gewandt und denselben auch zugesagt erhalten. Das machte sie wieder kühn und sicher und sie dichteten ein Spottlied auf den Erzbischof:

De Bischop von Bremen de deit et uns nicht,
Syn Landdrost is uns veel to licht,
De Bischop de schall den Dag nich afleven,
Dat wi Friesen den sösteinsten Pennig geven.

So sang und klang es allewege zum Hohn der bischöflichen Beamten. Dem wollüstigen und prachtliebenden Erzbischof Christoph, den seine Verschwendung tief in Schulden gestürzt hatte, war indeß weit mehr darum zu thun, Geld zu bekommen, als den Glauben zu schützen und die Reformation zu hemmen, zumal er doch wohl in dieser Hinsicht das Fruchtlose seiner Bestrebungen einsehen mochte. Seine nächsten Zwecke im Auge, versuchte er es daher, mildere Saiten aufzuziehen, ermahnte die Wurster zur ruhigen Zahlung der Abgaben und versprach ihnen dafür Duldung der protestantischen Lehre.

Dieser Ton schlug anfangs bei ihnen an, hallte jedoch nicht lange nach, denn die alte Empörungslust brach bald wieder aus. Wiederum schickte der Erzbischof ein Heer nach Wursten unter dem damals berühmten Parteigänger Obersten Christoph v. Wrisberg. Wiederum kam es zu einem für die Wurster unglücklichen Kampfe, und wiederum besetzten die Erzbischöflichen das Land, diesmal aber nur, um die Steuern einzutreiben, nicht um es zu verheeren. In diesem Geschäft störte sie jedoch das längst erwartete herzoglich braunschweigische Heer, welches nach kurzem Kampfe, in dem der erzbischöfliche Landdrost erschlagen wurde, Sieger blieb und den Oberst Wrisberg gefangen nahm.

Gegen die Mitte des sechszehnten Jahrhunderts endlich neigte sich die Macht der Bremischen Erzbischöfe mit raschen Schritten ihrem Untergange zu und auch die Wurster mochten des ewigen Kämpfens müde sein und sich nach Ruhe sehnen. So kam es, namentlich durch die Vermittelung der Bremischen Ritterschaft, zum gegenseitigen Vertrage. Die Wurster zahlten billige Steuern und der Erzbischof ließ ihnen dafür ihre Rechte, ihre innere Verfassung und ihr lutherisches Bekenntniß ungekränkt. Im letzten Jahrhundert des Erzstifts war ungestörter Friede im Lande, worauf es nach der 1648 erfolgten Säcularisirung desselben, als ein Theil des Herzogthums Bremen mit diesem an Schweden fiel, dann 1712 von Dänemark erobert ward und endlich 1715 vom letzteren, gegen Uebereinkunft, an das Haus Hannover abgetreten wurde.

Das ist die sturmvolle Geschichte Wurstens, welche den echten Friesencharakter in seiner ganzen bewundernswerthen Ausdauer und begeisterten Freiheitsliebe im schönsten Glanze zeigt.

Von hervorragenden Einzelcharakteren aus der Zeit dieser Kämpfe hat die Geschichte, außer jener kühnen Todesjungfrau und den bloßen Namen einiger Bauernführer, leider nichts aufgezeichnet, wie denn überhaupt äußerst wenige Einzelheiten zu unserer Kenntniß gelangt sind und wir nicht einmal die Schauplätze jener blutigen Kämpfe kennen, denn Niemand hat eine Chronik des Landes und Volkes geschrieben.

Die Spuren eines ansässigen Adels finden sich nirgends in dieser Marsch, aber manche uralte, ehrenfeste Bauerngeschlechter haben ihre Aecker genährt. Ueber den Hausthüren der alten Hausmannshäuser, an den Kirchenstühlen, insbesondere auf den Grabsteinen stößt man noch häufig auf die vielhundertjährigen Wappen jener Geschlechter, welche hoch in Ehren gehalten werden. Viele derselben zeigen den halben deutschen Reichsadler, — ein Recht, welches den alten Inhabern, wie bereits ausführlich mitgetheilt, vom Kaiser Friedrich Barbarossa zum Andenken an ihre dem deutschen Reich in den italienischen Kriegen geleisteten Dienste für sich und ihre Nachkommen verliehen sein soll.

Alle Rechte, Gewohnheiten und Herkommen der Wurster hatten sich nur mündlich von uralter Zeit her erhalten und wurden erst 1508 in einer großen Versammlung der Aeltesten und Weisesten des Landes schriftlich festgesetzt.

Im Jahre 1557 sollte einmal die ganze Verfassung vom Erzbischof Christoph als unchristlich und nicht mit ihrer Stellung im Erzstifte vereinbar, über den Haufen geworfen werden. Zum Glück starb der alte Sünder im folgenden Jahre und sein Nachfalger, Erzbischof Georg, der ungleich nachgiebiger war, bestätigte aus Liebe zum Frieden das ganze Landrecht am 25. September 1565. Es kamen indeß manche Paragraphen darin vor, die den Wurstern selbst veraltet und unzweckmäßig schienen, weshalb eine ähnliche Versammlung der Aeltesten im Jahre 1611, unter dem Erzbischof Johann Friedrich, eine gründliche Durchsicht desselben vornahm. Die erste Fassung des Landrechts war in friesischer Sprache gehalten, die zweite ebengenannte in plattdeutscher Mundart, während die spätere dritte — aus der Mitte des siebenzehnten Jahrhunderts — hochheutsch lautete. Der erste (lateinische) Druck desselben stammt aus dem Jahre 1667, herausgegeben von dem alten Wurster Rechtsgelehrten Haro Eide Fowes.

Als Wursten noch eine freie Republik war, repräsentirte die in Dorum zu gewissen Zeiten vereinigte Landesversammlung, bestehend aus 18 Vollmachten und 16 Rathgebern, die höchste Behörde. Sie bestimmte über Krieg und Frieden; sie schloß Verträge ab; sie richtete und schlichtete; verwaltete Deich- und Sielwesen und alle inneren Landesangelegenheiten; sie war Alles in Allem. Sämmtliche vom Lande ausgestellte Urkunden, Bündnisse und Friedensschlüsse mit Nachbarländern u. s. w. lauten daher aus der Zeit vom dreizehnten bis zu Anfang des sechszehnten Jahrhunderts im Beginn folgendermaßen:

„Wy söstein Radgevers un Alle de dar werhaftige und brotetende sin im Lande tho Wursten“; welches in den lateinischen Urkunden mit „Nos Judices Consules et universitas terrae Worsaticae“ wiedergegeben ist. Dagegen beginnen die alten Gesetze und Verordnungen der Wurster, hier wie in anderen Marschen Willküren genannt, mit den Worten:

„Wy söstein Radgevers und achtein Vullmachtige uth dem Lande tho Wursten uth allen Karspelen gekaren (aus allen Kirchspielen erkoren) dath wy scholden maken eenen Willkör u. s. w.“

Diese alten Rathgeber richteten und schlichteten damals nach dem uralten friesischen Asegabuch (Richter heißt im Altfriesischen Asega), welches die ihnen gegenüberliegenden Rüstringer (Butjadinger) führten, und umgekehrt wurden manche gut eingerichteten Wurster Willküren von den Rüstringern angenommen.

Das Meiste davon hat sich im Laufe der Zeit verloren und verändert. Die Justiz kam sogleich mit dem Aufhören der Selbstständigkeit in die Hände der Regierung; doch blieb die Verwaltung der inneren Angelegenheiten, wie das Deich- und Sielwesen, in des Volkes Händen. Im Hauptorte Wurstens, dem Flecken Dorum, steht das Landeshaus mit dem Archive, von jeher der Sitz der Verwaltung, wo Vorsteher und Bevollmächtigte ihre Berathungen halten. — Jedes Kirchspiel wählt nämlich zwei erfahrene Bauern zu seinen Bevollmächtigten, schlechthin Vollmachten genannt; diese wiederum ernennen aus ihrer Mitte zwei Landesvorsteher, den einen für den südlichen, den andern für den nördlichen Theil des Landes, und alle bilden zusammen die Landesversammlung, bei welcher der älteste Landesvorsteher den Vorsitz führt. Sie hält Berathung über allgemeine Angelegenheiten, Ausgaben und gerechte Vertheilung derselben, über größere Deichanlagen u. s. w. und wählt auch den Abgeordneten zum Stader Provinziallandtag. In besonders wichtigen Fällen wird eine außerordentliche Versammlung einberufen, die aber nur berathend, nicht beschließend ist.

Das Amt der Oberaufsicht über die Deiche, Schlengen und Stackwerke, Schleusen und Kanäle verwalten eigene Deichvorsteher und Deichgeschworene, die bei bezüglichen Streitigkeiten ein Deich- und Sielgericht bilden, und endlich zerfällt noch jedes der neun Kirchspiele in vier gleiche Theile, die einzeln für sich ihre besonderen Vorsteher haben und ihre eigenen Versammlungen abhalten, namentlich in Sachen der Armenpflege, der Weidegerechtigkeit u. s. w. Ueber die Tagesordnungen solcher Versammlungen sind uns manche sehr alte und für die Sittengeschichte höchst interessante Gesetze aufbewahrt. Es herrscht oft ein so eigenthümlich launiger Ton darin, daß es uns auf den ersten Blick vorkommt, als hätten wir die Paragraphen eines akademischen Biercomments vor uns, wie denn auch wirklich die leichteren Strafen, z. B. Ruhestörung, Ausbleiben, Zuspätkommen, Umstoßen eines Glases u. s. w. immer durch eine Bierabgabe — je nachdem durch eine halbe oder viertel Tonne — gebüßt wurden. Auch durch Brod und Schinken durfte man sein zerknirschtes Herz erleichtern, und da die Versammlung natürlich die Pflicht hatte, diese Dinge sofort zu vertilgen, so darf man annehmen, daß diese Sitzungen einen recht vergnügten Charakter trugen. —

Jeder Grundeigenthümer ist jagdberechtigt, und um dieses Recht zu wahren, namentlich aber die Landesgrenzen zu behaupten, wird alle vier Jahre ein großer, feierlicher Jagdzug zu Fuß, Pferd und Wagen rings um's ganze Land unternommen, der zwei Tage dauert und an dem oft Hunderte der freien Bauern theilnehmen. Wagen mit allem möglichen Proviant folgen dem Zuge, der mit jedem Dorfe mehr und mehr anschwillt, und ein großes Jagdmahl setzt dem schönen Tage die Krone auf. Wo in ganz Deutschland mag eine Gegend sein, die Aehnliches aufzuweisen hat? —

Alle vorhin genannten Volksbeamten werden frei gewählt, ihre Wahl wird dem Amte angezeigt, welches sie, im Falle hinsichtlich der Würdigkeit und Befähigung kein Bedenken vorliegt, sofort nach alten Formeln bestätigt und beeidigt. Eine Nichtbestätigung ist ein fast unerhörter Fall, weil bei der strengen Gewissenhaftigkeit dieses wackern Volkes der kleinste in die Augen fallende Makel genügt, um den Betreffenden von solchen

Ehrenstellen von vorneherein und für immer auszuschließen. Ja es ist vorgekommen, daß ein sonst hochachtungswerther angesehener Bauer, bloß deshalb nicht zu einem solchen Amte gelangen konnte, weil er vor Jahren einmal wegen Uebertretung der Steuer bestraft war.

Der Wurster ist, wie schon gesagt, eine echte Friesennatur: ernst und ruhig in seinem ganzen Wesen, verständig, besonnen und still, kräftig im Vollführen eines Vorsatzes, voll Zähigkeit im Festhalten seiner Rechte, voll Ehrgeiz, frei von jeglicher Schwärmerei und Gefühlsherrschaft, einfach in Tracht und Sitte, aber stolz auf seine Heimath. —

Und daß auch der alte so oft auflodernde Freiheitsdrang, der dieses Volk einst vor allen Friesenstämmen auszeichnete, nicht ganz gewichen ist, hat das Jahr 1813 gezeigt.

Die Wurster, längst der Franzosenherrschaft müde, sehnten sich mächtig nach Befreiung. Namentlich haßten sie auf's glühendste die französische Douanenwirthschaft, die allen Handel und Wandel hemmte und deren Officianten meistens abtrünnige Deutsche und noch dazu häufig die allerrohesten, anmaßendsten Menschen waren. Helgoland war damals das große Waarendepot Englands, und wie in allen Küstenstrichen hatte sich auch im Lande Wursten ein großartig kühner Schmuggelbetrieb entwickelt. Nicht bloß Schiffer, sondern Menschen aus allen Ständen, auch viele junge Hausleute fanden Lust an diesen, oft nur in kleinen Booten ausgeführten, gefahrvollen Streifzügen. Alle Augenblicke wurde eine Douanenpatrouille auf die allerköstlichste Weise überlistet und angeführt, aber auch hitzige Gefechte fielen mit ihnen vor, an welchen selbst einigemale die englischen Kriegsschooner und Kutter, die vor und in der Wesermündung kreuzten, theilnahmen. — Die Nachrichten von der ungeheuren Niederlage Napoleons in Rußland hatte den Muth der Wurster vollends gehoben, so daß sie kaum die Gelegenheit abwarten konnten, sich vom verhaßten Joche frei zu machen. Diese sollte nicht lange ausbleiben. — Damals lebte zu Dingen ein Hausmann Namens Anton Biehl, ein Mann wie zu einem Bauernführer geschaffen. Er war von riesenhafter Größe und fabelhafter Körperkraft; Branntwein trank er massenweise aus Biergläsern und ohne berauscht zu werden; dabei war er schlau, kühn, energisch, ausdauernd und von eigenthümlicher Gewandtheit. — Dieser faßte mit andern angesehenen Bauern den kühnen Entschluß, durch einen Handstreich auf einmal das Land von den Franzosen zu säubern.

Zu dem Zwecke trat er mit der Besatzung der englischen Kriegsschiffe in Unterhandlung und erhielt auch die Zusage der Unterstützung, aber nur im Fall das Land Wursten sich in Masse erhöbe. —

Hierzu bedurfte es eben keiner großen Mühe. Biehl ging nun von Dorf zu Dorf, von Hof zu Hof, und während er namentlich die vornehmen Bauern und ihre Söhne zum bewaffneten Aufstande bewog, wirkte ein Anderer, Namens Joh. Rickweg — früher Zimmermann und einer der kühnsten Schmuggler — unter dem niedern Volk, auf welches er großen Einfluß hatte. Der feurigen Beredtsamkeit dieses Mannes, den man nach seiner beständig grünen Kleidung nur Jan Grön nannte, gelang es, die Haufen auf's Mächtigste zu entflammen. Auch nach Lehe ging er, um den Aufstand zu predigen, fand indeß bei den guten Fleckenbürgern nur sehr laue Aufnahme. Das Land Wursten hingegen war in wenig Tagen in offenem Aufstande; alle französischen Douaniers, Gensdarmen und soldatische Besatzungen flohen in wilder Eile nach ihrer Batterie auf der Carlsstadt, die ungefähr da stand, wo sich später bei Bremerhaven das Fort Wilhelm erhob. Am 14. und 15. März zogen die Wurster unter Biehl und Jan Grön in hellen Haufen den Flüchtigen nach, und hervorgeholt aus einer Kirche flatterte die alte vergilbte Landesfahne, wie einst in ruhmreicher Friesenzeit, wieder hoch über den Schaaren. Auch ein englisches

Truppendetachement war gelandet und rückte den Franzosen nach, welche sich anfänglich diesen Massen entgegenstellten, aber nach kurzem Gefechte in die Batterie zurückgedrängt wurden, die man nun förmlich belagerte. Eine Aufforderung zur Uebergabe des Platzes wies der feindliche Befehlshaber stolz und höhnend zurück, mußte sich aber doch, als Nachts ein großer Theil der meist aus Westphalen bestehenden Besatzung desertirte und überging, als zudem Wassermangel eintrat und auch die Proviantvorräthe ausgingen, gegen freien Abzug zur Capitulation bequemen.

Da war der Jubel groß im Lager der Wurster und unter den Bewohnern von Lehe, die inzwischen auch Feuer gefangen hatten, nun selbst die Batterie bemannten und sich zur ferneren Vertheidigung anschickten, indem sie wohl begriffen, daß die Franzosen sicherlich mit verstärkter Macht zurückkehren würden.

Der Geestefluß bot ein vortreffliches Hinderniß dar; hinter diesem beschloß man, geschützt durch den Deich, sich aufzustellen. Auf einer Anhöhe hatte man einige leichte Kanonen aufgepflanzt, die von Schiffern und Engländern bedient wurden. Englische Officiere leiteten die Aufstellung, konnten aber trotz allen Bitten und Vorstellungen die Leher nicht dahin bringen, die Zugbrücke der Geeste zu zerstören. Die guten Bürger meinten, mit dem bloßen Aufziehen sei vollkommen genug gethan, denn zum Verderben wäre das schöne Holz wahrlich zu theuer; auch die Wurster gaben ihnen leider Recht, zumal die Brücke noch gar nicht so ganz alt sei. Sie ahnten nicht, wie theuer ihnen diese Schonung zu stehen kommen sollte.

Am 23. März rückten die von Bremen kommenden Franzosen heran. Es waren einige Regimenter Chevaulegers und Infanterie. Nachdem ein Angriff auf die Batterie energisch von der Besatzung zurückgewiesen worden war, marschirten die Feinde im Sturmschritt gerade auf die Brücke los. Hier empfing sie ein mörderisches Flintenfeuer, vermischt mit Kanonenschüssen und sofort entspann sich ein hartnäckiges Gefecht. Auf beiden Seiten gab es Todte und Verwundete, doch litten die Wurster, durch den Deich geschützt, ungleich weniger als die Angreifenden.

Auf einmal stürzte sich eine Anzahl Franzosen, trotz des Kugelregens, mitten in den Fluß und schwamm hindurch. Es gelang ihnen richtig, die Brückenklappe niederzulassen; denn nicht einmal die Kette hatte man angeschlossen. — Damit war das Schicksal Lehes und der Wurster entschieden. Im Sturmschritt drangen Infanterie und Kavallerie jetzt über die Brücke; ein kurzer Widerstand, ein heftiger Bajonettangriff — und Alles stob wild auseinander; denn was vermochten regellose Massen ohne Subordination und ohne ordentliche Waffen gegen wohldisciplinirte Truppen? Nicht nur Alles, was sich widersetzte, wurde niedergemacht, sondern die wüthenden Soldaten drangen auch in alle Häuser des Fleckens und mordeten was sie fanden: Greise, Frauen und Kinder. Auch die armen Engländer, obwohl sie um Pardon baten, wurden sämmtlich niedergestochen, und während die eine Hälfte der Truppen den Flecken plünderte, zog die andere in's Land Wursten ein.

Nun blieb die Batterie zu erobern übrig; dies geschah durch eine List. Eine Anzahl Franzosen steckte sich in die Uniform der getödteten Engländer, nahm eine englische Flagge und eilte hastig auf das Blockhaus zu, scheinbar verfolgt von einem anderen Haufen Franzosen. In der Meinung, die Engländer begehrten Schutz, öffneten die arglosen Wurster die Thore und erkannten ihren Irrthum zu spät. Dieser Handstreich brachte die kleine Citadelle in die Hände des Feindes und die ganze Besatzung wurde auf der Stelle erschossen, mit Ausnahme eines einzigen, der durch eiligste Flucht entkam.

Die übrigen Wurster, auch die Anführer Biehl und Jan Grön, zerstreuten sich und flüchteten meist auf die englischen Schiffe und nach Helgoland.

Das war der bedauernswerthe Ausgang dieser Bauern-erhebung, die, weil sie mißglückte, weit und breit verspottet und lächerlich gemacht wurde. Sie war aber um so anerkennens-werther, als gerade damals die meisten anderen Marschen mit dem größten Gleichmuthe sich dem Joch der Fremdherrschaft fügten.

Im 18. Jahrhundert standen die Wurster bei ihren Marsch-nachbarn eben in keinem besonderen Rufe. Sie galten nament-lich für unordentliche Haushalter, Spieler, Trinker und dabei in mancher Beziehung für stolze Aristokraten. Ein derber Spott-vers sagte deshalb von ihnen:

Dag un Nacht besapen,
Dack un Gebel apen,
Vor'm Huse en grot Wapen —
So kann man de Wurster drapen.

Sicherlich sind diese guten Reime nicht so ganz ohne allen Grund entstanden, denn von der Virtuosität im Trinken werden gar viele Anekdoten erzählt, die mitunter äußerlich ergötzlich sind. So saßen einmal drei alte Landesvorsteher im Landes- und Gasthause zu Dorum und leerten, gemüthlich plaudernd, in einer einzigen Nacht einen ganzen Anker Wein (48 Flaschen). Als späterhin zwei dieser Vorsteher in Person um irgend eine Steuer-erleichterung beim Ministerium einkamen, bemerkte einer der Minister, der davon gehört hatte, spöttisch: „wenn drei Wurster an einem Abend 48 Flaschen Wein drauf gehen ließen, könnten sie auch wohl noch die alten Steuern tragen!" Darob wurden die beiden ehrlichen Alten äußerst verlegen. „Ja, Herr Minister," stammelte endlich der Eine kleinlaut, „aber et is doch ok woll wat spullen" (verschüttet). —

Ein anderer Wurster Hausmann kam zu Wagen von Cux-haven. An der hannoverschen Grenze wird nach steuerbarer

Waare visitirt und der Steuerbeamte entdeckt im Stroh des Wagens ein Sechszehntelfäßchen (12 Flaschen haltend) Rum. Der Wurster behauptet ruhig, es sei dies sein Reiseproviant und deshalb zollfrei; der Steueraufseher will aber eine solche Quantität natürlich nicht gelten lassen. Da sagt endlich der Wurster unwillig: wenn er's nicht glauben wolle, so könne er mitfahren und sich überzeugen. Dies wird angenommen und beide fahren fort. Nach zwei Stunden ist das Fäßlein richtig leer getrunken, ohne daß der Steueraufseher ein Tröpflein davon mitbekommen, der nun noch obendrein, nachdem der Beweis geführt ist, mitten im tiefen Dreck absteigen und den Rückweg antreten muß.

Auch vom hohen Spiel der Wurster erzählt man sich manche Geschichte, und es ist gar nicht selten, daß in einer einzigen Parthie Hunderte eingesetzt werden; beim Kegeln setzte man schon seinen fettesten Ochsen auf einen Wurf, und Eltern waren keineswegs erzürnt, wenn die Söhne hoch und kühn spielten, sondern ermunterten sie mitunter noch, nur ja nicht die Segel zu streichen. So verlor ein junger Hausmannssohn eines Abends im Kartenspiel 1000 Thaler. Da er die Summe nicht bei sich hat, schickt er einen Boten zu seinen Eltern mit der schriftlichen Bitte, ihm das Geld doch zu senden. Die Eltern sind schon zu Bette, aber die Mutter steht gleich deshalb auf. Als sie bei der Schatulle ist, besinnt sie sich, ob es am Ende nicht gerathen sei, dem lieben Sohne statt ein- zweitausend Thaler zu schicken, und der Mann ist auch gleich einverstanden, damit ja die Ehre des Hauses gewahrt werde und der arme Junge nicht wieder in Verlegenheit komme.

Die große Neigung zum Kartenspiel theilte übrigens der Wurster mit dem Butjadinger, Würder, Kehdinger, ja vom Hadler ward er sicherlich darin übertroffen.

In den letzten Jahrzehnten hat übrigens Sitte, Bildung und allgemeine Kultur merkwürdig rasch in diesem Lande zugenommen, so daß es schon jetzt den wenigsten Marschen darin nachsteht. — Man hat die Schule in Dorum zu einer höheren Bürgerschule (Rektorschule) erhoben, man sendet auch wohl seine Söhne auf's vortreffliche Progymnasium zu Otterndorf; es giebt Clubs, elegante Bälle und selbst, wie im Lande Hadeln, einen öffentlichen Lustgarten, in welchem Sommerconcerte und Illuminationen stattfinden. Bei alledem lebt der Wurster in seinem Hause noch sehr einfach. Nur ein Zimmer für Besuch und feierliche Gelegenheiten ist modern und elegant ausgestattet, im übrigen Hause sind die Wände noch häufig geweißt, die Möbel altväterisch, die Räume klein, niedrig und voll Winkel. Das Hauptgetränk ist Kaffee, der zwar eben nicht sehr stark, aber dafür in desto größeren Massen getrunken wird, so daß die blinkende Kanne oft den ganzen Tag im Gebrauch ist. Derb und schwer ist die Kost. Die bedeutendste Rolle unter allen Speisen spielen die „Klütjen", große compakte Klöße, nur aus Weizenmehl, Wasser und Salz bestehend, selten durch Milch und Eier verfeinert, die man fast jeden Tag frisch oder kalt in die Pfanne geschnitten und mit Schmalz gebraten genießt. Dazu giebt's ein tüchtiges Stück geräucherten Speck oder Rindfleisch; denn die frische Seeluft zehrt. — Von einer Landestracht findet sich hier wie in anderen Marschen, das alte Land ausgenommen, keine Spur. Ueberhaupt ist alles Altfriesische und Eigenthümliche gänzlich verwischt. Das Einzige, was sich erhalten, möchte allenfalls die Fronte der Häuser sein. Alle Häuser haben ein Strohdach mit ziemlich spitzem Winkel, welches jedoch nicht, wie in Osterstade und Würden, mit um den Giebel herumgeht, sondern dieser letztere besteht meistens in seinem oberen Dreieck aus einer Dielenbekleidung. Massive Mauern kommen selten vor, denn die älteren Häuser bestehen sämmtlich aus Fachwerk. Die inneren Fächer sind schlicht gemauert und gefugt, das Holzwerk aber ist meistens hellgrün angestrichen. Dicht über der großen Hausthür oder oft auch in dem hölzernen Giebeldreieck sieht man wohl das alte Familienwappen, jetzt freilich sehr selten. Im Innern dagegen ist Alles wie in den übrigen Wesermarschen eingerichtet. Die Scheunen sind häufig ganz mit Dielen bekleidet und oft wie im Lande Hadeln braunroth gemalt. Im Lande Wursten hielt sich die in den anderen Marschen fast ganz abgekommene Sitte der Frauen, zu reiten, noch am längsten. Sie saßen quer hinter dem männlichen Gefährten, an den sie sich mit einem Arme

Bauernhaus im Lande Wursten.

festhielten. So ritt die Hausmannsfrau mit ihrem Eheherrn auf mächtigem Friesengaule zur Kirche, oder der stattliche Großknecht brachte auf diese Weise die Tochter vom Hause zum Ball und auf Besuch. Die tiefen, schlammigen Wege in der Herbst- und Winterzeit ließen hinreichend das Praktische dieser Art erkennen. Erst die das ganze Land durchziehende Chaussee hat diese Verkehrsweise sehr eingeschränkt. Andere eigenthümliche Sitten und Gebräuche kennt der Wurster nicht; seine Tanzpartien, Jahrmärkte u. s. w. sind wie die anderer Gegenden, vielleicht etwas üppiger. Höchstens die Hochzeiten und Begräbnisse mögen sich durch eine gewisse Großartigkeit auszeichnen.

Die Wurster heirathen durchweg sehr jung, und wie in den anderen Marschen werden auch hier die Verbindungen meistens durch Uebereinkunft beiderseitiger Eltern geschlossen, namentlich aber aus Vermögensrücksichten. Es ist eben so selten, daß ein armes Mädchen, und wäre es auch noch so gebildet, hübsch und liebenswürdig, ein reicher, junger Bauer heirathet, als daß ein Wurster sich eine Auswärtige nimmt. — Eine echte Hausmannshochzeit muß möglichst groß sein; die Einladungen erstrecken sich gewöhnlich auf hundert bis vierhundert „Haus“ und darüber, so daß oft an die tausend Personen zugegen waren. Gewöhnlich finden diese im Sommer statt, zur Zeit, wenn die Aussaat beendet und die Ernte noch nicht begonnen hat. Tags vorher führt der Bräutigam die Braut in das Haus, welches die jungen Eheleute bewohnen sollen. Bekannte und Verwandte empfangen sie, und am nächsten Morgen geht's im lustigen Zuge zu Wagen nach dem Hochzeitshause, gewöhnlich dem elternlichen Hause der Braut. Alle Räume, die große Dreschdiele des Hauses, die Tenne der Scheune 2c. werden benutzt. Auf der großen Diele, die mit Kränzen und Kronleuchtern von frischem Laubwerk und Blumengewinden geschmückt ist, befindet sich die Ehrentafel, an welcher oben neben den Brautleuten die Eltern, der Pfarrer, die Beamteten und andere Honoratioren sitzen. Es giebt fast immer dieselben altherkömmlichen Gerichte: Hühnersuppe mit Rosinen, gekochte Hühner, mächtige gekochte Rindfleischstücke mit Zwetschen und endlich Wurster Kringel, ein feineres Gebäck voll Zucker, Rosinen und Mandeln, jeder Kringel wohl zehn Pfund wiegend. Braten giebt's nur ausnahmsweise; ebenso selten Wein, da die alte Sitte Bier und Branntwein vorschreibt. Nur mitunter kommt es vor, daß ein kultivirter Wurster Wein zu geben wagt, der dann aber auch in Strömen fließt. Eben vor dem Mahl wird die Trauung vollzogen; vor und nach der Rede blasen die Musikanten einen Choral; später wird in allen Stuben, sowie auch im Vorplatze Kaffee getrunken, es werden Cigarren oder Thonpfeifen gereicht, während auf der Diele und in der Scheune der Tanz beginnt. Die älteren Männer setzen sich zum Spiel, die Frauen sehen dem Tanze zu, und während alledem wird immerfort gegessen und getrunken bis zum hellen lichten Morgen, wo der jungen Frau unter Jubel und derben Scherzen der Kranz abgenommen und dafür die Haube aufgesetzt wird.

Früher dauerte eine solche Hausmannshochzeit zwei bis drei Tage, jetzt begnügt man sich meistens mit einem einzigen.

Hie und da hört man auch noch bei frohen, feierlichen Gelegenheiten, gemeinsamen officiellen Deichmahlen, Jagdessen rc. die sogenannte Landesgesundheit, jenen uralten Wurster Trinkspruch: „Gott bewahre Dam un Dyken, Siel- un Bollwark un dergliken, darto unse Land un God un en ehrlik Wurster Blood", — den meistens einer der Landesvorsteher, auch wohl der anwesende Beamte, ausbringt.

Auch die Leichenbegängnisse angesehener Wurster sind immer sehr groß und weitläufig. Da alle noch so entfernte Verwandte dazu geladen werden und eine alte Wurster Hausmannsfamilie gewöhnlich mit dem halben Lande verwandt ist, so ist auch hier die Gesellschaft äußerst zahlreich. Nachmittags findet man sich ein und die Verwandten des Todten tragen einen lang vom Hute herabwallenden Trauerflor. Auf dem Hausflur, mitunter auch auf der großen Diele, steht auf schwarz und weiß behangenem Tische, von Leuchtern umgeben, der oft sehr schön und kostbar gearbeitete Sarg.

Man setzt sich still an die in den verschiedenen Zimmern vertheilten langen Tafeln und genießt schweigend oder nur leise mit dem Nachbar redend Kaffee mit Kuchen; auch Cigarren und Pfeifen werden umhergereicht. Gegen Abend erhebt sich der Prediger, tritt, umgeben von der Gesellschaft, vor den Sarg und hält die Leichenrede, der er meistens einen kurzen biographischen Abriß des Verstorbenen vorausschickt, welcher noch vor hundert Jahren stets in friesischer Sprache gegeben werden mußte. Dann wird nach kurzem Gebete der Sarg fortgetragen, gefolgt von den meisten Gästen. Alle Häuser, bei welchen der Zug vorbeikommt, haben zur Ehre des Todten die nach der Straße liegenden Fenster hell illuminirt — eine Sitte, die auch in anderen friesischen Marschen, z. B. im Butjadingerland, vorkommt. Dreimal wird nach altem Herkommen der Sarg um die Kirche getragen und sodann in die Gruft gesenkt. Der Todtengräber mahnt hierauf die Versammelten, ein stilles Vaterunser zu beten; die Feierlichkeit ist damit vorüber und Alles begiebt sich eilends wieder in's Trauerhaus, um sich bei den unterdessen reichbesetzten Tafeln gütlich zu thun. Und nun beginnt wieder jenes unpassende lustige Treiben, welches wir an anderer Stelle bei einer ähnlichen Gelegenheit schon beschrieben haben. — Alle Aufwartungen, sowohl bei Hochzeiten als bei Leichenschmäusen, besorgen die jüngeren Verwandten und Freunde des Hauses. Es ist dies Aufwarten ein Ehrenamt und heißt „ob Wege“ sein, und der, welcher es hat, wird ein „Obwegesmann“ genannt. Indessen auch in diesen Sitten hat die neueste Zeit Vieles aufgeräumt und dem übrigen modernen Leben angepaßt.

Die Gehöfte der Wurster liegen bald einzeln und rings umgeben von ihren Ländereien, bald zu mehreren beieinander, manche auch in den Dörfern. Diese Dörfer bieten sich dem Auge meist äußerst freundlich dar, im Schmuck eines reichen Baumwuchses, aus dem die alte Kirche mit dem stumpfen Thurm über Land und Meer schaut.

Hohe und schlanke Bäume findet man fast gar nicht im Lande; die rasenden salzgeschwängerten Seestürme halten den Wuchs nieder und lassen selten grade Stämme aufkommen. Namentlich sieht man das so recht in der Nähe des Deiches.

Nur so hoch dieser ist, gedeihen die Bäume, sowie aber ein Zweig höher wächst, verdorrt er in wenigen Jahren. Auf freien Stellen erblickt man ganz dieselben niedrigen und verkrüppelten Baumgestalten, wie sie auf hohen Bergkuppen vorkommen; alle ragen mit dürren, wild zerzausten Gipfeln zum Himmel, alle Stämme sind tief landeinwärts geneigt, alle strecken ihre Aeste meerabwärts, als wollten sie, angstvoll fliehend, ihren Brüdern in den dichten Gehölzen der Geest zustreben, und das Land wird, je weiter man nach Norden kommt, merklich kahler. —

Wursten ist im Herbst und Winter eine der rauhesten, im Frühling und Sommer aber eine der ungesundesten aller Marschen und eigentlich nur der September ist ein heiterer menschenfreundlicher Monat.

Heulende Nordstürme brausen daher, kalte Seenebel wälzen sich über das Land hin — „die salze Luft“ nennt sie der Wurster — und in der Sommerdürre entwickeln sich in den stehenden Gräben und Lachen die giftigsten Miasmen. Die bösartigsten Marschfieber herrschten oft Jahre hindurch, daher es in dieser Hinsicht ganz mit Butjadingen, Jever- und Ostfriesland auf einer Stufe steht. Das schlimmste Uebel ist der Mangel eines reinen frischen Trinkwassers. Nur ein einziges von der Haide kommendes Bächlein führt gutes klares Wasser in's Land; die wenigen Brunnen liefern nur schlechtes, unangenehm schmeckendes, ebenso die stehenden Gräben; die salzige Meerfluth darf man auch nicht in's Land lassen und so behilft man sich meistens mit dem Regenwasser der Cisternen. Anhaltende Winterkälte oder Sommerdürre bringt daher oft rechte Noth hervor.

Von dem wallförmigen Haidelande, welches nord- und ostwärts das Land Wursten begrenzt, gehört noch eine Quadratmeile zu dessen Gebiet, und hier befinden sich bei dem Dorfe Sievern ein paar interessante Alterthümer, die wohl eines Besuches werth sind. Zuerst die Pipinsburg. Diesen Namen führen mehrere concentrische und mächtige Wälle, die nun aber sehr eingesunken und ganz mit hohem Haidekraut bewachsen sind.

Sicher ist, daß diese Verschanzungsreste ein sehr hohes Alter haben, doch ist bis dahin nicht zu ermitteln gewesen, wer sie errichten ließ. An Pipin den Kleinen ist schwerlich zu denken, denn dessen Heere betraten sicherlich nicht diese Gegenden. Daß Karl der Große die Aufwerfung derselben befohlen und seinem Vater zu Ehren sie so genannt habe, daran ist ebenso wenig zu denken. Oder hätte sie irgend ein friesischer Häuptling geschaffen? Dann könnte ihre Benennung vielleicht vom Männernamen Pieb oder Pipo stammen, der allerdings in alten Zeiten unter den Friesen nicht ungewöhnlich war; in der Volkssprache heißen jene Reste auch nur „Piebpensborg“ oder gar „Piebsborg“.

Nicht weit davon erhebt sich ein anderes Denkmal alter Zeit, das „Bülzenbett“, eine heidnische Opferstätte. Auf einer Unterlage von ansehnlichen Granitsteinen ruhen drei wahrhaft gewaltige Blöcke, die oben flach sind. Der eine davon zeigt noch eine hineingehauene Vertiefung mit einer Rinne, vielleicht zum Abfließen des Opferblutes. Der mittlere ist vor Jahren vom Blitz getroffen, mitteldurch geborsten und eingestürzt, und unter den Blöcken hat man die Erde tief ausgehöhlt, so daß ein Raum entstand, in welchem ein Mann aufrecht stehen kann. Rings um den Hügel, auf dem dieser alte, einsame Opferaltar gebaut ist, zieht sich ganz nach Art der celtischen Cromlechs eine Umgrenzung von kleineren Granitsteinen, seine Bedeutsamkeit genugsam bezeichnend. —

Das dritte dieser alterthümlichen Denkmale ist die „Heidenstadt“ und liegt ebenfalls in der Nähe. Es ist ein wallumgebenes Feld mit einer Menge Todtenhügeln und einzeln aufeinander gelegten Steinblöcken, die aber größtentheils in letzter Zeit fortgeschafft sind. Heidenstadt heißt natürlich Heidenstätte, und man darf wohl annehmen, daß es die Reste alter heidnischer Friesen sind, die hier ruhen. Man findet außer den schlichten thönernen Aschenurnen meistens noch Waffen und Geräthe aus Feuerstein, Streiäxte, Pfeilspitzen, Meißel u. s. w., Einzelnes auch von Bronze, nichts aber von Eisen. Sodann kommen noch häufig kupferne Nadeln und kleine Glaskorallen darin vor, doch nie edle Metalle. — Im Moore bei Mulsum fand man dagegen im Jahre 1823 ein massiv-goldenes Halsband. Die Arbeit erwies sich indeß als spät römische, und dabei lagen auch römische Kaisermünzen. Jenes Halsband befindet sich jetzt im Museum zu Göttingen.

Hochst interessant sind im Lande Wursten die alten kleinen Granitkirchen aus uralter Friesenzeit. Es ist umständlicher im allgemeinen Theil dieses Buches von ihnen geredet worden, wie sie dastehen auf ihrer Wurt: bald einsam, bald vom Dorfe umgeben, ihre Fenster rund überwölbt, schmal und klein, so daß eine stete Dämmerung im Innern herrscht; hinten ein kleiner niedriger Choranbau, nach Westen von einem dicken, stumpfen, grauen Thurme überragt, hie und da beschattet von ein paar alten sturmzerzausten, dürrhäuptigen Eschen und umgeben von den Grabsteinen, unter denen das Heldenvolk alter Friesen schlummert. —

Auf dem Wege von Süden nach Norden vordringend, traf man zuerst die alte Kirche zu Imsum aus dem Jahre 1218, ganz einsam auf einer Wurt über Land und Meer schauend, denn nur ein paar Häuser, Prediger- und Küsterwohnung, standen in der Nähe. Sie enthielt ein altes bronzenes Taufbecken, welches mit rohen Heiligenfiguren geschmückt ist, deren

Umrisse seltsamerweise erhaben waren, so daß sie gleichsam Zeichnungen, die durch Drähte oder erhabene Nähte hervorgebracht sind, bildeten. Seit längerer Zeit ist sie abgebrochen. Nur den alten Thurm ließ man als wichtiges Seefahrtszeichen einsam stehen. Dann kommt die interessante Kirche zu Wremen,

Altfriesischer Grabstein zu Wremen.

mitten im Dorfe liegend, welche sicherlich schon in's zwölfte Jahrhundert zu setzen ist. Ihre Verhältnisse sind zierlicher, schlanker als die der übrigen, was wohl dem Material, aus dem sie errichtet, zuzuschreiben ist. Ihre Mauern bestehen nicht aus plumpen Granitblöcken, sondern aus einem leberbraunen, sehr porösen Tuffsteine; die Sage geht, die alten Wurster hätten ihn aus Schottland geholt und für jede Ladung Gerste, die sie hingebracht, als Rückfracht Tuff genommen. Aus ganz gleicher Steinart sind auch einige Kirchen des Butjadingerlandes, nämlich die zu Blexen und die zu Langwarden erbaut.

Altfriesischer Grabstein zu Wremen.

In Wremen ist der interessanteste Kirchhof, mit vielen alten Grabsteinen, meistens liegenden Platten. Die allerältesten derselben sind leider so abgetreten und verwittert, daß kaum noch etwas daran zu erkennen ist. Andere aber aus dem fünfzehnten und sechszehnten Jahrhundert sind äußerst wohl er=

halten, denn es hat sich Moos und Gras oft ganz wie eine schützende Decke filzartig darüber gelegt. Das Bild des Verstorbenen sieht man in der Mitte, die Hände gefaltet oder auch die eine am Schwert, die andere trotzig in die Seite gestemmt, zu Füßen das Wappen, in den vier Ecken des Steines die Embleme der vier Evangelisten und endlich rings am Rande die plattdeutsche Schrift mit Minuskelbuchstaben. Ueberhaupt sind sie durchaus im Style jener Zeit gehalten, nur in den Trachten der Dargestellten möchte Eigenthümliches zu finden sein. Vorstehend wiederholte Abbildung zeigt ein Paar dieser Gruftplatten. Es hat sich die sonderbare Meinung festgesetzt, daß der Verstorbene, wenn er sich mit bedecktem Haupte dargestellt finde, eines natürlichen Todes gestorben sei; finde sich aber der Hut zu seinen Füßen, so sei er gewaltsam um's Leben gekommen. Die Inschrift eines Grabsteines, dessen Bild letzterer Art ist, heißt nämlich: Anno domini 1560 is de erbare Johan Siats vom leben tom tode bracht. De God am jungsten Dage richten werd. — Und nur aus diesen Worten hat man sich jene, sonst allen anderen Grundes entbehrende Meinung construirt. —

Die Kirche zu Mulsum ist wohl das älteste dieser Bauwerke; sie ist ebenfalls ein schweres Granitwerk und die einzige des Landes, in der die Reformation nicht alles herausgerissen und verändert hat. Aus Holz geschnitzt, bemalt und vergoldet, schaut noch ein altes schönes Marienbild, auf dem Arme das heilige Kindlein, vom Altare herab, aber es ist vergessen und verlassen und wird bald zu Staub verfallen. — Noch älter und entschieden romanische Auffassungsweise zeigend, sind die Apostel und Heiligen, welche das Marienbild umgeben; und endlich ist ein höchst eigenthümlicher, merkwürdiger Hallenbau dieser Kirche anzuführen, der aus drei rundbogigen Kreuzgewölben besteht und sich quer zwischen dem gewölbten Chor und dem flach bedeckten Schiffe hinzieht. —

Am bedeutsamsten ist die Kirche zu Dorum, ebenfalls ursprünglich aus cyklopischen Granitmauern, aber vielfach verändert und mit Backsteinen ausgebessert. Im Innern finden wir zwei interessante Ueberbleibsel der Vergangenheit: das erste, ein plumpes, porphyrnes Taufbecken mit vier grotesken Larven ist sicherlich das älteste und einzige seiner Art im Lande, sehr ähnlich den Taufsteinen einiger alter Kirchen am Niederrhein, die Ernst aus'm Werth in seinen „Kunstdenkmalen des Niederrheins" veröffentlicht hat, und daher höchst merkwürdig; doch tritt es ganz in den Hintergrund gegen das andere. Im Chor nämlich erhebt sich ein aus Sandstein und Stuck gearbeitetes, spätgothisches Sacramenthaus. Dies reizende Werk der Schmuckarchitektur ist, wenngleich lange nicht von der Größe und dem Reichthum des 64 Fuß hohen Meisterwerks von Adam Kraft in St. Lorenz zu Nürnberg, so schön in seinen Verhältnissen, so fein, zierlich, schlank und luftig, daß man es nicht ohne inniges Wohlgefallen betrachten kann, und es sicherlich, wenn auch nicht seiner Größe wegen (es ist nur gegen 20 Fuß hoch), dem Besten und Gediegensten seiner Art anreihen darf. —

Endlich giebt es noch ein paar andere alte Kirchen im Lande, z. B. die zu Padingbüttel mit nicht uninteressanten Bildern u. s. w. Doch sind die obigen bei weitem die anziehendsten.

Aber, wie schon früher angeführt: fast alle diese alten Bauwerke sind leider im Laufe der Zeit vielfach verändert worden; ihre kleinen Rundbogenfenster wurden durch große viereckige ersetzt, ihre Altäre modernisirt und eine Menge kleinlicher Rokkokozierrathen überall angebracht, so daß an jenen ernsten Eindruck, den einst sicherlich ihr dämmeriges Innere machen mußte, kaum mehr zu denken ist. —

Nicht unerwähnt darf hier ein höchst merkwürdiger Umstand bleiben, doppelt interessant im Hinblick auf die sonst so sagenarmen Marschen, der nämlich, daß in dieser entlegenen

Ecke Deutschlands ein Theil der Faustsage spielt. — Die Stätte derselben ist ein sehr altes, jetzt längst verkommenes Bauerngehöft im Kirchspiel Cappel, das einst Eigenthum des Dr. Faust gewesen sein soll. Die Sage hat sich hier zum Theil in einer Weise ausgebildet, die für diese früher sehr obstarme und durch schlechte Wege berüchtigte Marsch äußerst charakteristisch ist. Faust macht nämlich hier unter anderem den Vertrag mit dem Bösen, daß er ihm das ganze Jahr hindurch schöne reife Kirschen liefere und wo er reite und fahre, stets unter seinen Pferden und Wagen eine gepflasterte Straße hervorgezaubert werde, die aber sofort, nachdem er vorüber sei, wieder verschwinden solle. —

An und in einer Außenwand jenes alten Gehöfts aber zeigte man noch lange die Flecken von Hirn und Blut des Zauberers, hineingespritzt, als ihn der Teufel gräßlich zerfleischte und zerriß, sowie das Loch, durch welches er ihn zuletzt holte. —

Ob sich die Sage weiter ausgebildet hat, ist mir nicht bekannt. Sehr möglich ist es, daß Name und Sage nur aus einer Namenverwechselung mit dem alten reichen und längst ausgestorbenen Wurster Geschlecht Fouwes herrührt, weil der Name fast ganz wie Faust ausgesprochen wird. Ein Stipendium für Studirende bewahrt sein Andenken.*)

Ein mächtiger, an einigen Stellen fast eine Viertelstunde breiter Groden zieht sich längs des ganzen Wurster Deiches hin. Es wäre fast der Mühe werth, diesen üppigen Boden den

*) Anmerk. Siehe: Sagen und Geschichten der Herzogthümer Bremen und Verden von Köster (Stade. Pockwitz. 1856) Seite 229. Ferner: Nordwestdeutsche Skizzen von J. G. Kohl (Bremen. Kühtmann. 1864) I. Theil, Seite 360.

Fluthen auf immer durch einen Deich zu entziehen, wenn dieser nicht gar zu stark und hoch aufgeführt werden müßte, denn hier brausen und rollen die Wogen mit ganz anderer Gewalt, als bei den Deichen früher beschriebener Marschen. —

Eine echte salzerfüllte Meerstrandsflora bekleidet diesen herrlichen Boden. Der letzte Weidenbaum ist verschwunden; auch nicht das unbedeutendste Sträuchlein erblickt das Auge, und das Rohr, welches in hohen dichten Massen die Ränder der anderen Marschen umrauscht, kriecht hier, kaum wieder zu erkennen, wie Gras am Boden hin. Dafür aber wächst die violette Strandaster und die dickblättrige Statice in hohen üppigen Büschen und daneben die Strandnelke (Ameria), das kleine Milchkraut, der silberweiße Seewermuth, aus dem der Wurster seinen Magenbittern bereitet, das „Röhr" (Triglochin), was ihm im Frühling einen leckern Lieblingskohl liefert, das antiscorbutische Löffelkraut; doch wo der Boden ganz niedrig und sumpfig ist, erscheint der wunderlich fleischige Krückfuß und in den stehenden salzigen Lachen endlich erscheinen grüne dünnhäutige und oft wie Kopfsalatblätter aussehende Algen. Vornehmlich aber begrünt jenes Strandgras, die Glyceria maritima, in Jever- und Ostfriesland „Andel" genannt, weit und breit das fruchtbare Erdreich und bietet dem Vieh, was hier in großer Zahl weidet, die trefflichste Nahrung. Umfriedigte Stellen werden auch wohl gemähet, und der Andel, so schwer er trocknet, giebt ein so nahrhaftes Futter, daß das kräftigste Bergheu ihm nicht gleichkommt. Weideland ist indeß weitaus vorherrschend und das Vieh wandert, wenn es durstig ist, von selbst über den Deich zu den Gräben des Binnenlandes, da es das salzige Wasser verschmäht. Oft freilich wird es von der Springfluth überrascht, die auch im Sommer mitunter über das ganze Vorland geht und manchem Stück Vieh schon das Leben gekostet hat. Bei gewöhnlichen Fluthen aber ist keine Gefahr, denn das Land wird nie davon bedeckt. Tritt die Ebbe ein, so liegt, je nach dem Stand der Sonne, das weite Wurster Watt bald als eine hellleuchtende Spiegelfläche, bald als eine graue und öde, aber immer für den Naturbeobachter höchst anziehende Ebene vor unseren Blicken ausgebreitet. Ein solches Watt besteht indeß nicht aus einer gleichmäßigen Masse. Hier ziehen sich Sand und Muschelbänke hin, dort lagert sich Schlamm so fein und flüssig, daß er kaum den leichten Strandläufer tragen kann; weiterhin dräuen die fast steinharten, ungeheuren Thonmassen, die gefährlichen Bänke, welche schon so manchem wackeren Seemann nahe der Heimath den Tod brachten; dazwischen schlängeln sich unzählige kleinere oder größere tief ausgewaschene Rinnen, in denen das letzte Elbwasser landabwärts läuft, „Prielen“ genannt, und aus dem feinen Saugsande schaut hier und dort vielleicht, nur wenige Schuh hoch, eine unförmlich dunkle Masse hervor: das Wrack eines einst vielleicht herrlichen und stolzen Dreimasters — hinabgesunken unter Wogengebraus, Sturmgeheul und Jammergeschrei in dunkler Herbstnacht, fern von aller Hülfe. Keineswegs aber ist solch ein Watt, so öde es auf den ersten Blick erscheinen mag, verlassen zu nennen, sondern ein reiches Thierleben herrscht über und auf ihm. —

Kaum sinkt die Fluth, so kommen gleich Schwärme von Seevögeln, um zu sehen, welch' Gewürm sich für sie auf der eben entblößten Fläche erhaschen läßt. Namentlich sind es ungeheure Schaaren weißer und schwarzköpfiger Möven, die die Luft nah und fern mit ihrem Geflatter und Geschrei erfüllen; dazwischen segeln die kleinen reizenden Seeschwalben mit ihren langen Gabelschwänzen und den fein geschweiften Flügeln, stehen oft wie Schwebfliegen unbeweglich in der Luft — bis sie pfeilschnell auf ihre Beute herabschießen. Auch ein Falke und wohl gar ein Seeadler schwebt mit ruhigem Fluge über der Fläche, indeß die hochstelzigen Strandreiter, die rothbeinigen, elsterbunten Austernfischer und Schaaren von Enten, Kibitzen, Regenpfeifern und kleinen schnellfüßigen Strandläufern die Sandbänke und Schlammflächen bevölkern. Alles sucht, hascht, schluckt und friß von dieser mit so vielerlei Speisen bedeckten großen Tafel; aber was für Herrlichkeiten sind auch darauf zu finden! Für den Falken, für die große Seemöve, für den Austernfischer und andere ansehnlichere Vögel schleicht dort der fette Taschenkrebs über den Sand und seitwärts gehende Krabben suchen eine Priele zu erreichen; oder es zappelt der platte Butt und der silberweiße Stint, von der Ebbe überrascht, auf dem Trocknen und Muscheln klaffen in Menge; für Seeschwalben, Kibitze und Regenpfeifer wimmelt es in den Prielen von Garnelen, und für die ganz kleinen Strandläuferarten findet sich noch Gewürm in Unzahl — und so wiederholt sich die ganze große Atzung in bester Ordnung, Tag für Tag zweimal, Jahr aus und Jahr ein. —

Aber auch der Mensch eilt herbei, wenn das Watt bloß liegt, um theilzunehmen an dessen Gaben. Dort sieht man barfuß und hochgeschürzt Männer und Frauen in den Prielen waten, kleine Netzhamen vor sich herschiebend, die sie dann und wann in umgehängte Beutel leeren. Diese fangen die kleinen, wohlschmeckenden Krebse, Garnelen (Crangon vulg.), hier zu Lande „Granat“ genannt, welche mit Salz abgekocht eine Delikatesse zum Frühstück und Nachtisch ausmachen und nach allen Städten und Hafenorten der Gegend verschickt werden. — Andere fangen in diesen Lachen und Rinnen den Butt, einen Hauptfisch des Brackwassers; Knaben haschen Krabben und Taschenkrebse, und in der Ferne erblickt man auf hohen und trockenen Muschelbänken hier und dort kleinere Fahrzeuge, Kähne, Ewer und Tjalken, deren Schiffer hieher gelegt haben, um zu „schillen“, d. h. nämlich Muschelschalen zum Kalkbrennen zu graben. Es ist dieses Schillen meistens eine langwierige, mühsame Arbeit, denn oft sitzen die reichsten Muschellager einige Fuß tief im festen Sande. Man gräbt sie mit breiter Schaufel aus, wäscht und spült sie in Körben in den nächsten Prielen, um sie vom Sande und Thon zu befreien und trägt sie dann in's Schiff. Acht, ja vierzehn Tage muß ein Schiff oft sitzen, ehe es seine volle Ladung hat; denn nur zu häufig tritt die Ebbe gar nicht einmal so weit zurück, daß die Muschelbänke trocken werden. In letzten Jahrzehnten hat das Schillen mit dem verminderten Gebrauch des Muschelkalks sehr abgenommen, denn guter Cement tritt mit Recht immer häufiger an dessen Stelle. — Die Korbmuschel (Mactra solida), die große Sandmuschel (Mya arenaria) und die eßbare Herz- und Miesmuschel (Cardium und Mya edulis) liefern hier das Material zum Kalk, der, gut gebrannt, dem Steinkalk vorgezogen wird, bei der Bearbeitung aber ungleich mehr Mühe kostet. Die blaue Miesmuschel wird auch hier und da an den Küsten gegessen, doch nicht sehr häufig, so wohlschmeckend sie auch ist, da man sie, obwohl ganz ohne Grund, mitunter für giftig hält. —

Bei schönem, warmem Wetter sieht man auf dem Sande nicht selten Seehunde sich behaglich sonnen. Man beschleicht sie mit guter Büchse unter dem Winde. Früher waren sie noch viel häufiger und die Wurster suchten sie sogar im Schlafe zu überfallen und mit Knütteln zu erschlagen, ganz wie in den Polarländern.

Nur mit großer Umsicht und genau die Zeit beachtend kann man sich weiter auf's Watt hinaufwagen, und Mancher schon mußte seine Unvorsichtigkeit oder Kühnheit mit seinem Leben bezahlen, denn wehe dem, der noch weit vom höheren Lande entfernt ist, wenn die Fluth eintritt.

Eben vorher kann noch Alles weit und breit still und ruhig sein, — da kommt der Augenblick der Fluth: es erhebt sich ein frischer Wind, das Wasser fängt an zu rauschen, zu schwellen, zu tönen. Jetzt schießt es heran, schneller, immer schneller, rauschender, gieriger, brausender, — und nun kann kaum ein Reiter auf schnellem Rosse der gierig heranwühlenden Fluth entfliehen. Sicher verloren und dem entsetzlichen, allmäligen Ertrinken verfallen ist der arme Fußgänger; er eilt athemlos dem Lande zu, schon dringt die wüthende Fluth durch alle Prielen, und in dem weiten Labyrinth derselben verirrt er sich äußerst leicht; schon strömt das Wasser über den eilenden Fuß, schon erreicht es das Knie, in grauenvollster Angst eilt er weiter, aber seine Eile wird gehemmt, denn die Fluthen netzen jetzt schon den Gürtel des Unglücklichen, und soweit er späht, vielleicht Alles eine wild rauschende Wasserwüste; die Menschen hören und sehen ihn nicht, sie wohnen ferne und hinter ihren sichern Deichen; jetzt ergibt er sich stumpf hinstarrend in sein Schicksal, denn eilen kann er nicht mehr, bloß angstvoll schreien, jammern und beten, da nur noch sein verzweiflungsvolles Antlitz aus der grauen wallenden Fläche schaut. — Es ist vorbei. — Auch das ist nun verschwunden. Nichts sieht und hört man mehr auf der weiten Wasserfläche und nur die Wogen singen ihr uralt ewiges Lied fort und fort, wie sie es thaten gestern und vorgestern, und thun werden morgen und übermorgen und alle Tage und Jahre, von Ewigkeit zu Ewigkeit. —

Nordwärts wandernd verlassen wir nun auf einige Zeit die fruchtbare Marsch und der schroffste Contrast tritt uns auf einmal entgegen. Ein äußerst kahler Sandrücken empfängt uns, so steril und dürr, daß selbst das Haidekraut nur kümmerlich und dünn den Boden bedeckt und bald ganz aufhört; auch keine erratischen Steinblöcke bemerken wir und endlich erheben sich zu unserer Linken weiß schimmernde Dünenhügel, ganz kahl oder mit wenig dünnem Sandhafer bedeckt und dürftig mit Dünengras (Amophila arenaria) bewachsen. Zwischen ihnen liegen die Hütten eines armen Fischerdorfes Duhnen, — ein trauriger, öder Aufenthalt, und darüber hinaus erscheint mit hohem Leuchtthurme die Insel Neuwerk, die bei tiefer Ebbe dergestalt durch's Watt mit dem Lande zusammenhängt, daß sie trockenen Fußes, ja sogar mit Pferden und Wagen zu erreichen ist; noch weiter hinaus wogt das hohe Meer. Das ist der Anblick zu unserer Linken.

Ungleich lieblicher aber ist das Bild, was sich uns rechts darbietet. Wir sind auf dem hamburgischen Gebiet Ritzebüttel. Freundlich umbuscht leuchten die rothen Ziegeldächer des gleichnamigen Amtsfleckens; aus ihrer Mitte ragt das stattliche, burgartige, mit Wall und Graben umzogene Schloß des Amtmanns hervor und kaum eine Viertelstunde davon schaut wieder ein Leuchtthurm in's Meer hinaus: Cuxhaven, die Hauptlootsenstation und der Zufluchtsort aller nach Hamburg bestimmten Schiffe, wenn im Winter Eis und Schollen die Fahrt in der Elbe verbieten.

Der Insel Neuwerk bemächtigten sich zuerst die Hamburger und bauten einen Feuerthurm und eine Kapelle darauf und die lauenburgischen Herzöge bestätigten sie schon 1299 in diesem Besitze. Das feste Schloß Ritzebüttel sammt dem Amte aber war in Händen des adeligen See- und Strandräubergeschlechts derer von Lappen, welchen die Hamburger zuerst einen Theil ihrer Besitzung abkauften, dann aber, als die edlen Lappen den Kaufcontract brechen wollten, ihnen das Schloß mit Gewalt nach einer Belagerung 1393 abnahmen. Auch dies erkannten die Lauenburger Herzöge bald gegen eine Geldentschädigung an und seitdem ist Amt und Insel in Hamburgs unbestrittenem Besitze.

Cuxhafen, das, wie gewisse Geschichtsschreiber meinen, seinen Namen von den Chaucen ableitet, war das erste Seebad in Deutschland. Kein Anderer als der alte Göttinger Physiker und Satyriker Lichtenberg war es, der diesen Ort in einem öffentlichen Aufsatze mit der Ueberschrift: „Warum hat Deutschland noch kein Seebad?“ gegen Ende des 18. Jahrhunderts dazu vorschlug. In dem ersten Jahre des 19. kam es zu

Stande und blühete rasch empor. Mit jedem Jahre wuchs die Zahl seiner Gäste. Als aber in den zwanziger Jahren die Bäder auf Wangerooge, Norderney und Helgoland entstanden, sank es eben so rasch wieder zu völliger Unbedeutsamkeit herab. Entferntere Gäste kommen wenige mehr hin, so daß nur Einwohner des Fleckens Ritzebüttel oder Landleute der nächsten Umgegend jetzt noch dort baden.

Das Gebiet Ritzebüttel bildet die Landspitze, welche die Wasser der Weser und Elbe zu beiden Seiten umfluthen. Wir wenden uns jetzt dem letzteren Flusse zu, und seine erste, seine reichste und herrlichste Marsch liegt mit ihren Thurmspitzen, baumreichen, stattlichen Bauerngehöften und üppigen Kornfluren vor uns ausgebreitet.

V. Das Land Hadeln.

Unter allen fruchtbaren Marschen von Holland an, oder an den Ufern der Ems, der Weser, der Elbe bis hinauf nach Nordfriesland gibt es wohl keine, die in schöner Frühlings- und Sommerzeit solch ein Bild mächtiger Fülle und Ueppigkeit darbietet, keine, wo Cultur und modernes Leben, Luxus und Intelligenz derart ihren Sitz aufgeschlagen, keine, deren kräftiges Volk seit uralten Zeiten in Sturm und Wechsel der Jahrhunderte so viele Freiheiten und Rechte und eine so straffe Selbstständigkeit und Unabhängigkeit in der Verwaltung seiner inneren Angelegenheiten zu behaupten wußte, als das Land Hadeln, die nördlichste Marsch am linken Elbufer, jener prächtige Strich Landes, der sich vom Stift Neuhaus am kleinen Binnenfluß der Oste nordwärts bis zum hamburgischen Amte Ritzebüttel erstreckt.

Treffen wir in den meisten Marschen vorhin genannter Uferstriche eine mehr oder weniger reine friesische Bevölkerung an, so tritt uns im Lande Hadeln eine Marsch entgegen, die auch nicht ein einziges friesisches Element darbietet, sondern — gleichwie ihre südliche Nachbargegend, das Land Kedingen — von einem Volk echt niedersächsischen Stammes bewohnt wird. Beiden Marschen gegenüber, jenseits der breit dahin fluthenden Elbe, wohnen die stammverwandten sächsischen Brüder; dort liegt das Land der ruhmreichen Dithmarschen, die Kremper- und die Wilster-Marsch, und erst weiter hinab, wo die Wogen der eigentlichen Nordsee gegen die schleswig'schen Küsten, Inseln und armen kleinen Halligen branden, treffen wir wieder Friesenblut und Friesensprache, dort aber auch so rein und unvermischt wie nirgends. — Die Stammverschiedenheit Hadelns von den friesischen Marschen tritt schon auf den ersten Blick hervor und zeigt sich, wenn man tiefer und aufmerksamer Land und Leute betrachtet, fast in jeder Beziehung. Sobald man die Grenze des Landes Wursten — der letzten Wesermarsch — überschreitet und sich Hadeln zuwendet, wird sogleich der Dialekt anders. Das friesische „Sch", das ganz wie „Sg" klingt, also in „schön", „Schule", „Fische" wie „sgön", „Sgule", „Fisge" lautet (genau der westphälischen Mundart entsprechend), verschwindet hier auf einmal gänzlich, und das „a", das noch eben vorher tief und dumpf wie ein zusammengezogenes „oa" tönte, z. B. in „Water", „Vader" und „Haar", klingt plötzlich ganz hell und rein. Kein friesischer Vorname, kein Ummo, Eide, Lubbe, Siade, Siebe ꝛc., von denen es im Lande Wursten wimmelt, tritt uns entgegen, und auch die vollen, rundgeschnittenen, blauäugigen, blondbärtigen Friesengesichter, die mächtigen, breitschultrigen, in's Korpulente gehenden Gestalten vermißt man, während hier die hochgeschossenen, schlankeren Staturen und die schmäleren, markirteren Gesichter sofort Sachsenblut verrathen.

Hauptsächlich aber liegt die Verschiedenheit im Charakter. Der Hadler ist sicherlich der rührigste und lebendigste aller Marschbewohner. Das friesische Phlegma geht ihm gänzlich ab, ebenso jener starrer Conservativismus, jenes zähe Festhalten an alten Sitten, Gewohnheiten und Vorurtheilen; vielmehr erfüllt ihn der regste Fortschrittsgeist und das lebendigste Streben nach Bildung, verbunden mit einer unverkennbaren Vorliebe für Luxus, Prunk und Sitte modernen Lebens. — Beim Hadler ist allerdings viel Städtisches auf's Land gezogen, aber es hat sich hier mit dem gesunden und kräftigen Bauernthum zu einem so harmonischen Ganzen verschmolzen, daß man sich nur aufrichtig darüber freuen kann und werden wir sicherlich im Laufe der Zeiten noch bedeutsame Erscheinungen aus dieser Verschmelzung hervorgehen sehen.

Gilt es indeß, das gute Alte aufrecht zu erhalten, so ist auch der Hadler immer der Mann dazu, und es gibt, wie gesagt, kein anderes Marschvolk, welches sich den Unabhängigkeitssinn so starr bewahrt hätte, und keins, das mit solchem Recht stolz sein darf auf seine vielhundertjährige treffliche innere Verfassung, als eben die Hadler.

Auch in der äußeren Erscheinung unterscheidet sich das Land in vielen Stücken von anderen Marschen; nur Kehdingen ist ihm sehr ähnlich.

Wie Osterstade und das Land Würden fast eine einzige grüne Weidefläche, so ist Hadeln im Sommer von einem Ende zum anderen ein prächtig wogendes Saatenmeer. Viehzucht tritt gegen den Ackerbau gänzlich in den Hintergrund, denn sie wird nur zur Düngererzielung wie zum eigenen Milch- und Fleischbedarf getrieben, und fast nur auf dem mächtigen Außendeiche (Groden) und auf einzelnen Kleeäckern weidet Rindvieh. Sonst erblickt man ringsum nur gelbe, leuchtende Rapsäcker, köstliche Weizenfelder und hochwogende Roggenfluren, deren rundgewölbte einzelne Ackerstücke von ungeheurer Länge durch Gräben von einander getrennt sind.

Der Boden ist dem im nördlichen Lande Wursten sehr ähnlich, ziemlich leicht, sandig und vermöge der vielen Kalktheilchen, die er enthält, von heller, fast weißlicher Farbe. Klee, Wicken und andere Kalkpflanzen gedeihen daher in großer Ueppigkeit, während der feine Sand auch den kieselbedürftigen Cerealien zuträglich ist. In gewisser Tiefe aber ziehen sich fast überall mächtige alte Lager und Bänke von Infusorienpanzern und halb oder ganz verwitterten Muscheln unter der Oberfläche des Bodens hin und haben für die Cultur des Landes hier dieselbe Wichtigkeit, wie die ähnlichen Schichten im Lande Wursten und im Butjadingerlande, indem man diese kohlensaure Kalkerde im Winter aus großen Gruben holt, die Ackerkrumen damit vermischt und dadurch neue Kraft und Fruchtbarkeit hervorruft. Hier und in Wursten heißt dies Verfahren „kuhlen", während es in den oldenburgischen Marschen, wo auch nicht einzelne Gruben, sondern lange Gräben längs den Aeckern zu diesem Zweck geschaffen werden, „wühlen" heißt. Es erfordert nicht geringe Mühe und Kosten, da die rechte Erde oft 8 bis 12 Fuß tief sitzt; aber sobald diese auch nur mit dem geringsten Dünger versetzt wird, bewirkt sie eine Ueppigkeit der Vegetation, die zum Erstaunen ist. Mancher Hofbesitzer muß jährlich Hunderte von Mark für diese Arbeit ausgeben, aber der Erfolg entschädigt nicht nur doppelt und dreifach, sondern oft siebenfach.

Hadeln zerfällt sehr naturgemäß in sein Hochland und Sietland. Letzteres liegt gegen Süden, begrenzt von großen Mooren und Sümpfen. Auch die eigenthümlichen kleinen Seen des Amts Bederkesa liegen in seiner Nähe, wie der Stinstädter, der buchenumlaubte Bederkeser, der schilfreiche Balksee und der Flögersee, an welchem im Mittelalter ein berühmter Falkenfang war; so ist denn auch das ganze Sietland, wie schon sein Name lehrt, äußerst niedrig und feucht. Bis auf die letzte Zeit bot es jeden Winter nur eine unabsehbare Wasserfläche dar, weil alles Land weit und breit ringsum von den ausgetretenen Seen so überfluthet wurde, daß nur die höher gelegenen Häuser und Dörfer aus der Wasserfläche ragten. Aller Verkehr im Lande fand also durch Boote statt; in ihnen fuhr man zur Kirche, zum Besuch und sah Hochzeits- und Leichenzüge in solchen Bootflotillen. Hatte es aber gefroren und wollte das Eis weder halten noch brechen, dann war auch der letzte Verkehr im Innern aufgehoben. An die Aussaat des Winterkorns war natürlich nicht zu denken, nur Gerste und namentlich Hafer säete man in's feuchte Land.

Jetzt ist das ein überwundener Standpunkt. Nachdem bereits Ende des 18. Jahrhunderts verschiedene Entwässerungsanlagen, Mühlen u. s. w. ohne durchgreifenden Erfolg geschaffen waren, entschloß man sich vor etwa vierzig und einigen Jahren, durch einen mächtigen, zugleich schiffbaren Kanal die verderblichen Abflüsse aus den obigen Seen, Sümpfen und Mooren zu sammeln und mitten durchs Land unweit Otterndorf vermittelst einer großen Schleuse in die Elbe zu führen.

Den Kanal selbst führte sodann die hannoversche Regierung im Jahre 1860 in westlicher Richtung weiter bis zum Geestefluß und damit war dann neben dem früheren sogenannten Hamme-Ost-Kanal die zweite Binnenlands-Verbindung der Elbe und Weser hergestellt und ein Gedanke verwirklicht, den Bremer Kaufleute schon im 16. Jahrhundert gehegt hatten.

Das Hochland, dicht hinter dem starken Elbdeiche liegend, ist und bleibt indeß das rechte Kornland und dasjenige, welches man im Auge hat, wenn man von hadel'scher Pracht und Ueppigkeit, Luxus und Cultur spricht.

Ueberall umher gestreut ragen hier aus dem mächtigen Saatenmeere die einzelnen herrlichen Gehöfte hervor und da sie alle mit reichem Baumwuchs, meistens Eschen, Erlen, auch wohl Linden, umgrünt sind, erscheint auf den ersten Blick das ganze Land von schönen Gehölzen durchzogen, und nur selten kann das Auge den Horizont erreichen.

In den eigentlichen Dörfern, die um die Kirchen gruppirt sind, wohnen ganz wie in den oldenburgischen Marschen außer

Pfarrer und Küster meistens nur Handwerker, Wirthe, Krämer und Tagelöhner. — Die großen Höfe aber liegen alle einzeln, umgeben von ihren Ländereien, wie denn die sämmtlichen Gebäude und der Garten wiederum von breiter Graft, einem wahren Burggraben, umzogen sind, so daß zuweilen nur eine Brücke den Zugang vermittelt. Sperrt der Hadler auch diese, so kann er stolz wie der Britte sein „My house is my castle“ sagen und es giebt Höfe, über deren Brücken im ersten

Hadler Bauerngehöft.

Morgengrauen eine Calvacade von zwanzig kräftigen Ackerpferden trabt.

Das Aeußere der Häuser und auch das Innere, d. h. so weit es der Landwirthschaft gewidmet, hat nichts Städtisches. Alle Häuser sind, wie in den übrigen Marschen, ohne Stockwerk, und wie im Lande Wursten in hohe, steile Giebel auslaufend; auch ist gerade wie dort alles Fachwerk, nur hat das Holz keine grüne, sondern eine hellgraue Steinfarbe, und das riesige Dach ist stets von Stroh. Daneben stehen dann zu beiden Seiten des Hofes die Kornscheunen, rings mit Dielen bekleidet, die nach uralter Landessitte stets braunroth angestrichen sind. Ganz wie in Skandinavien herrscht hier überhaupt eine eigenthümliche Vorliebe für diese Farbe. Braunroth ist fast jede Hütte, jeder Pflug und Ackerwagen, jede Planke, jedes Geländer, jeder Schlagbaum, und nur das Holzwerk der Hauptgebäude trägt jene weißliche Steinfarbe. Alte Bauernwappen, wie die Wurster und andere Friesenstämme sie führen, sieht man hier nicht an den Häusern; aber auch das uralte Sachsenzeichen, die beiden Roßköpfe am Giebel, kommt nicht im Lande Hadeln vor.

Auf der großen, hartgeklopften Diele (Tenne) des Vorhauses wird im Winter gedroschen, und das Vieh schaut zu beiden Seiten über eine kleine Holzbrüstung, die den Zweck hat, die beim Dreschen umherspringenden Körner zusammen zu halten. In Kehdingen und an einigen Orten im Lande Wursten hat man ebenfalls diese Brüstung; ein Zeichen, daß hier der Ackerbau vorherrscht und die Viehzucht zurücktritt; denn in Osterstade, Würden und dem Stadlande, wo umgekehrt das Vieh in erster Reihe steht, läßt man diese Brüstung absichtlich weg, eben damit die Thiere auch ihr Theil vom Dreschen bekommen.

Eine Wand mit Flügelthür scheidet sodann, wie auch in anderen Marschen, die große Diele — und mit ihr zugleich alles, was mit dem eigentlichen Betrieb zu thun hat — vom Hinterhause, denn letzteres ist fast allein für Wohngemächer bestimmt, die hier an einen gemeinsamen, geräumigen Vorplatz stoßen. Auf diesem Vorplatz stehen die schweren, messingbeschlagenen Koffer und die mächtigen, oft reich geschnitzten Schränke, alt und gebräunt, die des Hauses Leinen- und Silberschätze, auch wohl die Kleider oder Zucker-, Kaffee- und Reisvorräthe bewahren. Er ist stets mit geschliffenen, rothen Sandsteinplatten (Fliesen) belegt und mitunter lassen gar Marmorplatten auf die besondere Wohlhabenheit des Hausbesitzers schließen, die uns aber erst in den Zimmern in eigentlich glänzender Erscheinung entgegen zu treten pflegt. Teppiche bedecken oft den Boden;

elegante Tapeten die Wände; reiche Geräthe stehen umher; die schwersten Gardinenstoffe umbauschen großscheibige Fenster; Kupferstiche und Familienbilder blicken aus breiten Goldrahmen, und das feinste Porzellan, das gediegenste Silbergeschirr glänzt dem Gaste vom Damastgewebe, das den Mahagonitisch verhüllt, entgegen. Namentlich ist der Silberreichthum in einigen Häusern zum Erstaunen. Das hat freilich seine Ursache. Es herrschte nämlich hier, wie in einigen anderen Elbmarschen, die Sitte, daß bei Hochzeiten fast jeder Gast dem jungen Paare ein Stück Silberzeug, wenigstens einen silbernen Löffel schenkt. Bei den großen Hochzeiten nun, zu denen sich namentlich in früheren Zeiten selten weniger als 400—500 Gäste einfanden, war es also natürlich, daß sich im Laufe der Zeit das Silbergeschirr in alten Familien gewaltig anhäufen mußte. So wurden schon bei einer Erblassung aus einem einzigen Haus über 300 Pfund Silber vertheilt.

Hinter dem Hause liegt stets der Garten, oft höchst geschmackvoll, parkähnlich angelegt und mit den schönsten Gewächsen, dem reichsten Blumenflor geschmückt. Es gibt einige Gärten hier, die überraschend schön und großartig sind.

Ein anderer Luxus ist die Vorliebe für elegantes Fuhrwerk. Sonntags beleben sich bei schönem Wetter die Landstraßen mit allen Arten moderner Wagen, gelenkt durch Kutscher in geschmackvoller Livree. Der Hadler ist lebenslustig und gesellig. Ueberall werden Besuche gemacht oder man fährt nach der Stadt Otterndorf, in deren erstem Gasthofe allsonntäglich großer Conflux ist, oder es geht zu den Concerten im Tivoligarten und am zweiten Pfingsttage strömt Alles, was nur aus dem Hause kann, nach dem schönen Buchengehölz des Dobrocks, dort den Frühling zu feiern und sich im Waldesgrün zu ergehen.

Der Hadler spielt eben so leidenschaftlich wie seine Nachbarn, der Wurster und Kehdinger, meistens l'Hombre und Whist, und gern hoch. Im Sommer wird überall gekegelt und oft auf den besten Wurf gewettet und parirt. Geistliche und Beamtete sieht man häufig mit den Hausleuten verkehren, denn das selbständige Volk duldet einmal kein Ueberheben der einzelnen Stände. Wollten jene sich streng sondern, so würden sie bald allen Einfluß verlieren, ganz allein stehen und sicherlich eine höchst unangenehme Stellung einnehmen. Nicht den Beamtenrock oder Talar, sondern nur den Mann respektirt der Hadler, wenn er's verdient. Als einst ein Geistlicher, der weder mit den Hausleuten umging, noch an öffentlichen Orten erschien, in einer Gesellschaft über schlechten Kirchenbesuch klagte, antwortete ein Bauer: „Ja, Herr Pastor, das hat seine natürliche Ursache, Sie besuchen uns ja auch niemals!" — Daß bei einem solchen Volke eben kein Boden für Pietismus und Orthodoxie ist, läßt sich leicht errathen.

Eine beklagenswerthe Schattenseite bei so vielem Lichte bietet das Verhältniß zwischen Herrschaften und Dienstboten, das in keiner Marsch so viel zu wünschen übrig läßt als im Lande Hadeln. Der Hadler große Hofbesitzer verkehrt eigentlich nur mit seinem Großknecht, nur diesem ertheilt er Anweisung, was gethan werden soll, nur diesen macht er verantwortlich für die Ausführung aller Arbeit und auch nur diesem liegt ob, die Andern zu schelten und wohl gar zu prügeln, wenn's sein soll. Die übrigen Knechte und Tagelöhner stehen der Herrschaft gänzlich fern, selten wird mit ihnen geredet, ihr leibliches und sittliches Wohl ist gleichgültig, das Essen nach steter Schablone, Sorgfalt und liebevolle Theilnahme für den Einzelnen findet sehr selten statt, kalt und fremd begegnet man einander. So sind denn eine allgemeine Rohheit, Liederlichkeit und ein gänzlicher Mangel an Anhänglichkeit die natürlichen Folgen solcher Entfremdung. Da sind, dem Himmel sei Dank, in anderen Marschen, vor Allem in meiner lieben Heimath Osterstade, doch noch wohlthuendere Zustände. —

Das Bier hat sich erst spät im Lande Bahn gebrochen. Man trinkt überall Wein, meistens theuere Bordeauxweine, denn der Hadler ist in dieser Hinsicht etwas verwöhnt.

Bälle und größere Gesellschaften gehen fast nie ohne Champagner vorüber und in Hamburg endlich wird oft in allen, auch den allerraffinirtesten und pikantesten Genüssen geschwelgt, welche die üppige Weltstadt nur zu bieten vermag.

Aber dennoch und trotz alledem: wo er Bauer sein muß, da ist der Hadler auch Bauer mit Leib und Seele im wahren und besten Sinne des Wortes. Er schämt sich eben so wenig des großen Misthaufens vor seiner Hausthüre als seiner alten kurzen Arbeitsjacke, wenn er auf dem Felde ist. Seine Söhne, die gestern im feinsten Ballanzuge und in Glacéehandschuhen die Française tanzten und Champagner zu ihrem Mockturtle-Ragout knallen ließen, pflügen und säen vielleicht heute in den unscheinbarsten Feldkleidern, die sie kaum von ihren Knechten unterscheiden, und Abends, wenn die Arbeit gethan ist, kann man sie vielleicht wiederum bei einem englischen oder französischen Buche antreffen; denn fast alle jungen Bauern haben das treffliche Progymnasium des Landes zu Otterndorf oder die Rectorschule in Altenbruch besucht.

Viel einfacher und bescheidener in Wohnung, Tracht und Sitte ist der Sietländer, in gleichem Maße wie sein Boden an Güte und Fruchtbarkeit dem des Hochlandes nachsteht. Auch jene großen Marschhöfe und ihre bedeutenden Reichthümer finden sich nicht bei ihm, obgleich eine erfreuliche Wohlhabenheit im Sietlande sehr verbreitet ist.

Unter sich sprechen alle Hadler nur ihr Plattdeutsch, und so sehr sie feine Gaumengenüsse kennen und schätzen, ist ihre tägliche Landeskost einfach und schwer. Auf dem Tisch der Dienstboten, in den niederen Ständen und auch in den meisten Bauernfamilien sind mächtige Mehlklöße (hier „Klüten“ genannt), nur mit Weizenmehl, Wasser und Salz angerührt, und im

Vereine mit Speck oder geräuchertem Rindfleisch das alltägliche und fast einzige Gericht. Es ist eigenthümlich: in den oldenburgischen Marschen, z. B. im Stedinger=, Stad= und Butjadingerlande, kennt man kaum diese Klöße; Gemüse, wie Kartoffeln, Wurzeln, Rüben, besonders aber brauner Kohl, bildet hier die vorherrschende Volksnahrung; in Osterstade treten dann die ersten Klöße auf; etwas nördlicher im Lande Würden schon häufiger; in Wursten werden sie größer und herrschen unter den Nahrungsmitteln schon vor; in Hadeln aber erreichen sie den Culminationspunkt, oft sind sie wie ein Kindskopf groß und bilden fast die ausschließliche Speise. Früh Morgens schon giebt's hier Klüten, Mittags Klüten und Abends Klüten; seien sie nun frisch oder kalt in die Pfanne geschnitten und mit Fett durchgebraten. In Kehdingen nimmt das Klütenessen schon etwas ab, im alten Lande treten neben den Klüten doch auch schon wieder Gemüse auf; noch südlicher aber verliert jene Mehlspeise allmälig gänzlich ihre Bedeutung für den täglichen Tisch.

Eine so blutig sturmvolle Geschichte wie die der Wurster, Stedinger und Butjadinger hat das Land Hadeln nicht. Es hat sich durchweg einer inneren Ruhe und Sicherheit erfreut wie keine andere Marsch. In sehr einförmigem Zuge, ohne alle große bedeutsame Ereignisse ist der Zeitenlauf darüber hingegangen, seit es den Fluthen entrungen wurde.

Die früheste und höchst eigenthümliche, sagenhafte Kunde von den Einwohnern dieses Landes hat uns der alte Geschichtsschreiber Widukind von Corvey in seiner Geschichte der Sachsen mitgetheilt, die in wörtlicher Uebersetzung hier folgen mag:

„Das aber wissen wir gewiß, daß die Sachsen nach den hiesigen Gegenden zu Schiffe gekommen und an einem Orte gelandet sind, der bis diesen Tag Hadolann genannt wird.

Da aber die Einwohner des Landes, welches Thüringer gewesen sein sollen, deren Ankunft sehr ungern sahen, so erhoben sie die Waffen gegen sie. Die Sachsen aber, die heftigen Widerstand leisteten, behielten den Hafen in ihrem Besitz. Nach heißen Kämpfen, wobei Viele auf beiden Seiten fielen, beschlossen beide Theile, über den Frieden zu unterhandeln und ein Bündniß zu schließen. Es ward auch ein Vertrag geschlossen und zwar folgenden Inhalts: „Die Sachsen sollten freies Ein- und Verkaufsrecht haben; sollten sich aber im Uebrigen des Feldplünderns, Mordens und Raubens enthalten." Lange Zeit bestand auch das Bündniß als unverletzlich. Da aber die Sachsen kein Geld hatten und nicht wußten, was sie kaufen und verkaufen sollten, hielten sie den ganzen Frieden für unnütz.

Zu jener Zeit geschah es, daß ein junger Mann von den Schiffen zurückkehrte, beladen mit vielem Golde, einer goldenen Kette und goldenen Spangen. Zu diesem sagte ein Thüringer, welcher ihm entgegenkam: „Wozu die große Menge Goldes um deinen hungrigen Hals?" Er antwortete: „Ich suche einen Käufer, zu keinem anderen Zweck trage ich das Gold; was kann ich für Freude dran haben, wenn ich in Gefahr bin zu verhungern." Jener aber erkundigte sich nach der Güte des Goldes und der Höhe des Preises. „Für mich ist der Preis sehr gleichgültig," sprach der Sachse. „Was du mir gibst, nehme ich an mit Freuden." Da lächelte er über den jungen Mann und sprach: „Wenn ich dir nun die Tasche mit diesem Staube da fülle? denn es befand sich an dem Orte viel lockere Erde. Der Sachse aber öffnet seine Tasche, empfängt den Erdboden, übergibt auf der Stelle dem Thüringer das Gold und freudig kehrt jeder zu den Seinen zurück. —

Die Hadler erhoben nun ihren Landsmann, der durch so erlaubten Betrug den Sachsen angeführt, mit Lobsprüchen bis in den Himmel und priesen ihn glücklich unter den Sterblichen, daß er um so geringen Preis in den Besitz einer so großen Menge Goldes gekommen sei. — Inzwischen erreicht der Sachse, welcher sein Gold los geworden ist und sich dafür mit Erde belastet hat, die Schiffe. Natürlich kommen ihm seine Kameraden entgegen und wundern sich, was mit ihm vorgegangen ist: Einige fangen an, ihn auszulachen, Andere machen ihm Vorwürfe, Alle halten ihn für verrückt. Jener aber erbittet sich Ruhe und spricht: „Folgt mir, liebe Sachsen, und ihr werdet meine Verrücktheit bald als sehr heilsam für euch gut heißen!“ Dann aber nahm er die Erde, streute sie dünn auf die Aecker und nahm so einen Lagerplatz für sie in Besitz.

Wie aber die Thüringer das Lager der Sachsen sahen, war ihnen das unerträglich, und sie beklagten sich durch Gesandte über Friedensbruch und Verletzung des Bündnisses von Seiten der Sachsen. Diese aber antworteten, daß sie das Bündniß noch nicht gebrochen hätten; die mit ihrem eigenen Golde erkaufte Erde aber wollten sie in Frieden behalten oder mit den Waffen vertheidigen. Nachdem sie das hörten, verfluchten sie das sächsische Gold und gestanden sich, daß der, den sie vorher so glücklich gepriesen, nur der Urheber ihres Unheils, der Verderber ihres Landes sei — und von Wuth entbrannt stürzten sie ohne Ordnung und Ueberlegung in's Lager. Doch die Sachsen empfingen sie gerüstet, warfen sie nieder und besetzten nach glücklichem Kampfe die umliegenden Orte nach Kriegsrecht.

Als so auf beiden Seiten lange gekämpft worden war und die Thüringer einsahen, daß die Sachsen ihnen überlegen sein würden, verlangten sie durch Vermittler, daß beide Theile ohne Waffen zusammenkämen und in Betreff des Friedens zum zweiten Male an einem bestimmten Orte und Termine verhandelten. Die Sachsen antworteten, daß sie dieser Aufforderung nachkommen würden. Die Sachsen bedienten sich aber zu jener Zeit großer Schlachtmesser, deren sich die Angeln, der Sitte ihres Stammvolks folgend, bis auf diesen Tag bedienen. Mit diesen Messern unter ihren Gewändern treten die Sachsen aus dem Lager und gehen den Thüringern bis an den bestimmten Ort entgegen. Als sie sahen, daß diese unbewaffnet und all' ihre Häuptlinge gegenwärtig waren, benutzten sie diese Gelegenheit, sich des ganzen Landes zu bemächtigen, stürzten mit geschwungenen Messern auf die Arglosen und machten Alle nieder, also, daß auch kein Einziger davon übrig blieb. — Seitdem begannen die Sachsen berühmt zu werden und ihren Nachbarn großen Schrecken einzuflößen. Vom Worte sahs oder sax aber, welches Schlachtmesser bedeutet, erhielten die Sachsen ihren Namen." —

So weit der alte Mönch Widukind. Daß man den ganzen sagenhaften Bericht nicht so ohne Weiteres als werthvolles historisches Dokument hinnehmen darf, wird Jedem einleuchten. An Thüringer als die ersten Bewohner des Landes ist natürlich gar nicht zu denken. Bedeutsam ist indeß die Geschichte vom Kaufen der Erde und erklärt sich durch die altgermanische Rechtssitte: in Empfang genommene Erde zum Zeichen gültiger Besitznahme auf das Land zu streuen. —

Dunkle Nachrichten haben wir ferner von einem Lande Adulum, in das im Jahre 797 die Krieger Karls des Großen drangen und dessen noch spärliche Bevölkerung nach kurzer, aber tapferer Gegenwehr unterlag, worauf das Land der Grafschaft Lesmona (Lesum), bekanntlich eine der drei von Karl gestifteten, einverleibt wurde. Später ward es, man weiß nicht genau aus welchem Grunde, vom Hause Askanien in Anspruch genommen, und die sonst so habsüchtigen und marschenbegierigen bremischen Erzbischöfe, wagten deshalb lange nicht, dies Land anzutasten.

Seit dem dreizehnten Jahrhundert erscheinen die Hadler äußerst unabhängig, mit drei Häuptlingen und im Bündniß mit den Wurstern; dann führen sie 1373 eine an sich ziemlich unbedeutende Fehde mit den Ostfriesen, operiren hierauf aus kluger Politik gegen die Erzbischöfe, die nachgerade ihr Augenmerk auch auf sie richteten und begeben sich unter Schutz und Landeshoheit der kräftigen Herzöge von Sachsen-Lauenburg, askanischen Stammes. Unter diesen lebte Hadeln sicher und glücklich, in ungestörter Entwickelung seiner inneren Zustände, alle seine Freiheiten und Rechte von ihnen bestätigt und geschützt sehend. Als der Stamm der lauenburgischen Herzöge endlich 1687 erlosch, erfolgte, da sich von allen Seiten Prätendenten zu diesem schönen Ländchen fanden, von 1687—1731 ein kaiserliches Sequester; aber Kaiser Leopold ließ alle Freiheiten der Hadler nicht nur unangetastet, sondern bestätigte sie für ewige Zeit von Neuem; endlich wurde Hadeln dem Hause Braunschweig-Lüneburg zugesprochen, und Georg II. trug bei seiner Thronbesteigung wiederum kein Bedenken, die alten republikanischen Einrichtungen zu besiegeln. — Das ist der kurze Abriß der einfachen Landesgeschichte.

Wie sie selbst keine hervorragenden und bedeutenden Momente aufzuweisen hat, so vermißt man auch interessante historische Denkmale im Lande. Die wenigsten Familien führen Wappen; alte, merkwürdige Grabsteine gibt es nicht, nur die Kirchen haben mitunter manches Anziehende, sind oft ziemlich reich von der wohlhabenden Gemeinde ausgestattet und fast an jeder stehen zwei Prediger — ein sonst seltener Fall auf dem Lande.

Die Kirche zu Altenbruch, ein altes Bauwerk von Granitblöcken, hat zwei schlanke Thurmspitzen und im Innern einen figurenreichen geschnitzten und bemalten Flügelaltar, ein höchst interessantes Werk niederrheinischer Kunst und wahrscheinlich der Schule von Calcar angehörend, der Sage nach bei Altenbruch als Strandgut gefunden und durch den historischen Verein zu Stade nebst einem Text vom Verfasser dieses Buches photographisch herausgegeben.

Andere Altarflügelwerke, wenn auch nicht von solchem Kunstwerthe, schmücken die alten Kirchen zu Nordleda, Ihlienworth und Lüdingworth, in fast allen aber bedeckt eine Menge von Votivtafeln und Bildern die Wände und gibt Zeugniß von altem Wohlstande und kirchlichem Sinne der Hadler. Jetzt ist freilich von letzterem nicht eben viel zu sagen.

Solch historisches Interesse, wie die alten Wurster und Butjadinger Kirchen es bieten, haben indeß die des Landes Hadeln durchaus nicht. —

Das beste, herrlichste und merkwürdigste Alterthum dieses Volks bildete seine freie Verfassung, die sich Jahrhunderte hindurch in einer Reinheit und Selbstständigkeit erhalten, wie in keiner anderen Marsch, und wohl hatte es ein Recht, stolz darauf zu sein und mit aller Macht und Ausdauer sie zu behaupten.

Als im Jahre 1866 nach der Einverleibung Hannovers in Preußen eine Deputation aus dem Lande Hadeln nach Berlin reiste, um dort beim Könige und Bismarck um Erhaltung der alten Landesverfassung zu bitten, ward derselben nicht nur die freundlichste Aufnahme, sondern von Letzterem, der bereits Kenntniß davon genommen hatte und seine lebhafte Befriedigung über dieselbe zu erkennen gab, auch die feste Versicherung, dies ehrwürdige und bewährte Institut solle nicht vernichtet werden. Und man hielt lange Wort. Bei der 1867 in Hannover eingeführten Kreisordnung bildete Hadeln einen eigenen Kreis, in welchem seine ganze alte ständische Verfassung erhalten blieb, so daß der Kreishauptmann nur die Stellung eines Regierungscommissairs dabei einnahm.

Das Gleiche war der Fall bei der 1867 neugeschaffenen provinzialständischen Verfassung Hannovers. Hadeln sendet seinen eigenen Vertreter zum Provinzial-Landtage, den der engere Ausschuß der Stände aus seiner Mitte wählt.

Ein gedrängtes Bild dieser alten ständischen Verfassung möge hier in seinen Grundzügen wiederzugeben versucht werden.

Das Land Hadeln ist seiner alten Einrichtung nach in drei Stände getheilt. Das Hochland bildet den ersten, das Sietland den zweiten, die Stadt Otterndorf den dritten Stand.

Die aus den Gemeindewahlen hervorgegangenen Schultheißen, Landschöffen und Gevollmächtigten des Hochlandes und Sietlandes, sowie der Bürgermeister der Stadt Otterndorf mit den Senatoren und Bürgervorstehern bilden in der Gesammtheit die Hadelnschen Provinzialstände.

Eine Versammlung dieser Gesammtstände aber findet nur noch in ganz besonderen Fällen statt; für die regelmäßige Versammlung der ständischen Angelegenheiten besteht jetzt ein engerer Ausschuß aus den 12 Schultheißen, 12 Gevollmächtigten, dem Bürgermeister der Stadt und 1 Bürgervorsteher, welcher schlechthin die Ständeversammlung genannt wird, und der Präsident dieser Stände ist stets der jeweilige präsidirende Schultheiß des Hochlandes (ersten Standes), und endlich noch haben die Stände von jeher einen eigenen Syndikus gehabt, dessen Gehalt zum Theil früher aus der General-Steuer-Kasse des Königreichs Hannover gezahlt wurde, gegenwärtig aber von den Provinzialständen zu Hannover übernommen ist, bezw. von den hadelnschen Ständen selbst gezahlt wird.

Hervorgegangen aus den freien Wahlen jener großen hadelnschen Volksversammlungen, die man unter freiem Himmel auf dem zwischen Otterndorf und Altenbruch liegenden „Warningsacker“ hielt, hatte diese Versammlung einst alle Macht in Händen, bestimmte Fehde und Friede, schloß Bündnisse und Verträge mit auswärtigen Fürsten und Nachbarländern, setzte die Abgaben fest, schuf alle Gesetze, und selbst als das Land sich unter die Regierung der Herzöge von Lauenburg begeben hatte, bedurfte noch jede Verordnung der letzten Bestätigung dieser Provinzialstände. — Aber auch noch jetzt haben sie eine ungemein freie Bewegung. Alle gemeinsamen Landesangelegenheiten werden von ihnen geregelt und verwaltet, das Deichwesen, der Ufer- und Schleusenbau, sowie die Entwässerungs- und Canalbauten, die Polizei, das Pupillenwesen, die Anleihe auf den Landescredit, das Gesammtrechnungswesen, die Vertheilung der Einquartirungslast und endlich die Realisirung höherer Regierungsbeschlüsse.

Ebenso erfreut sich Hadeln seiner eigenen Kirchenverfassung und eines durchaus vom übrigen Königreiche unabhängigen Consistoriums.

Jede Gemeinde hat das Recht der freien Wahl ihrer Prediger, meistens zwei für jede Kirche. Auch die Lehrer des Landes, höherer wie niederer Art, werden sämmtlich frei gewählt und das Landesconsistorium hat nur zu prüfen und zu genehmigen.

In jedem Kirchspiel besorgt Kirchen- und Schulwesen das Collegium der Provisoren. Zu diesem Collegium gehören nun der Prediger, die Gemeindevertreter, die Juraten und die Armenvorsteher, welche sonderbarerweise „Leviten" heißen und den Klingelbeutel in der Kirche umherzureichen haben. Alle materiellen Interessen der Kirche und Schulen der Gemeinde liegen diesem Collegium ob: die Bauten und Reparaturen der geistlichen Gebäude, die Verwaltung der Kirchen- und Armengelder, und an der Spitze sämmtlicher Provisorencollegien des Landes steht endlich das schon erwähnte Consistorium. Dieses aber wird gebildet aus zwei königlichen Beamten, dem Bürgermeister von Otterndorf, zwei Predigern (Superintendenten), dem ältesten Schultheißen des Hochlandes und dem ältesten des Sietlandes, welche zugleich den Ständen präsidiren.

Die Grundlage dieser Kirchenverfassung bildet die unter Herzog Magnus 1526 geschaffene Kirchenordnung und der unter Herzog August errichtete Receß von 1624. — Nach dieser Einrichtung bestand die ganze Kirchenverfassung rein und unverändert bis auf die neuesten Zeiten, wo durch die Einführung der allgemeinen hannoverschen Synodal- und Kirchenvorstands-Ordnung von 1864 außer manchen alten Einrichtungen auch die Benennungen Juraten und Leviten abgeschafft wurden.

Wahrhaft erfreulich war das Bild der uralten hadelnschen Gerichtsverfassung. Keine Marsch hat die alte wackere Regel, daß Jeder nur von seines Gleichen gerichtet werden kann, so lange behauptet, als dies eigenthümliche Ländchen.

Da sind zuerst die schon aus dem zwölften Jahrhundert urkundlich nachzuweisenden Kirchspielsgerichte, bestehend aus dem Schultheiß als dem Präsidirenden und den Landschöffen. Früher nahmen selbst die Gemeindebevollmächtigten Theil, und der Kirchspielschreiber führte das Protokoll. Vordem tagte auch das Kirchspielsgericht ganz öffentlich, meistens Sonntags nach beendigtem Gottesdienste, unter freiem Himmel auf dem Kirchhofe, damit Alle hören und sehen konnten, wie's dabei zuging. Später versammelte es sich, wenn gerade Fälle vorlagen, im Wirthshause oder im Hause des Schulzen, an einigen Orten auch in einem eigenen Gebäude. Es hatte Spruchkraft in allen persönlichen und dinglichen Streitigkeiten der Einwohner des Kirchspiels, ohne Rücksicht des Objekts und dessen Betrags. Kontrakte wurden geschlossen; Verträge, Ehestiftungen, Schenkungen, Erbauseinandersetzungen vollzogen; streitige Güter sequestrirt; Vormünder ernannt; Testamente deponirt oder eröffnet und Hypotheken bestellt.

In Criminalfällen hatte das Kirchspielsgericht die Constatirung des Verbrechens und das, was zur Generalinquisition gehört, zu veranlassen, überhaupt die Untersuchung aller außerordentlichen Vorfälle, denen ein Verbrechen zu Grunde liegen konnte. Ferner handhabte es in allen Beziehungen die Polizei, deren Ausübung zunächst dem Schultheißen oblag, während höheren Orts sodann die Straferkenntnisse geprüft und bestätigt wurden. Aber fast bei allen diesen Gerichtsverhandlungen wurde stets nur das derbe hadelnsche Plattdeutsch gesprochen.

Nach Einführung des Gerichtsverfassungsgesetzes von 1850, durch welches die städtische und gesammte Patrimonial-Gerichtsbarkeit im vormaligen Königreich Hannover aufgehoben wurde, haben auch die Kirchspielsgerichte die streitige Gerichtsbarkeit ganz eingebüßt, es ist ihnen nur die freiwillige Gerichtsbarkeit verblieben, von welcher sie im Jahre 1873 aber den überaus werthvollsten und wichtigsten Theil, das Hypothekenwesen, durch Einführung des Gesetzes über das Grundbuchwesen in der Provinz Hannover, haben aufgeben müssen.

Auch die früheren besonderen Obergerichte, das Justizlandgericht, das Viergericht, das Stadt- und Oberstadtgericht, sowie die Criminalgerichte sind in Folge der Organisationsgesetze von 1850 zum Opfer geworden.

Im Uebrigen aber sind die Kirchspielsgerichte mit den damals und durch die neuesten Gesetze geschafften Ausnahmen, als Justizbehörden in Sachen der freiwilligen Gerichtsbarkeit und als Verwaltungsbehörden, noch heute dem Königlichen Amtsgerichte und dem Königlichen Amte zu Otterndorf untergeordnete Behörden geblieben.

Alle Stellen, wie die der Schultheißen, Landschöffen, Gevollmächtigten, Leviten u. s. w., sind reine Ehrenämter ohne Einnahmen und oft sogar mit Ausgaben verbunden, welche durch die geringen Sportelerhebungen selten gedeckt werden können. Aber das ist es eben, was diesen Richterstand des Volks doppelt bedeutsam und ehrwürdig macht.

Bis zu Anfang des fünfzehnten Jahrhunderts hatte man noch kein geschriebenes Landesgesetz und richtete nur nach Herkommen und Gewohnheiten, — eine Sitte, die durch das im Jahre 1407 von Herzog Erich eingeführte sächsische Recht nicht verdrängt werden konnte.

Erst im Jahre 1439 traten mehrere Kirchspiele zusammen und verfaßten in 58 Artikeln das Landrecht, und diese Artikel sind die Grundlage der späteren Verfassung, die 1544 unter

Franz I. zusammengetragen und 1583 publicirt wurde. 1609 ließ Franz II. der Landesversammlung auf dem Warningsacker ein neues Landrecht zur Aufnahme vorlegen, das aber wurde rund abgewiesen.

In allen Stürmen und Wechseln von Jahrhunderten hat sich jene uralte Verfassung, als einziges und merkwürdiges Beispiel seiner Art, zum Wohle des Landes in Ehren gehalten bis auf die letzten Zeiten, deren umgestaltender Kraft auch hier Manches weichen mußte. Die Raumverhältnisse dieser Blätter ließen nur eine flüchtige, unausgeführte Skizze desselben zu. Doch ist Jedem, der für deutsche Sitte, deutsches Leben und Recht ein Herz hat, dringend anzurathen, einmal einen tieferen Blick in dies seltene Alterthum zu werfen *).

Trägen Laufes durchschlängelt der kleine Medemfluß, in der Volkssprache die Mäme genannt, mit seiner braunen Moorfluth das Land und mündet durch eine mächtige Schleuse in die Elbe. An dieser Medem liegt Otterndorf, ein altmodisches, aber freundliches Landstädtchen, in das noch vor einigen Jahrzehnten an beiden Enden ein altes Burgthor führte, geschmückt mit dem lauenburgischen und dem Stadtwappen, einer Otter (Fischotter) über dem sächsischen Rautenkranze.

Es ist eben nichts Sehenswerthes an und in dem Städtchen, aber sein seit dem Jahre 1868 in eine höhere Bürgerschule umgewandeltes Progymnasium ist der wichtige und segensreiche Herd der Bildung und Aufklärung der ganzen Gegend geworden. Nicht bloß die Söhne der hadler Bauern, sondern auch sehr viele kehdinger und wurster Knaben erwerben sich hier einen tüchtigen Schatz von Kenntnissen, und die Behauptung ist

*) Darstellung der Verfassung des Landes Hadeln von H. Bekmann, Schultheiß zu Nordleda. Hannover 1847.

nicht zu kühn, daß hauptsächlich diese Schule das hadelnsche Volk zu der Kulturstufe gehoben hat, auf der es sich jetzt befindet.

An dieser Schule stand einst J. H. Voß als Rektor; hier hat er seine Uebersetzung der Odyssee vollendet und einige seiner schönsten Idyllen gedichtet. Das Rektorhaus ist noch dasselbe, welches der alte behagliche Poet mit seiner kleinen hausmütterlichen Ernestine bewohnte. Auch die Laube des Gartens, dicht an der Medem, die er selber gepflanzt, grünt noch. Die guten Otterndorfer thun sich immer viel darauf zugute, daß sie solch berühmten Mann in ihren Mauern gehabt haben und erzählen eine Menge Geschichten von ihm, obwohl Keine mehr leben, die ihn gekannt haben. Dagegen existieren noch in vielen Familien von Voß niedergeschriebene Gelegenheitsgedichte, als sorgsam aufbewahrte Reliquien. Auch Schwager Boje, der Herausgeber des berühmten Göttinger Musen-Almanachs, kam oft herüber von Meldorf im Dithmarschen, wo er Landvogt war, und lebte ebenfalls noch lange im Gedächtniß der Otterndorfer.

Die Familie Voß wurde schon damals von den Hadlern hoch gefeiert und geachtet, so daß sie sich der vielen Einladungen, die von allen Seiten an sie ergingen, kaum erwehren konnte, obwohl es die knappe Besoldung von nur 300 Thalern, welche eine Beschränkung auf das Nothwendigste mit sich führte, gebieterisch verlangte. Trotz dieser Kärglichkeit des Lebens verlor Voß den Muth niemals, und seine Freunde und Bekannte waren entzückt von der Liebenswürdigkeit des Dichters und seiner Gattin, namentlich aber von dem unverwüstlichen Humor und Herzensfrohsinn, der Beide beseelte. Vielleicht that auch das echt Bäuerliche und Derbe in Vossens ganzem Gebahren ein Uebriges, um ihn bei den Hadlern beliebt zu machen.

Im Ganzen war er mit seiner Stellung zufrieden; nur seinen vertrautesten Freunden klagte er manchmal im Stillen, was ihn bedrückte. So schreibt er u. A. einmal an seinen Miller in Ulm:

„Ob ich zufrieden bin? fragst Du mich. Zu Fremden sag ich mit heiterer Stimme: Ja! Bei Dir kann ich aber ja wohl hinzusetzen, daß ich es doch gern etwas besser hätte. Von 8—12 und von 2—4 schieb ich nun täglich die Karre, woranf größtentheils solcher Schund als amo, τύπτω und dergleichen geladen ist, und eine Stunde brauche ich doch täglich zur Vorbereitung. Dafür nehme ich an dreihundert Thaler ein, das heißt, wenn die Schule mäßig besetzt ist. — Das alte Rektorhaus lag im Morast und hatte niedere Zimmer nach einer dumpfen Gasse, da kauften sie mir dieses und gaben jenes dem Kantor. Hier sehe ich nun aus meiner Gartenlaube über den Fluß Mäme in's Feld und vorne am Thurm vorbei auf den Kirchhof. Die Gegend ist im Sommer recht gut, aber im Winter und Herbst sehr traurig, denn wir haben hier tiefe Marsch, also weder Berge, noch Quellen, noch Wälder. Das Wasser, das wir trinken, sammeln wir von den Dächern und heben's in Tonnen auf. Oft riecht's und muß doch hinunter, denn Quellwasser kommt eine Meile weit her. — Meine Erholung vom Karrenziehen ist Ernestine, der einzige Freund und die einzige Freundin, die ich hier habe, und dann der kleine freundliche dicke Junge, der täglich klüger wird. Diese stärken mich, daß ich die Odyssee vollenden kann. — ..... Die Hadler sind sehr mit mir zufrieden, und das hat zur Folge, daß wir immer so viel ausgenöthigt werden. Es ist ein gutes, treuherziges Völklein, nur ein wenig stolz ist der reiche Marschbauer. —“

Seinen Humor bewahrte Voß indeß fort und fort, und wenn er eben über seine Schulplagen, über die Einförmigkeit der Gegend und über das abscheuliche Trinkwasser ernstlich klagte, so machte er sich im nächsten Augenblick in einem launigen Gedicht darüber lustig. So in seiner gereimten Ode an den Wind, den er einmal flehentlich bittet, doch den dicken, faulen Marschnebel zu verscheuchen und frische Luft zu bringen. Darin heißt es unter Anderem:

Zur Elbe rauscht von Eis befreit
Die torfgefärbte Mäme,
Und in die lockern Beete streut
Der Gärtner sein Gesäme;
Doch dicker fauler Nebelduft
Vergiftet uns die Frühlingsluft
Und hängt in großen Perlen
An meines Ufers Erlen.

Und ach! bei solchem Weg karjolt
Kein Fuhrmann aus dem Orte,
Der uns ein wenig Wasser holt
Für Geld und gute Worte.
Die eine Regentonne lechzt,
Die Andre stinkt und Alles ächzt;
Wir müssen noch verdursten
In Hadeln und in Wursten.

Drum jag', o Wind, den trägen Duft
Als Regen in die Tonne,
Und schaff uns wieder frische Luft
Und helle Frühlingssonne!
Daß bald Frau Rektor'n ihren Mann
Mit Thee und Kaffee laben kann,
Und nicht so düstre Falten
Auf seiner Stirne schalten.

Doch freundlich bitt ich: nicht zu barsch
Noch aus Nordwest zu stürmen,
Damit die Elbdeich' unsre Marsch
Auch fernerhin beschirmen.
Auch unser schiefer Kirchenthurm
(Mein Nachbar) hat nicht gerne Sturm,
Sonst fällt das alte Uebel
Noch gar auf meinen Giebel. —

Später bekamen beide Ehegatten das hartnäckigste Marschfieber und sehnten sich fort nach einer freundlicheren und gesunderen Gegend, wo es doch Wald und Quellen und Nachtigallen gebe. Dazu kam nun noch obendrein die Nahrungssorge.

Endlich mußte aber doch einmal für die vielen Einladungen und Ehrenschmäuse Revanche gegeben werden. Eines Tages beschloß man wirklich, dieselbe ins Werk zu richten. Doch es hapert nun an allen Ecken und Enden; da waren keine Teller, keine Gläser, keine Stühle, — da fehlte so viel und so Manches, daß es Mütterchen Ernestine angst und bange um's Herz wurde. Vater Voß indeß ließ den Muth nicht sinken und wußte Rath zu schaffen. „Nur nicht gleich den Kopf verloren, Ernestinchen," ruft er; „haben wir keine Teller, so mache ich's wie mit den Büchern und lasse eine Anzahl zur Ansicht kommen; fehlen uns Gläser, so habe ich noch viel Schöneres, denn der große Göttinger Pokal soll dafür kreisen; es hat der ganze unsterbliche Hainbund daraus getrunken; Stollberg und der liebe Hölty, Miller, Leisewitz und Hahn, ja selbst der herrliche Balladensänger Bürger, und wenn solche gottbegeisterte Lippen ihn berührt und geweiht haben, dann können sich's unsre guten Hadler nur zur ungeheuer großen Ehre rechnen, wenn ich ihnen diesen Becher reiche. Nun aber die Stühle, — das ist ein fataler Punkt!" — „Dafür weiß ich Rath," entgegnet Ernestine. „Wozu könnten wir deine alten dickbäuchigen Folianten besser benutzen?" „Bravo, bravissimo! Du weisestes, liebstes Hausmütterchen," ruft Voß, in lautes Lachen ausbrechend. „Das ist ja ein prächtiger Einfall, und ein unbezahlbarer Rathschlag. Unsere gewichtigen Hadler sollen sich einmal bei mir mit Leibeskräften auf die alten Klassiker werfen und es soll ihnen schon gut bekommen." Jubelnd ward nun in solcher Weise der Festsaal zugerichtet und rings an den Wänden wurden aus all der griechischen und römischen Weisheit und Poesie in Pappe und Schweinsleder für die ehrenwerthen Hadler Diwans, Sophas und Sessel aufgebaut. Und die Fête fiel denn auch über alle Maßen prächtig aus. Mütterchen Ernestine zeigte sich als die perfekteste Köchin und Vater Voß ließ im Pokal den edelsten Rheinwein kreisen und war so unerschöpflich im Erzählen der köstlichsten und derbsten Schnurren, daß das kleine, schwach gebaute Rektorhaus von einem fortwährenden, wahrhaft homerischen Göttergelächter bis in seine Grundfesten erdröhnte. — Aber es sollte noch in ganz anderer Art erschüttert werden. Manche glattlederne Foliobände hatten sich nach und nach verschoben; mit einemmale brach ein solcher Bücherthron unter einem alten, schwerwiegenden Schultheiß zusammen und unter erneuertem und verdoppeltem Lachdonner lag der würdige gesetzgebende Körper stöhnend am Boden, mühsam sich wieder emporarbeitend.

Es blieb nicht bei diesem einzigen Falle und der Schultheiß hatte die Genugthuung, in der Folge noch mehrere wohlbeleibte, klütengenährte Hadler von ihrer klassischen Höhe herabsinken zu sehen. —

Alle aber waren einstimmig der Ansicht, solch einen prächtigen Abend nie genossen zu haben, den könne nur ein Poet schaffen, und noch heutigen Tags lebt das Andenken an die große Fête bei Vossens.

So waren beide förmlich die Lieblinge der Otterndorfer geworden, und Voß hatte schon manche einträglichere Stelle ausgeschlagen, weil ihm solche allgemeine Liebe gar zu wohl that. Als indeß das böse Fieber sowohl ihn wie seine Gattin gar nicht verlassen wollte, als Ernestine sichtlich hinsiechte und als nun endlich, durch Stollberg angeregt, der Ruf kam, Rektor im lieblichen Eutin zu werden und wieder mit den alten lieben Bundesgenossen vereint zu sein, da konnte er der schönen Lockung nicht widerstehen und nahm die Stelle an.

„Nicht mehr schauen wir lang euch," singt er in einer Elegie, wenige Zeit vorher ehe er fortgeht:

„Nicht mehr schauen wir lang euch ihr Wohnungen ländlicher Freiheit
Durch die Gefilde verstreut, jede von Eschen begrünt;
Nicht der trotzigen Aehren Ertrag und des blühenden Rapses
Gelbe Flur mit grünschlifigen Gräben gestreift;
Segnend verlassen wir bald dies oceangrenzende Blachfeld,

Welches der Fleiß mühsam brausenden Wogen entrang.
Oft zwar fordert die Elb' in des Herbstnachtssturmes Begleitung
Mit hochbrausender Fluth zornig ihr altes Gebiet,
Wild flieh'n Möven ins Land, mit Geschrei, das ermattete Pflugroß
Trägt zu des Walls Aufwurf Säcke mit dämmendem Schutt;
Und von donnernden Schleusen geschreckt drängt bange die Medem
Strudelnden Laufs in der Geest mütterlich Moor sich zurück,
Häusern auf ragender Wurte vorbei, wo der Bauer des Sietlands
Heimwärts rudert zum torfflammenden Heerde den Kahn.
Ach nun eilen wir bald in Eutins fruchtwallendes Seethal
Ueber Gefilde und Haid' und den bewimpelten Strom.
Daß wir, der sumpfigen Marsch Ankömmlinge, jubelnd die Felder
Wiedersehn wie sie uns hüpfende Kinder erfreut,
Wo uns schattet der Wald, wo Quellgesprudel uns tränket
Und am Bache den Mai grüßet ein Nachtigallchor.

Das ist ein so schönes anschauliches Bild des Landes Hadeln, wie man es nicht besser geben kann. —

Im Jahre 1878 beging man in Otterndorf am 24. und 25. Oktober mit öffentlichem Schulfestactus im Saale des Landeshauses, Festzug nach der alten Rektorwohnung, Enthüllung einer Gedenktafel daran, Festmahl in der Sonne, lebenden Bildern nach Floxmanns Darstellungen aus der Odyssee und Schülerball die Gedächtnißfeier von Vossens Einzug vor hundert Jahren.

Die kurz vorhergegangene Wiederauffindung des alten, lange verdeckt gewesenen Wandschränkchens in Vossens Studierstube, in welchem er das Manuscript seiner Odyssee-Uebersetzung aufbewahrte, gab bei dieser Gelegenheit den guten Gedanken ein, dasselbe zu einem Heiligthum zu erheben, indem man es mit verschiedenen Andenken an Voß und Bildnissen von ihm und Mütterchen Ernestine versah, architectonisch einfaßte, eine Homerbüste darüber anbrachte und es mit nachstehender Inschrift versah:

Voß, nachdichtend den Sang vom herrlichen Dulder Odysseus
Barg den homerischen Schatz hier im bescheidnen Schrein. —

worauf man bei fröhlichem Symposion nachstehendes Lied sang:

Heut singt mit hellem hohem Klang
Das lustigste der Lieder:
Es kam ein alter Mauerschrank
Zu hohen Ehren wieder.

In diesem Schrein da war der Platz,
Da thät vor hundert Jahren
Uns Voß den wundervollen Schatz,
Die Odyssee bewahren.

Und treu behütete der Schrank
Vor Diebe, Mäus' und Ratten
Den herrlichen Hellenensang
Wie sie gedruckt ihn hatten.

Der hat im ganzen deutschen Land
Die Herzen hoch begeistert,
Doch seine Wiege in der Wand,
Die hat man überkleistert.

Es wohnten zwar nach Voß im Haus
Noch sieben der Rektoren,
Doch blieb der Schrein jahrein jahraus
Verlassen und verloren.

Da zog der wackre Vollbrecht ein,
Das war nach Voß der achte;
Der fand sofort den Mauerschrein,
An den kein Mensch mehr dachte.

Und Einer kam von Rechtenfleth,
Der bat dann voll Entzücken:
Laßt mich, auch ich bin ein Poet,
Ihn wieder weihn und schmücken.

Der schmückt' ihn mit dem Bild Homers,
Darunter ist zu lesen,
Was einst so hohes und so hehrs
In diesem Schrank gewesen.

Zu Vossens und Homeros Ruhm,
Zur Ehre vom Land Hadeln,
Sei er fortan ein Heiligthum
Und Keiner kann es tadeln.

Stoßt an und trinkt rein aus, rein aus,
Also geziemt es Jedem.
Hoch Vater Voß und hoch das Haus
Des Rektors an der Medem!

Oft genannt lebt noch ein anderer berühmter Mann im Gedächtniß der Hadler, nämlich der arabische Reisende, der alte Carsten Niebuhr, welcher hier im Dorfe Lüdingworth geboren wurde, später in dänischen Staatsdiensten seine Reisen dnrch Syrien, Arabien und Aegypten machte und zuletzt bei seinem Schwager, dem Landvogt Boje, in Meldorf lebte, aber häufig seine Heimath besuchte, die er unendlich lieb hatte.

Auch diesen haben einige alte, noch lebende*) Hadler persönlich gekannt und seinen interessanten Erzählungen zugehört: manche derselben werden oft wiederholt, namentlich die jenes wunderbaren Zusammentreffens mit einem Hadler Mädchen im Innern der arabischen Wüste.

„Niebuhr war Zeltgast eines alten Scheiks und traf diesen eines Tages im heftigsten Zornesausbruch gegen seine Sklavin, die in der Zeltecke mit irgend einer Arbeit beschäftigt war. Als der alte Wüstenfürst schimpfend das Zelt verlassen hat, hört unser Reisender auf einmal ein so unerwartetes Wort, daß er gar nicht weiß, wie ihm plötzlich geschieht. Es ruft nämlich, da der Alte fort ist, die Sklavin ihm nach: „Du ole Bullerballer!“

Man kann denken, welche wunderbare Wirkung es bei unserm Reisenden hervorrief, im Zelte eines arabischen Scheiks urplötzlich ein heimisches plattdeutsches Schimpfwort zu vernehmen.

„Min beste Deern, wo bist du her!“ ruft nun auch er der ebenfalls Hocherstaunten zu, und welche Antwort tönt ihm entgegen? — Ut Lüdingworth in Land Hadeln. —

---

*) Solches schrieb ich zur ersten Auflage des Buches, also vor 44 Jahren. Jetzt werden auch diese wohl zu ihren Vätern versammelt sein.

Das arme Mädchen war wirklich aus seinem Heimathsdorfe. Auf einer Reise nach Surinam, wo es ein Bruder zu sich nehmen wollte, war es durch einen Tuneser Seeräuber gefangen und nach Arabien verkauft worden. Der alte Niebuhr aber pflegte, so oft er die Geschichte erzählte, zu bemerken: Nie in seinem ganzen Leben habe ein Wort so tief und überwältigend seine Seele ergriffen, wie dies einfache „Ole Bullerballer."

VI. Das Land Kehdingen.

Südöstlich vom Lande Hadeln und durch den Ostefluß, an dessen Ufern sich ebenfalls eine fruchtbare Marsch tief in's Land hineinzieht, davon getrennt, liegt Kehdingen.

Diese Marsch streckt sich längs der Elbe südwärts hin und endet bei Stade an der Schwinge, die gerade zwischen ihr und dem alten Lande die Grenze bezeichnet. — Neues Interesse gewährt diese Gegend nicht. Wer Hadeln kennt, der kennt auch Kehdingen; denn beide Marschen gleichen einander, wenigstens in ihrem äußeren Charakter, so auffallend, daß ein scharfer Blick und ein längerer Aufenthalt nöthig ist, um den feineren Unterschied der Gegenden zu bemerken.

In Kehdingen ist dieselbe niedersächsische Bevölkerung, derselbe Dialekt, dieselbe Bodenkultur und Bauart der Häuser. Man erblickt die bekannten gefugten Fächer, das weiß gemalte Ständerwerk, die hohen, steilen Giebel, die braunrothen Bretterscheunen und die breiten, burggrabenartigen Graften, welche das ganze Gehöfte umgeben. Auch die Höfe liegen ebenso zwischen ihren üppigen Raps- und Weizenfeldern umhergestreut wie in Hadeln. Im Allgemeinen ist indeß der Boden schon etwas schwerer, und es tritt deshalb auch die Viehzucht ungleich merkbarer als in vorhin beschriebener Marsch hervor. Sodann wird in neuerer Zeit die Pferdezucht auffallend stark betrieben und eine feine, doch ziemlich schwere, vortreffliche Rasse kultivirt.

An geistiger Bildung aber steht der Kehdinger Bauer dem Hadler im Allgemeinen um etwas nach, so sehr er ihm sonst ähnlich ist. Er ist ungleich derber als jener und trägt nur zu häufig sowohl seinen Reichthum als seine bäurische Derbheit auf eine prahlerische Weise zur Schau.

Auf Schönheit und Eleganz seiner Wohngemächer, Möbel, Equipagen und Gärten hält er viel weniger als der Hadler; ist er aber an öffentlichen Orten, kommt er z. B. nach Otterndorf, Hamburg u. s. w., so fordert er wohl, wie es fast sprichwörtlich geworden, seine „drei Flaschen Champagner und ein Messer," nämlich um die Flaschenhälse abzuschlagen. Beim Karten- und Kegelspiel kann es ihm nicht so leicht zu hoch gehen; er wirft dann mit Pistolen und blanken Thalern um sich und kauft, wenn er nach Hamburg kommt, für seine Frau die kostbarsten Seidenstoffe. „Aber man jo von de allerbesten un allerschönsten," ruft er dem lächelnden Ladenjüngling zu, „ick bin en Kehdinger Bur." —

Dieses „Dickthun" ist aber auch fast die einzige Schattenseite der Kehdinger. Sonst stehen sie in keiner Hinsicht andern Marschbauern nach, und selbst jenes rohe, prahlende Gespreize tritt in neuester Zeit schon mehr und mehr vor der eindringenden Civilisation in den Hintergrund. Schon jetzt giebt es unter ihnen viele höchst intelligente Männer. Die nächste Generation wird sicherlich mit dem jetzigen Hadler auf gleicher Stufe stehen und damit der letzte Unterschied zwischen den beiden Marschen aufhören. — Und das ist eben so gewiß, hätten die Hadler nicht das Progymnasium zu Otterndorf, sie ständen in keinerlei Weise höher als ihre Nachbarn.

Bietet indeß das Land selbst weniger Anziehendes als Hadeln, so ist dagegen die Geschichte desselben ungleich interessanter und bedeutsamer. Auch dieses Volk hat gestritten und geblutet für seine Unabhängigkeit, aber es hat sich derselben nur selten zu erfreuen gehabt, und während andere Marschen noch lange als echte freie Republiken dastanden, mußte Kehdingen schon fremde Oberherrn über sich dulden. Wie weit seine Unabhängigkeit hinabreicht, weiß man nicht einmal. Schon im elften Jahrhundert treffen wir es als einen Theil der von Heinrich dem Vogler gestifteten Markgrafschaft Stade. Durch Erzbischof Hartwich I., welcher zugleich der letzte der Stader Markgrafen war, wurde es mit dem bremischen Erzstift vereint, und um sich Kehdingen gehörig zu versichern, erbaute dieser 1154 die erste Burg im Lande, zu Freiburg nämlich. — Doch diese Zwingfeste sollte kein langes Dasein haben. Heinrich der Löwe, Braunschweigs ruhmvoller Herzog, der gegen Hartwich einen alten Hader hegte, zog 1177 mit einem ansehnlichen Heere heran, eroberte nach kurzem Kampfe die Stadt Stade und ließ auch sofort die Burg zerstören, so daß die Kehdinger wieder unabhängig wurden. Erzbischof Hartwich starb aber schon im nächsten Jahre und sein Nachfolger Balduin war schwach, friedfertig und eng mit Heinrich dem Löwen befreundet. Kehdingen blieb unangetastet; aber als mit seinem Tode Siegfried, ein eifriger Ghibelline, den erzbischöflichen Stuhl bestieg, fing der alte Hader von Neuem an. Während Heinrich's Verbannung nach England wurde Stade abermals erobert und Siegfried ließ sich feierlich von Kaiser Friedrich I. mit der Grafschaft belehnen. Kaum aber war er 1184 gestorben, als sein Nachfolger Hartwich II. dem zurückgekehrten Heinrich aus freien Stücken alles wieder abtrat. Bis so weit blieb das Land Kehdingen frei und neutral.

Verträge brachten 1216 und 1236 endlich die Markgrafschaft Stade für immer an das Bremer Erzstift und von da an strebten dessen Erzbischöfe auf's eifrigste darnach, die üppige Kehdinger Marsch unter ihren Krummstab zu bringen.

Der kriegerische, habgierige Gerhard II. hatte zu viel

mit der Unterjochung der armen Stedinger zu thun, um Kehdingen nachdrücklich bekämpfen zu können. Hildebold, der jenem folgte, zog mit einem Heere dahin; aber die Kehdinger stellten sich so kriegerisch und entschlossen an ihrer Grenze auf, daß er es für gerathen hielt, nach kurzem Kampfe von fernerem Angriffe abzustehen; erst seinem Nachfolger Gieselbert gelang es, von jenem Lande Besitz zu nehmen, freilich auf eine schmachvolle, hinterlistige Weise. Er stellte sich nämlich, als ob er äußerst freundschaftlich gegen die Kehdinger gesinnt sei und an nichts weniger als an ihre Unterjochung dächte. So schrieb er ein glänzendes Turnier zu Stade aus, um unter diesem Vorwande ihm ergebene Bewaffnete, Ritter und Reisige, raublustig wie er selber, in großen Schaaren dort versammeln zu können. Zugleich aber wurden auch alle ersten Bauern Kehdingens freundlich von ihm eingeladen, den Festen und ritterlichen Kampfspielen zuzuschauen. Ohne Wehr, arglos und vertrauend, kamen sie in großer Menge herbei, und das glänzende Turnier nahm seinen Anfang. Als die Kampfspiele im vollen Gange sind, ertönt plötzlich ein verabredetes Signal — und im Nu fallen von allen Seiten die eisengepanzerten Männer über die wehrlosen Bauern her. Es währt nicht lange und eine Menge wackerer Bauern liegt schmachvoll hingemordet in ihrem Blute und Alles ist still. — Dann fielen die bewaffneten Massen in die Marsch selbst ein, die nun ihrer besten Männer beraubt war, und so gelang es natürlich, mit der leichtesten Mühe Alles zu erobern. Mit den Höfen der gemordeten Bauern beschenkte Gieselbert seine edlen Helfershelfer. — Das war das blutige Turnier zu Stade im Jahre 1300, das allerschmachvollste Blatt in der ganzen Geschichte des Bremer Erzstifts.

So kam eine Menge Adel in's Land, den wir heutzutage in keiner Marsch in so reicher Zahl ansässig finden, als im Lande Kehdingen.

Die Wahrheit dieser entsetzlichen Katastrophe ist freilich von einigen Historikern bezweifelt, von anderen dagegen auf's festeste behauptet worden. Namentlich sucht von Wersebe die Ehre des Erzbischofs zu retten, obgleich es ihm keineswegs ganz gelingen will. —

Noch einigemale versuchten es die Kehdinger, das verhaßte erzbischöfliche Joch abzuwerfen. So zerstörten sie z. B. die Zwingburg „Kiek in de Elv"; aber ihre innere Kraft war gebrochen und sie wurden von den Erzbischöfen jedesmal besiegt; doch konnten letztere erst im fünfzehnten Jahrhundert sich des ruhigen Besitzes dieser Marsch erfreuen, der von da an weder von Innen noch von Außen bekämpft wurde.

In der alten Landesverfassung war die Gewalt der Erzbischöfe indeß stets mit der des Volkes gepaart. Drei Gräven (comites) ernannte als erste richtende und verwaltende Behörde der Erzbischof, und diesen waren zwölf vom Volke gewählte „Hovetlüde" (capitanei) zur Seite gestellt. Auch ernannten die Erzbischöfe eigene Schultheißen zu Richtern und siebenundzwanzig kehdinger Familien werden ausdrücklich als erzbischöfliche Vasallen angeführt.

Alles das ist im Laufe der Zeiten bis auf äußerst wenige Spuren verschwunden, und Kehdingen ist als Provinz nicht freier und selbständiger, als jedes andere hannoversche Amt.

Gegen Ende des 18. Jahrhunderts gab es in Kehdingen über hundert adelige Höfe. Doch sind nach und nach so viele derselben wieder in die Hände der Bauern gerathen, aus denen sie wohl so bald kein Gott erlösen wird, daß jetzt der Landtag nur noch von einigen und zwanzig adeligen Höfen beschickt wird. Die meisten jener Edelhöfe besitzen die Familien v. d. Decken, v. Plate, v. Klenk, v. d. Reck, v. Issendorf, v. Borstel, v. Zesterfleth und v. Marschalk.

Trotz all dem Adel sind indeß die freien Gemeinden geblieben, und da er hier im Lande durchaus keine echte Feudalwirthschaft begründen konnte, weder eigene Gerichtsbarkeit, noch Befreiung von Gemeindelasten hatte, so ist er auch keineswegs für die Uebrigen drückend geworden. Wurden doch sogar nach Einverleibung Kehdingens mit dem Erzstifte mehrere alte Bauerngeschlechter mit zur Ritterschaft gezogen. —

Das Land zerfällt in den Freiburger und Bützflether Theil. Wo beide zusammengrenzen, im Kirchspiel Hammelwörden, liegt ein freier Platz, der „Schinkel“ genannt. Auf ihm wählte bis zu den letzten Jahren das Land seine „Hovetlüde“. Das alte, längst erloschene Landgericht wurde im Thurm der Hammelwörder Kirche gehalten. Im Bützflether Theil wurde die Civil- und Criminalgerichtspflege durch den Gräven, welchen die Regierung ernannte, und die Hauptleute der Kirchspiele verwaltet. Den Sekretair schlägt das Land vor. Jedes Kirchspiel ernannte drei Hauptleute, meistens einen Adeligen darunter. Civilgerichte wurden in bestimmten Kirchdörfern, Criminalgerichte aber stets in dem Kirchspiele gehalten, aus dem der Verbrecher war, und die summarische Untersuchung hatte der Gräve nebst einem Hauptmann. Nach den Gerichtssitzungen wurde eine gemeinschaftliche Mahlzeit eingenommen, deren Kosten durch die Sporteln gedeckt wurden. Da man aber gern recht gut essen wollte, so wurden die Gerichtstage meistens nicht eher anberaumt, bis so viel Parteien zusammen waren, daß ein gutes Mahl dabei herauskam.

Im Freiburger Theile bekleidet die Grävenwürde wechselweise bald ein Adeliger, bald ein Hausmann. Die Regierung aber bestätigt sie.

Manches ist im Laufe der Zeit von dieser echt germanischen Verfassung verändert worden. So zieht man nicht mehr im Lande umher, sondern hat jetzt ein eigenes Gerichtshaus in Freiburg, und damit hörten auch die gemüthlichen Sportelmahlzeiten auf.

Alterthümer besitzt diese Marsch fast gar keine. Kaum eine einzige Kirche ist in baulicher oder historischer Hinsicht von allgemeinem Interesse. — Eine höchst eigenthümliche Naturmerkwürdigkeit dieser Gegend darf jedoch nicht unerwähnt bleiben: das Treibholz. In einem nur kleinen Uferbezirke, ungefähr 40 Ruthen lang, spült nämlich die Elbe seit undenklichen Jahren bei gewissen Wind- und Fluthverhältnissen eine Menge Holz an den Strand. Die Stücke sind meistens von Tannen, einzeln auch von Eichen und Erlen stammend, Aeste und Stämme von 8—12 Fuß Länge, doch selten sehr dick. Niemals sieht man das Holz den Fluß aufwärts oder abwärts herschwimmen, und so muß der Strom es also sicherlich aus der Tiefe seines Bettes heraufwühlen und an's Ufer werfen. Die Eigenthümer der Uferstrecke sind auch allein zum Sammeln desselben berechtigt, und in der Nähe derselben, zu Growerort, wirft der Fluß sogar häufig Bernstein aus. Lange Jahre hindurch blieb diese Holzanschwemmung sich fort und fort gleich, und erst in den letzten Jahrzehnten ist eine rasche Abnahme derselben bemerkbar geworden.

So viel ich weiß, sind über diesen interessanten Gegenstand bis jetzt keine gründliche Untersuchungen und genaue Beobachtungen angestellt worden, und es wäre doch sehr zu wünschen, daß es geschähe, ehe die schon im Verschwinden begriffene Erscheinung einmal gänzlich aufhört.

Es ist zu vermuthen, daß diese Holzmassen jenen analog sind, die sich im Stedinger- und im alten Lande in einer ansehnlichen Tiefe des Bodens finden.

Diese beiden Marschen sind hinsichtlich ihrer Höhe und Lage am linken Flußufer gleich und in beiden kommt eine Menge Gestrüpp, Ast- und Stammholz vor, welches sicherlich durch hoch angeschwollenes Oberwasser einmal von höheren Waldregionen in diese Niederungen gespült und nach und nach mit Thonboden und Sand hoch bedeckt wurde. Die Weser wirft indeß nirgends solches Treibholz an den Strand.

Der das Holz in Kehdingen begleitende Bernstein macht die Sache erst doppelt interessant und doppelt schwierig zu erklären. Gehörte dieser wirklich dem Treibholze an, so wäre dasselbe also noch aus der Braunkohlenperiode und wir hätten es demnach vielleicht mit wirklichen Stämmen der längst aus der jetzigen Pflanzenwelt verschwundenen Pinites succinifera zu thun. Aber, wie gesagt, das Räthsel wartet noch seiner Lösung.

VII. Das Alte Land.

Stade, die kleine, nach Anschluß an Preußen aufgehobene Festung an der Schwinge, einst der Sitz des alten, bis in's neunte Jahrhundert hinaufreichenden Markgrafengeschlechts, Hansastadt und Hauptstadt des ehemaligen Herzogthums Bremen, bietet gegenwärtig nur geringes Interesse, denn seine ältesten Bauwerke sind bis auf einige, die noch mittelalterlich verzierten Fachbau zeigen, im siebenzehnten Jahrhundert einem furchtbaren Brande zum Raube geworden. Zwei gothische Backsteinkirchen ohne bauliche Bedeutung, das Rathhaus und das Zeughaus, die beide aus der Schwedenzeit stammen, sind die einzigen älteren öffentlichen Gebäude. Mit dem Fallen der Festungswälle in den siebenziger und achtziger Jahren und namentlich in Folge der Eisenbahnverbindung mit Harburg und Cuxhafen ist die Stadt, wie so manche in ähnlichen Fällen, zu neuem Leben aufgeblüht, das sich zum Theil in erfreulichster Bauthätigkeit kund giebt.

Auch in historischer Beziehung hat es nie große Bedeutung gehabt, wenn wir etwa das sog. Turnier zu Stade (1300) schmachvollen Andenkens ausnehmen, aber es ist einmal die schönste Frau des Jahrhunderts daraus hervorgegangen, eine Frau,

„Vor welcher selbst die Sonn' sich schamroth tief verkreuchet,
Dieweil ihr Strahlenschein nicht halb den deinen gleichet,
Ja, es war Nacht umher, eh' Dich die Welt gekannt;
Aurora wurdest Du darumb mit Fug genannt," —

wie ein alter sächsischer Hofpoet jene Aurora von Königsmark besingt, die hier geboren wurde.

Die Stadt hat übrigens eine vortreffliche Lage, und ein Spaziergang auf ihren Wällen gewährte manch hübschen Blick. An der durch den üppigsten Wiesengrund sich windenden kleinen Schwinge gelagert, umgeben von zum Theil sehr malerischen Bodenschwellungen, hat sie den „schwarzen Berg", einen Haidehügel mit dunklen Tannen, im Rücken; vor ihr, in kurzer Entfernung, fluthet breit und majestätisch die Elbe und rechts und links dehnen sich zwei prächtige Marschen; hier das Land Kehdingen, dort das Alte Land.

Nur die schmale Schwinge trennt beide Landstriche von einander und doch ist ihre Verschiedenheit so groß, daß in mancher Hinsicht kaum schroffere Gegensätze als hier denkbar sind.

Ist man von Stade aus ein Stündchen stromaufwärts gewandert, so ändert sich mit einemmale die ganze Natur des Landes. Es erinnert fast nichts mehr an andere Marschen und es wird dem Wanderer zu Muthe, als ob er sich plötzlich hundert Meilen weit versetzt sähe. Alles ist wie umgewandelt: die Gegend, die Benutzung des Bodens, die Bauart der Häuser, die Sitten, die Trachten, der Gruß, ja sogar die Gesichter. Wir sind in der eigenthümlichsten aller Marschen, im Alten Lande.

Hat Kehdingen und Hadeln auch durchaus nicht jene imposante Großartigkeit der baumlosen Osterstader Marschebene, so gewährt es doch noch manchen freien Blick in's Land. Hier aber ist landeinwärts auch die allergeringste Aussicht verschwunden, denn eine wahre Waldung von Obstbäumen bedeckt die ganze Gegend, und diese Marsch ist sicherlich die nördlichste Gegend Europas, die eine Obstkultur von Bedeutung aufzuweisen hat.

Außer den eigentlichen Gärten hinter den Häusern sind noch häufig die Wege, die Ackerränder, die Höfe, ja selbst die Deiche der kleinen Binnenflüsse Lühe und Este dicht mit Bäumen besetzt. Am meisten wird auf Aepfel, Kirschen und Zwetschen gehalten, doch sieht man auch manchen alten knorrigen und mächtigen Wallnußbaum.

Zur Zeit der Blüthe, wenn das ganze Land wie in einem weißen und rosigen Schleier gehüllt erscheint und ein tausendfältiges wohliges Leben darin summt und schwärmt und jubelt, bietet es einen Anblick dar, dessen eigenthümliche Zauberpracht mit Nichts vergleichbar ist.

Doch auch die Zeit der Reife, wenn die Kirschbäume glühen und funkeln von all' den scharlachnen Früchten, oder wenn die Tausende rothbackiger Aepfel überall aus dem Grün hervorlachen, während unter ihnen schöne gelbe Kornfelder wallen, oder bunte Viehschaaren im hohen Klee ruhen, berührt mit ihrer Fülle und Ueppigkeit unendlich wohlthuend.

Der humusreiche, gar nicht bindige Boden und das mildeste aller norddeutschen Marschklimate, welches durch die gegen die Seewinde gesicherte Lage hervorgerufen wird, befördern den Obstbau ungemein, der denn auch, nebst der damit zusammenhängenden Schifffahrt, die Hauptnahrungsquelle des Landes bildet und weit und breit berühmt ist.

Altländer Obst sieht man nicht nur in Hamburg und Bremen, man begegnet ihm in Amsterdam wie in Kopenhagen, in London wie in Danzig, ja blonde Schweden in Stockholm und bärtige Russen in Petersburg schmausen Altländer Aepfel und mit jedem Jahre vermehrt und erweitert sich der betreffende Handel.

Es ist nichts Seltenes, daß Bauern in einem Jahre für

7 bis 800 Thaler Obst verkaufen. Mir erzählte ein Landmann, er allein habe oft in einem Jahre für 500 Thaler an Kirschen versandt. Getreidebau und Viehzucht ist von geringerer Bedeutung. Es gedeiht zwar Korn und Raps auf's Trefflichste, doch haben die Sämereien sehr von Vögeln zu leiden, die der reiche Baumwuchs anlockt, und die Viehrace des Landes ist eben nicht sehr schwer, vielmehr fein und gleicht sehr der jütischen. Jeder, der nicht Bauer ist, ist entweder Schiffer oder Obstpflücker.

Zwischen jenen Obstwaldungen stehen reihenweis an den Wegen die freundlichen farbenbunten Bauernhäuser. Dicht zusammengebaute Dörfer, wie in den Wesermarschen, hat das Alte Land nicht; man kann, in der Nähe der Häuser bleibend, oft stundenweit wandern, ohne zu merken, wo das eine Dorf endet uud das andere beginnt. —

Es ist noch gar nicht entschieden, woher die Gegend ihren Namen hat, ob wirklich vom Adjectivum „alt" oder vom friesischen und dänischen Wort „Oe", d. h. Insel. Also Oeland wäre Inselland, Eiland, was allerdings früher auch der Fall gewesen sein kann. Und nun übersetzten es vielleicht einst Mönche oder alte Schriftsteller nach dem Wortklange „Ol-land" in „terra vetus" „Altes Land".

Im zwölften Jahrhundert rief der Erzbischof von Bremen aus den Niederlanden des Wasserbaues kundige Kolonisten ins Land, um dieses einzudeichen und zu bebauen. Er verlieh den Ansiedlern viele Rechte und Freiheiten, eigene Gerichtsbarkeit und manche andere Vorzüge, die sie auch fast alle bis auf die letzte Zeit mit großer Hartnäckigkeit behauptet haben. Sitte und Herkommen haben in ihrer eigenthümlichen Verfassung das Meiste gethan, denn die Sitten der Väter sind dem Altländer heilig und unantastbar und Gesetze können nicht dagegen aufkommen. Noch bis zum Jahre 1832 war Alles nach altgermanischer Weise eingerichtet. Es gab Gräfen, Hauptleute, Vögte, Schöffen, Findungsmänner; es gab ein Gräfding, ein

Botding, Jartentage und wie all die uralten Benennungen waren. Chr. von Zesterfleth giebt über Alles in seiner „Beschreibung des Alten Landes", Hamburg 1847, die genaueste und sicherste Nachricht, und es würde zu weit führen, hier näher darauf einzugehen.

Die hannoversche Regierung setzte in den vierziger Jahren eine theilweise Aenderung der alten Verfassung durch, doch nicht ohne auf harten Widerstand zu stoßen und allgemeine Erbitterung bei den Bewohnern hervorzurufen. Die erste Landesbehörde aber heißt noch das Gräfengericht, zu welchem der eine Gräfe von der Regierung ernannt, der andere vom Lande gewählt wird. —

Das fremde, von allen Nachbarn verschiedene Element im Altländervolk tritt am ersten dem Wanderer an den Wohnungen entgegen. Bei allen Bauernhäusern der Elb- und Wesermarsch ist, wie in ganz Niedersachsen, das große, doppelflüglige Hausthor zum Einführen des Kornes der Straße zugewendet, und man nennt diesen Theil des Hauses mit seiner Dreschdiele und den Viehställen den vordern.

Beim Altländer ist es gerade umgekehrt. Hier liegt der Haustheil, der die Wohnzimmer enthält, an der Straße und heißt vorn, während Dreschtenne und Ställe von ihr abgekehrt sind. Ein Weg zur Seite des Hauses, der meistens durch ein eigenthümliches bedecktes Thor führt, setzt den Wirthschaftstheil des Gebäudes mit der Straße in Verbindung.

Massive Mauern hat man fast gar nicht. Alles ist Fachwerk, aber auch das zierlichste, das man sehen kann. Die Seite, wie die Façade mit der großen Hausthür, wird zwar ziemlich einfach und schlicht gehalten, nach der Straße zu aber entfaltet sich eine Architektur, die so bunt, so formenreich und so eigenthümlich ist, daß sie eine nähere Schilderung verdient.

Zuerst fällt das in den Fächern enthaltene Gemäuer in die Augen. Etwas Sorgfältigeres und Zierlicheres läßt sich kaum denken. Jedes Fach nämlich ist so künstlich gemauert, daß es wie buntes Mosaikwerk aussieht; keines ist wie das andere, sondern die mannigfaltigste Verschiedenheit herrscht dabei. In diesem Fach sind z. B. ineinander geschaltete Quadrate, in jenem Rauten, im dritten Zickzackfiguren, im vierten Kreuze, im fünften Dreiecke, im sechsten Sterne, häufig kommt auch das gemauerte Bild einer Windmühle vor, und so geht es, nie sich

Altländer Bauernhaus.

wiederholend, im buntesten Spiel bis in die höchste Giebelspitze. Das Ständerwerk, das diese Fächer einrahmt, ist stets mit hell leuchtenden Farben bemalt, meistens hellgrün und weiß, mitunter auch geschnitzt und dann Blätterwerk, Thiergestalten und groteske Larven zeigend, dies jedoch nur bei sehr alten Häusern. In solchen sieht man auch noch Bleifenster, deren Scheiben allerlei Muster bilden, was sehr mit dem Ganzen im Einklang steht. Doch meistens haben sie großscheibigen, modernen Fenstern weichen müssen.

Der hervorleuchtendste Theil des Untergeschosses aber ist

die stattliche hellgrüne Thür mit dem großen bunten Prachtfenster darüber. Dies letztere so herrlich wie möglich zu besitzen, scheut der Altländer keine Kosten und ein Haus sucht das andere förmlich darin zu überbieten. Das ganze Fenster besteht nämlich aus einem künstlich geschnitzten und reich verschlungenen Arabesken- und Blätterwerk, dessen Ranken mit den lebhaftesten Farben, wie Grün, Scharlach, Blau, Weiß und Purpur bemalt und auf's Reichste vergoldet sind. In der Mitte, meistens in dunkelblauem Felde, steht der goldene Namenszug des Hausbesitzers und darunter häufig ein goldenes Pferd.

Diese Thür und der Raum, zu dem sie führt, ist sicherlich die größte Eigenthümlichkeit des Altländerhauses und mag vielleicht als einziges Beispiel seiner Art dastehen. Niemand kann durch sie hineingehen, denn sie ist ohne Drücker und Klinke und von außen nicht zu öffnen; es geht auch Niemand heraus, denn man kann sie von außen nicht wieder schließen. Eine Staatsthür, wie sie in einigen Gegenden Hollands vorkommt, die nur bei feierlichen Gelegenheiten gebraucht wird, ist sie auch nicht; denn sie führt zu nichts Anderem als zu einer Vorrathskammer, welche die werthvollste bewegliche Habe des Hauses: die Kleiderschränke, Bettkisten und Leinenkoffer enthält. — Dies Prachtstück ist lediglich eine Noththür und nur dazu bestimmt, eine schnelle Rettung jener Hausschätze bei Feuersgefahr zu ermöglichen. Daher ist sie auch nur von innen mit zwei starken Riegeln verschlossen. In der Vorrathskammer selbst schläft Niemand, aber die Alkoven, welche stets in sie hineingebaut sind, haben bewegliche, die Ueberwachung der Kammer vermittelnde Schieber. Das nöthige Licht fällt durch ein paar kleine, stark vergitterte Fenster, oder auch nur durch das oben beschriebene der Thür.

Ueber jenem Prachtfenster liegt, etwas hervorspringend und von Konsolen getragen, der große Balken, welcher das Erdgeschoß vom Giebel scheidet. Als ein Hauptglied ist auch er durch besonderen Farbenschmuck hervorgehoben und führt die Jahreszahl der Erbauung, den Namen des Bauherrn und des Hauses alten Wahlspruch. Oft ist dieser höchst originell, kernhaft und voll frommer Einfalt, und die ältesten derselben sind natürlich plattdeutsch. So las ich an einem Hause: „Dat ewige Got (Gut) maket rechten Mot," an einem anderen: „De Holpe Gades (Gottes) maket ryk on Moe" (ohne Müh); an einem dritten stand: „Wat frag' ik nah de Lü (Leute), Gott helpet mi".

Darüber erhebt sich sodann, spitz und schmal in die Höhe gezogen und wieder einigemale etwas vorspringend, das Giebel-

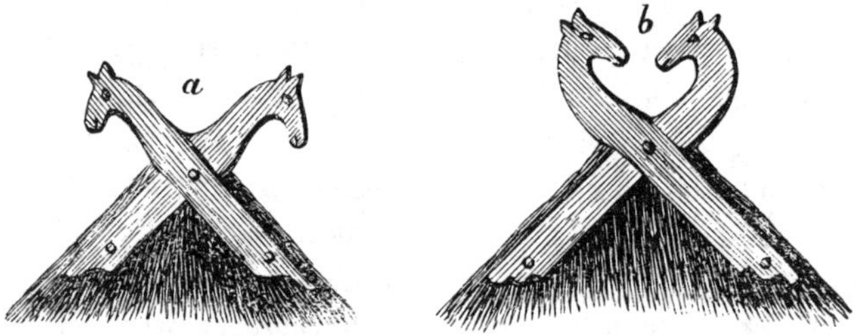

Niedersächsischer Giebelschmuck.

dreieck und endlich ganz oben an der Stirne des Firstes, schaut man das höchst eigenthümliche und interessante Schwanenzeichen. Dieses ist ganz so angebracht wie das uralte Zeichen des Sachsenstammes: die beiden Pferdeköpfe, die wir nach innen schauend, wie auf vorstehender Abbildung Fig. b. in den Lüneburger Haidedörfern, in Bardowik, in der Gegend von Uelzen und noch weiter an der Elbe hinauf antreffen; nach außen gekehrt, Fig. a., dagegen bei Bremen, Nienburg und stromaufwärts bis in Westfalen finden.

Im Altlande nun stellen diese Windfedern statt dessen zwei Schwäne vor, von denen jeder sich in die Brust beißt. Da sie nur aus dünnen Brettern gesägt sind, so ist der größeren Haltbarkeit wegen das Innere des Ringes, den jeder Hals bildet, mit einer Füllung versehen, die entweder aus einem

Altländer Giebelschmuck.

Kreuze oder einer gekrümmten Tulpe besteht. Dadurch aber, sowie auch durch zahlreiche stereotype Zacken und Schnörkel, bekommt das Ganze ein so sonderbares und phantastisches Ansehen, daß man mit Mühe das ursprüngliche Schwanenbild herausfindet, und nur an sehr wenigen Häusern ist es noch einfach und deutlich. Dieses Schwanenzeichen ist in ethnographischer Hinsicht sehr bedeutsam. In keiner Marsch noch Geest, weit und breit umher, finden wir es. Erst in einer Gegend Nordflanderns tritt es wieder auf, ist aber hier schon dem Verlöschen nahe.

Aus dem Dache endlich, das stets von Stroh ist, ragt etwas seitwärts vom Giebel ein schlanker, zierlicher Schornstein mit Seitenöffnungen empor, zu welchem sich weiter unten oft noch ein zweiter gesellt.

Auch im Inneren der Häuser tritt uns überall eine echt niederländische Farbenliebhaberei entgegen. Wie in den anderen Marschen ist auch hier fast immer bei größeren Häusern die Dreschdiele von dem Raume, an welchen die Zimmer stoßen, durch eine Wand (Windfang) getrennt. Hier, wie in den durchweg niedrigen Stübchen, leuchtet alles im buntesten Farbenschmucke, sei es nun Decke, Wand, Fensterrahmen oder Thür. Die Wände sind auch zuweilen nach holländischer Weise mit den bekannten weißen und bunten Fayencefliesen belegt und an der Thüreinfassung sieht man sogar oft altes, schönes Schnitzwerk in reichster Fülle. Maler von Profession giebt es dennoch nur wenige im Lande. Der Altländer Bauer streicht und pinselt selbst Jahr aus Jahr ein an seinen Häusern, daher denn auch selbst die alleräItesten ein immer neues, glänzendes Aussehen haben. —

Der Fremde, der ein Haus betritt, muß sich nicht daran

stoßen, wenn er trotz des „Willkamen“, das ihm stets als Gruß entgegen tönt, nicht immer gleich die freundlichsten Gesichter und die zuvorkommendste Aufnahme findet.

Ein tiefgewurzeltes Mißtrauen gegen jeden Fremden und deshalb häufig eine Art von Kälte und Schroffheit ist ein Hauptcharakterzug des Altländers. Aber ein zweiter und eben so starker ist seine Eitelkeit und vor Allem sein Heimathsstolz. Schmeichelt man ihm in diesem Punkte, so hat man gewonnenes Spiel. So wie man z. B. nur ein reges Interesse für die

Stühle im Alten Lande.

Gegend, für Sitten und Einrichtungen zeigt, so erheitert sich jedes Gesicht mit einem Lächeln des innigsten Wohlgefühls und Jeder beeifert sich nun um die Wette, dem Gaste freundlich zuvorzukommen und ihm Alles zu zeigen und zu erklären, oft weitläufiger als nöthig wäre.

Der Alte in seiner Jacke und Manchesterhose geht mit uns in die Obstgärten, Scheunen, Viehställe und läßt namentlich seinen reich geschnitzten, bunt bemalten Schlitten bewundern. Die Hausmutter führt uns in alle Zimmer, zeigt hier die scharlachrothen, zierlich gedrechselten Stühle mit goldverzierter

Rückenlehne und belegt mit Kissen aus bunten Teppichstoffen, dort die lange Reihe mächtiger Leinenkoffer, welche ebenfalls bemalt und reich mit Messing beschlagen sind, auf Rädern ruhend, den Schatz des Hauses enthalten; sodann die gewaltigen Kachelöfen, die uns in jedem Zimmer traulich und ehrwürdig anblicken; vornehmlich aber zeigt sie die Heiligthümer der Familie, die uralten braunen Kleiderschränke, über und über geschnitzt und blank gebohnt. Den hat sie selber ins Haus gebracht, den die Schwiegermutter, jenen eine Urgroßmutter, und der ganz pechschwarz gewordene dort ist so uralt, daß die gute Frau meint, er stamme wohl noch aus „heidnischen Zeiten“. Das soll natürlich „katholischen“ heißen.

Ich habe nun allerdings Schränke gesehen, deren Ornamente das Gepräge der frühesten Renaissancezeit tragen, ja selbst etwas Spätgothisches an sich hatten und unbedingt in die erste Hälfte des sechszehnten Jahrhunderts zu setzen waren. —

Die Farbenlust des Alten Landes dringt sogar bis in die Kirchen. So papageienbunt wie hier oft das Innere derselben ist, sieht man es anderwärts nirgend; doch sind sie niemals sehr alt und haben wenig Merkwürdiges aufzuweisen. Ihre Gebäude stammen durchweg aus dem sechszehnten und siebenzehnten Jahrhundert und sind von Backsteinen. Alte, fast cyklopisch gemauerte Granitkirchen, wie wir sie im Lande Wursten finden, giebt es hier nicht.

Ebenso haben auch die Kirchhöfe lange nicht das Interessante wie in anderen Marschen. Fast alle Grabsteine sind liegende Platten, die in der Mitte den Gekreuzigten zeigen, zu dessen beiden Seiten die Hinterbliebenen des im Grabe Ruhenden knieen. Mönchsschrift (Minuskel) findet sich nirgend. Jene bildliche Darstellung aber ist fast in allen Marschen beliebt, doch nur an aufgerichteten Steinen, deren andere Seite dann Familienwappen trägt. An diesen jedoch fehlt es im Alten Lande, außer bei den wenigen adeligen Geschlechtern, gänzlich.

Auch die Verschiedenheit des Gesichtstypus der Altländer von dem anderer Marschbewohner tritt uns auf den ersten Blick entgegen. Fast nie finden sich hier die derben, fleischigen Gestalten, die rundlichen, vollen, gerötheten Gesichter und mächtigen Glieder der Wurster, Vieländer und Würder. Im Gegentheil sind hier die Männer sehr selten groß und stark und haben durchweg schmale Gesichter, scharf ausgeprägte Züge, eine gerade oder etwas gebogene Nase und starke Brauen, unter welchen oft die schlauesten Augen hervorblicken.

Die Frauen und Mädchen aber sind unbedingt die schönsten aller Marschen. Nirgend habe ich solch ein Ebenmaß des Ganzen, nirgend so zierliche Hände und Füße, nirgend eine so wunderschöne, zartweiße und frischrosige Hautfarbe gesehen. Man erblickt Gesichter vom feinsten Schnitt und Augen so zauberhaft tiefblau, als ob ein Paar Tropfen Himmel in solch ein Antlitz gefallen wären. Dabei haben alle den eigenthümlich weichen niederländischen Zug, wie er sich bei den weiblichen Köpfen auf Bildern von Gerhard Dow, Mieris und Metzu findet, und Kindergesichter sieht man von wahrer Engelschönheit.

In älteren Jahren entsteht oft eine leise Neigung zur Korpulenz, und so zierlich und leichtfüßig die Mädchen sind, so behäbig und stattlich sind meist die Matronen, mit einem leisen Unterkinn und einem wohlthuenden, milden Ausdruck im vollgerundeten Gesichte. Bei durchweg sehr frühem Heirathen erhalten sie sich fabelhaft jung. Die ich für Mädchen hielt, waren längst verheirathet nnd hatten sechsjährige Kinder. Eine Mutter mit einem kleinen Knaben auf dem Arme war zugleich die Großmutter dreier Enkel, und eine recht rüstige, stattliche Wirthin hatte gar elf Enkel aufzuweisen. Welcher Unterschied von anderen Gegenden, namentlich Gebirgsländern, wo die Weiber oft schon mit dem vierzigsten Jahre das runzlichste, abschreckendste Greisenantlitz zeigen.

Wenn der Altländer auch das bekannte Phlegma mit allen

Marschbewohnern gemein hat, so ist er doch gewiß der lebendigste und rührigste darunter; er singt und tanzt mit wahrer Lust. Abgesehen von der herkömmlichen Ueppigkeit bei Hochzeiten, zumal in Hinsicht der Frauentracht und Aussteuer, ist er durchgehends in seiner ganzen Lebensweise höchst einfach. Modernen Luxus duldet er in seinem Hause nicht, was bei der Nähe Hamburgs und bei dem häufigen Verkehr mit dieser Großstadt um so mehr zu bewundern ist. Sitte und Herkommen sind ihm heiliger als alle Gesetze, und er haftet an ihnen mit der zähesten Hartnäckigkeit. Nie zieht er in andere Marschen, nie heirathet er eine Fremde; die Heimath geht ihm über Alles. Trotzdem ist er auswärts niemals großthuerisch, und manchem Altländer Bauer, der in Stade oder Hamburg im abgeschabten altmodischen Rocke oder gar in Jacke und Manchesterhose durch die Straßen schreitet, sieht man seine 30000 Thaler nicht an. Dagegen treten die Kehdinger und Hadler wahrlich ganz anders auf.

Noch muß ich hier eine andere Eigenthümlichkeit des Altländers anführen. Der sonst so mißtrauische Bauer und Schiffer setzt eine ungemessene Zuversicht auf seine Frau, die es aber auch fast immer im vollsten Maße verdient. Daraus entsteht nun die Sitte, daß der Altländer niemals Geld führt, sondern die Frau zur unumschränkten Finanzverwalterin macht. Sie hat die Schlüssel und verwahrt allen Besitz. Von ihr fordert er seine besten Kleider, seine Papiere und sein Geld und liefert alles Erworbene getreulich in ihre Hände, sie kennt daher stets die ganzen Umstände auf's Allergenaueste und vertheilt mit weisestem Sinne alle Ausgaben. Dadurch ist denn das Geldwesen des Altländers fast immer ein sehr geregeltes und man hört fast nie von augenblicklicher Geldklemme, wie doch wohl bei den Bauern der übrigen Marschen vorkommt. Giebt einmal der Mann sein Geld nicht an die Frau ab und macht Miene, es selbst zu verwalten, so gilt das stets für ein Zeichen höchsten Mißtrauens oder gar ernsten Zerwürfnisses zwischen Beiden.

Wie streng im Alten Lande die Macht der Sitte herrscht, mag nachstehendes Beispiel darthun, das mir ein dortiger Prediger erzählte. — Ein paar Eheleute klagten vor Gericht unter allerlei nichtigen Vorwänden auf Scheidung, und das Gericht veranlaßte obigen Prediger zu Sühneversuchen. Derselbe erkannte bald, daß der Anfang des Streites nur der alleinige Anspruch des Mannes auf Verwaltung des Geldes gewesen war. Aber er sah auch bei seinen öfteren Besuchen mit Erstaunen, wie dic beiden in heftigstem Streit mit einander lebenden Gatten, obwohl sie einander monatelang kein Wort, wenigstens kein gutes boten, doch jeden Mittag, wie es die alte Sitte forderte, gemeinsam ihr Mahl am kleinen Tische beim Ofen hielten, während Kinder und Dienstboten dasselbe, zwar aus einem Topfe, jedoch am anderen größeren Tische in Mitten der Stube einnahmen. Die brennendste Scheidungsklage, der tiefste und bitterste Haß — ohnmächtig war er gegen die Heiligkeit alter Haussitte.

Die Hauptschattenseite seines Charakters ist leider ein starker Egoismus, der sich mitunter in wahrhaft entsetzlicher Härte kund giebt. Im Handel ist er schlau, gewandt und vorsichtig und gegen Fremde, wie gesagt, mißtrauisch nnd verschlossen. Die Frauen sind jedoch ungleich milder, gütiger und liebenswürdiger als die männliche Bevölkerung.

Bei der starken Liebe zum Althergebrachten ist es sehr auffallend, daß so selten germanische Taufnamen vorkommen, die in anderen friesischen Marschen doch so zahlreich vertreten sind. Es giebt hier keine Edlef, Detlef, Redlef, Ricklef wie in Nordfriesland, keine Ede, Eide, Siebe, Siade, Tante u. s. w. wie im Lande Wursten, keine Allmer, Eimer, Allrich, Wierich wie in Osterstade, keine Ummo, Lubbe, Hedde, Fedde, Haje wie im Butjadingerlande. Dic Namen sind weder friesisch noch sächfisch, sondern lauter Apostelnamen, z. B. Peter, Jakob, Johann, Mathies u. s. w., höchst selten giebt es dort einen altdeutschen Otto, Friedrich, Adolf u. s. w. Wohl aber kommen die seltsamen Namen Beike und Paridom vor. Und seine alten Taufnamen sind doch stets das Letzte, was ein Volk aufgiebt. Mögen sonstige Sitten und Trachten längst der Mode und Civilisation unterlegen sein, der alten Namen schämt man sich nicht so bald, und wenn von den ersteren die letzte Spur verschwunden ist, nennt der Vater noch immer gern seinen Sohn wie der alte Großvater hieß. Wie viel mehr sollte nun nicht dieses so sehr am Alten hängende Volk die Namen der Vorfahren in Ehren halten!

Dieser Umstand ist in der That höchst bedeutsam. Es wird längst als eine ausgemachte und unbestreitbare Thatsache angesehen, daß die Bewohner eingewanderte Holländer seien.

Ich möchte die Vermuthung aussprechen, daß sie höchst wahrscheinlich „Flamänder“ sind. Zu dieser Meinung dürften manche nicht zu verachtende Umstände wohl berechtigen, vor Allen aber das alte Schwanenzeichen der Häuser, welches weit und breit umher nicht vorkommt und, wie schon gesagt, erst in Flandern sich wiederfindet. — Möchte ein tüchtiger Ethnograph dieser interessanten Frage einmal seine Aufmerksamkeit widmen! —

Im Alten Lande besteht auch einzeln noch die Sitte, daß der Bräutigam statt des Verlobungsringes seiner Braut die „Echte“ giebt, nämlich einige alte Münzen, zum Zeichen, daß nun der Bund geschlossen und echt sei, wenn vielleicht das Wort „Echte“ und „Ehe“ nicht dasselbe ist. Meistens sind dies alte Thaler, Wildmannsgulden und andere große Stücke, häufig aus dem sechszehnten und siebenzehnten Jahrhundert stammend. Manchmal aber sind es auch eigens dazu geprägte große alte Medaillen, die allerlei Symbole der Liebe und Ehe aufweisen: ineinandergelegte Hände, zusammengekettete, flammende Herzen und schnäbelnde Taubenpaare. Ich sah unter anderen eine, auf welcher Jakob die bunten Heerden Labans zur Mitgabe empfängt, und auf einer anderen stand ein Pelikan, die Jungen mit seinem Herzblut nährend — das alte schöne Symbol opfermuthiger Mutterliebe. Solche Schaustücke sind wahre Familienheiligthümer und erben von Geschlecht auf Geschlecht. Dieselbe Münze, die vor vielen Jahren der Urgroßvater in seliger Stunde seinem Lieb in die Hand drückte, verehrt heute noch der Urenkel seiner Braut. Es ist das ein eigenthümlich rührender Gedanke. Dieselbe Sitte herrschte einst auch in anderen Marschen, ist dort aber längst untergegangen.

Auch bei Hochzeiten geht es ganz in alterthümlich üppiger Weise zu. Unter 500 bis 800 Hochzeitsgästen darf kein Hausmannskind seinen Ehrentag begehen und die fettesten Ochsen müssen geopfert werden. Die Feier ist stets im Hause des Bräutigams und währt eigentlich mit der Vorfeier drei Tage. Erst kommt das „Ochsenschlachten“; eine Menge Freunde und Nachbarn werden zum Wurstmachen geladen, doch giebt dieses nur den Namen her; man thut nichts dabei als höchstens die frische Wurst probiren, man schmaust und zecht bis in die Nacht. Der zweite Tag heißt das „Brotbacken“, wo man von allen Seiten Milch und Butter spendet und das rosinenschwarze Hochzeitsgebäck kostet; auch dieser Tag vergeht in lebendigster Fröhlichkeit.

Am Abend kommt, hoch auf Wagen gethürmt und von vier geschmückten Pferden gezogen, unter Peitschenknall, Musik, Pistolenschießen und Halloh, in vollem Galopp die Aussteuer der Braut angefahren. Man kann kaum Stattlicheres sehen als diese Ueberfülle, diese bunten, schweren Leinenkoffer, den mächtigen, blanken und geschnitzten Kleiderschrank, die ungeheuren Gebirge von Bettzeug, die alterthümlichen rothen Tische und gedrechselten Stühle. Hoch oben endlich prangen bekränzt und bebändert die Symbole häuslicher Arbeit und Reinlichkeit: Spinnrad und Besen. Der Bräutigam beginnt nun — eben-

Braut in Altländer Hochzeitstracht.

falls streng herkömmlich — scherzweise mit dem Knecht um die Aussteuer zu handeln und erhält sie endlich, nachdem er versprochen hat, sein künftiges Weibchen hoch in Ehren zu halten, für ein Trinkgeld und einen Schnaps.

Am nächsten Morgen wird im festlichen Zuge die Braut heimgeführt. Sie ist nach Landessitte schwarz gekleidet und trägt die mächtige Brautkrone. Diese ist ein fabelhaftes Ding, nämlich ein wahrer Wald von künstlichen Blumen, Früchten, Zitternadeln, Gold- und Silberkugeln; sie geht oft tief in die Augen, rings um den Kopf und hat oben endlich ein paar mächtige, aufstehende Windmühlenflügel von Goldbrokat, die dem Ganzen das abenteuerlichste Ansehen geben. Diese Krone muß der Prediger des Orts halten und die Miethe dafür, meistens zwei bis fünf Thaler betragend, gehört zu seinen Accidentien.

Nach der Trauung geht's zu Tisch, auf dem Hühnersuppe mit Rosinen und das „Fattstück", ein mächtiges Stück Rindfleisch, die stehenden Gerichte sind. Den ganzen Tag bis tief in die Nacht wird geschmaust, gezecht, getanzt und gejubelt in lärmender Fröhlichkeit, und auf einmal erscheint dann die Braut als junge Frau in der farbenleuchtenden, silberblitzenden Landestracht.

Die unförmliche Brautkrone hat nun einem kleinen Mützchen von Goldbrokat Platz gemacht, um welches das dunkle Kopftuch mit lang herabflatternden Bändern geschlungen ist. Den Hals

Altländer Frauentracht.

ziert eine sechsfache Schnur Silberperlen, die meistens aus Filigranarbeit bestehen, während ein Jäckchen von feinem, schwarzem Tuch, mit echten Goldtressen besetzt, den Oberkörper umhüllt. Es hat weite Nonnenärmel, jeder mit sechs großen Silberknöpfen, und ist vorn offen, um das „Rodur“ blicken zu lassen, ein breites, den Busen bedeckendes Stück Goldbrokat. Bei diesem Schwarz und Gold nimmt sich der kurze, faltige Rock vom schönsten kirschrothen Tuche, die feine, weiße Spitzenschürze darüber, und die dicke, oft zwölf Ellen lange Silberkette um die Taille ungemein prächtig aus. Hochhackige Schuhe mit mächtigen Silberschnallen vollenden den überreichen funkelnden Anzug, in welchem auch die übrigen Frauen und Mädchen erscheinen und der fast immer auf 600 bis 700 Thaler geschätzt werden kann.

Ein anderer Schmuck, der meistens an gewöhnlichen Sonntagen und bei weniger festlichen Gelegenheiten getragen wird, ist die Schnur von dicken Bernsteinkorallen. Sie kostet meistens 60 bis 70 Thaler, aber fast jede nur einigermaßen vermögende Altländerin besitzt sie. Es kommt gar nicht darauf an, daß die Perlen schön glatt geschliffen und regelmäßig rund sind, es müssen nur möglichst mächtige Stücke Bernstein sein, von denen die größten, die nach hinten kommen, oft über zwei Zoll im Durchmesser halten. Von den Frauen wird endlich noch das „Schedok“, eine weiße, fußlange und dütenförmige Kopfbedeckung, getragen, die indeß seit den letzten Jahren mehr und mehr verschwindet. Die Tracht der Männer hat dagegen wenig Besonderes.

Neigt sich der Hochzeittag zu Ende, so beginnt der alterthümliche Ehrentanz, zu welchem Braut und Bräutigam ihre liebsten Bekannten als Tänzer wählen. Es ist dies gleichsam ein Abschiedstanz, ein Tanz, mit dem sie der freien, frischen Jugendlust Lebewohl sagen. Sodann setzt sich die Braut oben an die Tafel und breitet ein feines, weißes Tuch auf ihrem Schooße aus. Die Musik spielt: „Nu gewt de Gaw", eine alte Landesweise, und Jeder eilt hin, ihr die Hochzeitgabe, ein Geschenk an Geld oder Silberzeug, zu reichen. Sie nimmt Alles in das Tuch zusammen und der Bräutigam handelt es ihr herkömmlicherweise zum Scherz ab. Oft kommen 400 bis 500 Thaler dabei zusammen. Zum Schluß wirft die Braut noch das Tischtuch von sich und sieht dann aus der Richtung seiner Zipfel, welches von den Mädchen die nächste Hochzeit feiert. Die alles nivellirende Macht der Gegenwart beginnt freilich schon auch unter diesen Kulturresten merklich aufzuräumen.

Hiermit sei meine kleine Skizze über dieses eigenthümliche Land geschlossen. Wenn ein Volk, das rings durch hemmende Naturgrenzen, Gebirge, Sümpfe oder Meer geschützt ist, vor dem alle Ecken der Eigenthümlichkeit abrundenden Weltgetriebe seine alte Weise bewahrt, so ist das eine Erscheinung, der wir überall begegnen können; aber das Beispiel der Altländer, eines Volkes, das so nahe den Grenzen der Civilisation und Cultur wohnt, täglich so in die unmittelbarste Berührung mit dem Weltgetümmel kommt, Luxus, Moden und die raffinirtesten Genüsse einer üppigen Handelsstadt wie Hamburg fortwährend vor Augen hat und dennoch seinen Charakter und seine vielhundertjährige Sitte, Bauart, Tracht und Verfassung festhielt, — dürfte ein sehr seltenes sein und vielleicht einzig in seiner Art dastehen.

VIII. Das Stedingerland.

Im bisherigen Theile des Buches begleitete mich der Leser auf der Wanderung durch die Marschen des rechten Weserufers stromabwärts bis zur Flußmündung und darauf am linken Elbufer ein gut Stück stromaufwärts. Ausgenommen das oldenburgische Land Würden, Bremerhaven und das hamburgische Amt Ritzebüttel, gehört alles Land, was wir betraten, zu Hannover. Von Neuem wenden wir uns der Weser zu, um jetzt die Marschen ihres linken Ufers kennen zu lernen, sämmtlich dem Großherzogthum Oldenburg angehörend.

Für den, der mit dem rechten Blick und Sinn reist, ist eine Dampfschifffahrt von Bremen stromabwärts durchaus nicht uninteressant, ob auch keines der beiden Ufer im Stand ist, irgend eine bedeutende oder hervorragende Naturschönheit zu bieten.

Wenn die fernblauen Thürme der alten Hansestadt dem Auge entrückt sind, stellt sich bald am rechten Ufer der kleine, rührige Hafenort Vegesack dar, mit seinen rothen Ziegeldächern, seinen Schiffswerften und seiner freundlichen Umgebung voll reizender, grünumlaubter Landhäuser, in denen reiche Bremer Kaufleute ihre Sommerfrische halten. Mehrere davon liegen dicht am Strome, dessen steile Ufer hier 40 bis 50 Fuß hoch aus der Fluth ragen und sich auch noch eine lange Strecke unterhalb Vegesack als schroffe, gelbe Sandblößen fortsetzen. Im Strom selbst passiren wir eine Menge kleiner Inselchen und Bänke, bald Rohr und Weidengebüsch tragend, bald kahl und sandig und belebt von kleinen, hurtigen Strandläufern und Regenpfeifern, bald aus fruchtbarem, grasbedecktem Thonboden bestehend.

Durchaus verschieden vom rechten, stellt sich das linke Weserufer dar. Während dort hohe, sandige Geest ist, dehnt sich hier, oft noch niedriger als der Wasserspiegel, die weite Marschebene. Fast ganz ohne Vorland sieht man den noch nicht sehr hohen Deich hart an den Strom treten, den Fuß geschützt vor den ewig spülenden und wühlenden Fluthen durch eine Menge kurzer Schlengen. Hier und dort erscheint ein Schiffswerft und hinter ihm schauen in langen Reihen die Giebel kleiner, rohrbedachter Häuser hervor.

Beim Dorfe Warfleth, dessen altes Kirchlein hoch vom Deiche über Strom und Land schaut, legt der Dampfer an eine Landungsbrücke. Wir steigen aus, schauen über den Deich — und vor uns liegt jene Gegend, deren Geschichte, Land und Leute uns jetzt beschäftigen sollen — das Stedingerland.

Das Eigenthümliche und Unterschiedliche dieser Marsch ist im Grunde zu unbedeutend, um dem Fremden sogleich in die Augen zu fallen; und auch die Bewohner unterscheiden sich nur unwesentlich von den Insassen der benachbarten oldenburgischen Marschen. Ihre Geschichte aber und darin jene Katastrophe, die jeder gebildete Deutsche kennt — der Stedinger Kreuzzug — ist so groß und bedeutsam, so furchtbar und traurig, daß in dieser Hinsicht, wenn von Friesenkraft und Friesenschicksal die Rede ist, Stedingen obenan steht und zuerst genannt werden muß.

Unter dem Namen Stedingerland begriff man im Mittelalter einen ungleich größeren Landbezirk, da auch die auf dem rechten Weserufer liegende Marsch Osterstade, deren Bild wir schon früher gaben, dazu gehörte. Letztere hieß zu jener Zeit Osterstedingen (Stedingia orientalis), zum Unterschiede von dem westlichen Stedingerlande (Stedingia occidentalis), welches wir jetzt betrachten wollen und das in der heutigen Volkssprache schlechtweg „Stegeland" heißt.

Von allen Marschen ist es die tiefstliegende, denn der Boden überragt kaum das Niveau der allerniedrigsten Fluthen, so daß die Thüren seiner Siele, durch äußeren Wasserandrang gehindert, oft mehrere Wochen hindurch sich nicht öffnen können, ja in nasser Herbst- und Winterszeit selbst monatelang verschlossen bleiben. Alles von der höheren Geest herabströmende

Wasser staut sich nun hinter den Deichen auf und überschwemmt das Land weit und breit, daß es einem einzigen Landsee gleicht, und so ist denn bei Sturmfluthen oft schon der Fall doppelter Wassernoth eingetreten: gleichzeitiger Andrang des nicht hinauskönnenden und des hineinwollenden Wassers.

Winterkorn, wie Weizen, Roggen und Rapssamen, kann auf so niederem Boden natürlich nicht gedeihen. Man baut daher fast nur Sommerfrüchte, namentlich Hafer; sodann ist der Hanfbau nicht unbedeutend und an den allerfeuchtesten Orten hat man ansehnliche Weidenpflanzungen angelegt, die fast einen eben so reichen Ertrag liefern, als wenn man Getreide gebaut hätte, und hier einen Haupterwerbszweig bilden. Große Massen von Weiden werden als Material zu Schlengen, Stackwerken und Ueberkleidungen in den Marschen verbraucht. Die feineren Ruthen gehen als Korbweiden, die größten aber zu Faßbändern aus dem Lande, und man konnte sicherlich keine bessere und vortheilhaftere Benutzung eines so sumpfigen, oft jeder anderen Cultur Hohn sprechenden Erdreichs finden. Auch die Fahrwege, die in's Land führen, sind fast immer zu beiden Seiten mit Weiden bepflanzt und gewähren dadurch angenehme Unterbrechungslinien in der großen, einförmigen Ebene. Bei weitem der größere Theil des Bodens aber liegt als Viehweide und liefert den üppigsten Graswuchs.

Im Laufe der letzten Jahrzehnte war man ernstlich auf eine zweckmäßige Entwässerung bedacht. Kleine Binnenflüsse durchziehen das Land, deren Ufer man mit niederen Deichen versehen hat, um ihr Austreten zu verhüten. Auch Flächen Landes hat man mit kleinen Deichen umgeben, während eine Windmühle vermittelst einer archimedischen Schraube oder eines Paternosterwerks das Wasser aus dem niedrigen Lande hebt und über die Deiche in irgend einen jener Flüsse gießt.

Ueber zwanzig solcher wasserhebender Windmühlen besitzt jetzt das Land. Es sind ansehnliche, steinerne Gebäude mit hohem Schilfdache und mächtigen Flügeln, so daß sie vollkommen einer stattlichen holländischen Kornmühle gleichen. Jede dieser Mühlen entwässert einen gewissen, von Deichen umgebenen Bezirk, auf dessen Ländereien nach ihrem Größenverhältniß die Bau- und Unterhaltungskosten der Mühle ruhen. Außerdem sind auch noch eine Menge kleinerer Privatmühlen von sehr einfacher Construction beschäftigt, Wasser aus dem Lande zu heben, so daß man überall ringsum drehende Flügelkreuze erblickt.

Die großen, einzeln liegenden Bauerngehöfte der anderen Marschen finden sich in Stedingen selten und überhaupt trifft man nie den Reichthum und die Ueppigkeit wie bei den Hausleuten des Stad- und Butjadingerlandes; aber dagegen tritt einem hier eine wohlthuende Vertheilung des Grundbesitzes entgegen. Gibt es hier nicht so viel Reiche, so sucht man auch fast vergebens nach Armen im Lande, und die Armenverhältnisse sind kaum in irgend einer Marsch günstiger als gerade in Stedingen. Die Stedinger sind die solidesten, fleißigsten, gefälligsten und wohlgesittetsten Leute, die man finden kann, dabei eben so fern von Indifferentismus, wie von roher Dickthuerei — beides Eigenschaften, die in anderen Marschen leider nicht selten angetroffen werden. Auch herrscht, nach ihrer Art natürlich, eine gewisse wohlthuende Intelligenz unter ihnen, und die treffliche Bürgerschule im nahen Flecken Elsfleth, auf der jetzt die meisten jungen Bauernsöhne ihren Unterricht empfangen, bürgt für eine noch fortwährende Hebung der Bildung.

Aus keiner Marsch, das Alte Land allenfalls ausgenommen, gehen so viele Matrosen hervor, als aus Stedingen. Wer nicht Landmann oder Handwerker ist, fährt zur See. Diese und die gegenüberliegende hannoversche Gegend, die Oerter Ronnebeck, Rekum und namentlich der bremische Hafenort Vegesack liefern der Handelsflotte, die von der Weser fährt, fast alle Mannschaft.

Es sind wackere und brave Seeleute, diese Stedinger;

zwar nicht so wild und verwegen wie die der Ostseeküsten, aber dafür auch nicht so roh, ausschweifend und zügellos: doch sind sie muthig, wenn es sein muß, und dabei so treu und ehrenhaft, so ordentlich und gesittet, so unverdrossen und fröhlich in ihrem Berufe, daß jeder Capitain sich glücklich schätzen kann, aus ihnen seine Mannschaft zu bekommen.

Wer Seemann ist, hat sich möglichst dicht am Deiche angebaut; denn ohne zu jeder Zeit in's Wasser gucken zu können, kann einmal kein „Fahrensmann" leben, und ist darum im tieferen Lande auch fast kein einziger zu finden. Hinter dem Deiche aber zieht sich, gerade wie im Alten Lande, stundenweit eine einzige Reihe kleiner, freundlicher, schilfbedeckter Häuser hin, alle äußerst sauber und, wo sich Holzwerk daran zeigt, mit Oelfarbe angestrichen. Dahinter ist ein Gemüsegärtchen mit einigen Blumenbeeten und daneben meistens ein Stück mit Hanf besäet, dessen Anbau wegen der vielen Seiler (hier Reepschläger genannt) und Segelmacher Vegesacks und Elsfleths ein lohnender ist.

Auch das Innere dieser Häuser ist fast immer auffallend reinlich und freundlich. Eine Koje, fast ganz wie am Bord, bildet die Schlafstelle, und die Muscheln und andere exotische Seltenheiten, die hie und da zur Schau liegen, wie das kleine, an der Decke hängende Schiffsmodell, in müßigen Stunden zierlich geschnitzt, bezeugen sogleich, daß diese Räume für eines Seemanns Heimathsleben gemacht sind. Diese Wände haben sicherlich schon manche grausige, seltsame oder herrliche Geschichte gehört, sie sind Zeugen gewesen von manch bitterer Scheidestunde und manch jubelvoller Heimkehr. Ist ja das Leben eines Seemanns wie seines Meeres Ebbe und Fluth, ein ewig Kommen und Gehen, Scheiden und Wiedersehen, Leid und Lust. — Und eben darin ist auch vielleicht der Grund zu suchen, daß die Ehen der Seeleute so oft wirklich musterhaft genannt werden können. Das glückliche Wiedersehen des Gatten nach so häufiger, langer Trennung muß wohl die Liebe warm erhalten. Namentlich unsere Wesermatrosen sind fast immer die treuesten, liebevollsten Gatten, die es nur geben kann, und dabei vor allen wieder die Stedinger, durchdrungen von einem wohlthuend religiösen Sinne. In keiner Marsch sind allsonntäglich die Kirchen so gefüllt als hier. Wenn ein Matrose daheim ist, geht er auch sicherlich jeden Sonntag in seiner blauen, vielknöpfigen Staatsjacke, welche Tracht freilich fast schon verschwunden ist, in „de leve Gott's Kark", wie er sagt, und wirft am ersten Sonntag, den er in seiner Heimath feiert, als Dankopfer für glückliche Heimkehr ein tüchtig Stück Geld in den Klingelbeutel. Während seiner Reise aber läßt er stets von der Kanzel für sich beten, und es nehmen diese in der ganzen Gegend üblichen Fürbitten, die für den Pfarrer eben so einträglich, wie für den Zuhörer langweilig sind, sehr oft den größten Theil des Kanzelgottesdienstes ein. —

Aber nicht allein, daß aus dem Lande so viele Matrosen hervorgehen: Stedingen hat auch seine eigene Rhederei, die von Jahr zu Jahr im besten Zunehmen ist. Schon seit einem halben Jahrhundert bildeten sich hier Gesellschaften, meistens aus Bauern bestehend, um Grönlandsfahrer auszurüsten, und da die ersten Spekulationen mit Erfolg gekrönt waren, wurde die Lust zum Rhedern bald und namentlich in den letzten Jahrzehnten so allgemein, daß jetzt kaum mehr ein wohlhabender Bauer im Lande ist, der sich nicht an einem oder dem anderen Schiffe durch Aktien betheiligt hätte.

Auch der Schiffsbau ist nicht unbedeutend und es laufen von den hiesigen Werften alljährlich zahlreiche Schiffe, von der stolzesten Brigg bis hinab zur kleinsten Flußjolle. Handel und Schifffahrt bilden daher nebst Landwirthschaft und Viehzucht überall die Hauptunterhaltung, und es ist also kein Wunder, wenn bei solchen Anregungen die Stedinger ganz andere Bauern geworden sind als die Leute hinten im Lande, und dasselbe kann auch jetzt von den Stadländern und Butjadingern gelten.

Sehen wir von einigen Aeußerlichkeiten ab, z. B. Bauart der Häuser, Sitte und Tracht der Bewohner, so ist das Stedingerland in mancher Hinsicht dem Alten Lande ähnlich; ja wir können sagen: die Stelle, welche letzteres an der Elbe einnimmt, vertritt Stedingen an der Weser. Beide Marschen sind die niedrigsten von allen; in der Tiefe beider findet sich jene räthselhafte Schicht von zusammengedrückten, eng verworrenen Gesträuchen, Stämmen und Wurzeln, deren in der Einleitung des Buches gedacht wurde; beide haben gleiche Lage am linken Flußufer, die eine eben unterhalb Hamburg und die andere unterhalb Bremen; beide haben gegenüber ein ganz gleiches Ufer; sandig, hügelig und steil abfallend; hier Ronnebeck, Blumenthal und Vegesack mit ihren Landhäusern und Gärten, dort die villen- und gartenreichen Oerter Blankenese, Flottbeck und Ottensen; beide zeigen die lang gestreckten Häuserreihen längs des Deiches und beide endlich stellen für die Handelsflotten obiger Städte das bedeutendste Contingent an tüchtigen Matrosen. Die Art der Bodenbenutzung beider Marschen ist freilich eine grundverschiedene.

Vielleicht ist das Stedingerland die erste Wesermarsch, die eingedeicht wurde, sicherlich wenigstens eine der ersten. Man glaubt, daß schon im zehnten Jahrhundert die Erzbischöfe von Bremen durch hereingerufene Friesen (Holländer) Deiche anlegen ließen und das Land diesen ersten Ansiedlern unter den vortheilhaftesten Bedingungen und gegen höchst unbedeutende Abgaben und Zehnten übergaben. Ganz gewiß ist aber, daß es viel zu früh den aufschlammenden Fluthen entzogen wurde und daß seine Bewohner auf ewige Zeiten für diese Voreiligkeit zu leiden haben, denn es wären vielleicht nur noch hundert Jahre nöthig gewesen — und das Land würde so hoch und trocken geworden sein wie die übrigen Marschen.

Auch finden wir Nachrichten, daß die Grafen von Oldenburg friesische Colonisten in das noch fast unbewohnte Land gerufen und vereint mit den bremischen Erzbischöfen die Verhältnisse der neuen Anbauer geregelt und festgestellt haben, wodurch das sogenannte Hollerrecht entstand, welches auch in anderen Marschen bei fremden Ansiedlern zur Geltung kam. Es wird also zu vermuthen sein, daß Erzbischof und Graf sich in die geistlichen und weltlichen Hoheitsrechte des Landes theilten. Die oldenburgischen Grafen erbauten bald darauf zur Wahrung dieser Rechte zwei feste Schlösser und Burgen im Lande, die Leuchtenburg und die Burg Liene, in welchen ihre Vögte und Burgmänner wohnten, und auch die Erzbischöfe legten einen festen Sitz, die Burg Schlüter oder Slutter, an.

Die Abgaben der Stedinger waren indeß äußerst gering. Von angebautem Lande gab man von jeder Hufe (21 000 Quadratfuß) jährlich nur einen Denarius (18 Pfennige) und außerdem von den Früchten den Zehnten. Eine Menge Rechte, Freiheiten und Privilegien gab es. Mit dem Grundbesitz konnte man frei schalten und walten; selbstgewählte Richter schlichteten nach altem Friesenrecht die inneren Streitigkeiten, und das ganze Land diesseits und jenseits der Weser führte als allgemeines Zeichen ein Siegel mit dem Bilde des Schutzpatrons St. Aegidius.

Eine Menge Anbauer, meistens Friesen und Holländer, jedoch auch Sachsen aus Engern und Westfalen, zogen herbei und rasch kam die junge Colonie unter so günstigen Verhältnissen empor. Kaum sind hundert Jahre vergangen, so finden wir das Land schon ungemein bevölkert. Der Friede zwischen den Stedingern und ihren Schutzherren währte indeß nicht sehr lange. Bald sehen wir die letzteren, wie sie übermüthig und gestachelt von Habsucht und Herrschgelüsten, eine von ihren

Vorfahren gegebene Freiheit nach der anderen, ein Privilegium nach dem anderen anzutasten und zu beseitigen suchen. Die festen Sitze derselben sehen wir bald in drohende Zwingburgen verwandelt; rohe Burgvögte lassen sich die gröbsten Ausschweifungen und Verbrechen zu Schulden kommen und mischen sich auf die anmaßendste Weise in innere Angelegenheiten und Streitigkeiten, die nur den vom Volke gewählten Richtern zukamen. Alle Klagen und Beschwerden blieben unberücksichtigt, denn Grafen wie Erzbischöfe wetteiferten um die unumschränkteste Herrschaft.

So konnte es denn nicht fehlen, daß bald Unwille und Haß das ganze Volk erfüllte. Die Gährung wuchs von Jahr zu Jahr und sollte bald zum offenen Ausbruch kommen.

Als die Burgjunker wieder einmal einige Frauen und Töchter der Stedinger mit Gewalt in die Feste geschleppt und entehrt hatten, versammelte sich Nachts das ganze Volk zu Brookdick und hielt Rath, wie solchem Unwesen endlich zu steuern sei. Man beschloß, es noch einmal und zum Letzten bei einer ernstlichen Beschwerde bewenden zu lassen, sei das aber wieder vergebens, mit Gewalt die erlittene Schande zu rächen und alle Zwingburgen im Lande zu zerstören.

So schickte man denn Gesandte zum Grafen, aber höhnisch wies dieser sie ab, trotz Mahnung und Drohung. Alsbald stand ganz Stedingen in Aufruhr; wüthende Schaaren belagerten die beiden Hauptburgen Lienen und Leuchtenburg, nahmen sie mit stürmender Hand, erschlugen die Junker sammt der ganzen Besatzung und machten die verhaßten Zwinger dem Erdboden gleich. Auch alle kleineren Festen wurden genommen, alle gräflichen Beamten erschlagen oder verjagt und ganz Stedingen dies- und jenseits der Weser für eine freie, unabhängige Republik erklärt, die weder geistlichen noch weltlichen Herren Tribut oder Zins zu geben brauche. — Das geschah, nach der Stedinger Chronik, im Jahre 1159.

Eine Menge Volks strömte nun von allen Seiten zum jungen Freistaat, der dadurch viele neue wackere Streiter bekam. Er hatte sie aber auch nöthig, denn nur unter fortwährenden Fehden mit dem ergrimmten Grafen und Erzbischofe konnten die Stedinger ihre Freiheit genießen.

Bald bekämpfte sie der Eine, bald der Andere. Aber sie hatten gegen Bremen hin, das schon von der Natur durch die vielen Sümpfe geschützte Land durch breite und tiefe Gräben noch mehr befestigt und schlugen alle Angriffe kräftig zurück, wagten sogar, unterstützt durch die Rustringer (die Friesen im nördlichen Butjadingen), das feste Schloß zu Oldenburg zu belagern, wurden hier aber blutig abgewiesen.

Auch mit ihren Verbündeten kamen sie bald in Fehde und waren auch in dieser nicht eben glücklich. So dauerten Kämpfe und Unruhen ein ganzes Jahrhundert. Im Jahre 1219 hatte Gerhard II., einer der stolzesten, kriegerischsten und herrschsüchtigsten aller Kirchenfürsten, den erzbischöflichen Stuhl bestiegen und dieser wollte mit aller Macht das Volk bändigen, mit einem Schlage allen ferneren Erhebungsversuchen ein Ende machen. Er rüstete 1230 ein starkes Heer aus, Graf Burghard von Oldenburg hatte ebenfalls eins gestellt und mit einem dritten erschien des Erzbischofs Bruder, der Graf Hermann v. d. Lippe. Im December jenes Jahres rückten die drei vereinten Heere in's Land. Die Stedinger hatten einige Hülfe von Herzog Otto von Lüneburg erhalten, waren jedoch ungleich schwächer an Streitkräften als ihre Gegner. Indessen rückten sie diesen muthig entgegen. Gerade am Tage vor Weihnachten kam es bei Hemmelskamp zur Schlacht. Die Stedinger griffen das feindliche Heer zuerst an und drangen so wüthend vor, daß jeder Widerstand vergeblich war und in kurzer Zeit das ganze vereinigte Heer in wilder Flucht auseinander stob. Graf H. v. d. Lippe lag erschlagen auf dem Felde, viele Ritter waren mit ihm gefallen und eine große Zahl Krieger. Die

Stedinger aber hatten diesmal äußerst wenige Todte und feierten Psalmen singend auf blutgedüngter Wahlstatt eine jubelvolle Christnacht. —

Das war ihr letzter Sieg und wir kommen nun zu jener großen Katastrophe, die dem Volke den Untergang brachte, seinen Namen aber für ewige Zeiten unsterblich machte, dem Kreuzzug.

Gerhard brütete furchtbare Rache und bald sollte ein günstiger Zufall ihm ein Mittel an die Hand geben, durch das er mit einemmale das Schwert der Vernichtung mit voller Wucht auf das tapfere, freiheitliebende Volk herabfallen lassen konnte.

Die Frau eines angesehenen Stedingers wollte zum heiligen Abendmahl gehen und der Priester beging die Schamlosigkeit, den erhaltenen Beichtgroschen, der ihm zu gering oder nicht gut schien, ihr anstatt der Hostie öffentlich in den Mund zu schieben. Das erbitterte ihren Mann, er ging hin und erschlug den frechen Pfaffen. Der Erzbischof verlangte nun im Namen der heiligen Kirche die Bestrafung und Auslieferung des Priestermörders, wurde aber höhnisch mit der Antwort zurückgewiesen: wie Jener hätte Jeder von ihnen gehandelt. Das war es gerade, was Gerhard wollte.

Sofort sandte er ein dringendes Gesuch an Papst Gregor IX., worin er die Stedinger als arge Ketzer, Kirchenfeinde und die sittenlosesten Rebellen schilderte und dringend bat, dieselben in den Bann zu thun.

Eine noch ungleich ärgere Schilderung machte dem Papst der fanatische Dominikaner und Ketzerrichter Conrad von Marburg. Sein Bericht, voll der unsinnigsten Lügen, stellt die Stedinger als ein aller Sittlichkeit gänzlich baares und heruntergekommenes Volk dar, das sich alltäglich den wildesten Ausschweifungen überlasse, den heiligen Leib des Herrn, die Hostie, beschimpfe, dem Teufel sich ergeben habe, eine große

Kröte anbete, und dessen gänzliche Ausrottung die heiligste Pflicht der gesammten Christenheit sei.

Und nun war das Loos der armen Stedinger entschieden. Nicht allein, daß der Papst, ein eifriger und getreuer Nachfolger und Nachahmer Innocenz III., ohne ihre Rechtfertigung zu fordern, ohne Weiteres den Bannfluch über sie aussprach, veranlaßte er auch noch den Kaiser Friedrich II., der in Palermo bekanntlich seinen glänzenden Hof hielt, sie mit Acht und Interdikt zu belegen und ließ endlich 1232—33 in ganz Deutschland das Kreuz gegen sie predigen. —

Ein solch bequemer und anscheinend gefahrloser Zug wie dieser, die Nähe des Zieles, die Aussicht auf gute Beute an Vieh, Korn und Ländereien bei den wohlhabenden Marschbauern, alles das war wohl im Stande anzulocken, und so verging kein Jahr, als sich bereits ein ziemliches Kreuzheer bei Bremen gesammelt hatte.

Obgleich nicht unbedeutend, schien es dem Erzbischof doch noch nicht stark genug, um die wohlgerüsteten Stedinger ohne Weiteres anzugreifen.

Um indeß nicht müßig zu sein, fiel es plötzlich unter Anführung des Grafen Burghard von Oldenburg, eines Vetters Gerhard's, am Tage vor Johannis und Pauli in Osterstade ein, weil auch dieses mit zu Stedingen gehörte. Nach kurzem, blutigem Kampfe ward dem Kreuzheer der Sieg. Vierhundert Bauern lagen todt, desgleichen eine Menge Frauen, die mitgekämpft hatten.

Die Gefangenen verbrannte man als Ketzer, der Rest entfloh in benachbarte Marschen und das Land ward weit und breit verwüstet mit Sengen und Brennen. Aber auch das Kreuzheer hatte empfindliche Verluste und selbst der Graf Burghard lag erschlagen auf dem Schlachtfelde. Den Ort jenes Kampfes aber weiß Niemand mehr; keine Chronik hat ihn genannt und bezeichnet.

So war das östliche Stedingen denn vollständig unterjocht und im nächsten Jahre sollte nun der eigentliche Zug gegen das westliche Land gehen.

Zahlreiche Grafen und Ritter hatten sich das Kreuz auf die Schulter heften lassen und versammelten sich mit ihren Reisigen im Frühling 1234 zu Bremen. Unter diesen hatte man Herzog Heinrich von Brabant, den Grafen Florenz von Holland, Diedrich von der Mark, Diedrich von Cleve und Graf Heinrich von Oldenburg, Bruder des im vorigen Jahre gefallenen Burghard, zu Anführern gewählt, die bald über ein wohlgerüstetes Heer von 40 000 Kreuzfahrern zu verfügen hatten.

Im Dome zu Bremen hielt sodann der Erzbischof mit allem Pompe ein großes, feierliches Hochamt, wo alle Waffen geweiht, alle Kämpfer für den heiligen Streit eingesegnet wurden und Jeden, der am Zuge theilnahm, Ablaß erhielt. Dann brach das Heer zu Anfang Mai 1234 zu Wasser und zu Land nach Stedingen auf.

Die Macht der Stedinger betrug nicht ein Drittel von der des Kreuzheeres, aber es war eine todesmuthige Schaar, die für die höchsten Güter auf Erden stritt, für Freiheit, Recht und für den lieben, theuern Heimathsboden, welchen die Väter mit Mühe und Noth den Fluthen entrungen, viele Jahre hindurch vertheidigt und oft mit ihrem Blute gedüngt hatten; es war eine Schaar, die bereit war, zu sterben, wenn sie nicht siegen konnte, wohl ahnend, welch Schicksal ihrer dann harrte. Greise und Knaben, Frauen und Jungfrauen sah man bewaffnet in den Reihen und drei gewählte Führer standen an der Spitze dieser Heldenschaar. Ihre Namen hat die Geschichte bewahrt. Bolke von Bardenfleth, Tammo von Huntorp und Detmer tom Dyk hießen die Drei und waren sicher nichts Anderes als schlichte, tapfere Bauern.

Bei Altenesch, nicht weit vom kleinen Flüßchen Ochtum,

hatte sich das muthige Bauernheer in keilförmiger Schlachtordnung aufgestellt, als am Morgen des 27. Mai das mächtige Kreuzheer vermittelst einer über die Ochtum geschlagenen Brücke heranrückte und gleich Miene zum Angriff machte. Die das Heer in großer Zahl begleitenden Mönche und Priester sangen das berühmte uralte Lied „Media vita“, um den Sieg vom Himmel zu erflehen. Bolko, Tammo und Detmer dagegen gingen durch die Reihen und ermahnten ihre Waffenbrüder durch kräftige Worte, muthig den Angriff zu erwarten und um keinen Preis sich zu unterwerfen, nicht die abergläubische Menschensatzung jener Pfaffen und Mönche als Heiligthum zu verehren, sondern lieber Alle zu sterben. Sie sollten bedenken, sprachen sie, weß Stammes sie wären, daß sie edle, freie Friesen und Alles dem Vaterlande, der Freiheit und dem heiligen Andenken ihrer Vorfahren schuldig seien.

Diese Reden entflammten mächtig die Stedinger. Sie hielten nicht nur mit Todeskühnheit den ersten Angriff der Kreuzfahrer aus, sondern drangen auch bald selbst so wüthend vor, daß sie sogar die eisenfesten Schaaren des Feindes zuweilen zum Wanken und Weichen brachten.

Der Herzog von Brabant wich zuerst, Graf Heinrich von Oldenburg stürzte schon zu Anfang der Schlacht mit dem Pferde und ward mit dem Schwerte erschlagen. Andere Ritter aber drangen desto gewaltiger vor.

Den ganzen Tag hindurch wogte und wüthete das grausige Ringen, bald vorwärts, bald zurück. Tausende waren gefallen und tränkten mit ihrem Blute die grünen Wiesen; der Abend dämmerte bereits und noch war nichts entschieden. — Da fiel plötzlich Graf Diedrich von Cleve mit seinen Reitern den armen, verzweiflungsvollen und schon ermattenden Bauern in die Flanke, Alles vor sich her zermalmend und zersprengend. — Nun war die Arbeit bald gethan.

Die drei tapferen Führer der Heldenschaar, über 6000

Männer und viele Frauen und Jungfrauen lagen bleich und blutend auf dem Felde, als die Nacht herabsank; aber auch 4000 Kreuzfahrer waren gefallen, unter ihnen Heinrich von Oldenburg und Graf Wilhelm von Egmont.

In Warfleth, wo jetzt hart an der Weser ein Kirchlein hoch vom Deiche in's Land und über den Fluß schaut, begrub man, wie es heißt, die gefallenen Stedinger in gemeinsamer Gruft.

Die Sieger aber fanden im Lande wenig Beute. Große Schätze und Reichthümer hatte das Volk nie gehabt; seine Freiheit war sein höchstes Gut gewesen. Die Höfe, Heerden und Ländereien der Erschlagenen schenkte der Erzbischof den Kreuzfahrern und Anderen zum Lehen und Meierrecht, wie er's im vorigen Jahre im südlichen Osterstade gethan, und erloschen war damit hier wie dort Friesenstamm und Friesensitte und alle Sagen und Nachrichten, die im Munde des Volkes lebten seit alten, längst vergangenen Zeiten.

So war denn das große und traurige Drama zu Ende und es herrschte nun für lange Zeit Ruhe im Lande, die Ruhe eines Kirchhofs. — So viel aber ist gewiß, dieser gemeinsame Heldentod eines ganzen, guten und wackeren Volkes für Glauben und Freiheit, Herd und Heimath ist immer und immer den herrlichsten Thaten, die uns nur je die Annalen der Geschichte aufbewahrt haben, an die Seite zu stellen und bildet sicher das bedeutsamste und blutigste Blatt im großen Ruhmeskranze des Friesenstammes. Leider ist nicht mehr davon auf die Nachwelt gekommen, als was hier erzählt ist. Wir kennen wenig Einzelnheiten und Charaktere jener großen Katastrophe, nur die bloßen Namen der drei Heldenführer sind uns aufbewahrt. Hätte der Stedinger Krieg einen würdigen Geschichtsschreiber gefunden, er wäre werth, ebenso in allen Schulen gelehrt und bekannt zu werden, wie die Kämpfe des Schweizervolks.

Sechshundert Jahre nachher, im Jahre 1834, hat man das Andenken jenes Tages erneuert und auf dem Schlachtfelde zu Altenesch am Jahrestage des Kampfes ein Denkmal errichtet. Da erhebt sich nun hart am Deiche aus der sumpfigen Ebene, umflüstert von Rohr und Weidengebüsch, ein mäßiger Hügel und trägt auf einem Sandsteinsockel einen einfachen, eisernen Obelisken, den ein eisernes, sinnig aus wechselnden Kreuzen und Schwertern bestehendes Geländer einzäunt.

„Den im Kampfe für Freiheit und Glauben auf diesem Schlachtfelde gefallenen Stedingern“ lautet die Inschrift der Vorderseite. Rechts steht: „Am 27. Mai 1234 unterlag den mächtigen Feinden das tapfere Volk.“ Links: „Bolke von Bardenfleth, Tammo von Huntorp, Detmer tom Dyk fielen als Führer mit ihren Brüdern“, und hinten endlich: „Am Jahrestage der Schlacht 1834 geweiht von späten Nachkommen.“ —

Oft genug auch ist der heldenmüthige Glaubens- und Freiheitskampf der Stedinger dargestellt, bald dichterisch, bald rein historisch, bald in epischer Breite, bald in gedrängter kraftvoller Kürze. Keine Darstellung aber erreicht an Tiefe, Reichhaltigkeit und kritischer Schärfe die gekrönte Preisschrift: „Die Stedinger, ein Beitrag zur Geschichte der Wesermarschen“, von Dr. H. A. Schumacher (Bremen, Verlag von C. Müller, 1865), welche ich Jedem, der sich tiefer mit diesem Heldenvolke beschäftigen möchte, nicht dringend genug empfehlen kann, mag dieselbe selbst in einigen Stücken mit der meinigen in Widerspruch stehen.

Kein Fremder, der Stedingen betritt, möge es versäumen, auch die nahe liegenden, höchst interessanten Reste der Cistercienser-Abtei Hude zu besuchen. Zwar befinden sich dieselben auf der nahen Geest und ihre Schilderung würde somit im Grunde außer dem Bereiche dieses Marschenbuches liegen; ich kann es mir indeß nicht versagen, dennoch den Leser zu diesen Kirchenruinen zu führen; denn nicht nur, weil sie die allereinzigsten in der ganzen norddeutschen Ebene sind, sondern ihrer wirklich malerischen Schönheit und kunsthistorischen Bedeutung halber verdienen sie wahrlich bekannter und besuchter zu sein, wie sie bisher waren.

Um von Bremen auf dem interessantesten Wege hin zu gelangen, fuhr man früher mit dem Dampfschiffe bis Warfleth und wanderte von da ab zu Fuße; erst eine Zeit auf dem Deiche; zur Rechten den segelbelebten Strom. Das jenseitige Ufer, anfangs reich mit hell leuchtenden Ziegelhäusern, Mühlen, rauchenden Fabriken und Schiffswerften belebt, zieht sich bald als ein ganz kahler, steil abfallender Sandabhang hin — und dort wo jetzt, ganz vereinzelt liegend, seit einigen Jahren eine bedeutende Fayencefabrik ihre schwarzen Rauchwolken zum Himmel steigen läßt, stand einst die Witteburg. Erzbischof Gerhard II. hatte es im Jahre 1221, getrieben von Herrschgelüsten und Habsucht, gewagt, hier durch die Erbauung einer Feste und durch Sperrung des Stromes vermittelst Pallisaden und Ketten einen Zoll für alle stromaufwärts gehenden Handelsschiffe zu errichten. Aber die Bürger und Kaufleute der Stadt Bremen lehnten sich mit gerechtem Unwillen gegen eine solche Anmaßung auf, zersprengten die Sperrketten durch ein mit vollen Segeln darauf losgelassenes Ballastschiff und machten so nicht nur mit Gewalt die Fahrt frei, sondern nahmen auch die Burg ein, brachen sie ab und pflasterten mit dem trefflichen Material ihre Straßen.

Eine halbe Stunde stromabwärts tritt sodann die Geest zurück und die Marschen bilden nun auch die rechten Weserufer.

Zur Linken hat man die weiteste Aussicht in's grüne Stedingerland mit seinen Wassermühlen, seinen Canälen und Binnenflüßchen und den Weidenreihen seiner Fahrwege, Alles bunt und belebt von unzähligen Rinderschaaren. So wandert man auf dem Deiche und längs der Reihe von Schifferhäusern hin, macht nach einer halben Stunde im tieferen Land eine

Biegung und erreicht bald auf solch einer Weidenallee Berne, den Hauptort des Landes und das freundlichste Dorf, das man sehen kann. — Die Kirche, deren hoher, schlanker Thurm ein weit gesehenes, echtes Wahrzeichen der Gegend ist, war von je das vornehmste und bedeutsamste Gotteshaus der alten Stedinger, in dessen Räumen stets ihre Landesversammlungen stattfanden. Schon 1057 gegründet, ist sie im Laufe der Jahre vielfach verbaut, geflickt, theils von grobkörnigen Sandsteinen der Porta Westfalica, dem Material mancher Marschkirchen, theils von Backsteinen aufgeführt. Von außen zeigt sie meistentheils frühromanische Elemente, während das dreischiffige Innere im Uebergangsstyle gehalten ist und aus dem Jahre 1247 stammt.

Und nun weiter, einem kleinen Binnenflusse entlang, auf weidenbeschattetem Wege. Das Land zu beiden Seiten wird bald sumpfig und immer niedriger, vergleichbar einer weiten Prairie voll Sumpfgewächse und hohen Graswuchses; dann kommt echtes Moorland mit reichem Erlengebüsch und endlich jener Vorsprung der Geest, auf welchem Hude liegt, traulich versteckt im Grün der hohen Tannen, Eichen und Buchen, seit dem Jahre 1873 der Knotenpunkt, wo sich die nach Elsfleth, Brake und dem Butjadingerlande führende Eisenbahn von der Bremen-Oldenburger abzweigt, so daß man jetzt, um von Bremen nach Hude zu gelangen, selten den vorhin beschriebenen Weg einschlagen wird.

Wann Hude gegründet wurde, weiß man nicht mit Gewißheit, indeß bestand es schon vor dem dreizehnten Jahrhundert und war eines der reichsten, mächtigsten und größten Cistercienserklöster des deutschen Nordens. Eine bedeutende Geschichte hat das Kloster nie gehabt. Die Mönche ergaben sich im Laufe der Jahre der größten Schwelgerei und Unsittlichkeit, so daß sie weit und breit Aergerniß erregten. Es heißt in einer alten geschriebenen Bremer Chronik: „De Monneken forden en wust Levend mit losen Wiven und deden, wat se wolden.“ — Der

Bischof Franz von Münster, der im sechszehnten Jahrhundert die Grafschaft Delmenhorst occupirt hielt und dessen Zorn die Mönche, man weiß nicht wodurch eigentlich, erregt hatten, sandte sodann im Jahre 1536 seinen Drosten Wilke Steding, einen tüchtigen Kriegsmann, und ließ das Kloster mit Sturm nehmen, zerstören und aufheben, nur die Kirche blieb diesmal noch unversehrt. Der Graf von Delmenhorst, dessen Vorfahren in jener Kirche ruhten, führte nun beim Reichskammergerichte zu Speier bittere Klagen gegen den Bischof, reizte aber dessen Zorn nur noch mehr dadurch, so daß derselbe im Jahre 1538 auch die schöne, alte Kirche völlig in Trümmer schießen und alle ihre Kostbarkeiten und Zierden, Kelche und Monstranzen, Glocken und Orgeln nach Münster führen ließ, dessen Dom sie noch jetzt besitzt. — Der Kriegshauptmann Wilke Steding war derselbe, welcher das von den Wiedertäufern unter Johann von Leiden besetzte Münster eroberte.

Als im Jahre 1547 die Grafschaft Delmenhorst wieder von Graf Anton I. erobert wurde, fiel diesem auch das zerstörte Kloster mit all seinen beträchtlichen Gütern und Ländereien zu. Durch ihn ward nun die Reformation überall auch im Stedingerlande eingeführt und das Kloster, dessen Mönche längst in alle Welt zerstoben waren, wurde in aller Form säcularisirt. Damit hat denn seine Geschichte ein Ende und die meisten Ländereien sind seit Jahren der Familie von Witzleben gegen einen gewissen Canon zum Lehen gegeben.

Vom mächtigen Klostergebäude selbst, das einst 300 Mönchszellen hatte, ist keine Spur übrig als ein Theil des alten Kellers und darüber das Küchengebäude, jetzt in ein Wirthshaus verwandelt.

Von der gothischen Kirche sind indeß noch bedeutsame Reste erhalten. In einem Winkel des wunderschönen waldigen Parks ragen die hohen, rothen Trümmer aus dunklem Tannengrün, reich umbauscht und hier und dort prächtig mit üppigem

Epheu bewachsen. Die meisten Mauern sind leider eingestürzt, so daß man mit Mühe den Grundriß der Kirche herausfindet. Ueberall liegen unförmlich mächtige Mauerstücke; hohe Tannen haben sie mit ihren Wurzeln umkrallt, selbst mitten im Schiffe der Kirche heben sie hoch ihre dunklen Wipfel empor, ringsum kühles, ernstes Gedämmer verbreitend; eine Tanne ist umgesunken, so daß sie von einem Steinblock zum andern eine grüne Brücke bildet, während sie mit ihrer Krone doch wieder emporwächst. Den ganzen trümmerbesäeten Boden überzieht eine reiche Pflanzendecke. Hier und dort stehen tiefgrüne Schattenpflanzen, manch einsame Waldblume schlägt vom Moosgrunde ihr schönes Auge zum Himmel auf, und wo der Sonnenschein länger ruhen kann, leuchtet die purpurne Erdbeere auf grünem Polster. Es ist ein rechter Ort zum stillen Träumen und Dichten.

Das Hauptstück der Ruine ist eine wohl erhaltene Pfeilerreihe, welche noch ihre ganze, mächtige Mauerfläche trägt und die Scheidung zwischen dem Hauptschiffe und dem südlichen Nebenschiffe bezeichnete. Von der äußeren Umfassungsmauer dagegen stehen — außer einem Stück, das noch eine enge, vielfach abgeschliffene Wendeltreppe enthält, und einem Stück des Chors — nur spärliche Reste, die auch nur malerischen, nicht architektonischen Werth haben. Jenes Stück Mittelschiff genügt aber vollkommen, um die einstige Größe, Schönheit und kunstgeschichtliche Bedeutsamkeit dieses interessanten Bauwerks auf's lebendigste ahnen zu lassen.

Bei genauerer Untersuchung stellt sich heraus, daß die im 13. Jahrhundert erbaute Kirche drei Schiffe besaß, von denen das mittlere die beiden anderen bedeutend an Höhe überragte und in Stockwerken aufstieg. Das Erdgeschoß bilden die fünf offenen Bögen, die auf schweren, an den Ecken mit Säulchen besetzten Pfeilern ruhen; das Geschoß darüber zeigt als Dekoration eine flache Wandarkaden-Reihe (Triforium). Das dritte enthält die Fenster, durch welche Licht in's Innere der Kirche fiel, und ist wieder zwischen denselben auf höchst anmuthige Weise durch Wandbogen geschmückt und belebt. Endlich war, wie es heißt, noch ein viertes Geschoß — wahrscheinlich ein Halbgeschoß — vorhanden, welches leider im Winter 1736 herabstürzte. So wenigstens berichten Muhle „Das Kloster Hude" (Oldenburg 1826) und v. Halem in seiner „Geschichte von Oldenburg." — Sodann hatte die Kirche vor dem Chore ein einfaches, gering heraustretendes Querschiff. Von einem Thurme findet sich indeß keine Spur; hatte sie solchen, so mußte es wohl nur ein Dachreiter gewesen sein.

Bis auf ein paar einzelne sandsteinerne Baustücke ist das ganze Material der Kirche nur rother, gebrannter Backstein, aus dem auch alle Gesimse, Profilirungen, Gurten, Säulchen, Capitäle und Consolen bestehen, und während alles Dieses, so wie auch die Laibung der Bogen, die natürliche Farbe zeigt oder auch wohl hie und da, namentlich an den Gliederungen, mit buntglasirten Steinen geziert ist, erscheinen die schlichten Wandflächen mit grauer Tünche bedeckt, was sicherlich von bedeutender Wirkung war. Alle Ornamente sind in vortrefflicher Weise ausgebildet und angeordnet. Was aber namentlich unsere volle Bewunderung verdient, sind die höchst interessanten Consolen, auf welchen hier und dort die Wandbögen ruhen, und man kann kaum etwas Anmuthigeres und Reizvolleres finden als diese thongeformten Steinblüthen. Hier zeigen sie Thierlarven, da reich gebildetes Blätterwerk, dort wieder Engelsköpfe oder lockenumwallte Frauengesichter, die mit gar holdseligem, innigem und mildem Ausdrucke von ihrer Höhe herniederschauen. Und das Alles sitzt nun da oben über 300 Jahre frei und allen verderblichen Einflüssen eines rauhen, feuchten Klimas preisgegeben und hat trotzdem eine Schärfe der Kanten bewahrt, die zum Erstaunen ist.

Was übrigens vor allen anderen Dingen diese Ruine in

kunstgeschichtlicher Hinsicht so bedeutsam macht, ist der Umstand, daß dieser Bau durchaus von den meisten norddeutschen backsteinernen Bauten gothischen Styls abweicht und bei näherer Untersuchung ganz entschieden eine Ausbildung zeigt, wie wir sie nur bei den Kirchenbauten Frankreichs wiederfinden, so daß er hierin sicherlich wohl das einzige Beispiel, wenn nicht in ganz Deutschland, so doch in dessen Norden sein dürfte.

Dieses entschiedene Hervortreten der Horizontallinien, die Arkadendekoration, die Form mancher Consolen und Profile — Alles erinnert auf's Klarste an die Kathedralen Frankreichs, selbst die Notre Dame von Paris nicht ausgenommen. Im ersten Augenblick mag uns das höchst auffallend und wunderbar vorkommen, bei einigem Nachdenken erklärt es sich jedoch auf die einfachste Weise.

Der gesammte Cistercienserorden hatte bekanntlich sein allererstes Kloster zu Citeaux (lat. Cistertium), welches fünf Stunden von Dijon lag und wo im Jahre 1098 Robert Abt von Molesme diesen Orden stiftete. Er vermehrte sich bald so, daß er hundert Jahre nach seiner Gründung schon über tausend Klöster zählte und sich in der Mitte des zwölften Jahrhunderts auch in Deutschland ansiedelte, so daß unser Hude sicherlich eine seiner ersten deutschen Stiftungen war.

Diese alle hingen nun bis in späte Zeiten auf's Innigste und fortwährend mit ihrem französischen Mutterkloster zusammen, so daß der ganze Orden eine feste, gemeinsame Congregation ausmachte, dessen Superior stets der jedesmalige Abt von Citeaux war, in welchem Kloster auch stets das Generalordenscapitel tagte.

Es konnte denn wohl nichts natürlicher sein, als daß sich auch auf Hude französische Einflüsse geltend machten, und sicherlich war von Citeaux aus ein Baumeister gesandt, um im fernen deutschen Norden diese interessante Kirche aufzuführen.

Genug jetzt von Hude, denn es wird Zeit, uns wieder den

Marschen zuzuwenden, und doch kann ich nicht unterlassen, ehe ich mit dem Leser wieder dahin zurückkehre, ihn noch zuvor etwas weiter in südlicher Richtung landeinwärts zu führen.

Eine Stunde Weges nämlich liegt der alte, ehrwürdige Wald Hasbruch, welchen kein Naturfreund, den sein Schicksal je in die Nähe führt, unbesucht lassen sollte; denn der Hasbruch ist ein so stolzer, wunderprächtiger Eichenwald, wie wohl kaum das nördliche Deutschland einen zweiten besitzt, nur einen einzigen ausgenommen.

Echt urwaldsschauerlich weht es uns an, wenn wir in das tiefe Dämmerlicht eintreten, das Alles rings umhüllt, und mit Staunen füllt sich die Seele ob all den ungeheuren Waldriesen, wie sie hie und da emporragen aus schattigem Sumpfboden mit ihren urgewaltigen, grauen und grandios geschwungenen Leibern und dem wildtrotzigen Geknorr der Aeste, und dazwischen stehen Buchen, die so seltsam verwachsen, so grotesk, phantastisch und fratzenhaft mit hellgrauer Rinde aus dem Dunkel schauen, daß man sich in einem alten Zauberwalde wähnen sollte.

Manche Eichen sind halbe Ruinen, deren kahle Aeste geisterhaft und wie bleiche Gebeine aus dem Blättergrün starren, und Stämme gibt es von solcher Mächtigkeit, daß sechs Männer sie kaum mit den Armen umklaftern können. Wer mag wissen, wie viele Jahrhunderte über diesem Walde hingegangen sind, ob in seinem Düster nicht noch Bär, Elenn und Auerochs hausten, ob nicht gar schon aus ihm Harfenklang und Opferglut aufstiegen zu den alten Göttern. — Nur ein einziger Wald an der Nordseeküste überragt ihn noch an malerischer Schönheit, mögen seine alten Eichen auch denen im Hasbruch an Größe nachstehen. Das ist der Urwald von Neuenburg im Jadegebiet.

Ueber das Alter der stärksten Eichen im Hasbruch theilt J. G. Kohl in seinen Nordwestdeutschen Skizzen Band I. Seite 277 einige interessante Notizen mit. Bei mehreren gefällten Eichen stellte sich nach Zählung der Jahresringe dasselbe wirklich auf 1000 bis 1100 Jahre heraus, was also bis an die Zeit Karls des Großen reichte. Und jene gefällten waren noch keineswegs die größten Bäume. Wie viele Jahresringe erst mag die Rieseneiche daselbst zählen, deren Umfang noch in Mannshöhe über 32 Fuß mißt? — Wenn ich also von Opferduft und Harfenklang rede, der vielleicht schon im Schatten ihrer Laubkrone zu den alten Göttern emporgestiegen sei, habe ich durchaus nicht „den Mund so voll genommen", wie ein Kritiker mich dessen beschuldigen wollte.

Das halb versumpfte Flüßchen, die Ochtum genannt, bildet die südliche Grenze des Stedingerlandes, welches hier mit dem Gebiet der Stadt Bremen zusammenstößt. Diese stille Sumpfgegend war einst Zeuge einer Begebenheit, wie sie nur ein schmachvolles und trauriges Jahrhundert des empörendsten Fürstendespotismus, wie es das achtzehnte war, geschehen lassen konnte. Wie ein edler Hirsch, den die blutlechzende Meute verfolgt, wurde bis hieher in entsetzlichster Todesangst einst ein deutscher Dichter gehetzt und ein Herz, so tief, groß und herrlich wie je eins geschlagen, rang hier in jäher Verzweiflung. Aber gerade im Augenblick der höchsten Noth war auch hier die Rettung — die Freiheit am nächsten. Wer sollte ihn nicht kennen, um dessen Haupt hier die Kugeln hessischer Schergen sausten, wer sollte ihn nicht lieben und hoch verehren, eben so sehr seines Charakters und seiner traurigen Schicksale als seiner Lieder wegen — den armen Seume!?

Zurückgebracht aus Amerika als ein Theil jener Menschenwaare, welche nicht im Kriege consumirt worden und nun wieder an den berüchtigten Seelenverkäufer in Kassel abgeliefert werden sollte, war es ihm gelungen, in Bremen seinen Schergen zu entspringen. Wackere Bürger halfen ihm über die beiden

Brücken, durch die Neustadt und aus dem Thore, indem sie auf alle Weise die ihm nachsetzenden hessischen Jäger, welche schon im ersten Augenblicke seine Flucht gewahr wurden, aufhielten und irre leiteten, so daß er einen Vorsprung bekam. Aber die Verfolger ließen nicht ab und der Arme rannte nun in entsetzlicher Hast längs der Weser stromabwärts und lief in Einem fort vier Stunden weit, immer die Jäger ganz nahe hinter ihm. Matter und matter werdend wollte er fast zusammensinken vor Erschöpfung. So trieben sie ihn gerade auf jenen Winkel zu, in welchem an ein Entkommen kaum mehr zu denken war. Mit Entsetzen sieht er den letzten Weg abgeschnitten und schon will er hinstürzen und in dumpfer Verzweiflung sich wieder in sein trauriges Schicksal ergeben —, als er plötzlich hinter Weidengebüsch am Ufer einen Fischer mit seinem Boote erblickt. Mit einem Satze seiner letzten Kraft springt er in dasselbe hinein. Um Rettung fleht er angstvoll den Schiffer an, und dieser, der entsetzt die gräßliche Menschenjagd mit angesehen, heißt ihn rasch auf den Boden des Fahrzeugs sich niederstrecken, rudert fort und erreicht gerade in dem Augenblick das andere Ufer, als die Jäger an den Fluß gelangen. Da kein anderes Boot in der Nähe war, mußten sich Letztere mit erfolglosen Büchsenschüssen begnügen. „Hier Freund“, sagte der brave Schiffer zum endlich aufathmenden Flüchtling, „hier auf oldenburgischem Grund und Boden seid Ihr frei, lebt wohl, Gott helf' Euch weiter!“ —

Jetzt eilen alljährlich Tausende auf dem Dampfboote der Hunte und Weser dicht an jener schilfumgebenen Uferstelle vorüber und wie Wenige mögen davon wissen? — Er wäre der rechte Ort für einen Denkstein!

Das wohlgetroffene Bronzebildniß des Dichters, modellirt vom schweizer Bildhauer Victor von Meyenburg, gestiftet vom Schreiber dieses, dazu der Bremer Künstlerverein die marmorne Einfassung schenkte mit der Inschrift:

Johann Gottfried Seume,
1783 durch Bremer Bürger von seinen Verfolgern gerettet.

erblickt man jetzt zu Bremen vor der großen Weserbrücke, in eine Mauer eingelassen. In der Nähe dieser Stelle nämlich hatte man die Verfolger durch falsche Wegangabe irre geleitet und so dem eben Befreiten den rettenden Vorsprung verschafft.

Der kühne Rückzug eines anderen deutschen Mannes hat in Elsfleth ein Denkmal hervorgerufen. Nahe dem Weserstrande und mitten im Orte bezeichnet eine gothische Steinpyramide die Stelle, wo sich Braunschweigs ritterlicher Herzog Wilhelm am 7. August 1809 mit seiner kleinen Schaar treuer und tapferer Husaren nach England einschiffte, nachdem er sich von Zwickau bis hieher mitten durch die Feinde hindurchgeschlagen und selbst noch unterwegs den westfälischen Oberst Wellingerode bei Halberstadt mit seinem Regimente besiegt und gefangen genommen hatte.

Wie die Ochtum die südliche, so bildet die Hunte, welche nahe der kleinen Stadt Elsfleth ihre moorgefärbte Fluth in die Weser ergießt, die nördliche Grenze des Stedingerlandes. Dieser durch seinen Handel, Schiffsbau, seine Rhederei und Navigationsschule äußerst lebhafte und wohlhabende Ort liegt schon im alten sogenannten Gebiet Moorriem, das wieder bis zum Stadlande reicht und lange Zeit hindurch sein eigenes Erbrecht und andere Eigenthümlichkeiten bewahrte, obwohl es in ganz frühen Zeiten ebenfalls zu Stedingen gehörte. —

Der Deich und ein wohlgepflegter Sandpfad in der inneren Schrägung desselben führt in etwa zwei Stunden von dort zur kleinen Hafenstadt Brake. Schiffswerfte für größere und kleinere Fahrzeuge, sauber gehaltene Schifferhäuser, freundliche Bauerngehöfte und zahlreiche netzumhangene Fischerwohnungen bieten dem Wanderer mannichfaltige Unterhaltung und beweisen ihm die Rührigkeit der Bevölkerung. — Namentlich ist die Fischerei ein bedeutender Erwerbszweig. Im März und April bildet der Stint die Hauptbeute, diesem folgt der Maifisch, der nur geräuchert zu Markte gebracht wird, dann der Stör, im Herbste die Neunauge und endlich den größten Theil des Jahres hindurch der Aal, der geschmort unter dem Namen „Elsflether Speckaal“ oder „Schmurtaal“ als Handelsartikel nicht nur weit und breit in's Oberland geht, sondern selbst nach England versandt wird. —

Brake selbst ist ein freundliches offenes Hafenstädtchen, das jetzt etwa hundert Jahre alt sein mag. Bis zu Anfang der sechsziger Jahre hatte der Ort nur eine offene Rhede und erlitt durch das Aufblühen von Bremerhaven einen schweren Stoß. In den Jahren 1848 und 49 hob es sich vorübergehend als Hauptstation der deutschen Kriegsflotte traurigen Andenkens, dann war es eine Zeit hervorragender Ausfuhrort Butjadinger Viehs, das nach England ging, bis die Dampferstation Nordenham beim Kirchdorfe Atens es auch darin überflügelte. Mit der Vollendung eines geschlossenen Hafens, vor Allem aber mit der Eröffnung der nach Bremen und Oldenburg führenden Eisenbahn ist neues Leben in das schon verödende Städtchen eingekehrt. Was die vollendete Wesercorrection ihm bringen oder nehmen wird, ist abzuwarten.

IX. Das Stadland und Butjadingen.

Beiden Marschen sei hier gemeinsam ein Abschnitt geweiht, denn gerade wie Kehdingen und Hadeln, denen sie auch hinsichtlich ihrer geographischen Lage und Bodenverhältnisse analog sind, haben beide so viel Gemeinsames in ihrem äußeren Charakter, ihrem Volke, ihrer Bauart, ihrer Agricultur, ihrer Geschichte und gehen überdies so ineinander über, daß nur dem geübteren Blick eines aufmerksamen Beobachters die geringen

Unterschiede derselben bemerkbar werden. Nur ist in ersterer der Boden schwerer, also thonreicher und weniger sandig, und daher ist man hier naturgemäß mehr auf Viehzucht angewiesen, während in letzterer, des leichten Bodens halber, der Ackerbau entschieden vorherrscht. Der größte Unterschied zwischen beiden besteht aber namentlich darin, daß das Stadland noch überall als Flußmarsch, Butjadingen dagegen in Klima und Strandflora als völlige Seemarsch anzusehen ist, da dessen Ufer rings die Salzfluth bespült; hier die der Wesermündung, dort die des Jadebusens, dem es seinen Namen verdankt. Die Geschichte der beiden Marschen ist gleichfalls so ineinander verflochten, so gemeinsam, daß es durchaus nicht möglich ist, sie getrennt von einander darzustellen.

Dem oldenburgischen Hauptmann Niebour (später Oberst in bremischen Diensten) verdanken wir eine höchst interessante historische Karte des Großherzogthums, welche namentlich die ehemalige physische Gestalt des Landes vor Augen führt. Da sehen wir den jetzigen Jadebusen noch als festes Land, eine ansehnliche Zahl Ortschaften und Kirchdörfer aufweisend, und wo jetzt auf ödem Watt der Seehund sich wälzt und Mövenschwärme flattern, liegt fruchtbares, bevölkertes Land, gekrönt mit dem Schloß Mellum. Es schlängeln sich westwärts der Jade zu die Nebenarme der Weser: die Liene, die Heete, das Lockfleth, die Ahne, und unser Butjadingerland erblicken wir als echte Deltabildung.

Nun ist Alles das anders geworden. Dort, wo Land war, ist jetzt Wasser, und wo Wasser floß, ist zum Theil fester Boden, denn alle Arme sind längst zugeschlammt, Butjadingen und Stadland sind Eins geworden, und nur wer genau beobachtet und eigens darnach sieht, entdeckt hier und dort die Niederungen, welche den Lauf jener alten Flußarme bezeichnen. Am ersten und deutlichsten werden sie noch durch Bohren und Graben in die Tiefe erkannt, weil hier der so spät geschaffene

Boden natürlich ganz andere Lagen und Verhältnisse zeigt als der übrige, durch ruhige allgemeine Niederschläge entstandene. So z. B. finden sich jene lang gedehnten Kalklager (Wühlerde), welche für das Stad- und Butjadingerland so sehr charakteristisch und wichtig sind, niemals an der Stelle, wo ein alter Flußarm war, und noch manches andere ist hier durchaus verschieden.

In keiner Marsch ist der Boden so wellig, ob auch nur in leise gedehnten Linien geschwungen, als hier. Der Grund mag theilweise in jenen einstigen Inselbildungen beruhen, anderen Theils indeß trägt die Menge von alten, jetzt freilich sehr zusammengesunkenen oder auseinander gespülten Wurthen des Landes zu dieser Erscheinung bei, welche wir nirgendwo so zahlreich wiederfinden. Auch die häufigen Wortendungen der Orts- und einzelner Gehöftnamen: warden, wurp und warf, z. B. Golzwarden, Boitwarden, Eckwarden, Langwarden, Ruhwarden, Fedderwarden, ferner Golzwarder und Schmalenflether Wurp oder Hajenwarf, — Alles deutet auf Inseln und künstliche Wurthen hin.

Die Namen Stad und Butjadingen kommen erst ziemlich spät vor. Man begriff die ganze Gegend von der Nordsee bis in's Stedingerland hinein mit sammt dem Striche, wo jetzt der Jadebusen seine Wogen schlägt, in der gemeinsamen Benennung Rustringen, ohne dessen Grenzen genauer zu bestimmen. Erst nachdem die Fluthen eingebrochen und jenen dorfreichen, blühenden Landstrich verschlungen hatten, fing man an, den nun dadurch getrennten Theil: dat Land Butenjaden oder Butjadingen zu nennen. Rustringen aber gehörte von je zum Bunde der sogenannten friesischen sieben Seelande, welcher, zu gegenseitigem Schutz und Trutz geschlossen, gemeinsames Recht hatte und seine Versammlungen unter dem Upstalsboom bei Aurich hielt.

Es mag hier nicht am unrechten Orte sein, einiges über die alte Eintheilung der friesischen sogenannten Seelande anzuführen, wie es in Onno Klopp's Geschichte Ostfrieslands dargestellt ist:

„Als nach dem Abgange der Karolinger die Verbindung Frieslands mit dem deutschen Reiche immer lockerer wurde, als die kaiserlichen Grafen an Ansehen immer mehr verloren und die Bewohner des Landes selbst auf ihren Schutz bedacht sein mußten, theilte es sich oder rief eine alte Eintheilung der sieben Seelande wieder hervor. Der Name rührt von der Lage an der See. Jedes Seeland aber zerfiel wieder in einzelne Theile mit besonderen Namen und besonderen Einrichtungen, aber alle erkannten die 17 Willküren und die 24 Landrechte als gemeinsames Gesetzbuch an und setzten diesen später, wie schon früher erzählt, noch 6 Ueberküren hinzu. Dies war zugleich nebst der gemeinsamen Sprache und Sitte das Band der inneren Angelegenheiten. Nach Außen hin verpflichteten sich die Seelande einander zum Schutz und zum Beistande. Zu diesem Zwecke zogen alljährlich die Abgeordneten, um das Wohl und Wehe des gemeinsamen Vaterlandes zu berathen, zum Upstalsboom. — Vier dieser Seelande gehören jetzt zu Holland. Vom jetzigen Ostfriesland gehörte Reiderland zum fünften Seelande, das sechste bestand aus dem ganzen Emsgau (Emsigerlande mit Emden), dem Lande der Brokmer, Auricher-, Harlinger-, Ostringer- und Norderlande. Dies war das reichste und fruchtbarste von allen. Das siebente Seeland endlich bestand aus dem Moormer-, Oberledinger- und Lengenerland, sodann aus dem Wanger- und Rustringerland diesseits und jenseits der Jade (trans Jadam, friesisch buta oder „buten Jaden“, daher Butjadingen). — Es ist indeß keine Spur vorhanden, daß die weiter ostwärts gewanderten Friesen, die Wurster, die Nordfriesen (im Schleswigschen) oder auch nur die Stedinger an der Weser an diesen Versammlungen Theil genommen hätten.“*)

*) Anmerk. Vergl. Seite 189.

Die Geschichte der alten Rustringer ist voll Sturm, Kampf und Ungemach, wenn sie sich auch nie zu jener mächtigen Bedeutsamkeit einer Stedinger Kreuzschlacht erhebt. Auch ist sie seltsam dunkel und verworren, bietet jedoch das herrlichste Bild unverwüstlicher Kraft, Freiheits- und Heimathsliebe. —

Zuerst treffen wir die rustringer Friesen, wie sie gleich ihren Brüdern jenseits der Weser, den Wurstern, als kühne Piraten mit kleinen Schiffen an den Nordseeküsten umherschwärmen und viele Jahre hindurch den Bremern manchen Schabernack anthun.

Mit der Gründung des Stifts Bremen werden sie Christen. Der erste bremische Bischof, der h. Wilhadus, wurde ihr Apostel und starb in Blexen 790, wo sein Andenken durch den nach ihm benannten tiefen Wilhadusbrunnen, lange Zeit der einzige weit und breit umher, bis auf den heutigen Tag bewahrt wird.

Bis in's dreizehnte Jahrhundert ist die Geschichte des Landes indeß merkwürdig dunkel. Im Jahre 1218 am 17. November bricht dann jene verheerende Fluth in's Land, welche mit einemmale sieben blühende Kirchspiele verschlingt und zu jenem Wasserbecken umwandelt, das wir Jade nennen. Auch von dieser Katastrophe sind uns nicht die geringsten Einzelnheiten aufbewahrt, nur eine alte Sage gibt es, die jenes Ereigniß zum Gegenstande hat.

Die Rustringer, heißt es, waren in große Ueppigkeit und Gottlosigkeit verfallen, so daß sie den Zorn des Himmels erregten. Im schnöden Uebermuth hatten sie einen kupfernen Siel mit vergoldeten Thüren gebaut. Nun war ein frommer Priester unter ihnen, der sie unaufhörlich ermahnte und vor der Strafe Gottes warnte. Aber sie spotteten seiner und trieben freches Spiel mit ihm.

Eines Nachts holte man den Priester eilends aus seinem Hause und ließ ihm sagen: er möge schnell kommen, um einem

Sterbenden das heil. Abendmahl zu geben. Und als er kam, fand er ein Saufgelag wüster Gesellen. Im Bette aber lag statt des Kranken eine alte Sau, und sie zwangen ihn, dieser das Sakrament zu ertheilen, während sie Spottchoräle dazu sangen.

Da fiel der Priester nieder auf seine Kniee und bat den Himmel, das gottlose Land und Volk zu verderben, aber ihm und seinem frommen Hause möge Gott doch ein Zeichen geben, wenn die große Heimsuchung käme. — Und eine Stimme rief ihm zu: „Wenn der Fisch aus dem Feuer kommt, wird das Land zu Meer werden; dann mache dich auf und fliehe."

Es ging wieder eine Zeit vorüber, aber der Zorn des Himmels wollte nicht kommen und das Volk ward gottloser als je. — Da kam einst ein Knecht des Priesters, der den Backofen heizen sollte, eilends gelaufen und erzählte, daß, als er das Feuer angezündet, ein großer Aal aus den Flammen geschlüpft sei. Wie das der Priester hörte, machte er sich mit seinem ganzen Hause sofort auf den Weg und zog landeinwärts. Alsobald brauste die Fluth in's Land und der Boden versank mit Allem, was er trug, immer dicht hinter dem Wagen des Fliehenden. So war er schon stundenlang gefahren. Da auf einmal zog der Deichselsticken aus; der Wagen stand, aber auch die Fluth ging nicht weiter, und noch heute heißt jene Stelle „Zum Sticken". — Das ist die Sage, welche in ihrer Grundidee in vielen anderen Gegenden Deutschlands stets den Verhältnissen angepaßt wiederkehrt. —

Gleich den Stedingern erkannten die Rustringer die Herrschaft der bremischen Bischöfe nur in ihren geistlichen Angelegenheiten an und traten jedem Uebergriffe kräftig entgegen. Ja sie duldeten sogar nie, daß die Geistlichen im Cölibat lebten, sondern jeder derselben mußte eine rechtmäßige Frau haben, damit alle unsittliche Schandwirthschaft verhütet werde.

Schon im dreizehnten Jahrhundert kamen verschiedene Fehden vor, bald mit den Bremern, wo dann fast immer die Seeräubereien die Streitursache waren, bald mit den oldenburgischen Grafen und auch sehr oft mit beiden zugleich, denn meistens leisteten diese den Bremern Beistand. Sie sind im Ganzen von keinem großen und allgemeinen Interesse, auch nur in spärlichen Nachrichten uns erhalten.

Der erste bedeutsame Kampf, von welchem wir genauere Kunde haben, war 1368. Friesische Piraten hatten wieder einige bremer Schiffe gekapert und obgleich das Land sofort bereit war, den Schaden zu ersetzen, wandten sich doch die Bremer an den Grafen von Oldenburg, gemeinsam die Butjadinger ein für allemal derb zu züchtigen, das Land zu erobern und dem Kaperunwesen für immer ein Ende zu machen. Leicht ließ sich der damals regierende kriegs- und beutelustige Graf Konrad zu einem Zuge bewegen und stand bald an der Spitze seiner Reisigen zum Schlage bereit, indeß sein jüngerer Bruder, Graf Moritz, die bremischen Streitkräfte anführte.

Man schiffte die Weser hinab und landete bei Blexen, wo der Häuptling Iko Boling stand. Dieser war jedoch feige und nicht vom echten Friesengeiste beseelt. Er zeigte sich, als er die Kriegsmacht herankommen sah, gleich bereit, sich zu ergeben, ja er erbot sich sogar, dem Grafen alle mögliche Hülfe zu leisten, wenn man ihn und seine lieben Blexer nur schonen wollte.

Aber dadurch noch siegesgewisser gemacht, prahlte der Graf voll Hochmuth: „Ei was wollen die Bauern gegen gerüstete Ritter! Und wenn es noch ein paar Tausend Friesen schneite, wir wollten sie schon bändigen.“ Er war so sorglos gewesen, daß er nur ein Häuflein von 7—800 Mann Kerntruppen mitgenommen hatte und diese noch sogar theilte, so daß ein breites Fleth ihre gegenseitige Hülfeleistung hinderte. Wie stark die Macht der Bremer und Rustringer war, ist nicht bekannt. Beim nahen Dorfe Koldewarf kam es zur Schlacht und den Rustringern wurde der glänzendste Sieg. Erst empfingen sie den oldenburger Haufen, umzingelten und schlugen ihn total zusammen; dann griffen sie wüthend die Bremer an und auch diese waren in kurzer Zeit vernichtet. Graf Konrad, sein junger Sohn Gerhard, Graf Moritz und alle oldenburgischen Edlen lagen erschlagen; nur ein Einziger der Letzteren, Gebhard von Elmeloh, entkam, um die traurige Kunde heim zu bringen. Aber der Himmel hatte den Friesen auch sichtlich geholfen und Wunder gethan. Als der Kampf am heißesten war, erzählt die Sage, sah man plötzlich, von unsichtbaren Händen geführt, eine mächtige eiserne Keule durch die Luft sausen und rechts und links in die Haufen der Feinde schmettern. Man fand sie hernach auf dem Schlachtfelde liegen, zweihundert Pfund schwer, und bewahrte sie lange Zeit als Heiligthum in der Kirche zu Blexen. Im Jahre 1534, als die Rustringer gänzlich unterworfen waren, mußten sie diese Keule auf Befehl des Grafen Anton I. ausliefern. Sie wurde in's Schloß zu Oldenburg gebracht, wo sie später abhanden kam.

Durch eine Kapelle bezeichnete man den Ort der Schlacht bei Koldewarf.

Das war die erste größere Fehde im Lande, aber schon im nächsten Jahre sollte eine zweite folgen.

Die beiden noch übrigen Söhne des erschlagenen alten Grafen Konrad, mit Namen Konrad und Christian, schwuren heiße Rache zu nehmen für den Tod ihres Vaters, ihres Bruders und Oheims. Alsbald fielen sie mit einem neuen Heere, diesmal von der Landseite, sengend und brennend in Rustringen ein. Auch die Kirchen zu Golzwarden und Witzale (einem jetzt nicht mehr vorhandenen Dorfe) gingen in Flammen auf. Als es aber zur Schlacht kam, wurden die Grafen auch diesmal total geschlagen, verloren 500 Mann und flüchteten sich mit wenigen Getreuen in eine Kirche, wo man sie umzingelte. Graf Christian, der Domherr zu Köln war, that in der Angst seines Herzens das Gelübde, dem h. Johannes eine Kirche zu erbauen, wenn er gerettet würde. Er konnte es erfüllen, denn die Bedrängten wurden von den Ihrijen befreit und es gelang ihnen, Oldenburg wieder zu erreichen.

Bis so weit sehen wir alle Rustringer als ein einiges Volk, gemeinsam und treu allen äußeren Feinden entgegen treten. Weil sie so einig und treu, waren sie stark und mächtig und blieben deshalb unabhängig und frei. Das sollte nun leider bald ein Ende finden. Nach und nach verschwand die Eintracht, die Stärke und bald auch die alte Freiheit.

Die Söhne hatten leider vergessen, was die Väter beschworen. Das alte heilige Schutz- und Trutzbündniß aller Friesenstämme, welches man 1323 unter dem Upstalsboom feierlich erneuert hatte, schien alle Geltung verloren zu haben. Die westlichen Seelande, das Brokmerland, Harlingerland u. s. w., so wie auch Wangerland, Stedingen, Stadland und Butjadingen traten immer gesonderter und selbständiger auf, der Name Rustringen verschwand, und schon im vierzehnten Jahrhundert müssen wir leider sehen, daß sich einzelne Friesenstämme, zur innigen Freude der oldenburger Grafen und der Bremer, unter einander blutig befehden. Sodann sehen wir die einst frei und für einzelne Kampfzüge oder höchstens auf Lebenszeit gewählten Häuptlinge mehr und mehr an persönlicher Macht gewinnen und in einigen Gegenden sich zu wirklichem Adel, ja sogar, wie in Jever- und Ostfriesland, zu Fürsten mit erblicher Würde emporschwingen. Auch das alte Gesetz, daß kein Friese ein steinernes Haus bauen durfte, kam mit dem Verfall der Einheit außer Geltung; ja in einigen Gegenden hatten sich die Häuptlinge mitunter wahre Zwingburgen errichtet.

In einem solchen starken Steinhause wohnte zu Dangast der durch Schlauheit, Macht und Tapferkeit weit und breit berühmte Häuptling Edo Wiemken, aus dem alten Häuptlingsgeschlechte der Papinga stammend.

Offenbar ging sein Streben darauf hin, Fürst vom ganzen alten Rustringerland zu werden und er schämte sich sogar nicht, zur Erreichung seiner herrschsüchtigen Pläne mit den Feinden des Landes, den Bremern, ein festes Bündniß zu schließen, namentlich um zuerst die tapferen Friesen „buten de Jade" wirksam zu bekämpfen.

Zu Esensham wohnte deren vornehmster Häuptling Hajo Hosken. Dieser sollte zuerst seiner Gewalt unterliegen, denn er hatte nämlich durch Verstoßung seines Weibes „Jarste Wiemken", einer Halbschwester Edos, dessen Zorn auf's heftigste erregt und Edo hatte ihm blutige Rache dafür geschworen; den Bremern aber war er durch seine Kapereien bis in den Tod verhaßt. Die Stadt sandte 1000 Reiter und Fußknechte und eine Menge Belagerungswerkzeuge, namentlich sogenannte „Blieden", Wurfmaschinen, um glühende Steine, brennende Fackeln und anderes Geschoß zu schleudern, denn Esensham besaß die festeste Kirche des Landes, von mächtigen Feldsteinen aufgeführt, mit Wall und Graben rings umzogen, und in diese hatte sich Hajo mit einer Zahl tapferer Friesen geworfen, als Edos und der verbündeten Bremer Schaaren heranrückten. — Die Belagerung der Kirche begann und war heiß und blutig. Vierzehn Tage hielt sich Hajo; ein großer Theil des verbündeten Heeres war gefallen; fünf Lasten Pfeile und anderes Geschoß, heißt es, waren auf die Kirche geschleudert, auch das Friesenhäuflein arg zusammengeschmolzen, und der Hunger fing ebenfalls an zu nagen — da endlich ergab sich Hajo auf Gnade und Ungnade den Bremern und überließ Edo Esensham zur Beute. Der aber nahm nur den Häuptling Hajo, um ihn nach Jever zu schleppen und dort gräßliche Rache zu üben. Nachdem er ihn nämlich durch Hunger dem Tode nahe gebracht hatte, ließ er ihm, wie mehrere Chronisten erzählen, mit härenen Stricken lebendig das Fleisch von den Knochen scheuern, so daß der Unglückliche unter den entsetzlichsten Qualen den Geist aufgab.

Dadurch geschreckt, unterwarfen sich die Häuptlinge zu Golzwarden und Blexen ohne Kampf. Alle übrigen aber verbanden sich nur um so inniger, bereit, des Landes Freiheit bis auf den letzten Blutstropfen zu schirmen. —

Der Beginn des fünfzehnten Jahrhunderts sollte das Ende friesischer Unabhängigkeit sein.

Zwar mochte Edo, als er seinen Rachedurst an Hajo gelöscht hatte, doch wohl einige Scham und Reue fühlen, ein Bündniß mit den Feinden des Landes wider seine Stammgenossen eingegangen zu sein und trat bald darauf davon zurück. Die Bremer aber, ermuthigt durch den Sieg über Esensham, beschlossen, mit einem Schlage die Macht und Freiheit der friesischen Weserrepubliken zu vernichten und zogen nun statt des abtrünnigen Edo zwei andere Kräfte heran, nämlich den Grafen Moritz III. von Oldenburg, einen Sohn des inzwischen gestorbenen Grafen Konrad II., und sodann die gesammte bremische Ritterschaft. Diese stellte 50 wohlgerüstete Reiter, ebenso viele der Graf Moritz, die Stadt sandte 100 Reiter, und jeder Theil lieferte so viel Fußvolk als aufzubringen war. Auch übernahm Bremen die Proviantlieferung, wofür die bewegliche Beute den Kämpfern zu gleichen Theilen zufallen, Bremen aber in den Besitz des Landes kommen sollte. Die Beutelust zog bald von allen Seiten eine Menge Streitlustiger herbei und nach kurzer Zeit konnte ein 6000 Mann starkes Heer an der friesischen Küste landen. Vor solcher Macht sahen sich die Rustringer genöthigt, sich bis zu der äußersten Spitze des Landes, Langwarden, zurückzuziehen. Die Verbündeten gingen unangefochten über die damals noch ziemlich breite Heete, auf deren jenseitiges Ufer fast sämmtliches Vieh des Landes getrieben war. Alles fiel in ihre Hände. Der Häuptling von Langwarden, Dedo Onneken, unterwarf sich, das Nutzlose eines Kampfes einsehend.

Die Bremer drangen nun auf eifrige Verfolgung des so leichten Sieges; der Graf Moritz aber und die bremische Ritterschaft, denen es viel mehr um die Beute zu thun war, als den

Bremern zu helfen, trennten sich ohne weiteres von ihnen und zogen mit ihrer reichen Beute, trotz aller Bitten und Vorstellungen der Bremer, ruhig über die Heete zurück und nach Hause. Diese, plötzlich geschwächt und verlassen, sahen nun wohl ein, daß sie mit ihrer Macht allein sich nicht dauernd im Besitz des feindlichen Landes erhalten konnten und es blieb ihnen daher nichts weiter übrig, als ebenfalls das Land zu verlassen, welches wieder unabhängig wie zuvor wurde.

Schon im nächsten Jahre, also 1401, unternahmen die Bremer einen zweiten Zug, fielen zu Wasser bei Langwarden in's Land und hatten wieder das Glück, nach kurzem Kampfe den Sieg davon zu tragen, in Folge dessen der Häuptling zu Langwarden für sich und seine Erben feierlich versprechen mußte: den Bremern, so oft sie kämen, die feste Kirche einzuräumen, niemals bremische Schiffe und Kaufleute zu berauben, ihnen sogar allen möglichen Beistand zu leisten.

Um indessen dauernd diese Herrschaft im Lande zu sichern, beschlossen die Bremer, eine starke Burg zu bauen. Sie schritten 1406 zum Werke, um bei Atens die Feste zu errichten, welche mit ansehnlichen doppelten Gräben und Wällen umzogen und die „Friedeburg“ genannt wurde, weil sie eine sichere Bürgschaft sein sollte, daß nun der ewige Hader und Zwist ein Ende genommen.

Die Anlegung einer Burg lief aber den Verträgen mit den oldenburgischen Grafen stracks zuwider. Auch der Erzbischof von Bremen sah schon lange mit Unwillen und Eifersucht die wachsende Macht der Städter und bot jetzt alles auf, um den jungen Grafen Christian XII., so wie dessen Bruder Diedrich und dessen Vetter Moritz, welche damals alle drei gemeinschaftlich Oldenburg beherrschten, mit den Bremern zu entzweien. Es gelang. Noch ehe die Burg fertig, sandten sie ihren Fehdebrief und diesem folgte bald ein ansehnliches Heer. Auch der Rodenkircher Häuptling Dedo Lübben, so wie selbst der alte Edo Wiemken, mit Recht für Alle Gefahr sehend, schlugen sich auf Christians Seite.

Die Bremer verbanden sich wiederum mit dem Grafen von Hoja und Diepholz, fielen in's Moorriem ein und waren wieder glücklich. Graf Christian, nur von hundert Reitern umgeben, drang unvorsichtig weit vor und mußte sich, rings von überlegener Macht angegriffen und von den Seinen abgeschnitten und verlassen, bei Golzwarden gefangen geben. Er ward gebunden zu Pferde nach Bremen geführt, wo die Sieger leider nicht sehr edel an ihm handelten. Denn wie der Chronist Renner berichtet: „se brochten Junker Carsten mede tho Bremen tho Lichtmißen und helden ehme gefangen in ener groten Kisten, de wurdt gebrocht von dem Rathhuse in des Baden Keller by unser leven Fruwen Kerkhave.“ —

Erst gegen ein bedeutendes, gleich zahlbares Lösegeld und Verpfändung des Landes Würden erhielt der Graf seine Freiheit, auch mußte er nebst seinen beiden Brüdern versprechen, den Bau der Friedeburg nicht zu hindern, den Bremern freie Fischerei in der Hunte bis Huntebrück zu gewähren, „sich gestrandeter Sachen nicht zu überwinden“, nie eine Feste an der Weser zu bauen und endlich sogar den Bremern gegen Edo Wiemken sofort beizustehen, wenn sie es verlangten.

Damit war für lange Zeit die Macht und der Einfluß der oldenburgischen Grafen und die der Marschen gebrochen; denn bremische, hojasche und diepholzer Streithaufen hielten bald das ganze Stadland besetzt; die Friedeburg wurde stärker als je gemacht, die Einwohner mußten schwören, nie wieder Anführer zu wählen und der Friesenhäuptling zu Rodenkirchen, Diddo oder Dedo Lübben, mußte gar das Land verlassen und noch froh sein, daß seine Söhne Dedo und Gerold auf ihren Erbhöfen bleiben durften. —

Zehn Jahre lang herrschte nun scheinbare Ruhe im Lande,

aber eine stille Wuth glühte tief in vieler Herzen ob der Schmach bremischen Joches.

Vor Allen hatten die beiden Lübben den Bremern glühende Rache geschworen. In Burhave wohnte der Schwiegersohn Edo Wiemkens, Lübbe Siebeths mit Namen. Mit diesem und anderen Häuptlingen verbanden sie sich, das Joch abzuwerfen. Mit der Ueberrumpelung der verhaßten Zwingfeste wollte man beginnen, das sollte zugleich das Zeichen zur Erhebung des ganzen Landes zwischen der Hunte, Jade und Nordsee sein, und mit einem Schlage gedachte man so über die Bremer und ihrer Hülfstruppen herzufallen und das Land von ihnen zu reinigen.

Alles war vorbereitet. Jeder harrte auf die Botschaft von der genommenen Feste, um die Waffen zu ergreifen. Leider aber sollte es ganz anders kommen.

Die Nacht vom 4. auf den 5. October des Jahres 1418 war für die Einnahme der Burg bestimmt. Mit einer tollkühnen Schaar von 24 Friesen und 20 Sachsen nahten sich die beiden Brüder in tiefster Stille und Dunkelheit der Feste. Unbemerkt erreichen sie die Wälle, Leitern werden angelegt, schon sind sie hinauf, schon einige innerhalb der äußeren Ringmauer — da entsteht Lärm in der Burg. Der bremische Hauptmann Balleer ruft jetzt die Seinen zur Gegenwehr, wird aber in dem Augenblick erschossen. Die Burg wäre sicherlich noch in die Hände der Friesen gekommen, wenn diese nur etwas stärker gewesen. Die Bremer merken bald, mit wie Wenigen sie es zu thun haben, ein furchtbarer Pfeilregen saust von der Mauer der inneren Burg auf die Muthigen. Manche fallen, die anderen müssen ablassen vom Sturme; aber dennoch fliehen sie nicht, sondern verbergen sich, begünstigt von dunkler Nacht, kühn in der Höhlung der äußeren Ringmauer und berathschlagen nun, ob ein neuer Versuch oder der Rückzug vorzuziehen sei. Dedo und Gerold, das Unsinnige eines neuen

Angriffs mit so Wenigen wohl einsehend, waren unbedingt für letzteren. Alle Anderen aber drangen ungestüm auf Erneuerung des Sturmes. „Ihr allein," riefen sie zornig, „ihr allein habt uns hergeführt und seid die ersten, die verzagen!?" Vergeblich waren Gerold's Vorstellungen, doch von solch thörichtem Beginnen abzustehen. — Der Angriff ward beschlossen und sofort mit Wuth unternommen. —

Die Besatzung der Burg war ungleich stärker und diesmal, wie man denken konnte, besser auf der Hut. Nicht nur wurden die Stürmenden sogleich zurückgeworfen, sondern auch verfolgt, umzingelt, und wer nicht von ihnen gefallen war, gefangen genommen. Letzteres Loos traf auch die beiden Brüder. Alle wurden nun nach Bremen geführt, die Sachsen, da sie den Bremern keinen Eid des Gehorsams geleistet hatten, gegen ein Lösegeld frei gelassen, alle Anderen aber zum Tode verurtheilt und zwar zum Rade, nur die beiden Häuptlingssöhne sollten ritterlich durch's Schwert fallen. —

Der ganze Rath und eine ungeheuere Volksmenge begleitete sie hinaus vor die Stadt, wo auf einer Wiese die Richtstätte war. Dedos, des älteren Bruders, Haupt fiel zuerst. Nun sollte der junge schöne Gerold sterben. Als er das Gerüst bestiegen und das blutige Haupt seines Bruders liegen sah, hob er es auf, küßte und benetzte es mit seinen Thränen.

Da das die Menge sah, wurde sie tief bewegt und auch der Rath ward so von Mitleid durchdrungen, daß er auf der Stelle beschloß, dem Jüngling das Leben zu schenken. Nur die Bedingung machte man: Gerold solle sich in Bremen niederlassen, ganz einer der Ihren werden und nur ein bremisch Weib nehmen.

Gerold aber erhob sich stolz und sprach: „Ich will eure Schuster- und Pelzertöchter nicht, denn ich bin nicht eures Herkommens, sondern ein edler, freier Friese. Wollt ihr aber ein Lösegeld, so bin ich bereit, eine Kanne voll Goldgulden zu geben.

Dieser Stolz erstickte sogleich bei Vielen das Mitleid, Andere wieder wurden noch mehr von wahrer Bewunderung zu dem edlen, schönen Friesenjüngling hingezogen; Einige im Rathe waren geneigt, das Lösegeld anzunehmen. Da aber rief der alte Rathsherr Arend Balleer warnend: „Meint Ihr denn, daß Gerold uns jemals den blutigen Bruderkuß vergessen wird?“

Das wirkte entscheidend und auch sein Haupt rollte im nächsten Augenblick zu Boden. —

Im Kreuzgange des Domes zu Bremen sieht man noch, roh aus Stein gehauen, das lebensgroße Standbild eines Mannes mit langem, faltigem Rocke und in der Hand ein mächtiges Schwert. Das ist Gerold's Bild. Ein treuer Freund hat es ihm dort errichtet. —

Bis auf den heutigen Tag aber blüht im Lande das alte Bauerngeschlecht der Lübben in zahlreichen, kräftigen Söhnen als das reichste und angesehenste weit und breit umher, und wie einst seine Glieder im Kampfe für Recht und Freiheit, Heerd und Heimath an der Spitze standen, so haben sie jetzt den schönen Ruhm, die Ersten und Rührigsten zu sein, wo es Gemeinwohl und Fortschritt betrifft, nach echt adeliger Sitte die höchste Ehre darin suchend, auch nicht den kleinsten Makel auf ihren Namen kommen zu lassen. Das alte Wappen der Lübben ist ein springender Löwe in blauem Felde. —

Das Schicksal jenes edlen Bruderpaares schnitt tief in alle Friesenherzen. Auch Graf Christian, der die schmachvolle Behandlung desselben den Bremern nicht vergessen konnte, beschloß trotz seiner ihnen geschworenen Urfehde die Waffen zu ergreifen. Der alte Edo Wiemken war unterdeß gestorben, aber sein junger Enkel Siebeth Papinga, ein Freund und Verwandter der Lübben, verband sich mit dem Grafen und versuchte wieder die bremische Macht im Lande zu vernichten. Bei Blexen kam es zur Schlacht und wieder war der Ausgang ein unglücklicher.

Siebeth mußte über die Jade nach seinem Schloß bei Jever zurück, Graf Christian aber entkam nur mit genauer Noth neuer Gefangenschaft. —

Es schien, als ob den armen Friesen, trotz ihrer namenlosen Ausdauer, nie und nie das Glück hold sein solle. Denn auch im nächsten Jahre, 1419, als sie von einem neuen, 1000 Mann starken Kriegshaufen angegriffen wurden, erlitten sie überall Niederlagen und büßten ihre Kirchen ein. Vier Tage währte die Belagerung der Kirche zu Blexen, in welcher sich der Häuptling Eggo Herikles vertheidigte; die Kirche zu Langwarden ward am dritten Tage mit Sturm genommen; in der festen Burhaver Kirche aber, mit Bollwerken, Ringmauern und einem dicken Vertheidigungsthurme versehen, hielt sich Edo Wiemkens schon erwähnter Schwiegersohn Lübbe Siebeths mit seiner Schaar volle vier Wochen. Erst Hunger und Elend konnte diese Tapferen zur Uebergabe bewegen. Doch hatten sie noch den ehrenvollsten Abzug erstritten und nur unter der Bedingung war die Uebergabe erfolgt, daß jeder Streiter sein Erbe und Gut behielt. Lübbe Siebeth und andere Häuptlinge huldigten nun auch den Bremern. Die Befestigungen der Kirche wurden zerstört, ihr Thurm umgestürzt und mit ihm schien die Unabhängigkeit der Rustringer ebenfalls auf immer dahin zu sein.

Die Friedeburg, noch stärker befestigt, war nun der Haltpunkt der Bremer, von wo aus sie das Land beherrschten. Es wurden sodann die Abgaben der Rustringer für immer festgestellt; eine Tonne Korn mußte gegeben werden von jedem Pfluge und zwei Drittel aller Bruchgelder des Landes, das andere Drittel blieb dem Lande selbst. Selbst an die innere Verfassung legte Bremen seine Hand und änderte, was nicht passend schien; und endlich noch, um die Besitznahme des Landes völlig zu sichern, ließ es sich vom Kaiser Sigismund gegen Zahlung eine Urkunde ausstellen, in welcher dieselbe feierlichst bestätigt war. In dieser Urkunde, ausgestellt 1420 im Felde vor Prag, wird zum erstenmale der diesseits der Jade gelegene Theil Rustringens „das Land Butenjaden“ genannt und Bremen „verliehen“ bis zu seinem (des Kaisers) oder seiner Nachkommen im heiligen römischen Reiche etwaigen Widerruf, in welchem Falle die Stadt das Regiment „eben so freundlich als sie sich dessen angenommen“ — wie es wörtlich heißt — wieder abtreten müsse.

Endlich nach drei Jahren sollte denn doch den Rustringern die Stunde der Befreiung schlagen.

Der junge tapfere Siebeth Papinga hatte während der Zeit auf seiner Feste Siebethsburg bei Jever gewohnt und nie an der guten Sache gezweifelt. Unermüdlich war er bedacht gewesen, in aller Friesen Herzen die Flamme des Hasses zu schüren gegen die Bedränger friesischer Freiheit. Durch das Vertrauen und hohe Ansehen, das er weit und breit genoß, wie durch seine Macht der Ueberredung, hatte er nach und nach alle Häuptlinge zwischen der Weser und Ems zu einem festen Bunde gegen die Unterdrücker vereinigt. An die Spitze dieses Waffenbundes traten außer ihm noch die beiden tapferen und mächtigen Ostfriesenanführer Occo tom Broke und Focko Ukena. In tiefster Stille war die große Erhebung des ganzen Friesenlandes vorbereitet, und die nichts ahnenden Bremer erstaunten nicht wenig, als plötzlich Siebeths trotziger Fehdebrief sie aufforderte, sofort das Land zu räumen. Ehe sie sich besinnen konnten und Antwort gegeben hatten, brach der Aufstand schon aus. Von allen Seiten griffen die Friesen zu den Waffen und Siebeth Papinga selbst erschien urplötzlich am Himmelfahrtstage mit 120 kleinen Schiffen zu Harrierbrake an der Weser und fiel mit 4000 rachesprühenden Streitern wie ein reißender Strom in's Stadland ein, unaufhaltsam nach Norden vordringend. Nichts widerstand, jede bremische Besatzung entfloh, ein Schrecken ging durch's ganze Land; die feste Kirche zu Golzwarden war im Nu erobert, selbst die starke Friedeburg fiel in kurzer Zeit und in wenig Tagen war das Land von den Bremern rein und hallte wieder vom Jubel der freien Friesen.

Die verhaßte Zwingfeste Friedeburg wurde der Erde gleich gemacht. Das war im Jahre 1423.

Glorreicher war kein Kampf im Lande, so lang es aus den Fluthen geschaut hatte. —

Gerade hundert Jahre lang blieb nun das Land wieder frei und unabhängig; aber es war einmal das düstere Verhängniß der armen Friesen, daß sie niemals sich ihrer Freiheit in Frieden und Ruhe freuen, sondern fort und fort dieselbe mit ihrem Blute und Leben theuer erkaufen und behaupten sollten.

Wagten es auch die Bremer hinfort nicht mehr, ihre Hand nach dem Lande auszustrecken, so wuchs dafür die Macht der oldenburgischen Grafen und mit ihr die Begierde, ihre Herrschaft bis zur Weser und Jade auszudehnen. Graf Christian, der den Friesen hold war, lebte nicht mehr, und seine Nachfolger, bald mit Lauenburg, bald mit Münster, bald mit Braunschweig verbündet, setzten Alles daran, die Freiheit des Stad- und Butjadingerlandes zu stürzen; auch der tapfere Siebeth Papinga war leider gestorben und mit ihm hatte das feste Bündniß der Friesen sein Ende erreicht.

Was nun folgt, ist eine einzige Reihe von Angriffen der Oldenburger Grafen, die fast immer mit der Niederlage der Friesen enden. Sind ein paar Jahr vorüber, erheben sich diese wieder, jagen auch wohl anfangs die Besatzung aus dem Lande, aber nur, um schon in der nächsten Zeit durch stärkere Macht von Neuem niedergeworfen zu werden, und im Jahre 1499 riefen die Grafen zur Förderung ihres Zwingwerks sogar die sogenannte „schwarze Garde“ unter dem Junker Schlenz herbei, welche damals weit und breit durch ihre Wildheit und Grausamkeit gefürchtet und berüchtigt, auch in den Kämpfen der Dithmarschen eine Rolle spielte.

Endlich kamen, um die Leiden des armen Volkes zu einer namenlosen Höhe zu steigern, auch noch die entsetzlichen Fluthen jener Jahrhunderte hinzu, welche ganze Dörfer fortspülten, ganze Landstriche und Kirchspiele verschlangen, Tausenden das Leben raubten und überall Noth und Elend verbreiteten, wohin sie brausten.

Ein so gewaltiges Ungemach hätte auch jedes andere Volk endlich gebeugt. Gegen die Mitte des sechszehnten Jahrhunderts ist denn auch der letzte Widerstand aufgegeben und Stadland wie Butjadingen für immer unter oldenburgischer Herrschaft, unter welcher sich beide heute mit vollem Recht glücklich preisen dürfen.

Uns aber, wenn wir einen Blick auf diese Geschichte werfen, muß ernstes Staunen und hohe bewundernde Verehrung erfüllen für solch ein Heldenvolk, denn seine Kraft und Ausdauer, sein Leiden und Elend, sein Ringen und Kämpfen für Recht und Freiheit, Heerd und Heimath stehen fast ohne Beispiel in der Geschichte.

Was Cultur des Landes und Civilisation der Bewohner betrifft, können wir Butjadingen, namentlich aber Stadland, unter den Marschen an der Weser unbedingt den ersten Rang zusprechen, und es nimmt in seiner Weise hier ganz die Stelle ein, welche Hadeln unter den Elbmarschen behauptet, während das eigentliche Butjadingen dem Stadlande etwas nachsteht und ungefähr zu diesem sich wie Kehdingen zu Hadeln verhält, vor Allem im Bildungsstande seiner Bevölkerung.

Nirgend am ganzen rechten und linken Weserufer aber finden wir so herrliche, wohlgepflegte und musterhafte Marschhöfe als im Stadlande; nirgend die Felder in solch untadelhaftem Stande, die Viehzucht auf solcher Höhe und Bedeutsamkeit; in keiner Marsch eine solche Ordnung und fast holländische Reinlichkeit in der ganzen Wirthschaft, und nirgend so uralte, noch blühende, reiche Patriciergeschlechter, als diese Marsch sich deren rühmen kann.

Das Land bietet nicht wie Stedingen und die gegenüberliegenden Wesermarschen den Anblick so mächtiger, baumloser, ununterbrochener Ebenen und wieder so gedrängter Dorfschaften, sondern es hält gewissermaßen die Mitte zwischen diesen und den Elbmarschen, die überall mit einzelnen Höfen und Häusern

Ein „Berg“ von vorne gesehen.

besäet sind und das Auge selten ein Stück Horizont sehen lassen. Es giebt hier nicht nur zahlreiche kleinere Dörfer, sondern auch eine Menge Höfe und Einzelhäuser, die sich aber nicht unregelmäßig zerstreut, sondern fast immer reihenweise an den Hauptstraßen gelegen durch's Land ziehen. Die Bauart ist im Ganzen wenig von der in anderen Wesermarschen verschieden, nur macht sich in Diesem und Jenem, wie auch in Sitte und Sprache ein offenbar vom westlichen Friesland hergedrungener Einfluß bemerkbar, und da sind als erstes und in die Augen fallendes Element dieser Art die „Berge“ dieses Landes zu bezeichnen.

Der Leser wird stutzen und hoch aufschauen: Berge in den Marschen? und gar aus Westen herübergekommen?

Nein, lieber Leser, was Bodenerhebung betrifft, so haben wir in unsern gesegneten Marschen nur die schädlichen Maul=

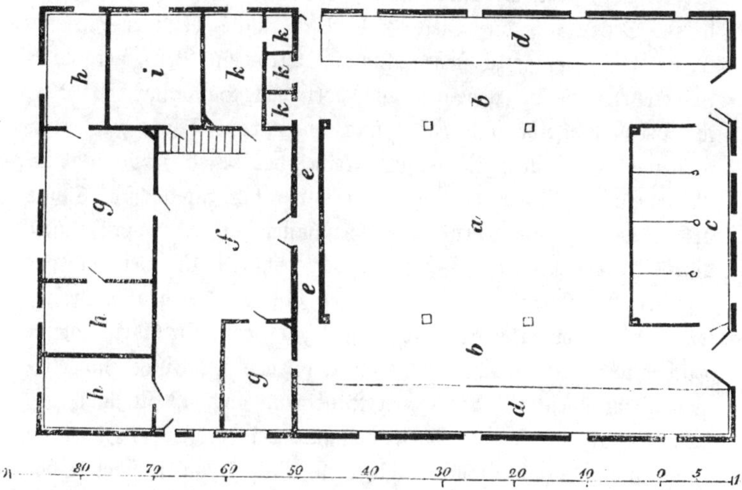

Grundriß eines „Berges“.

a. Der Raum für das ungedroschene Getreide, in Ostfriesland „Gulf“ genannt.
b. Lange Gänge vor der Viehreihe zum Dreschen und zum Füttern des Viehes.
c. Der Pferdestall.
d. Viehställe.
e. Gang, oft auch Dreschtenne, dann aber ungleich breiter als hier.
f. Hausflur (Windfang).
g. Stuben.
h. Kammern.
i. Die Küche.
k. Gesindestuben mit Kojen.

wurfshügel unserer Wiesen und höchstens ein paar uralte, eingesunkene Wurten. Die Berge, von denen ich rede, erheben sich zwar zu stattlicher Höhe, stehen aber zu dem Boden in keiner anderen Beziehung, als daß sie darauf ruhen; es sind nämlich mächtige, scheunenartige, aber massive Gebäude, deren

Benennung vom Zeitwort „bergen“, d. h. unter Dach bringen, entnommen wurde.

Während bei den Wirthschaftsgebäuden der ganzen friesischen wie niedersächsischen Bauernwelt das große Haupt- und Doppelthor, welches unmittelbar zur breiten Tenne führt, an deren Seiten sich die Vieh- und Pferdeställe befinden, in die Mitte der Fronte zu stehen kommt, wird ein Berg gerade in umgekehrter Weise gebaut. Wo dort das Hauptthor, ist hier massive Wandfläche und dafür sind zwei große Thore zu beiden Seiten. Hier steht in langer Reihe das Vieh, während im Mittelraum, „Gulf“ genannt, von unten bis zur höchsten Spitze des Gebäudes die Korn- und Heumassen lagern; vorn, quer durchs's Gebäude und zwischen den Thüren ist meistens der Pferdestall, hinten, ebenfalls in der Quere, die große Dreschtenne. Die vorstehende Zeichnung wird den Grundriß dieser Einrichtung klar machen. Es leuchtet das Praktische und Bequeme derselben auf den ersten Blick ein, doch ist sie noch keineswegs allgemein und meistens nur bei größeren Höfen in Anwendung. Fast immer sind diese Berge von riesiger Höhe und Weite und sehr flacher Dachneigung, bald allein stehend oder mit dem Wohnhause durch einen Gang verbunden, oft aber auch mit diesem zu einem Ganzen geworden, so daß die Wohnräume eine unmittelbare Fortsetzung des Bergs bilden.

An der Weser finden wir diese Bauart nur hier und in Butjadingen. Auch am linken Elbufer begegnet sie uns nicht, dagegen tritt sie auf einmal hie und da am rechten Elbufer auf, z. B. im Eiderstädtischen und Dithmarsen, wo ein solches Gebäude „Heuberg“ heißt, indeß doch in Einigem von denen in friesischen Landen abweicht.

Die Gehöfte sind alle mit einer breiten, tiefen Graft umgeben, die zugleich als Wasserbehälter für Menschen und Vieh dient, denn Brunnen sind sehr wenige im Lande und das Trinkwasser derselben häufig kaum zu genießen. In diesen Marschen sind es indeß nicht jene großen, schwefelwasserstoffhaltigen Dargmassen, die den Osterstadern ihr Wasser verderben, sondern es ist hier offenbar der Salzgehalt des Bodens die Ursache dieses bösen Uebelstandes. Von jenen Darglagern findet man am linken Weserufer kaum eine Spur. Dafür aber treten hier dieselben lang gestreckten Schichten weißgrauer, kohlensaurer Kalkerde auf, welche wir in den Marschen des linken Elbufers, z. B. in Hadeln und Kehdingen, antreffen. Die Ackerkrume ist fast überall äußerst dünn und selbst in der fruchtbarsten Gegend zuweilen nur 4 bis 5 Zoll dick, so daß mit äußerster Vorsicht beim Pflügen darauf gesehen werden muß, daß man nicht zu tief faßt, denn fast immer sitzt unmittelbar dicht unter der Krume der unfruchtbare, harte, bröckelige Knick und kann leicht den ganzen Acker verderben, wenn er nach oben gebracht wird. Da kommt denn die Kalkschicht in doppelter Hinsicht herrlich zu statten; einmal, um die ganze Dicke der Ackerkrume dadurch zu vermehren und dann dem erschöpften Boden eine ungemein auffallende Fruchtbarkeit zu verleihen. Die Kalkschicht pflegt meistens 4 bis 6 Fuß tief zu sitzen, von einer sehr ungleichen Mächtigkeit, gewöhnlich 3 bis 6 Fuß, zu sein und in ihrem Heraufbringen, welches man hier nicht wie im Lande Hadeln „Kuhlen", sondern „Wühlen" nennt, weicht man auch in sofern von der Weise jener Gegend ab, als man keine tiefen Gruben gräbt, sondern in gewisser Entfernung, vielleicht 20 Fuß von einander, den Ackerstücken parallel laufende lange, aber nur 3 bis 4 Fuß tiefe Gräben anlegt. Mit dem Spaten wirft man die Wühlerde heraus, während man mit dem zuvor abgegrabenen Thon und Knick den Graben wieder anfüllt.

Einige Jahre nach der Weihnachtsfluth von 1717 entdeckte durch Zufall ein Hausmann zu Fedderwarden, Namens Jürgens, die merkwürdige Wirkung dieser Kalkerde auf den Pflanzenwuchs und ward der erste Wühler des Landes. Seitdem ist diese Weise für den Ackerbau Butjadingens mit jedem

Jahr von zunehmender Bedeutsamkeit geworden, und wer eine Bank Wühlerde in seiner Besitzung findet, kann es als einen wahren Schatz ansehen, denn mancher Strich Landes, der einst für den Pflug unberührbar bleiben mußte, trägt nun die üppigsten Raps- und Kornfelder. In neuerer Zeit wird auch in Zwischenräumen von 100 bis 120 Fuß gewühlt und die dadurch entstandenen Gräben und Niederungen benutzt man als Abwässerungskanäle. — Der Ackerbau herrscht jedoch am meisten in Butjadingen, im Stadlande steht dagegen Viehzucht, Fettweiden des Viehs und Handel damit in erster Reihe und zwar auf einer so blühenden Höhe und in einer Bedeutsamkeit, wie in keiner anderen Marsch.

Bisher war es nur die schwere, milchreiche holländische Race, welche man züchtete. Die in letzter Zeit aufblühende direkte Handelsverbindung mit England durch eigene Viehdampfschiffe gab Anlaß zur Einführung einer schweren englischen Viehrace (Herfortshirerace), welche in wenig Jahren bereits so in Aufnahme kam, daß man jetzt keinen Bauernhof besuchen konnte, ohne einigen Exemplaren dieser mächtigen, fast bis zur Formlosigkeit fetten, kurzbeinigen, braunrothen und weißköpfigen Thiere zu begegnen. Und dennoch war es ein Mißgriff, der sich mit der Zeit immer klarer herausstellte, da der Milchertrag bei dieser Race sich sehr gering zeigte und überhaupt der hiesige Graswuchs sich nicht dafür eignen wollte, namentlich aber mißlang ihre Kreuzung mit heinischem Vieh gänzlich. So hat man denn alle Versuche damit aufgegeben und dafür in den letzten Jahren eine andere englische Race eingeführt, die kurzhörnige feine Durhamrace, und diese bewährt sich in jeder Hinsicht bis jetzt so außerordentlich, daß sie ihre englischen Vorgänger in kurzer Zeit so gut wie verdrängt hat.

Demungeachtet werden sie aber schwerlich die alte Holländer Race ganz verdrängen können, da, was Milchertrag betrifft, eine gute Holländer Kuh noch immer obenan steht. Begünstigt und belebt die frequente Dampfschifffahrt den Viehhandel, so erhöht eine alljährliche, höchst bedeutende Thierschau mit Preisvertheilung den Eifer in der Zucht, der die glänzendsten Resultate erzielt. Auch die einheimische, friesische, schwere, aber etwas weichliche Pferderace hat sich in letzter Zeit auffallend zu ihrem Vortheil herausgebildet, wenn auch die Versuche, sie mit der starken Yorkshirerace zu verbessern, zuerst zu mißlingen schienen. Die Schafzucht im Lande ist im Ganzen nur gering. Die große heimische Art mit ihrer massiven Wollfülle, aus welcher auffallenderweise das kleine Schwänzchen ganz kahl hervorschaut, ist so für die Boden- und Klimaverhältnisse geeignet, daß wohl nicht rathsam wäre, sie mit einer andern zu kreuzen. Dagegen hat die Schweinezucht durch Einführung einer englischen Race und Vermischung der heimischen mit ihr sehr gewonnen. —

Das ganze Land macht im Sommer auf den Fremden einen äußerst wohlthuenden Eindruck, und eine Fahrt von Brake längs dem Strome bis zur Nordspitze von Langwarden kann sicherlich zu den belohnendsten Ausflügen gerechnet werden, die man in den Marschen unternehmen kann. Da liegt sie vor uns die reichgesegnete, grüne Ebene, und wir durchfliegen sie im kleinen, offenen Wagen auf den schönsten, wohlgepflegtesten Wegen, wie keine zweite Marsch sie aufweisen kann. Auch ein dichtes Netz von schönen Sandpfäden zieht sich durch's ganze Land von Dorf zu Dorf, so daß man selbst in regenvollster Herbst- und Winterszeit, wo andere Marschen kaum zu passiren sind, trockenen Fußes von eirem Ende bis zum anderen wandern kann, und seit einigen Jahrzehnten kann man auf herrlichen Klinkerchausseen durch's Land rollen, dessen Fuhrwerke wieder das schnaubende Dampfroß überholt.

Zu beiden Seiten der gräbenumzogenen Landstücke liegen die üppigen Fettweiden dicht aneinander gereiht. Hier grasen die herrlichen Rinder so schön und behäbig, daß selbst Helios seine Freude daran haben würde; dort steht eine Schaar Ochsen, es sind mächtige, fabelhafte Thiere und mit einer stoischen Ruhe und Würde schauen sie den Wanderer an; dort wieder weiden sanfte, breitstirnige, bunte Kühe, voll Sehnsucht schon der Magd entgegen sehend, die von ferne mit messingbeschlagenem Eimer kommt, die strotzenden Euter zu leeren; dort endlich jagen sich mit fliegender Mähne ein paar braune Rosse, bäumen sich und schlagen und wiehern vor Ueberkraft und Jugendlust, und dann wieder wird die grüne Weidefläche angenehm unterbrochen, bald durch ein hell leuchtendes Rapsfeld, bald von prächtigen Weizenäckern oder üppiger Wintergerste oder einer dunklen, ja fast blaugrünen Haferflur. Nun kommen wir zu einem freundlichen Dorfe, alle Häuser so reinlich, so wohlgehalten, auch das kleinste mit einem Kraut- und Blumengärtchen, und in der Mitte des Dorfes ragt auf hoher Wurt das alte, kleine Kirchengebäude, sei's von Ziegel, Sandstein oder Tuff, moosig und wettergrau, ein ehrwürdig Denkmal alter Friesenzeit. Dann passiren wir vielleicht die Brücke eines ansehnlichen Entwässerungsflethes, welches seine Fluth durch den mächtigen steinernen Siel in die Weser ergießt, dort wieder dreht eine stolze holländische Windmühle ihr gewaltiges Flügelkreuz; weiterhin zeigen sich ein paar alte, eingesunkene Wurten und den Wegen des ganzen Landes entlang liegen die reichen, stattlichen Marschhöfe mit den breiten Graften ihrer Gärten, ihren „Bergen“ und Scheunen, und Alles so wohl gepflegt, so gediegen, so musterhaft geordnet, so in einer echt holländischen Reinlichkeit gehalten, daß es den allerwohlthuensten Eindruck machen muß. Solche Bilder gewährt eine solche Fahrt.

In Betreff der Civilisation stehen die Stadländer den Hadlern nicht viel nach und durch eine im Lande gegründete höhere Bürgerschule wird die nächste Generation sicherlich zu derselben Höhe gelangen. An Sinnesart ihnen zwar gleich, aber schon derber und naturwüchsiger sind die Butjadinger, auch wohl einfacher in Sitten und Genuß. Es sind, wie schon früher erwähnt, gewissermaßen die Kehdinger der Weser. — In der Nähe des Flusses stehen Luxus und Kultur am höchsten unter den Bauern und wir haben hier Erscheinungen in Sitte, Tracht, Schmuck der Wohnräume, Genuß und Zerstreuung, die in nichts von den städtischen abweichen und mit einem alten, einfachen Bauernthume in geradem Widerspruch zu stehen scheinen. Wir finden ganz wie in Hadeln in den Häusern Mahagonimöbel, Flügel und Pianinos, Teppiche, Kupferstiche und Nippsachen; in den Gärten die schönsten Modegewächse, edle Rosen und andere Blumenarten; wir finden, wenn wir nach den Vergnügungen fragen, Bälle und Gartenconcerte, Casinos und Clubs, und jedes Kirchspiel hat seine eigenen, in welche englische Plumpuddings und Roastbeefs, französische Ragouts und Pasteten Eingang gefunden haben und wo man die feinsten Chateauweine trinkt, ja, wenn es hoch hergeht, auch wohl Rheinwein duften und Champagner knallen läßt. Ja selbst Lesezirkel, Leseabende und Liebhabertheater sind nicht unbekannt, und in Rodenkirchen wirkte sogar seit Jahren der „Humboldtverein“ durch wissenschaftlich-populäre Vorträge, Diskussionen und Fragenerörterungen segensreich für das geistige Leben. — Und dennoch sind sie Bauern geblieben, so kernig und brav, so treu und wahr, daß es einem das Herz erfreut, wenn man's ansieht, und neben einem vernünftigen und wohl begründeten Conservativismus hat sich das klarste Rechtsgefühl, der lebendigste Freiheitsdrang und ein schönes, politisches Bewußtsein ausgebildet, welches auch während des großen Kampfes gegen Frankreich durch sofortige Bildung einer freiwilligen Küstenwehr und eine wahrhaft begeisterte Theilnahme sich im schönsten Lichte gezeigt hat. —

Daß unter so gesundem Volke, wie leider an anderen Orten so häufig, die studirte Welt nicht eine Kaste für sich zu bilden vermag, ist leicht einzusehen. Ganz wie im Lande

Hadeln sind hier auf den Bällen, in den Clubs überall Beamte, Prediger und Aerzte mit den Bauern vereint und an ein Absondern oder gar Ueberheben denkt Keiner. Adel ist vollends nicht im Lande.

In Rodenkirchen, wo früher zwei wohl bepfründete Predigerstellen waren, ließ man vernünftigerweise eine davon eingehen und schuf daraus jene höhere, schon erwähnte Schule, die schon reiche Früchte trägt. Aber auch die übrigen einfachen Dorfschulen sind, gegen die in den hannoverschen Marschen gehalten, wahrhaft vortrefflich zu nennen. Selbst für die körperliche Ausbildung der Kinder wurde gesorgt, Turngerüste erheben sich fast auf jedem Schulhofe, und was ganz herrlich und herzerfreuend ist: manches Kirchspiel hat seit den letzten Jahren seine Volksbibliothek aufzuweisen. —

Es wäre Unrecht, mit der Schilderung dieses Landes zu schließen, ohne eine interessante allfriesische Volksbelustigung zu erwähnen, die bis auf den heutigen Tag hier, wie im Jeverlande und einem Theil Ostfrieslands erhalten und noch im vollsten Leben ist, nämlich das sogenannte Klotschießen, ein Fortschleudern von schweren Kugeln. Doch nur im Winter, wenn ein tüchtiger „Kahlfrost“, d. h. ein nicht mit Schneefall verbundener Frost, die weite Marschebene zu einer felsenharten Tafel umgeschaffen, kann dieses eigenthümliche Spiel stattfinden.

Zwei Parteien, meistens die Bewohner zweier Dörfer, Kirchspiele oder Aemter, fordern sich dabei zum Wettkampfe heraus und bringen eine nicht unerhebliche Preissumme, oft schon 100 Thaler und darüber betragend, zusammen, ihren höchsten Stolz darin suchend, wer von ihnen den besten Werfer zu stellen vermag.

Ein Tag wird anberaumt und in großer Zahl kommen die Mitglieder der beiden Parteien unter Zuströmen unzähliger Zuschauer an einem bestimmten Orte zusammen. Sodann, oder auch schon vorher, wird das Ziel festgesetzt, oft stundenweit vom Platze des Auslaufs und jede Partei stellt ihren Klotschießer; oft auch hat jede deren mehrere, die sich ablösen, denn das Werfen ist ungemein anstrengend. Und nun beginnt der Kampf. Der „Klot“ besteht aus einer fast faustgroßen Kugel von hartem Holze, durch welches kreuzweis Löcher gebohrt sind, die man wieder mit Blei ausgegossen hat, so daß sie etwa ein Pfund wiegt. (Das Wort ist gleichbedeutend mit dem hochdeutschen „Kloß“. Erdklöße heißt plattdeutsch auch Kluten und damit zusammenhängend werden Mehlklöße an der Elbe Klüten, an der Weser Klütjen genannt.)

Der erste Klotschießer holt jetzt weit aus, nimmt einen kräftigen Anlauf und wirft dann mit aller Leibesmacht, nachdem er den Arm mit der Kugel auf's Schnellste im Kreise geschwungen hat, die Kugel von sich, welche mit ungeheurer Kraft erst eine Strecke durch die Luft saust, dann den harten Boden trifft, nun kräftig wieder aufschnellt, eine Weile ricochettirend vorwärts hüpft und endlich noch eine tüchtige Strecke rollt.

Kaum liegt die Kugel, tritt der zweite Klotschießer auf und sucht auf gleiche Weise die seine noch möglichst weiter zu schleudern. Dann geht's vorwärts, um von Neuem anzufangen, wo das Ende des ersten Wurfs war. — Die Gewalt, womit die Klotschießer werfen, ist so mächtig, daß sie häufig durch den Schwung heftig zu Boden stürzen und mancher sich schon den Bruch geworfen hat. Daher sind immer Leute bestimmt, die den Klotschießer vor gefährlichem Niederstürzen bewahren und aufzufangen suchen. Auch werden, wo es der Boden fordert, Decken und Matten gebreitet, auf denen der Werfende, dessen Füße dann nur mit Strümpfen bedeckt sind, seinen Anlauf nimmt, ebenso sind die Klotschießer im Augenblicke des Wurfs oft nur mit Hemd und Beinkleid bekleidet. Die Partei, deren Schleuderer das Ziel zuerst mit seiner Kugel und in den wenigsten Würfen erreicht, ist Sieger, dem es vor Allem um die Ehre zu thun ist, denn der Siegespreis geht doch meistens schon bei der Siegesfeier drauf. Daher drängen sich auch in erster Linie stets die Bauern oder deren Söhne als Kämpfer hinzu, und erst, wenn unter diesen Mangel an Tüchtigen ist, kommen auch Andere an die Reihe. Alles begleitet die Werfenden. Von Dorf zu Dorf, von Hof zu Hof schwillt der Zug lawinengleich an bis zu Tausenden. Unaufhörlich werden die Kämpfer durch ihre Partei angefeuert, gebeten, geliebkost und geschmeichelt, doch die Ehre zu retten. Jeder herrliche Wurf wird mit lautem Jubel und Hurrah begrüßt, ja der Werfer mit den freudigsten Umarmungen und Händedrücken belohnt, jeder matte und verfehlte aber mit Unwillen und Schelten von der einen, mit Hohn und Gelächter von der anderen Partei begleitet.

Abends krönt dann ein großes Siegesgelag in irgend einem Gasthofe die Freude des Tages. Der Sieger ist der Held und Abgott Aller; wehe aber dem armen Burschen, dessen Kugel nicht mit konnte. Verhöhnt von der Siegespartei, gescholten und verlassen von der eigenen, hält er es meistens für das Gerathenste, sich davon zu machen, ehe die Geister des Grogs und Weins loskommen, denn oft wird die ganze Preissumme verzehrt und verjubelt.

Das erste Kirchdorf, welches erreicht wird, wenn man den Hafenort Brake verläßt und gegen Norden landeinwärts wandert, ist Golzwarden.

Wie fast überall im alten Rustringerlande liegt auch hier auf hoher Wurt und mit einem einst ansehnlichen Graben umgeben die Kirche, in alten Zeiten die festeste und streitbarste weit und breit ringsum. Manche heiße Belagerungen erlitt sie im Laufe der Jahre und ward zu öfteren zerstört und nieder=

gebrannt, so daß das jetzige Gebäude eben nicht sehr alt ist, aber sie war eine der allerältesten und wie man glaubt, schon im zehnten Jahrhundert entstanden. Zuerst eroberten sie 1375 die oldenburgischen Grafen Conrad II. und Christian in ihrer Fehde mit den Rustringern und brannten ihren schönen, hohen Thurm nieder; dann belagerten und eroberten sie im Anfange des fünfzehnten Jahrhunderts die Bremer; später vertrieb diese wieder der Jeversche Häuptling Sibeth Papinga, der, wie schon erzählt, mit 4000 Mann und 120 Schiffen am Himmelfahrtstage landete. In der oldenburgischen Fehde mit den Butjadingern wurde wiederum die Kirche von den Verbündeten erobert und noch stärker befestigt, bei ihrem baldigen Rückzuge aber wieder verlassen und endlich nahm sie noch einmal Graf Edzard von Ostfriesland ein. Wo im ganzen Deutschland mag ein Gotteshaus sein, das solche Stürme erlebte? Aber das jetzige Gebäube stammt aus dem sechszehnten, höchstens aus dem fünfzehnten Jahrhundert und hat nichts Merkwürdiges aufzuweisen.

Ungleich älter und interessanter, wenn auch leider vielfach geflickt, verbaut und modernisirt, ist die alte Kreuzkirche zu Rodenkirchen, die nächste nordwärts. Ursprünglich aus Quadern grobkörnigen Sandsteins erbaut, zeigt sie in Anlage und manchem Detail noch entschieden den romanischen Styl der letzten Periode und mag also demnach aus der ersten Hälfte des dreizehnten Jahrhunderts stammen.

Rodenkirchen war früher der Sitz des alten Häuptlingsgeschlechts der Lübben und noch heutiges Tages wohnen zum Theil die Nachkommen in diesem Kirchspiel.

Von gleichem Sandstein und wohl aus gleicher Zeit stammend sind die nun folgenden Kirchen zu Esensham und Abbehausen, wovon die erste, wie schon berichtet, ebenfalls eine Belagerung aushalten mußte, nämlich 1384, da Edo Wiemken vierzehn Tage lang seinen in sie geflüchteten Schwager Hajo Hosken belagerte, bis er sie mit Sturm nahm. Auch später, im Jahre 1414, wurde sie noch einmal von den Bremern beschossen und erobert.

An Abbehausen grenzt das Kirchspiel Atens, wo sich einst die von den Bremern erbaute Zwinge des Landes, die Friedeburg, erhob; doch sieht man nur noch die unbedeutendsten Spuren von ihr und sie war auch sicherlich weder hoch noch umfangreich. Ueberhaupt dürfen wir, wenn von Burgen in den Marschen die Rede ist, wie z. B. Schlüter, Leuchtenburg, Siebetsburg und anderen, nicht an Bauwerke, wie die mittelalterlichen Ritterburgen es waren, denken. Ein breiter Graben, ein Wall, eine Wurt und darauf ein dicker, steinerner Thurm mit Zinnen und Schießscharten, allenfalls noch ein paar feste Blockhäuser daneben, so darf man sich diese Marschburgen vorstellen.

Die kleine Kirche in Atens ist nicht alt und daher schon aus Backsteinen, auch im mindesten nicht bedeutsam.

Eine der interessantesten Kirchen des Landes aber treffen wir zu Blexen, das wir zunächst auf unserer nordwärts gerichteten Wanderung erreichen. Diese wurde nach sicheren Nachrichten schon 812 zu Ehren St. Hippolyts (St. Pölten), ihres Schutzpatrons, geweihet. Von diesem allerersten Bau ist indessen nicht viel mehr, als die starke granitne Grundmauer des Thurmes vorhanden; aber auch das Uebrige ist sehr alt und höchst interessant. Die Mauern der Kirche bestehen, abweichend von allen anderen Kirchen, seltsamer Weise aus horizontalen und mit einander abwechselnden Lagen von Ziegeln und porösen Tuffsteinen. Der niedere, wohl jüngere Chor ist dagegen reiner Backsteinbau, innen romanisch gewölbt, während das Schiff mit seinen kleinen, schmalen Fenstern nur eine gerade Balkendecke hat; von außen aber umzieht dasselbe ein äußerst zierlich verschlungener Bogenfries aus Tuffstein und ein einfacherer schmückt den Chor. Der hohe, schlanke Schieferthurm ist dem in die

Weser einlaufenden Seemann ein weit gesehenes Wahrzeichen. Der h. Hippolyt erlitt im Jahre 245 den Märtyrertod, da der römische Kaiser Decius ihn zu Ostia schleifen ließ. Doch die Rustringer Volkssage versetzte diese Legende nach Blexen. Ein altes Steinrelief der Kirche stellt seinen Tod dar und in der Kirchenmauer zeigt man sogar das Grab des Heiligen, gemeiniglich „Polsgrab“ genannt, eine sieben Fuß lange, schmale Höhlung, mit einem kleinen nach Außen führenden Loche. Die Kirche ward ein besuchter Wallfahrtsort. Pilger kamen aus den fernsten Landen noch im vorigen Jahrhundert und ritzten ihre Zeichen in die Mauer, und aus der Grabesöffnung, erzählt man sich, erschollen dann und wann bei nächtlicher Stunde mahnende Worte. — Gegenüber am jenseitigen Ufer erblickt man das Vieland mit den Thürmen von Wulfsdorf, Geestendorf und Schiffdorf, dann das junge Geestemünde, das mastenreiche Bremerhaven und den alten Flecken Lehe. Aus dem Polsgrabe erklangen lange Zeit bei Nacht die Worte: O Leh', o Leh'! Wenn ik di seh', so deit min Hart in'n Liwe weh! Im Jahre 1796 brannte Lehe fast gänzlich ab und als die Flammen emporschlugen, tönten wieder jene klagenden Worte. —

Hier starb der erste bremische Apostel und Bischof Wilhadus, dessen Namen der im Pfarrgarten befindliche Brunnen, fast der einzige der ganzen Gegend, bewahrt.

Mit diesem Orte fängt das bisher in grader Richtung nach Norden laufende Ufer plötzlich an, stark nach Nordwesten abzuweichen, wodurch die Weser so an Breite zunimmt, daß man bald das jenseitige Ufer nur schwach erkennen kann. Auch das Land nimmt jetzt ganz den Charakter einer echten Seemarsch an. Der Baumwuchs wird niedriger und kümmerlicher mit jeder Stunde Weges; zuletzt wachsen die Bäume kaum höher als der Deich, ihr einziger Schutz gegen die rauhen Seestürme, die sie gänzlich zerstören und zerzausen würden, wenn dieser nicht wäre. Außerhalb des Deichs wächst, schon der Salzfluth wegen, weder Baum, noch Strauch, noch Rohr, aber das mächtige Watt dehnt sich dort mit seinen ungeheueren Vogelschwärmen weit hinaus und noch weiter wälzen sich schon Seehunde, tummeln sich Delphine und ungehemmt schweift der Blick in's große, grenzenlose Meer.

Der Hauptort dieses nördlichen Butjadingerlandes ist Burhave, ein freundliches, fleckenartiges Dorf. Die alte Kirche aus dem dreizehnten Jahrhundert aus grobem Quaderstein mit kleinen Fenstern liegt wieder auf einer hohen Wurt und trägt an ihrer nördlichen Seitenmauer das alte Rustringer Landesmaß eingehauen, eine Ruthe von 22 Fuß Länge. Die Kirche war einst die festeste des Landes und hatte einen mächtigen Thurm mit Zinnen und Scharten. Vier Wochen lang hielt sich 1418 in ihr der tapfere Friesenhäuptling Lübbe Siebeths mit seinen Getreuen gegen die Bremer, obwohl sie mit mächtigen Blieden (Wurfmaschinen) Tag und Nacht Kugeln, Steine und Pechkränze schleuderten. Erst als der Hunger ihn zwang, ergab er sich. Die Kirche verschonte man, den starken Thurm aber ließ man zusammenstürzen, indem man erst hölzerne Stützen anbrachte, dann das Gemäuer untergrub und nun an die Stützen Feuer legte. Seitdem ist diese Kirche ohne Thurm.

In der Nähe Burhaves, im Fedderwarder-Außendeiche und in den dortigen Watten wurden in letzter Zeit jene merkwürdigen Kreisgräber entdeckt, davon im allgemeinen Theil auf Seite 130 die Rede war.

Endlich erreichen wir auf der äußersten Nordspitze des Landes, da, wo solches wieder zum Jadebusen zurückgeht, das auf hoher Wurt liegende Dorf Langwarden mit einer Tuffsteinkirche romanischen Styles. Einst war an dieser ein Querschiff vorhanden, das im vorigen Jahrhundert bei einer Restauration leider abgerissen wurde, wie auch das innere Gewölbe. Nur die zierliche, halbrunde Apsis ist noch ganz erhalten. Ein Bogenfries mit herablaufenden Lisenen umgiebt das ganze Gebäude, dessen Tuffsteingemäuer gegen Westen und Süden sehr verwittert ist, sich an der Nordseite dagegen vortrefflich gehalten hat. Auch diese interessante Kirche hatte einst einen hohen und für die Seefahrenden als weit gesehenes Zeichen wichtigen Thurm, der indeß einstürzte. Nun vertritt ein unbedeutender Dachreiter dessen Stelle.

Den westlichen Theil bildet eine abgesonderte Halle, die, wie die Sage erzählt, die Bestimmung hatte, daß einst die Häuptlinge, wenn sie zur Kirche ritten, ihre Reitpferde darin unterbrachten.

Wie von anderen Tuffsteinkirchen in den Marschen geht auch von dieser die Tradition: die Baumaterialien seien aus England (wahrscheinlicher wohl aus Schottland) geholt und für jede Ladung Steine eine Ladung Korn gegeben worden.

Auch ein alter Theil des Pfarrhauses ist aus gleicher Steinart und gehörte zu einem Klosterbau. Nicht weit von der Kirche befindet sich eine andere hohe Wurt, von deren Gipfel man einen Blick in's weite Meer hat. In dieser fanden sich alte Steinsärge roher Art, alte Münzen und Waffenfragmente, wie denn wohl diese Gegend sicherlich noch manch interessanten Rest aus alter, freier Friesenzeit im Schooße der Erde bergen mag.

Wir gelangen nun an den Busen der Jade. Die Deiche, welche schon bisher eine wahrhaft imponirende Mächtigkeit haben, sind von jetzt an, sogar stundenweit an ihrer äußeren Böschung, mit festem Mauerwerk von hart gebrannten Ziegeln bedeckt, die zu noch größerer Sicherheit in große Rahmen von festem Eichenholz gelegt und mit bestem Traß vermauert sind. Und dennoch werden zuweilen nicht allein jene Holzrahmen, sondern sogar einzelne Steine aus ihren Fugen gerissen. Mit solcher Gewalt wühlen und donnern hier die Wogen gegen das Ufer.

Ungefähr eine Stunde weit vom Lande entfernt erblicken wir im Meerbusen vier kleine Inseln: Arngast und die Ober=

ahnischen Felder mit dem Namen Holtwarden, Maifeld und Fennefeld, die ärmlichen Brocken jenes fruchtbaren und reich mit Dörfern besetzten Landes, das einst die Fluthen verschlangen. Nun sind sie so gut wie unbewohnt, nur daß auf der größten derselben, Fennefeld, die mit Vieh beweidet wird (fennen heißt im Friesischen weiden), im Sommer im einsamen Häuschen der Hirte seinen Aufenthalt hat. Die anderen Inseln mit ihrem reichen Andelwuchs werden alljährlich gemähet; alle aber sind im Frühlinge der stille Brütort unzähliger Vogelschaaren, namentlich einiger Arten von Seeschwalben, Strandläufern und Regenpfeifern; auch der rothfüßige Austernfischer legt hier seine Eier. Die Menge der Nester war früher so ungeheuer, daß man an einigen Stellen der Insel kaum davor zutreten und zu rechter Zeit in einer Stunde wohl Hunderte von Eiern auflesen konnte. Dabei ist nun noch die höchst interessante Erscheinung, daß auf den doch so nahe zusammenliegenden, und in ihrer Natur und Beschaffenheit völlig gleichen, kleinen Eilanden, wie durch geschlossene Uebereinkunft, die eine Vogelart nur auf diesem, die andere nur auf jenem ihr Nest baut und diese Regel so streng beobachtet, daß auch kein einziges Thierchen davon abweicht. —

In den letzten Jahren hat das Brüten der Vögel mehr und mehr abgenommen, da dieselben durch den lebendigen Verkehr der Menschen sehr verscheucht wurden, und es wird wohl einmal gänzlich aufhören, weil man jetzt daran geht, jene Inseln durch lange Schlengen und Stackwerke, die hier eine große Schlammablagerung verursachen, gänzlich mit dem Ufer zu vereinigen. Gelingt das Projekt, so wird dadurch eine bedeutende Landgewinnung erreicht werden.

Endlich liegen noch im inneren Lande verschiedene Kirchdörfer, z. B. Tossens, Eckwarden, Seefeld und Stollhamm, deren Kirchengebäude alle schon aus Backsteinen bestehen und weder hohes Alter noch sonst Bemerkenswerthes aufzuweisen haben; nur auf dem Kirchhofe zu Tossens findet man ein paar alte, interessante Grabsteine von Vögten des Landes, deren Reliefs von tüchtiger Arbeit sind.

Fast in allen butjadinger Kirchen aber hängen Tafeln zum Gedächtniß an die verheerende Sturmfluth des Jahres 1717 und erzählen den Nachkommen die vielen traurigen Unglücksfälle, welche das Kirchspiel durch sie erleiden mußte. —

Vom südlichsten Punkte des Jadebusens sendet der kleine Fabrikort Varel die Rauchwolken seiner hohen Schornsteine gen Himmel, weiter hinan liegt das Jeverland, an dessen Gestaden sich Deutschlands junge Seemacht einen sicheren Port gesucht hat. In Jeverland treten schon eine Menge neuer Erscheinungen auf. Stroh- und Schilfdächer z. B. verschwinden und rothe Ziegel bedecken dafür das auffalleud flache Sparrenwerk. Alle Wirthschaftsgebäude sind in der Anlage des früher beschriebenen Berges erbaut; auch das Vieh steht nicht mehr mit dem Kopfe nach dem Raume zugewendet, sondern so, daß es diesen der Wand des Stalles zukehrt und der Beschauer auf die Hinterseite sieht, und das friesische Element erscheint hier rein und unvermischt wie in keiner der vorher beschriebenen Marschen, so daß der Uebergang von diesem zum angrenzenden wirklichen Friesland kaum zu merken ist.

Für jetzt scheiden wir von diesem den Fluthen entrungenen Theile unseres deutschen Vaterlandes. Wir verlassen die Marschen in einer hoch interessanten Uebergangszeit, das Bild gesundester und lebendigster Entwickelung darbietend, ja zum Theil in einem intellectuellen und materiellen Aufschwung begriffen, der zu den höchsten Hoffnungen berechtigt.

Wie es unter gegebenen Umständen nicht anders sein kann, tritt allerdings noch oft genug die Erscheinung des Unharmonischen und einseitig Entwickelten hervor, im Großen und Ganzen indeß sehen wir mit wahrer Freude die gesammten Zustände der Marschen in festem Gange Hand in Hand einer schönen

Vollendung entgegen gehen. Der Ackerbau und die Viehzucht verlassen die Wege des alten Schlendrians und der geistlosen Empirie und wenden sich mehr und mehr den Lehren der rationellen Landwirthschaft zu; bessere Viehracen, Maschinen und Geräthe finden fast überall Aufmerksamkeit und Annehmer; reger Handel und Wandel, namentlich der bedeutsame Aufschwung der Verkehrsverhältnisse durch jüngst geschaffene treffliche Gemeindewege, Landstraßen, Dampfboot- oder Postverbindungen, und endlich neue Eisenbahnen, deren Locomotiven vollends mit schrillem Pfiff die stillen Marschen aus ihrer alten Ruhe aufschrecken, sind wohl im Stande, den Blick der Bewohner auf's Erfreulichste zu erweitern und neue Anschauungen zu eröffnen; dringender und gebieterischer wird das Verlangen nach gesunder Schul- und Weltbildung im Volke und mit ihnen erhöht sich von Jahr zu Jahr die Bedeutung der Tagespresse, die in vielen Gegenden schon bis hinab zum Knecht und armen Tagelöhner ihre tiefwirkende Kraft äußert, während vielfach der reiche Marschbauer an geistiger Bildung und moderner Sitte dem Gutsbesitzer des Binnenlandes sich schon ruhig an die Seite stellen darf. Nur in Betreff der auch in diesen Blättern zu Oefteren beklagten geringen Theilnahme für tiefere Kunde seiner gesegneten Heimath und insbesondere für die Geschichte seiner Vorzeit blieb in der Bevölkerung der Marschen nach wie vor noch Viel zu wünschen übrig. Indessen auch nach dieser Seite hin beginnen hie und da belehrende Artikel der heimathlichen Presse, gute Schullesebücher und Vereine schon merkbar erfreulich und hoffnungsvoll zu wirken. Und endlich die großen politischen Ereignisse und glorreichen Kämpfe, welche die herrliche Wiedergeburt von Kaiser und Reich zur Folge hatten, ganz abgesehen von ihren materiellen Folgen, haben auf das Volk unserer Marschen eine erhebende und läuternde Wirkung ausgeübt, die gar nicht hoch genug geschätzt werden kann, denn aus allem engbegrenzten Particularismus, aus jeglicher kleinlichen Kirchthurmspolitik, die von je her nur zu sehr in den Marschen die Gemüther gefangen hielt, ist wie mit einem Male ein Vaterlandsgefühl emporgeblüht, so echt, so rein und so kraftvoll, daß es zu den schönsten Hoffnungen berechtigt. Würde der alte Tacitus heute seinen Griffel abermals zur Hand nehmen, um seinen Landsleuten jenseits der Berge vom Volke dieser meerumwogten Lande zu berichten, er dürfte es ruhig nennen, wie er es vor tausendachthundert Jahren bezeichnete: „Populus inter Germanos nobilissimus“. — Das edelste Volk unter den Germanen.

Nachträge.

Zu Seite 155. Das ergötzlichste Beispiel von Vorsicht, Mißtrauen gegen Neuerungen und echtem Conservativismus unserer Marschbewohner lieferte jedenfalls ein angesehener Landmann in Osterstade, der als pflichtgetreuer Deichbeamter seiner Zeit bei der betreffenden Wasserbaubehörde alles Ernstes gegen den eben in Angriff genommenen Suezkanal protestiren zu müssen glaubte, weil man gar nicht wissen könne, ob unseren Mooren auch dadurch Wasser zugeleitet werde. Jedenfalls würde ein Protest nicht schaden, meinte er. — Wo aber der bedenkliche Suezkanal in der Welt lag, davon hatte der wackere und wachsame Deichbeamte freilich nicht die leiseste Ahnung.

Zu Seite 168. Hier hielt ich für nothwendig, unter der Ueberschrift „Heimathliche Kulturbetrachtungen" ein neues Kapitel einzuschieben, welches namentlich die Wandlungen der Kultur in der Marschbevölkerung vorführt. Es konnte nicht vermieden werden, daß auf manche schon vorher berührte Dinge und Zustände noch einmal wieder zurückgekommen wurde, was also der Leser gütigst berücksichtigen möge.

Zu Seite 210. Wie war im Mittelalter das Verhältniß unserer freien Marschen zu Kaiser und Reich? Mußten sie Heerfolge leisten oder hat die alte Sage Recht, wenn sie meldet, daß dieselben befreit davon waren, weil sie den ewigen Kampf mit dem Meere zu bestehen hatten, gegen seine Wogen und gegen jene, welche auf seinen Wogen kamen, die wilden Normannen? —

Mit Recht durfte der Leser im Buche die Erörterung dieser so wichtigen Frage erwarten. Vergebens war stets mein Suchen und Forschen nach irgend einer befriedigenden Beantwortung derselben. Erst nach Abschluß des Buches glückte es mir, einige Klärung zu erhalten, die ich namentlich der gütigen und werthvollen Mithülfe des Herrn Dr. C. Weiland, Bibliotheksbeamten der Königl. Bibliothek zu Berlin, verdanke, dessen Worte ich mir erlaube zum Theil hier anzuführen:

„Bei dieser sehr schwierigen Frage," schreibt er, „ist durchaus nöthig zu unterscheiden zwischen den Marschen mit, wenn man sagen darf, autochthoner Bevölkerung (Dithmarschen, Hadeln, Wursten, Rustringen u. s. w.) und den Colonistenmarschen (Stedingen, Bremer Vieland, auch Hadeln ist zum Theil von Holländern colonisirt worden). Letztere, von geistlichen oder weltlichen Fürsten im zwölften Jahrhundert (den Erzbischöfen von Bremen, Heinrich dem Löwen) zuerst kulturfähig gemacht und bevölkert, standen wohl sicher von Anfang an in keinem unmittelbaren Verhältnisse zum Reiche; die von den Fürsten bestellten „Unternehmer", die das Land an die Colonisten vertheilten, waren wohl meist für dasselbe in Lehnsabhängigkeit von den Fürsten, wofür wir einzelne Beweise finden. Die Colonisten selbst, meist mit Holländerrecht begabt, hatten jedenfalls nur dann Kriegsdienste zu leisten, wenn das Wappengerochte erging, d. h. wenn das Land selbst von einem Feinde bedroht war. Sie konnten zwar persönlich frei sein, ihr Gut war es aber nicht, und nur freies Allodialgut verpflichtete zum Reichskriegsdienst. Daß die Stedinger sich von dieser Oberhoheit der Bremer Erzbischöfe gänzlich frei machten, in eine Linie traten mit den ursprünglich freien Dithmarschen und Friesen, ändert an dem Rechtsverhältnisse nichts. Auch waren damals die Verhältnisse der Reichskriegsverfassung schon in solchem Zustande der Auflösung, daß sicher Niemand eine Verpflichtung der Stedinger zur Leistung der Reichsheerfahrt annahm.

Anders stand es um die ursprünglich freien Dithmarschen und friesischen Marschbewohner. Deren Verpflichtung zur Reichsheeresfolge möchte ich im Princip bejahen, nachweisen kann ich sie, auch nur unter gewissen Modalitäten, allein bei den Dithmarschen. Ob sie die entfernteren Friesen, im heutigen Ostfriesland und weiter nach Holland hinein, regelmäßig wirklich geleistet haben, ist mindestens sehr zweifelhaft, da die Einwirkung der deutschen Könige auf diese Gebiete von Anfang an sehr schwach war und die Friesen die Königl. Beamten, die Grafen nur ungern und vorübergehend ertrugen. Die Dithmarschen standen unter Grafen, seit dem elften Jahrhundert aus dem Stadeschen Hause. Ihr Gau stand aber, gleichwie die Gaue der Holsten und Stormarn, in einem engen Nexus zum Herzogthum Sachsen oder eigentlich zu der Markgrafschaft gegen Dänen und Slaven, welche die Grundlage dieses Herzogthums ausmachte. Die Markbewohner nun, sowie die Bewohner der der Mark zugetheilten Gaue, waren von der Reichskriegsfolge außerhalb Landes befreit, mußten dagegen stets auf den Ruf des Markgrafen gegen die Grenzfeinde unter die Waffen treten. So die Dithmarschen im Jahre 1071. (Helmold 1, 25.) Der Herzog Magnus von Sachsen, als Inhaber der Mark, sagt zu dem Slavenfürsten Butue, der ihn um Hülfe anfleht: „Ich kann selbst diesmal nicht mitziehen, aber ich gebe dir die Barden (um Bardewik und Lüneburg), die Holsten, die Stormarn und die Dithmarschen, mit deren Hülfe du deinen Feinden widerstehen kannst.“ Darauf heißt es, daß Boten des Herzogs durch ganz Nordalbingien geeilt seien und das Volk zum Kriegszuge aufgerufen hätten. Nach dem Aussterben der Grafen von Stade nahm bekanntlich Heinrich der Löwe die Grafschaft über Dithmarschen widerrechtlich unmittelbar in Verwaltung; er verlieh sie an einen Grafen Reinhold, der den Zug des Herzogs nach Mecklenburg gegen die Slaven mit seinen Dithmarschen mitmachte und 1164 Juli 6 in der Schlacht bei Verchen mit seinen Genossen den Heldentod starb. Weitere Beispiele habe ich nicht anzuführen; sie genügen aber auf jeden Fall, um zu erweisen, daß die Dithmarschen im elften und zwölften Jahrhundert den Reichskriegsdienst, freilich in einer durch die besonderen Verhältnisse ihres Gaues bedingten Form geleistet haben. Im dreizehnten Jahrhundert änderten sich ja, wie die Grundlagen der Reichsverfassung, so auch die politischen Verhältnisse dieser Gebiete von Grund aus.

Aus dieser Verpflichtung der Dithmarschen nun dürfen wir wohl mit Recht auch auf die principielle Verpflichtung der anderen freien Marschbewohner schließen, wenngleich höchstens einmal der Leistung derselben gedacht wird. Thatsächlich mag dieser Fall auch wohl äußerst selten eingetreten sein, da ein Theil dieser Gebiete schon früh anfing, ein vom Reiche getrenntes Sonderdasein zu führen. Doch findet sich noch, daß im Jahre 1248 die Friesen der sieben freien Staaten, die ja zu beiden Seiten der Ems gelegen waren und deren gemeinsamer Versammlungsort Upstalsboom war, dem König Wilhelm von Holland bei der Belagerung Aachens Hülfe geleistet. Der hier gebrauchte Ausdruck, „daß die Friesen die Erlaubniß zur Heimkehr vom König erlangt hätten“, macht es zur Gewißheit, daß es sich hier nicht um eine freiwillige Hülfeleistung, sondern um eine Verpflichtung derselben gehandelt hat. Seit dem Interregnum hat jedenfalls diese faktisch aufgehört und so mochte die oben angeführte Sage entstehen.

Zu Seite 265. Wer Näheres über dieses Marschländchen zu wissen wünscht, lese vor Allem die kleine, aber sehr interessante Schrift: „Beiträge zur Geschichte des Landes Würden“ von Dr. G. Sello, großherzogl. oldenb. Archivrath. (Oldenburg. Stalling. 1891.)

Zu Seite 267. Ueber das dunkle Wort Jedute siehe:

1. Neue Zeitschrift für Rechtswissenschaft von Andorf u. A. Berlin, 1860. Heft 1.

2. C. F. Vogel, Andeutungen zur Geschichte von Braunschweig. Pag. XIV. Anmerkung 13.
3. Hildesheimer altes Stadtrecht von 1300. Artikel 94.
4. Wachsmuth, Geschichte deutscher Nationalität. II. Heft 1. S. 110.

Zu Seite 300. Gegenwärtig erhebt sich auf der Stätte des Morgensterns ein ländlicher Gasthof gleichen Namens, in welchem seit einem Jahrzehnt der historisch=gesellige Verein der „Männer vom Morgenstern" in einem alterthümlich ausgestatteten, so wie mit Wandsprüchen und einer launigen Reimchronik der alten Zwingburg geschmückten Gemache vierteljährlich seine Sitzungen hat. Noch in diesem Jahre erscheint als erste Veröffentlichung desselben seine Wappensammlung alter Bauerngeschlechter des Landes, während im gegenüberliegenden stammverwandten Butjadingerlande nach dem Muster des Vereins ein ähnlicher im Begriff ist sich zu bilden.

Zu Seite 322. Mit wahrem Schmerz habe ich hier nachzufügen, daß die beiden alten herrlichen Grabsteine nicht mehr vorhanden, sondern erst vor einigen Jahren der Unwissenheit oder Gleichgültigkeit des Kirchenvorstandes zum Opfer fielen, indem sie verkauft und zerschlagen wurden. Wieder ein beklagenswerthes Beispiel von gänzlichem Mangel an historischem Sinne wie an Pietät vor Ehrwürdigem.

Zu Seite 326. Das Zusammentreffen der Faustsage im Lande Wursten mit den Worten des Goethe'schen Faust (II. Theil) ist jedenfalls ein höchst merkwürdiges. Die Stelle dürfte nicht Jedem gegenwärtig sein:

Faust:

Mein Auge war auf's hohe Meer gezogen;
Es schwoll empor, sich in sich selbst zu thürmen,
Dann ließ es nach und schüttelte die Wogen,
Des flachen Ufers Breite zu bestürmen.
Und das verdroß mich; wie der Uebermuth
Den freien Geist, der alle Rechte schätzt,
Durch leidenschaftlich aufgeregtes Blut
In's Mißbehagen des Gefühls versetzt,
Ich hielt's für Zufall, schärfte meinen Blick,
Die Woge stand und rollte dann zurück,
Entfernte sich vom stolz erreichten Ziel;
Die Stunde kommt, sie wiederholt das Spiel.

Mephistopheles.

Da ist für mich nichts Neues zu erfahren,
Das kenn' ich schon seit hunderttausend Jahren.

Faust.

Sie schleicht heran, an abertausend Enden
Unfruchtbar selbst Unfruchtbarkeit zu spenden;
Nun schwillt's und wächst und wallt und überzieht
Der wüsten Strecke widerlich Gebiet.
Da herrschet Well' auf Welle kraftbegeistert,
Zieht sich zurück und — es wird Nichts geleistet,
Was zur Verzweiflung mich beängst'gen könnte!
Zwecklose Kraft unbänd'ger Elemente!
Da wagt mein Geist sich selbst zu überfliegen,
Hier möcht ich kämpfen, dies möcht ich besiegen.
Und es ist möglich! — fluthend wie sie sei,
An jedem Hügel schmiegt sie sich vorbei;
Sie mag sich noch so übermüthig regen,
Geringe Höhe ragt ihr stolz entgegen,
Geringe Tiefe zieht sie mächtig an.
Da faßt' ich schnell im Geiste Plan auf Plan.
Erlange dir das köstliche Genießen,
Das herrische Meer vom Ufer auszuschließen,
Der feuchten Breite Grenzen zu verengen,
Und weit hinein sie in sich selbst zu drängen.
Von Schritt für Schritt wußt' ich mir's zu erörtern,
Das ist mein Wunsch, den wage zu befördern.

Zu Seite 353. Um dem Leser von der Bedeutung und dem Reichthum unserer Marschen einen Begriff zu geben, dienen nachstehende Aufzeichnungen über die Fortschritte und Anlagen, die in volkswirthschaftlicher Beziehung in den letzten Jahrzehnten allein das Land Hadeln gemacht hat, das an Größe etwa $5^1/_2$ Quadrat-Meilen, an Einwohnerzahl ungefähr 19000 hält:

Der große Canal zur Entwässerung des Sietlands, vollendet 1853,
der Canal von Lüdingworth nach Altenbruch, 1870,
die große Medemschleuse im Elbdeich,
die Schleuse am Otterndorfer Hafen,
die Altenbrucher Schleuse,
die Stade-Ritzebütteler Chaussee,
die Landstraße Otterndorf-Lehe, 1873.

Durch obige Anlagen nun ist freilich auch eine riesige Lastenhöhe erwachsen. So ergab z. B. zur Unterhaltung und Schuldabtragung für obige Werke 1873 der in Umlagen erhobene Jahresbeitrag folgende Summen:

für den Sietlands-Canal	20500	Thlr.
für den Altenbrucher Canal nebst dessen Schleuse	5225	„
für die Otterndorfer Medemschleuse	5060	„
Baggerung der Medem	3000	„
Straßenbau	12000	„
Seeuferbau durch Stackwerke u. s. w.	5350	„

der Unterhaltung des großen Elbdeichs, der Binnenströme, der Gemeindeanlagen, der Kirchen- und Schulabgaben nicht einmal zu gedenken.

Zu Seite 368. Wie die Elbe in den letzten Jahrzehnten aufhörte, bei Growerort im Lande Kehdingen das räthselhafte Treibholz anzuspülen, so scheint auch der einst dort so häufige Bernstein nunmehr völlig verschwunden zu sein. Als man vor einigen Jahren die Erdarbeiten zum Bau der Küstenbatterie zu Growerort in Angriff nahm, richtete man auf jenes Vorkommen von Bernstein vergebens sein Augenmerk. Ebenso vergeblich war das sorgfältige Suchen darnach auf dem sog. Barnkruger Sande, bei den Bodenuntersuchungen für den beabsichtigten Bau einer zweiten Batterie, was um so mehr zu verwundern ist, als dieser Außendeich sich bis an die Stelle erstreckt, wo früher die Halbinsel „Bernsteinsand“ schon durch ihren Namen darauf hinwies, die aber im Laufe dieses Jahrhunderts nach und nach vom Strome verschlungen wurde. —

Ein durchaus glaubwürdiger Berichterstatter und dort ansässiger Einwohner schreibt mir auf meine Anfrage Folgendes:

„Man darf annehmen, daß in einem Zeitraum von 50—60 Jahren hier an der Küste kein Bernstein mehr gefunden wurde, wenn auch auf den stromaufwärts gelegenen Inseln noch einzelne kleine Stücke vorkommen.

Lühsand, eine Elbinsel unterhalb des Ausflusses der Lühe, aber wurde noch vor mehreren Jahrzehnten häufig von Bernsteinsuchern besucht, doch auch von solchen hört man jetzt nichts mehr, nur auf „Kahle Sand“, einer Elbinsel beim Dorfe Abbenseth, wurde von einem Schiffer beim Einnehmen von Ballast ein Stück Bernstein gefunden, das von der Größe einer Faust gewesen sein soll. Weiter habe ich Nichts in Erfahrung bringen können.“

Zu Seite 376. Von gewisser Seite her ist die Meinung ausgesprochen, der merkwürdige Giebelschmuck der Altländer Häuser bestehe nicht aus Schwänen, sondern vielmehr aus zwei sich in die Brust beißenden Pelikanen, dem bekannten altchristlichen Symbol der Selbstaufopferung. Ohne mich hier in archäologische Untersuchungen einzulassen, kann ich doch nur mein Bedenken gegen diese Erklärung aussprechen, da es jedenfalls höchst merkwürdig wäre, ein fast nur dem romanischen Süden eigenes Symbol hier auf norddeutschen Bauernhäusern wiederzufinden. Ungleich näher dagegen liegt es, den Giebelschmuck von Schwänen wie von Pferdeköpfen in Beziehung zu Wodan, dem Wolkenbeherrscher, zu bringen, denn weiße Schwäne und weiße Rosse waren wirklich einst die Sinnbilder der eilenden Wolkengebilde.

Noch ein anderer Gedanke aber drängt sich uns bei dem interessanten Umstande auf, daß die Schwanenbilder auch in Brabant sich finden sollen. Was liegt näher, als an die Sage vom Schwanenritter zu denken, deren Schauplatz hier war? —

Wem diese Fragen tieferes Interesse gewähren, dem sei vor Allem die kleine treffliche Schrift des Professor Chr. Petersen, „Die Pferdeköpfe auf den Bauerhäusern Norddeutschlands" (Kiel 1860) empfohlen, welche sehr eingehend und mit großer Sachkenntniß geschrieben ist.